国资国企改革经验案例丛书

改革创新

"科改示范行动" 案例集

国务院国资委改革办
国务院国资委研究中心　编

机械工业出版社
CHINA MACHINE PRESS

本书分上、下两篇，以案例形式系统地总结并展现了 71 家中央企业和 32 家地方国企在"科改示范行动"中的改革实践及其取得的成效，力求对更多国有企业提供有益的借鉴。本书值得政府领导、国有企业管理者、国资国企相关工作人员和国资国企改革研究人员等读者阅读。

图书在版编目（CIP）数据

改革创新："科改示范行动"案例集/国务院国资委改革办，国务院国资委研究中心编 . —北京：机械工业出版社，2021. 6
（国资国企改革经验案例丛书）

ISBN 978-7-111-68522-7

Ⅰ.①改…　Ⅱ.①国…②国…　Ⅲ.①国企改革－案例－中国　Ⅳ.①F279. 21

中国版本图书馆 CIP 数据核字（2021）第 120442 号

机械工业出版社（北京市西城区百万庄大街 22 号　邮政编码 100037）
策划编辑：李　鸿　责任编辑：李　鸿
责任校对：李　前　封面设计：高鹏博
责任印制：单爱军
河北宝昌佳彩印刷有限公司印刷
2021 年 7 月第 1 版·第 1 次印刷
170mm×242mm·37. 25 印张·488 千字
标准书号：ISBN 978-7-111-68522-7
定价：148. 00 元

电话服务　　　　　　　　网络服务
客服电话：010-88361066　机　工　官　网：www. cmpbook. com
　　　　　010-88379833　机　工　官　博：weibo. com/cmp1952
　　　　　010-68326294　金　书　网：www. golden-book. com
封底无防伪标均为盗版　机工教育服务网：www. cmpedu. com

编 委 会

前　言

党的十八大以来，以习近平同志为核心的党中央高度重视国有企业改革和创新工作。习近平总书记视察了海康威视、烟台万华等一批国有科技型企业，强调企业持续发展之基、市场制胜之道在于创新，各类企业都要把创新牢牢抓住，不断增加创新研发投入，加强创新平台建设，培养创新人才队伍，促进创新链、产业链、市场需求有机衔接，争当创新驱动发展先行军；强调国有企业特别是中央所属国有企业，一定要加强自主创新能力，研发和掌握更多的国之重器；国有企业要深化改革创新，努力建成现代企业。2020年年初，国务院国有企业改革领导小组办公室正式启动"百户科技型企业深化市场化改革提升自主创新能力专项行动"（以下简称"科改示范行动"）。这是贯彻落实习近平总书记关于深化国有企业改革、加强自主创新能力等一系列重要指示精神的重要举措，也是继国企改革"双百行动""区域性综改试验"之后又一标志性的国企改革专项工程。"科改示范行动"旨在通过率先推动国有科技型企业深化市场化改革与提升自主创新能力，向世界一流科技型企业全面对标、补齐短板，加快培育形成一批科技型企业改革样板和自主创新尖兵，更好发挥引领、示范和带动作用。

一年多来，200余家"科改示范企业"主动作为、锐意改革，率先落实国企改革三年行动各项重点改革任务要求，以改革形成的新体制新机制促进技术创新，以技术创新带动形成更加灵活高效的体制机制，形成体制机制创新与技术创新相互促进的良性循环，在许多重要领域和关键环节取得了积极进展和显著成效。一大批"科改示范企业"把加强党的领导与完善公司治理统一起来，加强董事会建设落实董事会职权，完善党委（党组）前置研究讨论重大经营管理事项清单，厘清各治理主体权责边界，把中国特色现代企业制度优势转化为治理效能。一大批"科改示范企业"率先推行经理层成员任期制和契约化管理，以上率下，带动了中层管理人员和全体员工常态化推行竞争上岗、末等调整和不胜任退出等市场化用工制度，三项制度改革的难题得到有效破解。一大批"科改示范企业"灵活运用股权、分红权、员工持股、超额利润分享、跟投等多种中长期激励工具，打出激励"组合拳"，有效激发了关键岗位核心骨干人才的积极性、主动性和创造性。一大批"科改示范企业"把创新融入企业改革发展的各个环节，持续加大研发投入，引进和培养了一大批科技领军人才和青年科技人才，以市场为导向推动科技成果转化，在许多领域取得了技术领先和突破。一大批"科改示范企业"积极营造宽容失败的良好氛围，鼓励科技人才不畏挫折、大胆创新、勇于试错，增强科技人才的自豪感、荣誉感和成就感，凝聚起崇尚创新创造的强大正能量。

目前，"科改示范企业"中已经涌现出中电海康、宝信软件、天辰公司、南京工艺装备等一大批公司治理科学规范、市场化经营机制灵活高效、自主创新能力显著提升、党的领导坚强有力的国有科技型领军企业。广大"科改示范企业"在各中央企业内部和各地国资国企系统形成了明显的"尖兵"和"头雁"效应，有力推动了更多国有企业把改革创新引擎全速发动起来，全面释放改革创新红利，促进企业实现高质量发展。

为更好地总结应用、复制推广"科改示范企业"的好经验、好做法，我们以案例形式系统总结并展现了71家中央企业所出资的"科改示范企业"和32家地方"科改示范企业"的改革创新实践，力求为更多国有企业改革创新提供有益借鉴，加快形成星火燎原之势，最大限度地发挥"科改示范行动"的辐射带动作用。

下一步，"科改示范企业"将继续坚持问题导向、目标导向、结果导向，抓重点、补短板、强弱项，争做落实国企改革三年行动的示范和表率。广大国有企业，特别是科技型企业要主动学习、借鉴和应用"科改示范企业"的改革创新经验做法，更加注重体制机制创新与技术创新的互动互促，更加注重通过强化正向激励激发科技人才活力，更加注重激发、保护和弘扬国有企业家精神，在高水平的自立自强中发挥国家队作用，加快解决关键核心技术受制于人的问题，打造原创技术策源地和现代产业链链长，以改革创新的优异成绩庆祝中国共产党成立一百周年，为全面建设社会主义现代化国家、实现中华民族伟大复兴的中国梦作出新的更大贡献！

目　录

下篇　地方国企

上 篇

中 央 企 业

1

打造科技创新平台 深化科研激励机制改革
充分激发科技创新活力

中核武汉核电运行技术股份有限公司

一、基本情况

中核武汉核电运行技术股份有限公司（以下简称"中核武汉"）位于湖北省武汉市，是中国核工业集团有限公司（以下简称"中核集团"）所属三级子企业，是由核动力运行研究所发起设立、中国核能电力股份有限公司控股的科技型企业，是目前国内核动力运行技术研究和技术服务领域规模与技术力量均领先的高新技术企业。

近年来，中核武汉先后承担了国家"973计划"项目、国家科技重大专项、国家重点研发计划、国家核能开发项目、国家重大型号研制等几十项重大科研项目；先后获得包括国家科学技术进步奖特等奖、国家科学技术奖在内的部（委）级及以上科研成果奖200余项；近5年取得发明专利100余项，被授予"国家高新技术企业""湖北省创新型企业""国家技术创新示范企业"等荣誉称号。

公司自入选"科改示范企业"以来，在原有工作成绩的基础上，紧紧围绕完善科研创新体制机制、加快人才队伍建设、深化三项制度改革、强化科研生产市场化精准激励等方面实施了新一轮改革，进一步激发了企业科技创新活力。

二、主要做法

（一）持续完善科技创新体制机制，为科研人员打造科技创新平台

一是建立多渠道科研经费投入机制，加大科技攻关力度。围绕核电新堆型自主运维、关键设备国产化等关键核心技术，中核武汉积极承担国家及集团重大科技专项，重点推进"高温气冷堆在役检查与维修关键技术研究""核电站机器人检修智能作业系统"等20余项科研攻关项目；2020年共投入科研经费1.75亿元，占公司主营收入的12.8%，其中自主投入超过7 000万元，重点支持"数字化大修关键技术研究""运行数字孪生人工智能引擎"等战略性科研项目，推动核电向智能化、数字化转型；设立"应用基础技术研究基金"，加大应用基础性研究和前沿性技术研究，2020年启动了5项应用基础研究项目。

二是敏锐捕捉技术发展动向，建立灵活多元的科技创新平台。中核武汉以国家战略布局为先导，紧跟核科技前沿发展方向，集中公司在核工业机器人及智能装备、数字核电（运维）等领域的科研力量，成立技术创新中心；以保障核电安全高效运行为中心，建成材料老化实验室，并依托其成立了中核集团材料老化研发中心；推动中核集团"核工业特种机器人工程技术研究中心""核动力在役检查及评定重点实验室""核工业仿真技术重点实验室"等重点科研创新平台建设；以"小核心、大协作"为重要方式，加强与合作伙伴的协同创新，核工业装备抗辐射技术联合实验室、人工智能应用协同创新联合实验室相继投入运转。各种科技创新平台的设立，为公司集中资源开展技术攻关和前沿科研技术研究、吸引高层次人才创造了条件。

三是推行技术攻关项目"揭榜挂帅"，促进科研人员脱颖而出，解决

科研攻关难题。中核武汉围绕重点技术研发领域、新业务发展领域中遇到的难点、"卡脖子"问题，确定具有潜在经济价值、社会价值的技术攻关项目，面向科研技术及技能操作人员发榜；技术攻关项目研发完成后，给予主要技术负责人（揭榜人）和攻关团队一次性奖金激励，对完成揭榜项目的优秀人才予以优先推荐培养或实施"优才通道"直接晋升职级。2020年，公司分两批发榜 22 项关键技术攻关项目。

（二）深化三项制度改革，激发企业内生活力

一是强化刚性考核，推行经理层成员任期制和契约化管理。2021 年初，中核武汉完成了公司经理层成员任期制和契约化管理相关制度、聘任协议、任期和年度经营业绩责任书的制定；董事会与经理层签订了契约，根据岗位职责及工作分工，约定任期期限、岗位职责、业绩目标、薪酬待遇、奖惩依据、退出规定等事项；强化经营业绩考核，经营业绩权重提升至 80%，实施"硬约束、强激励"，严格考核、刚性兑现，以 3 年为一个任期期限，实行年度"小考"、任期"大考"，以"时间划限"不断给经理层传导压力和动力。

二是完善管理人员考核评价机制，形成"能者上、庸者下"的鲜明导向。中核武汉淡化干部行政级别，现有的基层干部（科级）不再作为干部序列管理；完善干部管理制度，放宽中层干部的选拔渠道，各职级序列符合基本条件的干部都可以纳入选拔范围，给有能力者拓宽晋升空间；明确对考核排名后 15% 的干部以专题述职和挂黄牌督促改进的方式，促进其提升工作绩效，对述职处于末位、确实不能适应岗位的干部予以调整；持续深入推进干部结构优化工作，2020 年有 8 名处级干部转入非经营管理序列，推动 4 名干部在部门之间交流，2 个岗位在中国核能电力股份有限公司系统内公开选拔。2021 年，公司将全面实施中层干部任期制和契约化管理。

三是完善员工市场化用工机制，营造干事创业的良好氛围。中核武汉进一步完善市场化用工机制，加大数字化、智能化等新兴业务领域高层次人才引进力度，制定并发布了"核动智星计划"实施管理办法，采取了更具市场化的措施，实施协议薪酬、契约化管理；实施"核动恒星计划"，首批聘任 5 名同志为公司"首席专家"或"科技带头人"，签订任期和年度契约，并分别给予第 16 职级（对应公司副总工程师级）和第 15 职级（对应公司中层正职管理人员）待遇；健全以员工绩效考核为基础的岗位调整和退出机制，2020 年退出 4 名员工，2021 年将进一步完善机制，对员工绩效考核排名靠后 10% 的人员进行再评价，评价不合格的人员实行降级、转岗、待岗或退出。

（三）精准激励，激发员工科技创新热情

一是建立以精细化项目管理、基本专业团队为基础的量化考核激励机制。结合公司以项目为基础单元的科研生产组织特点，中核武汉完善了项目精细化管理和基本专业团队考核激励机制，实施差异化考核、精准性激励。以项目为最基本的核算单元，以项目实际创造的价值为基础，核定项目组的奖金，并由项目负责人按照贡献分配至项目组成员，使任务多、业绩好的项目组成员收入切实提高，而任务少、业绩差的项目组成员收入必须减少，彻底实现员工待遇与个人业绩的挂钩，同级人员月度绩效奖金差距最大达到 10 倍。

二是建立科技成果内部转化激励机制，实现科研人员精准激励。结合公司研发成果主要以自用为主、在为用户提供技术服务过程中实现工程应用转化的特点，中核武汉建立了科技成果内部转化激励机制，对符合条件的科研项目，以科研成果最终所实现的经济贡献来评价成果价值、确定科研人员的业绩激励，转化激励按照成果转化后 1～5 年内净收入的 3%～10% 予以奖励，且主要研发人员获得奖励金额占比不低于 80%。

三、改革创新成效

一是克服疫情影响，超额完成"十三五"目标。身处"战疫"最前沿，面对复杂严峻的经济形势和艰难繁重的攻坚任务，公司克服疫情严重影响，砥砺奋进、改革创新，全面完成各项科研生产重点任务。2020年，公司实现主营业务收入 10.5 亿元，同比增长 22.6%，实现利润总额 1.63亿元，实现经济增加值 1.71 亿元，确保了"十三五"圆满收官；2020 年，公司获评中国核能电力股份有限公司"科技创新突出贡献先进单位"，并成为中核集团唯一——家成功通过工业和信息化部"国家技术创新示范企业"认定的单位。

二是重点科研专项取得重大进展。国家科技重大专项在役检查研究任务全面完成，开发的高温气冷堆在役检查核心技术及装备已在石岛湾核电实现示范应用；以核电厂核岛内部结构关键热点处置机器人、燃料组件破损泄漏机器人等为代表的核工业机器人突破抗辐照加固、自主规划与智能导航等关键技术，成功实现工程应用；数字核电专项研发工作步入快车道，核电安全生产管理平台、核电工业互联网平台、核电工控系统网络安全测试平台、数字化大修关键技术研究等取得突破性进展，部分技术已在多个核电厂成功应用。

三是科技成果再创新高。2020 年获得省部级以上科技成果奖 27 项，其中中央军委军队科技成果二等奖 1 项，湖北省技术发明二等奖 1 项，中国核能行业协会科技成果一等奖 1 项；基于人工智能和大数据的核电机组运维技术和方案分别在 2020 年全国工业 App 和信息消费大赛总决赛、第二届中国工业互联网大赛全国总决赛中获二等奖和三等奖。

2

探索推进"七院模式"
加速核燃料总体单位跨越发展

中核第七研究设计院有限公司

一、基本情况

中核第七研究设计院有限公司（以下简称"中核七院"）位于山西省太原市，是中国原子能工业有限公司的全资子公司，是中国核工业集团有限公司（以下简称"中核集团"）所属三级子企业。中核七院始建于 1957 年，是我国核燃料领域唯一的铀浓缩、铀纯化转化工程研究设计单位，国家高新技术企业，是中核集团铀浓缩工程技术研究中心和铀纯化转化工程技术研究中心，是中核集团首批院所改制单位和首家探索承担核工程项目总承包的单位，保障着我国目前所有铀浓缩工程、铀转化工程项目设计和建设。

近年来，中核七院完成的科研、设计、工程荣获各类奖项 260 余项，先后被授予中核集团"科技创新特别奖""杰出科技成就奖"及山西省模范单位等荣誉。2020 年，中核七院以"科改示范行动"为推进跨越发展的重大契机，牢牢把握创新为第一动力，系统性、全局性谋划新时期的使命与发展，实现了经营业绩和科研能力"双丰收"，初步探索建立了军工领域科研院所推进市场化机制的"七院模式"，为"十四五"发展奠定了良好基础。

二、主要做法

（一）坚持"两个一以贯之"，推进中国特色现代企业制度建设

一是厘清职权，完善和重塑治理体系。中核七院修订《董事会议事规则》《董事会授权管理规定》《贯彻落实"三重一大"决策制度实施规定》《法定代表人民事授权清单》等基本制度，理顺党委会、董事会、监事会与经理层之间的权责界面，对公司涉及"三重一大"的 60 项决策事项的决策程序进行了规定；加大对经理层的授权力度，将公司合同类、市场开发类、资质维护类、技术业务类等 13 项业务对经理层进行了授权，形成各司其职、各负其责、协调运转、有效制衡的现代企业治理机制体系。

二是优化整合，重置组织架构。针对原组织机构管理流程冗长、专业力量分散、资源配置重复、工作效率不高等问题，在"以客户为中心，以市场为导向"原则下，中核七院对组织机构进行了有史以来最大的调整，对业务和管理职能进行了全面重构；围绕主责主业和多元化业务方向，优化整合业务相近的科研设计单位。职能管理部门由原来的 13 个整合为 11 个，减少 15%；科研设计单位由 9 个整合为 6 个，减少 33%；相关专业委员会由 16 个整合为 9 个，减少 44%；在上海、甘肃嘉峪关等地区设立区域分公司，优化市场布局，加强经营开发力度，推动中核七院实现高效运转和协同发展。

（二）坚持以市场为导向，建立选人用人分配制度体系建设

一是注重责权利匹配，全面推进经理层和中层任期制契约化管理。中核七院制定《经理层成员任期制和契约化管理工作方案》，实施范围覆盖总经理、副总经理、财务负责人、总工程师等高级管理人员，其中总经理职位在集团内公开选拔，总经理到位后组织经理层成员签订《聘任合同书》《经营业绩责任书》；严格按照业绩责任书约定开展考核，设置绩效薪

酬和任期激励，显著拉开经理层成员薪酬差距，强化刚性兑现，年度考核不合格的，扣减全部绩效年薪；同时，全面实行了中层管理人员任期制和契约化管理。

二是打通技术与管理双通道，重铸职级体系与薪酬体系。中核七院构建技术、管理、后勤保障 3 个岗位序列，打破事业单位的专业技术与技能等级的岗位体系，其中技术序列包括研发、设计 2 个子序列，管理序列包括职能管理、工程管理 2 个子序列；同时划分明确的横向岗位等级，按照"权责一致"原则，将职责整体相当、劳动量大体相似、价值总体相近的岗位划分了 10 个岗位层级，每个岗位层级划分为 1 ~ 7 个岗级不等，共计 21 个岗级，呈金字塔形分布，相同层级的不同序列间搭建平行通道，实现互认互通；同步修订并实施《绩效考核办法》，根据岗位序列各自特点采取不同的薪酬管理导向，实现薪酬"能增能减"。

（三）坚持以人才为中心，重塑激励科创和转化的体系建设

一是构筑充满朝气和活力的科研创新团队。中核七院建立完善具有核燃料工程鲜明特点的专业技术体系，共设置 12 个领域 37 个子领域，力争使每位科研、技术人员都有清晰的职业定位和发展方向；建立人才培养体系，以"启航（青年骨干人才培养计划）—竞航（高层次拔尖人才培养计划）—远航（高层次专家培养计划）"为科研人才培养轴线，实现人才的全周期培养；实施"港湾计划"（高层次人才引进计划），通过多种方式引进"三领"人才以及关键紧缺的首席专家、科技带头人，着力解决公司关键领域/专业发展、技术攻关、高端人才队伍建设等问题。2020 年，中核七院从校园招聘 35 人，其中硕士、博士研究生占比为 63%，"985"及"211"高校生占比为 83%，从社会引智 6 人。

二是加快推动核燃料产业技术研发和成果应用。中核七院建立科技创新及科研成果转化激励机制，鼓励广大研发人员围绕主业开展关键技术研

究，研发新技术、新工艺、新设备，以重点科研项目为试点，推动在项目研究阶段、成果专利申请阶段及成果转化应用阶段进行"项目奖励、激励"，调动研发人员积极性；积极推进建立协同创新体系，提升集智攻关能力，加快核燃料产业技术成果转化应用。2020 年，中核七院与 4 家公司签订真空阀门、容器储运箱知识产权实施许可；积极推进运输容器研制、"太阳能＋空气能"一体化热泵中试研究，为后期成果转化奠定技术基础；2 项运输容器成果转化分红激励方案已获上级单位批复，成果转化激励取得突破。

三是以核燃料总体单位引领核燃料产业高质量发展。中核七院加快建设我国核燃料产业总体单位，新组建产业与技术研究院，加强对国内外核燃料产业、核能行业的政策研究，不断提升"抓总"能力；积极落实总体单位职责，开展核燃料产业规划研究，积极探讨核燃料产业持续健康发展路径，为核燃料产业发展提供决策参考；搭建系统标准体系，推进产业标准化工作，提升核燃料产业的标准化水平；成立中国原子能智慧核燃料工程技术研究中心，以建设智慧院所和引领核燃料产业数字化、智能化升级为目标，推进核燃料产业数据中心建设，开展数字化、智能化在核燃料产业中的融合应用研究，促进核燃料产业数字化转型、新技术产业化应用。

三、改革创新成效

一是干部队伍活力得到增强。中核七院全面实行经理层和中层管理人员的任期制和契约化管理，内培外引，竞争择优，切实改进了管理人员中存在的担当不足、激情不够的状况，形成"能者上、庸者下"的用人导向和干事创业环境，进一步提高了管理队伍的活力和竞争力。此次中层管理人员任期制和契约化管理内部竞聘，报名人数多达 130 余人；新任职 40 岁以下优秀年轻干部占干部总数的 17％，改革后正处级干部平均年龄下降 3

岁，副处级干部平均年龄下降 6 岁，干部年轻化取得了实质进展。

二是科技创新水平得到提升。2020 年，中核七院开展纵向、横向科研项目共 38 项，自主研发项目 20 项，研发投入占营业收入的 12.12%，同比增长 29.4%，其中自主科研投入同比增长 45.8%，创历史投入新高；仿真机、智能拆装、故障自动诊断、数字化工厂等一批技术研发有了新的突破；稳定同位素分离技术应用取得实质进展；"太阳能 + 空气能"一体化热泵产品开发及推广应用获山西省高度评价；流态化活性炭再生工艺及潮汐流人工湿地技术研发取得突破性进展；铀纯化转化、铀浓缩、运输容器研制、设备研发、仿真技术开发等在研项目实现快速拓展；在"十三五"最后一年仍新获批纵向科研项目 10 项，承接横向科研 4 项，并落实"十四五"重大预研项目和重点攻关项目；2020 年运输容器成果转化收益 1 197 万元，科技成果转化创出新高。

三是经营业绩大幅提升。面对复杂严峻的经济形势和艰难繁重的攻坚任务，中核七院克服疫情严重影响，砥砺奋进、改革创新，全面完成各项科研生产重点任务。2020 年经营业绩较 2019 年有大幅提升，2020 年全年实现营业收入 50 687 万元，同比增长 38.39%；全年实现利润总额 3 304 万元，同比增长 393.13%；实现经济增加值 3 198.56 万元，同比增长 415.41%；全年共签订各类业务合同 288 项，同比增长 87%；签订合同额 18.86 亿元，同比增长 81%。营业收入和利润总额均超出"科改示范行动"预期年度目标。

四是产业结构优化改善。中核七院营业收入组成较改革前趋于优化。改革前中核七院产业单一，铀浓缩等涉核产业收入占比超 95%，集团外收入占比不足 2%。通过深化改革和大力拓展非核市场，2020 年集团外营业收入占比已达 30%，同比增长 35.20%；海外收入同比增长 133.63%。海外业务势头良好，中核七院积极参与毛里求斯、马尔代夫、柬埔寨、乌克兰等国家的垃圾焚烧、水处理、生物质发电等项目，积极与英国、德国等国企业开展放射性货包技术合作。在顺利完成 2020 年上级单位下达的海外营业收入考核指标基础上，新签订海外项目合同额 400 万元。公司产业结构大幅优化，为可持续发展筑牢基础。

3

创新驱动　深化改革
全面提升航天液体动力制造自主创新能力

西安航天发动机有限公司

一、基本情况

西安航天发动机有限公司（以下简称"西发公司"）是西安航天科技工业有限公司（中国航天科技集团有限公司第六研究院）的全资子公司，2020 年 4 月正式入选"科改示范企业"。西发公司是我国唯一一家大型液体火箭发动机研制生产专业公司，拥有国内最为先进、完善、配套的液体动力产品研制和制造核心能力，承担了我国绝大多数在役、在研发动机的研制生产任务，为我国运载火箭、导弹武器、航天器等 50 余个型号提供了动力保障。此外，公司积极开拓航天技术应用产业，涉及航天特种装备制造、印刷包装机械、建筑工程、化工生物、无人智能装备等领域。

"十三五"期间，航天技术应用产业营业收入占公司营业收入的比重在 43% 以上；公司先后被认定为国防科技工业企业技术中心、国家高新技术企业；获得国家和省部级科技成果 110 余项，研制生产的发动机荣获国家金质奖、银质奖，全国科学大会奖，国家科学技术进步特等奖、一等奖等。

二、主要做法

（一）健全科技创新体制机制，提升技术创新动力

一是打造液体动力制造研发平台体系，增强创新平台效能。西发公司整合科研力量、实验资源等创新要素，建设若干公司级工艺专业研究室，实现技术研发平台对液体动力制造核心专业的进一步覆盖；瞄准智能制造、大数据等前沿领域，立足液体动力向"研制与批产并重"转型需求，与西北工业大学、上海大学等高校建立了"液体火箭发动机智能制造创新中心""液体火箭发动机加工工艺与切削大数据创新中心"等联合创新中心，加快建设液体动力智能制造体系；加强各类创新平台运营管理，通过制定各级创新平台研究目标和任务，建立绩效评价体系，在专项资金激励、课题申报、人才培养、关键资源配置、实验条件保障等方面加大支持，创新平台对技术孵化的牵引作用显著。经统计，2020年各创新平台突破航天液体动力关键技术数量占全公司的比重高达70%以上，有力支撑了型号研制和创新攻关。

二是探索将"内创业"与液体动力核心优势融合，以机制创新促科技创新。西发公司依托液体动力制造"增材制造""精密塑性成形"核心能力开展"内创业"，立足创新平台和创业团队，成立面向市场的增材制造创新中心、航天智能装备事业部，除提供启动资金和基础保障条件外，技术研发、产品开发、人才引进、经费使用、市场开拓等整个业务流程由创业团队负责；通过模拟法人、充分授权、完善机制、激发活力，推行扁平化、项目制的管理模式，促进了科技成果转移转化，进一步放大了公司核心能力价值，为后续产业化发展奠定基础。2020年，增材制造创新中心发挥国防科技工业航天特种构件增材制造创新中心主依托平台的优势，突破发动机核心产品一体化成形、铜-钢异种材料组合增材制造等国际先进技

术，有力地支撑 7 个先进动力型号、44 种复杂精密产品的快速研制；航天智能装备事业部加大开发无人零售智能终端产品，加快技术升级和产品更新换代，营业收入同比增长 179%。

三是建立自主研发和合作研发的双轮驱动研发模式，持续提升创新能力。一方面西发公司构建适合液体动力科技创新研发特点的自主研发管理模式，围绕基础研究、型号研制瓶颈技术、前沿探索技术等方面研发需求加大自主研发力度。作为典型制造型企业，2020 年自主研发经费投入达 1.92 亿元，占营业收入的 5.5%。研发项目实施过程中，实施课题组长负责制，引入矩阵式项目管理模式，充分发挥课题组长技术路线决定权；研发项目结束后，引入市场化的研发投入评价机制，使得后续研发投入更加聚焦。通过自主研发，西发公司突破发动机推力室复杂熔焊与钎焊交织的焊接控制技术、高效率低成本电火花加工技术等，较好地提高了重点型号研制的"质量、效率、效益"。另一方面西发公司加大与哈尔滨工业大学、大连理工大学、中国科学院沈阳自动化研究所等知名院所产、学、研合作，加大对外智力引进，通过联合申报课题、联合研发自动化产线等，进一步加强公司科研创新能力。

四是建立多元化、多维度的创新人才激励与培养机制，充分挖掘创新人才的创新潜力。一方面西发公司加强课题研究激励，实施开题立项奖、里程碑节点奖、结题验收奖、成果转化奖等全周期奖励分配模式并落实发放至个人，极大提高了工艺技术人员从事课题研究的积极性；在员工职业通道聘任中加大向一线倾斜，2020 年聘任了 41 名一线骨干担任高级科研技术和高级技能职务，其中首次聘任技能专家 18 人，对一线骨干人员从事技术和管理创新起到了正向激励引导作用。另一方面西发公司建立了多层次创新人才培养机制，依托各级各类创新平台、技能大师工作室、劳模工作室等，以培养青年科技人才与技能青工、"卡脖子"问题攻关、推动

"精、大、贵、稀"装备工艺转化等为工作重点，培养出一批一线创新人才和具有工匠精神的高技能人才；坚持以赛促学，积极组织技术和技能人才参加国家年度重点竞赛项目，形成"比、学、赶、帮"的良好氛围，促进了青年人才理论水平和实操技能提高。

（二）建立健全公开、平等、竞争、择优的市场化选人用人机制，激发创新活力

一是全面实施经理层任期制和契约化管理。西法公司本级由控股股东与公司总经理（执行董事）、总经理（执行董事）与其他经理层成员以刚性任期、刚性考核、刚性薪酬兑现为主线进行契约化约定，签订岗位聘任协议、年度和任期经营业绩责任书；产业公司由董事长代表董事会与经理层各成员完成相关文件签署，推动任期激励和经营业绩挂钩，将经理层收入与企业当期经营效益、长远发展目标和重点工作任务紧密结合，建立突出经营业绩、突出刚性奖惩的新型经营责任制，提升企业市场化、现代化经营水平。

二是全面建立了市场化用工机制，推进"人员能进能出、干部能上能下"。西发公司完善人才引进录用条件、引才方式和引进流程，加大社会成熟人才引进力度，全员实行市场化公开招聘；对标市场化薪酬标准，按岗位类别、院校层次分级提高了新入职员工收入水平，重点向核心紧缺专业人才倾斜，在一定程度上解决了人员"引进难""留不住"问题；2020年以焊接、装配、检验岗位为试点，建立包含实操工时、奖项荣誉、质量问题、理论考核成绩等要素在内的岗位胜任力模型，强化人员能力等级与从事产品等级相匹配的工作机制，实现人岗匹配、末等调整、动态管理；完善员工与干部绩效评价体制，细化考核结果等次，将日常业绩考核和年度能力态度评分考核，加强考核结果在岗位调整和解除劳动合同方面的应用，建立不胜任岗位干部调整、员工退出的市场化用工机制。

三是积极推进建立以核心竞争力提升为导向的差异化薪酬管理体系，激发科技人员干事创业活力。西发公司开展了骨干人员岗位分红中长期激励，科学设置业绩考核条件，综合考虑岗位类别、岗位职责、绩效贡献、资历条件等，选取管理、科技、技能共 50 个岗位、383 名激励对象开展精准激励。其中，科技人员占比 65.0%；科研管理人员占比 9.4%；技能人员占比 25.6%。强化薪酬分配和考核结果相结合，建立多维度的干部、员工绩效考核体系，将个人绩效工资分配与考核结果强挂钩，实现了员工收入的"能增能减"。2020 年科技人员中考核达到优秀的一线技术人员（占比 28.13%）科技津贴是称职人员（占比 57.81%）的 2 倍，是基本称职人员（占比 14.06%）的 4 倍，进一步激发了骨干人员的工作热情。

三、改革创新成效

一是突破多项关键技术，科技创新实力明显增强。2020 年公司通过在自身技术发展需求最突出、问题最需迫切解决的领域开展科技创新，突破了以国内最大钛合金喷管制造、球锥形金属隔膜贮箱制造等为代表的 29 项液体动力关键技术；在我国 500 吨级重型运载火箭发动机关键技术攻关上也取得重要突破；2020 年获国家科技进步奖 1 项，省部级科技进步奖 6 项，申请 3 件国际专利，授权中国专利 39 项，数量和质量均创历史新高。

二是坚持以创新为驱动，将自身发展与国家重大科技工程紧密结合。西发公司坚持围绕"高质量保证成功，高效率完成任务，高效益推动航天强国和国防建设"发展目标，聚焦型号科研生产关键环节推进技术创新。2020 年液氧煤油发动机研制生产区全面建成投产，以总装脉动生产线、先进制造单元为代表的数字化、智能化、精益化工厂初步建成，型号研制能力得到大幅提升；2020 年完成了以"长征 5 号 B、长征 8 号"首飞为代表的34次宇航系列发射，助推北斗导航、探月三期等重大工程圆满收官，以及首次火星探测等重大发射任务顺利实施，展现了公司以国为重的政治担当。

三是主要指标实现持续较快增长，航天技术应用产业市场占有率大幅提升。西发公司通过深化市场化改革，极大地调动了员工的积极性，取得了打赢"疫情防控阻击战"和"科研生产任务攻坚战"重要阶段性成果。2020年度公司完成营业收入37.16亿元，同比增长10.4%；实现利润总额3.76亿元，同比增长11.7%。公司通过航天技术应用产业加快市场化转型升级，2020年开发了赛诺威、赛康威系列柔印设备，全面占领国内高中端市场，新签合同额同比增长100%；加快新领域拓展和新产品研发，开发量子点膜生产线、宽幅反渗透膜生产线，提升国内高清显示、海水淡化能力，将液体动力技术更好地服务于国民经济和社会发展。

4

改革创新管理体制　增强科技创新动能
推动电子元器件产业高质量发展

贵州航天电器股份有限公司

一、基本情况

贵州航天电器股份有限公司（以下简称"航天电器"）是中国航天科工集团有限公司下属航天江南集团有限公司所属上市公司，主要从事高端连接器及线缆组件、继电器、微特电机及控制组件、光电模块、智能装备及服务等系列产品的研制生产和技术服务，产品广泛应用于航天、航空、电子、兵器、船舶、核工业、通讯、轨道交通、石油、电力、安防、医疗等领域。

近年来，公司先后被评为国家高新技术企业、国家创新型企业、国家技术创新示范企业；拥有国家认定企业技术中心、国家精密微特电机工程技术研究中心、博士后工作站、院士专家工作站等创新平台。航天电器分别在贵阳、上海、遵义、苏州、泰州、镇江、东莞等地拥有8家控股子公司，现有资产总额64.53亿元，拥有有效专利923项，2020年在中国电子元器件百强排名中位列第22名。

二、主要做法

航天电器立足"管控＋自主"的管控模式开展集团化管理，自入选

"科改示范企业"以来，为进一步激发创新活力，增强创新动能，紧紧围绕市场化选人用人、市场化激励约束机制、激发科技动能等方面采取了一系列改革举措。

（一）深化三项制度改革，推进市场化选人用人模式

一是全面推行经理层成员任期制和契约化管理，经理层成员年度及任期考核结果兑现薪酬和续解聘，对 8 家子企业经理层实施了任期契约化管理，29 名经理层成员签订了年度及任期合同。

二是建立以业绩贡献为主导的员工绩效评价体系，员工绩效评价结果与薪酬、职位晋升、劳动合同续签挂钩，对年度绩效评价前 20% 的人员涨薪，后 10% 的人员实施转岗降薪、降职或解除劳动合同。通过绩效评价，2020 年员工转岗 105 人，解除劳动合同 57 人；中层管理人员降薪 23 人，降职 2 人，免职 4 人。

三是畅通各类人员职业发展通道，对技术类岗位设立了从助理级到主任级 6 级序列，对各级人员实施 2 年一聘，聘任后给予职级工资待遇。对不满足要求的人员予以降级或解聘；对获得科技进步奖、入选人才工程的人员可采取破格晋级聘任。

四是建立了科技人才返聘机制，返聘了 3 名退休科研骨干人才。通过各项改革举措的实施，2020 年骨干人才流失率较 2019 年下降 20%。

（二）改革创新激励模式，激发科技创新动能

一是建立创新基金池，实施即时激励。每年核定一定数额的经费用于创新激励，每月对取得成果的创新项目实施奖励，对重大突出贡献的项目最高奖励 30 万元。2020 年实施创新奖励 2 000 多万元。

二是加大科技成果转化激励。将科研成果与产品市场化紧密挂钩，按项目研发节点设置节点奖，同时对新研发产品形成的销售收入按 1%～3% 比例提取用于激励技术、市场开发人员。2020 年公司用于科技成果转化奖励金额超千万元。

三是探索实施了科研项目"风险共担，利益共享"的研发跟投模式，由项目核心技术成员按照项目研发预算经费的一定比例出资（一般为20%），根据研发产品市场盈利结果与跟投员工按比例分享项目收益，并选择了两个项目试点，其中一个项目研究成果已成功推向市场，项目研发周期缩短了2/3，获得市场订单金额达200多万元。

四是建立员工岗位价值提升激励机制，鼓励员工立足所处岗位涉及的质量及效率提升、成本下降等方面开展改善工作，根据改善项目取得成效设置了6个等级，最高奖励金额达7 300元。2020年员工提出并参与改善项目1.96万条，奖励金额299万元，产生经济效益4 600多万元。

（三）改革科技创新管理，提升创新能力

一是坚持按照"两个不低于"原则开展创新投入，即按照不低于营业收入的8%经费用于技术开发投入和按照营业收入的5%经费用于技术改造投入，2020年研发投入4.28亿元，占营业收入的10.14%。

二是充分发挥子公司上海研究院的技术创新引领作用，建立"研产相对分离、研产上下结合"的科研模式，推动上海研究院向创新研究院转型升级，将上海研究院从一般产品研发向产业/行业研究、新技术/新材料应用研究、关键共性技术研究和重大平台性产品开发转型，研发成果向其他各子公司输出实现产业化。2020年通过上海研究院转产其他子公司项目共计66项，其中一款平台化项目近3年预计实现收入超亿元。

三是与用户、科研院所、高校、社会创客共同建立创新工作室、双创团队等多样化的产、学、研、用协同创新联合体，促进新技术、新产品孵化及成果转化。2020年与哈尔滨工业大学、重庆大学、贵州大学等多家高校开展产、学、研合作，研发项目11项。

四是围绕五大产业，按产品系列梳理建立了10个专业技术领域，制定

25 项技术发展路线图；按专业技术领域设置了以专业副总工程师和专业总师为主导，设计、工艺、质量技术"三位一体"的项目团队模式；依托内部自动化、智能化改造培养智能制造工程师队伍。2020 年拥有智能制造技术人员近百人，同时获得航天科工集团智能制造总体部授牌。

（四）创新研发模式，拓展市场配套领域

一是实施项目引才。为抢抓通讯 5G 用高速产品快速发展的机会产品配套机遇，填补民用高速产品技术短板，航天电器引入技术团队开展新产品开发，突破了 5G 高速用产品关键技术瓶颈，完成 6 个新产品的研发，已在华为、中兴多个项目成功落地并获批量订单。

二是采取与国外同行开展专利互授，航天电器获得射频产品在华为的配套资质。利用射频产品配套机会成功开发了 5G 天线用 Pogopin 射频连接器，实现产品收入上亿元，成为业界射频板间连接器的主力供应商。

三是依托与西门子股份公司打造中德合作智能制造项目，培养智能制造专业能力，将智能制造作为主要产业发展方向打造，组建了市场开发团队。2020 年智能制造外部订货突破千万元，其中全自动组装检测包装生产线设备获得国外客户的订货。

四是改革市场技术服务模式，推行"技术前伸"，实施"技术人员驻点支撑市场""与用户联合办公"等形式。航天电器在北京、深圳、西安、成都等地设立研究所，在国内主要城市设立技术市场服务中心，让技术人员走进市场，24 小时响应客户需求，在现场为客户提供技术解决方案，参与到用户项目研发过程中，准确识别用户需求，提升研发质量和效率。2020 年公司新品商品化率高于往年近 20 个百分点。

三、改革创新成效

航天电器借力"科改示范行动"，积极探索市场化机制体系改革，创新活力明显增强,创新成果不断涌现,经营指标持续提升。

一是主要经营指标持续提升。2020 年通过各项市场化改革举措,公司克服新冠肺炎疫情影响,营业收入、利润总额、全员劳动生产率实现同比两位数增长。2020 年实现营业收入 42.18 亿元、利润总额 5.64 亿元,净资产收益率达 13.47%,全年研发费用投入占销售收入的近 11%,新产品销售收入占总营业收入的 30% 以上。

二是科技成果不断显现。通过创新管理体系及市场化激励机制的建立,公司创新活力明显增强,研发效率提升明显。2020 年多项产品技术取得突破,其中"极端环境特种电机系统技术体系创建与应用""先进航空发动机用高可靠多功能永磁发电机技术""宇航用自浮动电连接器""轻型复合材料圆形电连接器"等多个项目获国家级及省部级科技进步奖;在 5G 项目上形成电源、射频板间、高速连接器等 10 余个高水平专利;"航天电器电子元器件智能制造"项目入选 2020 年中国智能制造十大科技进展;2020 年获得专利授权 137 件;公司主导编制的 1 项 IEC 国际标准及 2 项国家标准通过审批发布,4 项国家军用标准完成报批。

5

机制创新增活力　科技创新促发展

中船重工信息科技有限公司

一、基本情况

中船重工信息科技有限公司（以下简称"中船信科"）是中国船舶集团有限公司第七一六研究所控股的国家高新技术企业，是企业信息化建设和智能制造领域的系统解决方案供应商。公司设有中国船舶工业软件测评中心、江苏省信息产业企业联合研发创新中心、江苏省船海装备智能制造工程技术研究中心，拥有涉密信息系统甲级资质、电子与智能化工程专业承包二级资质、CMMI L4 资质，申请发明专利、实用新型专利等 270 余项，获得授权 107 项。

中船信科致力于推动工业企业数字化转型，成为集团公司先进制造业务旗舰，大力发展工业软件、智能装备与新一代信息技术应用、智能制造系统集成等业务。中船信科承建的船舶智能制造生产线 2018—2019 年连续两年入选中国科协智能制造学会联合体评出的中国智能制造十大科技进展。面向未来，中船信科将深化改革创新，激发企业动力和活力，实现高质量发展。

二、主要做法

（一）设立科技委员会，强化创新顶层设计

中船信科设立了科技委员会，并设立了自动化装备及集成、智能信息系统、工业软件、军品融合 4 个专业委员会，主要负责开展顶层策划、战略研究、咨询评议等工作，发挥专家委员对科技创新的顶层决策支撑和引领作用。2020 年，组织专家委员评议公司高质量发展纲要和"十四五"规划，对大型船舶设计工艺仿真与信息集成应用标准及试验验证、工业互联网关键网络技术试验验证、基于云平台的数字化车间技术研究等前瞻性、复杂性重大问题研究开展专题研究，科技创新顶层牵引力大幅增强。

（二）聚焦增强动力活力，完善创新激励机制

一是完善科技创新考核体系。中船信科在绩效考核体系中加入科技创新指标，设立科技成果与知识产权奖、优秀论著与学术交流奖、科技创新优秀团队等多个科技创新奖项，2020 年船舶大型复杂构件激光自动精密加工成套装备开发研究、面向大口径火工品的智能装配总体技术研究、面向大型装备的全流程智能装配自动化生产线等 5 个团队获得奖励 80 万元。同时，在薪酬结构设计上进一步向一线科研人员倾斜，调整科技类员工等级档次，2020 年科研人员人均薪酬同比增长 16.1%，充分激发优秀人才从事科技创新的积极性。

二是强化科研人员权责。中船信科给予科研人员在立项选题、经费使用及资源配置等方面的自主选择权，同步加大对科研项目研发进度及科技成果转化率的考核，确保技术研发、成果转化两手抓。2020 年实现新增授权发明专利 13 项，每亿元收入发明专利数达到 3.28 个，科技成果转化率由 35% 增加至 44.4%。

（三）健全市场化人才机制，提供创新人才保障

一是实施经理层成员任期制契约化管理。管理范围涵盖中船信科及其子公司经理层所有岗位，以固定任期和契约关系为基础，明确经理层成员岗位职责、业绩目标、薪酬激励、退出规定等。经理层业绩考核分为经营业绩目标和个性化目标。经营业绩目标中明确研发支出占营业收入比、每亿元主营业务收入有效发明专利数、科技成果转化率、当年授权发明专利等科技创新类考核指标；个性化目标中明确船舶总装建造分段车间5G应用等核心技术、产品研发突破的目标节点。科技创新占考核总体分值比例为30%，既考虑当期业绩又兼顾长远发展。通过实施经理层人员实行任期制和契约化管理，以目标考核实现"能上能下"，以契约管理实现"能进能出"，以刚性考核实现"能增能减"，率先在公司经理层实现三项制度的落实，改革工作得到股东、公司骨干的支持，形成了上下同欲的改革氛围。

二是完善员工引进和考评机制。中船信科从"人才引进、人力资源管理、员工评价"3个维度，形成开放引进、优胜劣汰、不养闲人的用人机制。人才引进方面，灵活采用业余兼职、临时聘请、技术合作等多种方式引进高端人才，在实现引智的同时避免人力资源闲置；人力资源管理方面，发布《岗位评价管理办法》，实行"双向选择、选聘上岗"，实现择优聘用、动态管理，形成"鲶鱼效应"；员工评价方面，评价体系以业绩和贡献为导向，对经营、管理、专业技术人才实行分类考评，逐步实施以绩效考核为核心、量化考核为手段、关键业绩指标为主要依据的考核制度，并将考核结果作为员工晋升或奖励的依据。

（四）整合科技创新资源，强化创新能力建设

一是整合科技创新资源。2020年，中船信科大股东将其机器人事业部注入公司，使公司具备了自主可控机器人及核心部件的研制能力，打通了

先进制造信息系统产业链关键环节。公司在上海新设立全资子公司，承接机器人事业部业务，依托上海市综合优势，挖猎高端科技人才，重点开展5G应用、人工智能、区块链等高端研发，与英国帝国理工大学、萨里大学等国际知名院校开展技术合作。通过创新资源整合，有效解决公司产业链上缺少核心硬件支撑、人才引培和对外合作面临区位劣势的短板，公司整体协同创新能力有效提升。

二是加快科技基础设施建设和协同创新。2020年中船信科重点建设了软件集成服务平台和3D综合管控平台2个研发实验室，提升在船海领域仿真设计等工业软件领域的研发能力；打造了智慧军营一体化融合创新平台，助力公司拓展智慧军营业务。

（五）加大科技创新投入，强化科技创新管理

一是加大科技创新投入。中船信科将研发投入纳入年度预算，将当年科研投入占比营业收入的最低比例设置为6%，计划在"十四五"期间将研发投入占比提高到10%；同时，在修订的工资总额管理办法中，将研发投入作为利润进行回算，提高经理层人员加大科研投入的积极性。

二是加强创新过程管理。中船信科完善项目申报、评审、立项、实施、验收、结题等全流程监督和考核闭环管理体系，确保每一分投入都能有更大产出。

三、改革创新成效

中船信科以"科改示范行动"为契机，通过健全科技创新体制机制、完善市场化人才机制、整合科技创新资源、建设完善科技创新能力、加强科技创新管理等重点改革举措，科技创新活力动力显著增强，创新发展成效逐步显现。

一是科技创新能力显著提升。2020年，中船信科突破了曲面分段多机

器人柔性焊接、七自由度机器人等新技术，解决了恶劣环境下自动化焊接、智能化检测等困扰船舶行业多年的难题；突破了基于多传感器融合的快速寻孔定位等关键技术，并在火工品领域实现首次应用，加快了我国火工品装配行业向自动化、智能化发展；"一体化经营的船舶管系柔性制造及管控技术研究与应用"项目获得中国造船工程学会科学技术一等奖。2020年，公司创新人才数量和质量实现同步提升，硕、博人员增加103人，其中研发人员数量增加70人，科研人员占比增加至64.8%。

二是创新资源整合效益初步显现。中船信科通过整合自主可控机器人核心部件业务，既增强了工业设计软件、车间过程控制软件、企业管理软件研发等"软"实力，又夯实了自主可控的机器人及核心部件、机器人专用工作站等"硬"平台，形成了软硬结合的一站式系统服务能力，有力支撑了项目研究和市场开拓。在科研项目方面，争取了基于云平台的数字化车间技术研究与示范应用、船舶智能制造集成技术研究等多个课题，课题经费超3 000万元；在市场开拓方面，承接了管子集成制造、钢箱梁智能制造生产线等具有示范效应的重大项目，合计金额达3亿元。

三是公司经济发展稳步增长。由于发展动力活力得到显著增强，中船信科不仅巩固了船舶行业内市场，还进一步开拓了船舶行业外市场，公司盈利潜力和抗风险能力大幅提升。2020年，新签订合同额9.58亿元，同比增长43.64%；实现营业收入6.09亿元，逆势增长6.37%；研发投入3 736.48万元，较上年增长9.43%，占营业收入的6.14%；资产负债率下降6.81个百分点，降至48.11%。

6

创新发展　建设世界一流夜视科技企业

北方夜视技术股份有限公司

一、基本情况

北方夜视技术股份有限公司（以下简称"北方夜视"）成立于2000年，是中国兵器工业集团有限公司所属三级子公司，注册资本23 361.21万元，依据现代企业制度建立了"三会一层"治理体系。现股东为北方夜视科技研究院集团有限公司、中国北方化学工业集团有限公司和昆明物理研究所。

北方夜视致力于像增强器、微通道板、光电倍增管等光电核心器件研发制造，产品广泛应用于微光夜视、天文观测等领域，国内市场占有率达到90%以上。公司拥有国内唯一一条符合国际标准要求的各类微光像增强器生产线，国内唯一一条符合国际标准要求的各类微通道板生产线，国内唯一一条20英寸（1 英寸 = 0.025 4 米）微通道板型光电倍增管生产线，建有周立伟院士工作站、王贻芳院士工作站、云南省工程技术研究中心等科技创新平台。

北方夜视践行"夜视报国，做世界一流的夜视技术公司"使命和愿景，围绕光电成像和光电探测两大技术领域，落实"一切为了创新发展"工作方针，提升自主创新能力。自获批入选"科改示范企业"以来，公司以激发科技创新动能为出发点，以人才、激励等方面为改革重点，充分释放公司发展动力和创新活力。

二、主要做法

（一）人才强企，建强推动发展"新队伍"

一是做好科技人才"引用育留"。北方夜视以战略引领为原则，人力资源与业务发展同步谋划，推动人才精准获取和开发，提高人力资源对战略目标的支撑作用。制定"一人一策"人才引进计划，依据公司技术体系和产品体系发展目标，确定人才知识结构、需求数量，精准"引才"；建立多通道发展体系，开展"业务导师＋生活导师"的双导师制，一方面促进员工业务能力快速提升，适应岗位需求，另一方面确保各类人才优势得到充分发挥，合理"用才"；依托重大项目培养科技人才，根据项目特点配置人员，因才施策，高效"育才"；通过科研创新激励和专项补贴方式，有效"留才"。截至2020年年底，公司一线科研人员较2019年增长19%，硕士及以上学历占比达到78%，基本建立起结构合理、梯次清晰的高技术科研团队。

二是畅通技能人才培育通道。北方夜视推行"夜视工匠"技能人才培育之路，将生产实践中产生具有代表性、创造性、可重复性的纪录设定为"夜视吉尼斯纪录"，鼓励员工以匠人之心和精益求精的精神进行挑战，按季度对创造纪录的团体或员工授予"季度之星"称号，按年度对成绩优异的团体或员工授予"夜视工匠"荣誉称号，实施专项奖励；开展"夜视工匠"和"季度之星"一对一传帮带活动，有效带动团队整体绩效改善。自2016年开展上述活动以来，北方夜视累计评选"季度之星"184人次，评定"夜视工匠"5人，组织撰写经验总结70余份，其中2020年共有30余份，使公司"隐性知识"得到固化和传承，培育了一批具备工匠精神的高技能人才。

（二）机制创新，激发深化改革"新活力"

一是打破"大锅饭"，从"多劳多得"向"优劳多得"转变。首先，北方夜视建立健全以合同管理为核心、以岗位管理为基础的用工制度，以岗定责、以岗定人，规范用工制度，推进岗位职责清晰化、规范化、标准化，夯实岗位管理基础。在此基础上，建立起分类分级绩效指标体系，部门绩效指标以公司当期目标为起点，个人绩效指标以部门指标为基础，实现公司发展目标向下层层传递。其次，在考核结果应用上，北方夜视根据员工岗位价值贡献不同合理拉开收入差距，实现薪酬差异化分配。建立绩效评价反馈机制，根据绩效评价内容有的放矢开展员工培训，提升员工适应工作所需知识和技能水平。通过以上机制创新，北方夜视有效提升了员工精神层面满足感和价值观高度，提高了公司内在动力，拉动质量效益全面提升。

二是推行岗位分红激励制度激励核心骨干。北方夜视按照"利益共享，风险共担"原则，出台《岗位分红激励方案》，激励对象向在自主创新和科技成果转化中发挥主要作用的关键核心技术人员倾斜。个人分红权系数依据岗位系数、部门战略系数、个人业绩系数、专业贡献系数、创新成果系数综合确定，体现价值创造及业绩贡献为导向的分配机制，确保岗位分红激励的正确导向和有效性。首期激励人数占在岗职工总数 30%，其中，技术骨干占 88%。在有效激励基础上，合理调控分配差距，经测算最高激励额达到最低激励额的 6.4 倍。同时，设立"特别贡献岗位"，经申报评估，确定少量典型岗位对象进行重点激励。岗位分红激励机制有力促进了公司产能提升，保障了核心关键技术攻关进度。

（三）追赶标杆，跨入世界一流"新行列"

北方夜视以对标世界一流产品性能为出发点和切入点，以加强自主创新能力为主线，坚持突出重点、统筹推进、因业施策。

一是对标法国 PHOTONIS 公司，做中国最好的微光像增强器。北方夜视先后完成 2 个新型像增强器研制，实现成果转化，形成新经济增长点。2020 年研制成功新一代近红外增强型像增强器并实现小批量生产，各项指标达到国际先进水平，形成助推夜视装备跨越式发展的强大动力。

二是对标日本滨松公司，做中国最好的光电倍增管。面对国内技术空白，北方夜视自主创新，研制成功 20 英寸微通道板型光电倍增管，填补了国内大尺寸光电探测器件领域的空白，助力国家大科学工程建设。

三、改革创新成效

随着用人机制、薪酬激励机制和对标管理深入推进，公司释放巨大活力。"十三五"期间，实现产能和业绩翻两番、自主创新能力快速提升，为持续高质量发展夯实基础。

一是产能跨越式提升。北方夜视先后提出"一切为了生产，一切为了良品率"指导方针，依托机制改革和生产组织方式革新，产能实现跨阶式跃进，近 3 年交付的主营产品像增强器数量超过公司成立以来前 17 年的总和，全面完成装备保障任务，强化国企政治担当。截至 2020 年，公司主营产品综合良品率较 2019 年度提升 5.76%，有效降低生产成本；20 英寸微通道板型光电倍增管实现从无到有、从有到优，现已全部高质量完成"江门中微子实验"和"高海拔宇宙线观测站"所需产品的交付。

二是经营业绩连续攀升。"十三五"末，北方夜视在从业人数和固定资产原值规模同比"十二五"末分别增长 24.2% 和 20% 的情况下，销售收入同比增长 306%，利润增长 507%，全员劳动生产率提高 138%。2020 年超额完成年度经营任务和经济指标，销售收入、利润、全员劳动生产率较 2019 年的增幅分别为 33%、19%、7%，研发投入强度达 6.8%，净资产收益率达 20.5%，有力地实现了国有资产保值增值和公司更高质量发展。

三是自主创新能力提高。2020 年，北方夜视获得受理的发明专利 76 项，新增授权专利 11 项，在核心期刊发表论文 13 篇，荣获中央军委军队科技进步一等奖和中国光学工程学会科技进步一等奖各 1 项；公司像增强器"微纳光栅衍射增强技术"取得重大突破，实现关键技术自主可控，打破国外技术封锁；光电倍增管、微孔光学元件等核心元器件技术水平达到国际先进，参与中科院江门中微子探测、爱因斯坦探针、高海拔宇宙线观测站、清华大学锦屏暗物质实验室等多项国家重大科学项目，为国家重大科学工程提供重要技术支撑。

7

突破核心技术　打造国家制造业单项冠军

云南北方奥雷德光电科技股份有限公司

一、基本情况

云南北方奥雷德光电科技股份有限公司（以下简称"奥雷德"）是中国兵器工业集团有限公司所属四级子公司，由中国兵器工业集团有限公司所属 5 个研究所及云南省投资控股集团有限公司、云南冶金集团股份有限公司、上海索酷图像技术有限公司共 8 家股东单位投资组建。

奥雷德作为国家高新技术企业，承担了国家及省市级科技计划项目 10 余项，获得多项国家、省部级科学技术进步奖和管理创新成果奖，并获得 39 项专利授权，制定企业技术标准 10 余项。奥雷德制造的 OLED 微型显示器产品技术上总体达到国际先进水平，打破了国外技术和产品垄断，实现 OLED 领域的重要突破，使中国成为继美国之后，全球第二个掌握 AMOLED 微型显示器研发技术及批量生产的国家。奥雷德客户分布于全球 50 多个国家和地区，累计达 450 余家，其中海外客户达 335 家。2020 年公司获得了工业和信息化部首批专精特新"小巨人"企业认定，2020 年 12 月入选第五批国家级制造业单项冠军示范企业。

二、主要做法

（一）完善公司治理体制机制，提高规范运作水平

一是完善制度体系建设，做实董事会职权。奥雷德构建"三会一层一组织"制度体系，充分发挥党组织的核心领导作用，选聘 OLED 领域、半导体行业、显示行业相关专家进入董事会，外部董事占绝大多数席位（经营层仅占一席），逐步强化董事会职能职权，充分发挥董事会在核心技术引领、日常经营、风险防控中的战略决策作用。董事会设立四大专门委员会，引入独立董事制度，选聘具有相关资质的行业专家作为独立董事，以独立于公司的第三方角度参与公司运营决策，专门委员会均由独立董事任主任并占多数席位，给予董事会科学决策提供有力保障。

二是强化风险管控，建立现代化内控制度体系。奥雷德成立专业部门负责公司内控及风险管理工作，聘请专业机构及相关专家作为内控顾问，有效支撑公司风险防控、制度体系建设相关工作。2020 年公司对内控做了进一步梳理、完善，发现公司在销售、收款、采购、人力资源、研发管理等方面尚存在不同程度的设计和执行缺陷，共梳理出 12 个方面的 41 个风险提示事项和 65 个内控缺陷问题，提出改进建议 76 条，涉及新增或修订制度 13 个。

（二）深入实施创新驱动发展，激发科技创新动能

一是建立健全以企业技术中心为核心的创新体系。公司以"自主创新、引领发展"为指导方针，查找存在关键核心技术受制于人、创新效率不高、科技领军人才不足、创新体制机制有待完善等问题，进一步加强科技创新战略规划，对关键核心技术、生产技术难题进行刻苦攻关；强化新技术、新工艺和基础研究领域前瞻性布局，推进以市场为导向、以客户为中心、以产品为载体，加大科研投入，打造产品差异化优势，强化公司科

技创新能力；优化研发创新平台设置，在侧重于硅基驱动电路、OLED 有机发光结构及器件基础研究的同时，关注 OLED 微型显示器的整条工艺线技术的开发，从而构成"以驱动电路、有机发光结构以及基础研究为三个点，以 OLED 微型显示器全线工艺技术为一条线"的研发体系；围绕高分辨率及尺寸多规格显示器开发、显示器光电性能提升和终端应用系统应用开发，搭建产品设计验证平台及检测平台，扩展产品研发试验与测试能力的深度与广度，有效实现产品技术创新。

二是多部门协作，加强关键核心技术攻关。奥雷德构建了由研究开发部、技术质量部、生产制造部多部门联合，以工艺技术创新项目的形式针对关键技术、关键工艺、新产品开发等存在的问题进行立项和攻关，逐步实现关键难点、重点、共性、基础技术的突破，进而促进公司产品性能、产能和市场优势。

三是大力推进研发成果转化。奥雷德通过与高校、科研院所联合共建协同创新中心和联合实验室等多种形式的协同创新平台，与京东方科技集团股份有限公司战略合作，联合共建 AR/VR 民品消费电子产业，推进上游材料厂商合作，加快关键技术的产业化进程，缩短产品研发周期。近几年来，公司通过科技成果转化，研发新产品 3 个，新品销售收入占公司总收入 30% 以上。

（三）健全市场化选人用人机制，激励干事创业

一是经营层实行董事会聘任制和任期制。董事会与总经理签订《年度工作目标责任书》，总经理与各部门分管领导及部门负责人签订《年度部门工作目标责任书》，层层落实责任。

二是拓宽人才来源渠道。奥雷德严把进人关，通过媒体网站、传统媒体等多种招聘渠道，按市场化方式招聘优秀人才。

三是修订《薪酬管理制度》《干部管理办法》。奥雷德加强中层管理人员考核，进一步细化明确了干部聘用、考核内容，实施末位淘汰，形成干部"能上能下、能进能出"的机制。

四是强化核心人才队伍建设。奥雷德围绕"科技开发、工艺技能、市场营销"等三支队伍，制定出台了专业技术优秀人才、关键技能带头人、市场营销带头人与市场营销骨干选拔考核管理等相关制度，推进公司人力资源规划设计，规划好各类人员的职业生涯设计，加大培训力度，畅通各类人员的上升通道。

三、改革创新成效

一是主要经营指标逐年上升。2020 年度奥雷德主营业务收入达 15 633.42 万元，较上年增长 21.14%；实现净利润 3 551.59 万元，较上年增长 37.28%；经济增加值完成 2 307.49 万元，较上年增长 24.84%；全员劳动生产率 67 万元/人，较上年增长 8.06%；研发投入占主营业务收入的比重达 16.10%。

二是科技创新取得显著成效。经过几年的建设和技术攻关，奥雷德先后攻克了 ITO 阴极保护层工艺技术、OLED 微型显示器色坐标性优化、高功函数高反射率阳极结构、低温彩胶工艺、新型复合密封工艺等关键核心技术，技术成果荣获 2020 年国防科学技术进步奖三等奖、中国兵器工业集团 2020 年度科学进步奖三等奖和管理创新成果二等奖；在此基础上，成功研发了多种规格型号的高分辨率主动式 OLED 微型显示器，并实现了批量化生产，为军品装备提供了核心器件支持。

8

创新引领　继往开来
百年老企焕发蓬勃生机

湖南云箭集团有限公司

一、基本情况

湖南云箭集团有限公司（以下简称"湖南云箭"）是中国兵器装备集团有限公司（以下简称"兵器装备集团"）所属国有独资二级企业，前身为1890年成立的湖北汉阳兵工厂，迄今已有131年历史，是国防军工行业仅有的仍坚守三线的独立工矿区企业之一。面对地理劣势和发展局限，湖南云箭始终秉承改革创新的优良传统。经过多年的改革发展，湖南云箭现已成为国内一流的特种产品研制生产总体单位，是国家高新技术企业、湖南省重点培育企业和兵器装备集团"十四五"期间重点打造的"领雁"企业；拥有国家级创新平台1个，省部级创新平台9个；获得省部级科技成果奖励24项；承担了3项国家重大工程项目；完成6项重点型号项目的设计定型。

2020年，湖南云箭入选"科改示范企业"以来，进一步强化改革创新，坚持问题导向、创新引领，以科研体系改革、三项制度改革和中长期激励为突破口，持续健全市场化经营机制，着力激发广大干部员工干事创业活力动力，企业进一步焕发蓬勃生机。

二、主要做法

（一）系统推进科研体系改革，强化科技创新引领作用

一是持续打造高质量创新平台，构建协同创新体系。湖南云箭始终将自主创新放在发展的首要位置，在分离破产初期经营极度困难的情况下，仍然坚持自筹资金在长沙建设研发创新机构，实现新产品研发由偏远山区向中心城市的转移，迈出转型发展的关键一步。近年来，湖南云箭进一步强化研发核心地位，面向前瞻技术和未来产品需求改组组建研究院，瞄准信息化智能化发展趋势，打破传统专业设计，优化组织机构设置，大力推进软件、仿真等专业学科建设，设立专业研究所，为持续发展夯实组织保障；同时，大力构建"产、学、研、用"相结合的开放型创新体系，不断拓展深化与国防科学技术大学、中国工程物理研究院等 10 余家科研单位在基础科研、新技术应用、前沿领域的协同创新，构建了基于装备需求的关键核心技术体系，形成上下游可控产业链集群，产、学、研协同的创新模式。

二是深入推进科研管理机制创新，提升创新效率效能。湖南云箭强力推进"技术与行政"并行协同的科研管理体制改革，打破"官本位"思维，建立以业绩、成果与贡献为核心的多维度晋升评价体系，全面打通专业技术人员晋升通道，引导科研人员争先创新出成果，管理人员更加聚焦战略管控与组织效率提升。研究院分设技术委员会和创新委员会两个咨询机构。技术委以行政管理人员为主，主要把关战略和方向；创新委以科研人员为主，主要把关技术路线和项目方案，形成分工明确、职责清晰且高度协同的运行机制。同时，对研究院充分授权，实行独立的财务、人事、薪酬管理，实行基于目标的预算管理与业绩评价体系，围绕高效产出建立以市场需求、成本、质量、进度约束的项目立项、管控、结项体系，并实施具有高度差异化的薪酬分配制度，项目总师收入普遍高于行政管理人员收入。

三是大力优化研发投入和人才培养机制，全面提升创新能力。湖南云箭持续加大研发投入，优化整合、提高资源配置效率，形成稳定多元的投入机制。"十三五"期间，湖南云箭研发投入占比达到11.87%，其中各类外部资金与自身投入的比例基本各占一半。湖南云箭坚持人才为第一资源的理念，建设丰富多元化的培养和晋升机制，针对各类核心人才，采取"请进来、走出去"的方式，为其创造条件加强与外部同行业交流；建立了员工个人发展的"转岗制""重要岗位空缺竞争上岗制""内部任职资格评定制度"等，对优秀研发和管理人员提供职务轮换和挂职锻炼机会。历经多年发展，研究院已经从成立之初的28人发展到现有科研人员286人，其中硕士及以上学历占比达47%，拥有"全国劳动模范"3人，享受国务院特殊津贴22人，各类科技带头人11人，成为具有全国影响力的特种产品自主创新研发团队。

（二）持续深化三项制度改革，充分激发创新活力

一是持续推进"干部能上能下"。湖南云箭坚持"优者上、庸者下、劣者汰"的选人用人导向，针对中层干部强化刚性考核，年初对年度任务难度进行等级评价，并确定相应差异化的考核和薪酬分配系数，鼓励中层干部主动挑战、自我加压，年末在收入拉开差距的基础上，进一步推行年度考核末位10%重新选拔任用，极大激发了中层干部担当作为的主动性。近3年，湖南云箭有4人退出中层干部队伍，15名优秀青年员工通过同台竞聘走上中层管理岗位，精简优化了中层干部36人、精简率达32%，中层干部平均年龄下降5岁，本科及以上学历人员占比提高23%，"80后""90后"占比提高21%，干部队伍结构和素质得到较大改善。

二是不断深化分配制度改革。湖南云箭构建基于能力业绩与价值创造的薪酬分配和职级评价体系，实行薪酬动态调整，鼓励员工通过不断提升能力、创造业绩实现收入增长；推行竞争型绩效分配机制，导入"零绩效"分配理念,合理拉开收入差距,使素质能力强、业绩贡献好、勇于担当作为的员工得到尊重和保护;加大收入分配向研发人员与关键岗位倾斜力度,研发人员年人均收入水平达到全员平均水平的2.43倍,进一步激发了科技创新活力。

三是深入推进用工市场化改革。湖南云箭组织开展管理人员结构优化,通过竞聘上岗、转岗调整、协议解除等方式,精简优化管理人员63人,管理人员占比由21.92%下降至12.89%,技术人员占比由19.53%提升至27.82%;持续推进员工年度考核末位调整机制,两年来共150多名绩效考核排名后10%的员工重新竞聘上岗,累计50名左右末位员工主动提出协商解除劳动关系,既促进了岗位与员工的优化匹配,又实现了富余人员的精简优化,进一步激发了员工队伍活力、提高了员工队伍素质。

(三)大力实施中长期激励,有效促进创新与产业融合

一是大力推行科技创新中长期激励。湖南云箭用好用足改革政策,灵活采用多种形式中长期激励手段。在新产业新项目领域大力探索引入新机制,在"制导组合体"和"微滴喷射大型砂型3DP打印装备"两个项目推行项目收益分红激励,覆盖30名左右的核心技术骨干和经营管理人才,有力促进了科研项目的产业化进程;针对科研项目探索建立项目跟投机制,现已选取3个科研项目开展了试点,项目研制进度均已超前计划节点,科研人员跨领域技术融合的主动性与创造性得到了极大发挥,实现了研发团队与项目风险共担、收益共享;在相对传统的水轮发电设备事业部大力推进预算管理、项目管理和生态圈管理,试点推行项目跟投、超额利润分享等中长期激励机制,充分发挥市场导向作用,不断激发创新动能。

二是构建高效的军民两用技术产业化发展模式。湖南云箭以特种产品自主创新为牵引,大力培育增材制造、高性能服务器及低成本MEMS导控产品等与主业依存度高的新兴业务,打造"国有体制控股+市场化机制运营"的产业化发展新模式，构建了特种产品业务与新兴业务相互支撑、相互赋能的产业格局，培育壮大新的增长极。疫情期间，湖南云箭依托特种产品增材制造工艺技术的沉淀，实现医用护目镜的急速研发生产，有力保障了医疗物质供应，研发团队主要科研人员被授予全国抗击新冠肺炎疫情先进个人，在人民大会堂现场接受表彰，充分彰显了军工央企的责任担当。2020 年，湖南云箭军民两用技术营业收入与利润增长率均超过 300%，为推动企业高质量、可持续发展奠定了坚实基础。

三、改革创新成效

一是经营质量不断提升。随着三项制度改革走深走实，市场化经营机制多措并举，湖南云箭不断优化了员工队伍结构，逐步实现企业"瘦身健体，提质增效"。2020 年，公司经营质量效益效率大幅跃升，营业收入同比增长 29.2%，利润同比增长 70.4%，经济增加值同比增长 246.5%，全员劳动生产率同比增长 31%，高质量发展的基础进一步夯实。

二是创新活力充分激发。通过科技创新激励机制改革，湖南云箭构建起多元化研发投入机制，极大地激发了技术人员的创新热情。2020 年，公司研发投入占比超过 10%，位于兵器装备集团前列，共有 6 个型号科研项目在年内完成设计定型试验，创历史新高，行业创新引领地位进一步巩固。

三是转型升级步伐加快。湖南云箭通过科研创新体系建设，新产品研发周期缩短了近 50%，新产品供给效率显著提升；构建形成了面向未来的产业产品体系，新产品产值贡献率达到 75% 以上；基本建成基于数据模型与流程的正向研发能力体系，研发数字化率达到了 100%，数字化研发与制造体系基本建成，不断加快由机械制造型企业向科技创新型企业的转型步伐。

9

深化市场化改革　强化科技创新正向激励
激发人才创新活力

中电海康集团有限公司

一、基本情况

中电海康集团有限公司（以下简称"电科海康"）是中国电子科技集团有限公司（以下简称"中国电科"）投资设立的安全电子产业集团公司，中国电科持有 100% 股权，是中国电科核心骨干企业、物联网领域龙头企业和全球化企业。电科海康拥有杭州海康威视数字技术股份有限公司（简称"海康威视"，股票代码：002415）和凤凰光学股份有限公司（简称"凤凰光学"，股票代码：600071）2 家上市公司、1 个国家一类研究所、1 个顶层研究院、1 个基金管理公司、1 个成果转移转化平台及若干其他业务单元。现有员工约 4.8 万人，其中研发人员将近 2 万人。2020 年 2 月，电科海康入选"科改示范企业"，在切实加强党对国有企业全面领导的前提下，按照高质量发展要求，在深化市场化改革、提升自主创新能力方面探索创新，取得了一定成效。2020 年营业收入为 659.93 亿元，同比增长 10.58%；利润总额为 148.04 亿元，同比增长 9.99%；净利润为 132.07 亿元，同比增长 8.97%；研发投入为 71.51 亿元，占比达 10.84%。

二、主要做法

电科海康作为一家全球化的高科技国有企业，坚持创新在企业发展中的核心作用，把科技自立自强作为企业发展的重要方向；面向科技前沿领域、国家重大战略需求积极布局，率先深化市场化改革，不断完善自身创新体系，积极构建改革发展党建一体化推进工作格局；围绕电科海康"双一流"使命，提出"改革—创新—发展—使命"链，明确党建工作就是要通过"推动改革、支持创新、确保发展、对表使命"来确保使命链环环相扣、畅通无阻，保证电科海康整体持续高质量发展。

（一）建立面向市场机制的组织架构体系，完善市场化选人用人机制

电科海康紧紧围绕战略和产业布局，成立创新赋能中台，让总部更加贴近市场，更好地为业务前台在市场、技术、创新管理等方面提供及时、精准、有力、有效的支撑。新的组织设置完成后，电科海康根据业务发展的需求和组织的特征，构建岗位能力素质模型，明确人才获取渠道。对于组织所需的领军人物，特别是具有企业家精神的领军人物及核心团队，采取"以才引才"的方式在全球范围内搜寻人才，采用"人才资源＋事业平台"引进模式盘活内外部人才，开展高层次人才和高水平创新团队的引进，校园招聘和市场化招聘率达90%以上。在人员甄选过程中，对于外部重要岗位增加背景调查、评鉴中心测评、MBTI（职业性格）测试等客观手段，保证人岗匹配的精准性，公司也正在加快构建人才评鉴中心。

公司定期开展人才盘点工作，对重点领域、重大任务人才数量和能力匹配度进行评估，及时调整优化人才队伍。2020年公司对下属多家业务单位经营班子进行调整，一批年轻经营人才走上关键岗位，着力解决了沉积多年的成员单位转型难和活力不足问题。

（二）优化薪酬与考核体系，建立知识产权奖励制度，开展差别化的中长期激励，激发创新创业活力

一是优化薪酬与考核体系，建立知识产权奖励制度。第一，建立薪酬市场化对标机制，加强关键科技人才的薪酬调控力度。建立工资指导线制度，对高层次科技人才实施对标市场有竞争力的薪酬策略，同时激励重点向公司战略业务方向的研发、产品等科技人员倾斜。第二，强化绩效考核，建立研发项目绩效考核体系。成立项目评估小组，从项目时间、项目质量、项目成果、客户满意度等维度进行综合评估评分，项目评估结果作为组织绩效和关键岗位绩效的重要评估依据。对于季度绩效结果需改进的员工，需在下一个季度提出 PIP（绩效改进计划），如仍未改善绩效则进行岗位调整或末位淘汰，2020—2021 年度电科海康淘汰优化率达 3.75%。第三，设立知识产权（专利）专项奖励资金，对专利发明人实施奖励。这对调动广大职工技术创新积极性、创造性和鼓励知识产权成果的产出具有重要作用。

二是结合企业不同发展阶段、不同团队特点，因时因事灵活开展了不同模式的差别化中长期激励，有效地激发了创新人才活力。在初创期，实施"混改"并通过员工持股解决创业团队的激励问题；在成长期，以限制性股票解决中高层管理者和核心骨干员工的激励问题；在成熟期，以创新业务骨干员工参与跟投解决一大批科技创新人才的持续激励问题。随着公司原有主业持续高位增长难度加大，限制性股票计划激励兑现难、范围窄等问题逐步呈现。2020 年，电科海康制定《中电海康集团有限公司跟投管理办法》并报上级组织批准，已在公司多项创新业务中实施员工跟投。

（三）"给机会、给平台，畅通发展通道，鼓励成功、包容失败"，激活创新主体

一是通过孵化、培育创新项目或引进再创新，成功后移植到企业平

台，激发员工创业热情，支持企业发展壮大，从而使企业走上自我发展的良性循环。

二是大胆起用青年科技干部承担重大项目。电科海康破解技术和管理难题、综合提升成果水平。采取内部竞争方式，遴选创新思路明晰的科研人员领衔，加大有科研经历、有创新担当精神的科研骨干参与力度，促进业务出成果、出人才。

三是完善任职资格体系，牵引科技创新人员发展和能力的提升。电科海康多家下属业务单位已经建立完整的涵盖技术创新人才的任职资格体系，研究院也在 2019 年根据业务发展情况完成任职资格体系的搭建，实现传统职称体系与现代任职资格管理体系的打通，牵引员工不断学习成长。

（四）推动科技成果转化，设立新公司

电科海康车路协同技术项目团队在车路协同领域积累了较强的技术储备和市场资源，为了充分激励核心团队，有效促进业务发展，依据《中华人民共和国促进科技成果转化法》《国有科技型企业股权和分红激励暂行办法》等，对车路协同核心技术团队采取科技成果转化实施股权奖励，将车路协同技术所涉及的 12 项专利及 10 项软件著作权等相关无形资产进行评估，评估值扣除成本费用的 50%（股权奖励额）作价奖励给核心团队，车路协同核心技术团队按照不低于 1∶1 的比例现金出资，与电科海康等其他股东共同出资设立车路协同公司，并实施了海康总部层面的跟投。

车路协同业务公司主要由电科海康、核心技术初创团队、电科海康员工跟投平台共同出资设立，其中电科海康出资占比 50%，核心技术初创团队以有限合伙企业的方式（慧海有限合伙企业）出资占比 30%，电科海康员工跟投平台（海嵊有限合伙企业）出资占比 7%，其他资本（如嘉兴国投等）出资占比 13%。

（五）建立支持科技人员技术创新、创业平台，解决技术创新链各环节资源需求问题，保障技术创新、创业活动的顺利进行

一是建立促进科技成果转化的技术成果转移转化平台（乌镇街），促进科技人才的创新成果"转的出，转的好"，实现"低成本、低风险、高产出"创新。

二是设立海康基金为科技创新和科技成果的转化提供资金、技术和生态支持，解决科技创新的资源需求的问题。

三是调整子集团研究院，设立创新赋能中台，使创新更加容易。电科海康下设创新咨询公司，为科技人员成果转化提供商业模式设计、成长性管理等管理赋能，提升科技创新的能力；与此同时，进一步完善授权监督和项目管理机制，赋予科技人员更大技术路线决策权、更大科研项目经费管理使用自主权。

四是持续开展职工"双创"活动。电科海康以合同方式与职工双创项目团队约定分享成果权属，根据"双创"项目不同阶段（如项目创意期、种子培育期、初创孵化期等），成果权属分配也会有所不同。对于研发及产业化项目，根据所处阶段、职务关联和资金支持等情况，科研人员项目团队所占成果权属在50%上下浮动；技术及管理改良项目或研究课题类项目，成果权属原则上归属公司，公司对科研人员项目团队进行一次性奖励。2020年电科海康共征集创意56份，新增15个项目立项，提供了524.5万元的经费和全方位服务。目前"双创"项目共申请专利27项，实现超过2 150万元的经济效益。"双创"平台建设入选浙江省工会改革创新项目库，获得中国电科集团管理创新成果一等奖、中国国防科技工业企业管理创新成果二等奖。

三、改革创新成效

一是有效拓展了企业发展空间，形成新的战略增长点。电科海康一项跟投业务——车路协同业务，在 2020 年实现营业收入 6 016 万元、净利润 423 万元；在车路协同领域自主研发多款软硬件产品，形成了覆盖 14 项 V2X 标准场景、六大行业场景的解决方案，得到外部资本的广泛认可。员工持股、创新业务跟投和限制性股票等中长期激励对改善公司治理，加速公司经营机制转换，稳定科研人员队伍，提升公司核心经营管理团队凝聚力具有重要意义。

二是强化科技创新正向激励，充分激发人才创新活力。员工参与分享企业成长所带来的收益，形成多样化的福利体系，实现了公司与员工的共赢，提高了员工的工作积极性，员工工作热情持续迸发，工作主动性显著改善；实现对核心员工的长期激励，形成一种科技创新正向激励文化，使科技人才能够积极、自觉地按照企业实现既定目标的要求，推动科技创新及相关业务工作，加快提高企业的经营业绩和核心竞争能力，为企业长期稳定发展提供不竭动力。电科海康下属一家上市公司于 2012 年、2014 年、2016 年、2018 年实施 4 期限制性股票计划，激励重心由最初的创业团队拓宽至中高层管理者和核心骨干员工，期间公司激励对象的覆盖面扩大了 10 倍，人才流失率降低 20%。

三是企业利益共同体逐渐形成，综合竞争力日益增强。通过科技创新正向激励，企业的利益共同体逐渐形成，管理者和核心骨干人员主人翁意识更加强烈，其个人利益与公司利益趋于一致，将传统的雇主与员工之间的雇佣关系转化成为共同合作创业关系，有效弱化了企业所有者与经营管理者的利益诉求分歧，从而形成了企业利益共同体。

10

以战略为牵引做实三项制度改革
激发人才队伍内生动力

中国石油天然气管道工程有限公司

一、基本情况

中国石油天然气管道工程有限公司（以下简称"管道工程公司"）成立于1970年，是中国石油天然气集团有限公司下属高新技术企业，市场覆盖全球30多个国家和地区，是唯一全部参与中国四大能源通道建设的行业引领设计企业，承担了国内80%以上的长输管道勘察设计业务，累计勘察设计咨询国内外各类管道近13万公里、储库4 000万立方米。

管道工程公司设有7个职能部门，13个生产部门，12个分公司、事业部，4个共享支持部门与2个省级科创平台；拥有工程设计综合甲级、工程勘察综合甲级等资质，是中国首批工程勘察、设计"双综甲"设计企业；员工总数1 673人（含外籍员工213人），其中科技及技术人才1 476人，占比达88.2%；业务涵盖长输管道、油气田地面、大型油气库、油气田开发、海洋油气开发陆上终端、LNG、市政、建筑等工程领域；拥有自主知识产权414项，荣获国家级、省部科技创新类奖项104项，始终推动引领中国油气储运技术发展潮流和手段变革，核心技术国际领先。

二、主要做法

2020 年年初，管道工程公司入选"科改示范企业"，按照"科改示范行动"要求部署，坚持问题导向和市场化方向，以提高效率效益为目标，持续创新完善精简高效的组织运行机制、能上能下的选人用人机制、导向清晰的全员绩效考核机制、绩效挂钩的薪酬激励机制；确立了"国际化、多元化、数字化"三大战略，以战略为牵引做实三项制度改革，激发人才队伍内生动力，促进公司经营能力和经营效益双提升，打造持续引领管道行业发展的科技驱动型油气工程企业。

（一）以战略定位为核心优化管控模式，调整组织机构

一是优化管控模式。管道工程公司确立"总部管总、部室主建、项目主战"总思路，建立了以项目为核心的聚焦运营，强化战略的管控模式。公司架构由集中管控型向事业部型转变，职能管理由操作管理型向"战略管理＋共享中心"型转变。

二是实行市场项目一体化管理。管道工程公司将项目管理部、市场开发部由机关职能部门调整为生产业务部门，实现市场、项目与生产无缝对接。

三是以组织机构调整推动战略落地。管道工程公司成立国际项目中心、东南亚设计咨询中心等国际机构承接国际化战略；成立海洋工程事业部、西安分公司等承接多元化战略；成立成都创新中心承接数字化战略。

四是压减机关机构和人员，提升管理效能。管道工程公司机关部门由 9 个调整为 7 个，压减率达到 22.2%；人员由 97 人调整为 70 人，压减率达到 27.8%。

（二）以战略发展为方向建设职级体系，拓展人才通道

一是横向搭建职级序列。管道工程公司根据不同职责定位，横向划分

管理、技术、项目、市场、职能、操作六大序列，并根据专业不同划分了55个专业子序列。

二是纵向切分职级层级。管道工程公司根据能力层次、角色要求不同设置了8个职级20个职等的纵向职业发展通道。通过横向拉宽、纵向延伸，最终形成包含六大序列、55个专业子序列、8个职级、20个职等的人员发展一体化职级体系。

新的职级体系适用于所有员工，涵盖所有专业、岗位、人员，初步形成了人才"选用育留"一体化构架，实现了人才的差异化管理与专业化发展，打破了单一以职称定能力的局限和职业发展"天花板"，优化了人才队伍结构，建立了通道内能升能降、通道间有机接轨的管理机制，牵引员工自我加压、自我培训、自我提升。

（三）以战略需求为依据搭建评估模型，明确任职标准

一是搭建能力评估模型。管道工程公司与Saipem、WorleyParsons等全球知名的工程设计企业开展全面对标，按照市场化、国际化人才能力标准搭建"3D+E+C"能力评估模型，包括角色定位（Do）、知识技能要求（Display）、绩效表现（Deliver）、工作经验（Experience）、能力素质要求（Competency）5个方向。

二是制定任职资格标准。管道工程公司根据评估模型，从资历（学历、职称、专业年限）、专业能力（专业知识、技能、专业能力）、业绩表现（过往考核、业绩举证）、专业素质4类8项指标出发，按照不同序列及专业子序列各自领域最优秀的人才标准制定了55套任职资格标准，进一步明确了员工能力评价的标准及能力晋升的方向，为准确评价人才提供了横向可比的一致性基础，初步实现了选人有标准、用人有尺度、育人有方向、留人有平台。

（四）以战略落地为目标创新管理机制，落实干部去行政化

一是创新双标签管理机制。管道工程公司将所有中层干部纳入职级体系管理序列，并将专业序列职级作为管理序列职级发展的必要条件。

二是建立管理序列与专业序列的转换机制。管道工程公司打通两个序列并行发展的通道，实现人尽其才，才适其岗。

三是开展任期制与契约化管理。管道工程公司所有干部按照岗位管理，原行政级别全部封存，实行任期制，任期3年，期满进行任期考核并根据考核结果决定是否续聘。

四是构建领导力模型。管道工程公司对管理序列干部开展岗位评估，推行继任者计划，推动管理队伍能力提升。两年来共有66名三级副职以上干部转入专业序列进行管理，同时提拔使用21名同志进入管理序列。通过调整，干部队伍更加精简，平均年龄降低2岁。

（五）以战略导向为牵引优化绩效薪酬机制，激发人才激情

一是建立了覆盖全员的"5＋12"量化考核体系。管道工程公司制定了管理、技术、职能、项目、市场五大序列员工考核办法及12个分支机构考核分办法；以业绩贡献为核心进行量化考核，量化权重不低于70%；确立了"A＋、A、B、C、D"5级绩效标准，并按照比例强制分布；同时将考核结果与职级、薪酬强链接，建立绩效、职级、薪酬联动机制，根据绩效结果调整职级、薪酬，同时建立岗位退出机制，明确退出标准，实现"职级能上能下，收入能增能减，人员能进能出"。

二是建立以岗位价值与业绩贡献为核心的岗位绩效工资制度。岗位工资标准与职级体系相对应，分为8级20等，每一等细分为3档，合理拉开了不同岗位员工的工资差距，体现了岗位价值和能力差异。不同职等之间的等差为3%～16%，7级以上高端技术人才全年总收入为中层干部的1.5倍，是全员平均收入的2倍，是1级人员的近6倍，实现了薪酬资源进一

步向核心骨干人才、领军人才、专业技术人才等重点层级人员倾斜，进一步激发了广大员工干事创业的激情与活力。

三、改革创新成效

管道工程公司通过大力实施以战略为牵引的三项制度改革，从立柱架梁、夯基垒台到全面推进、积厚成势，在人才队伍建设、生产经营、科技创新等方面均取得突破性进展。

一是人才队伍建设加速推进，人才优势凸显。2020 年，管道工程公司以市场化方式引入新员工 170 名，硕士研究生及以上学历占比为 92.5%，"211" 和 "985" 院校生源分别占 78.2% 和 32.2%，人才吸引力显著增强；新获评高级职称 64 人，高级及以上职称占员工总量 1/3 以上，为历年之最，人才结构持续优化；国家、省部与行业等各级专家人才达到 455 人，技术能力、战斗能力、创新能力及引领中国油气储运事业高质量发展的本领不断增强。

二是生产经营打出 "硬核" 战果，业绩逆势上扬。2020 年，管道工程公司在新冠肺炎疫情全球暴发、中美博弈加剧以及油价断崖式下跌等极端不利环境下，以体制机制改革创新牵引激励全体干部员工共同奋斗。大家迎难而上，齐心协力打出 "硬核" 战果。全年实现营业收入 13.1 亿元、考核利润 2 亿元，新签合同额 17 亿元，人均利润率、人均营业收入、人均新签合同额均高于中国勘察设计行业平均水平。其中，新签合同总额同比增长 9.9%；国际业务首次承揽 3 个海外高端咨询项目，新签合同额增长 5.4%，打破了中东地区高端咨询市场被国外公司垄断的局面；生产项目同比增长 32.2%，产值同比增长 35.5%，实现了经营成果的逆势上扬。

三是科技创新动能有效激发，核心技术突破引领。作为 "科改示范企业"，管道工程公司通过深化改革突出对科技型人才的激励力度，人才干事创业激情得以有效激发，科技自主创新能力取得新突破。新取得各类自主知识产权 102 项，专利授予量为历年之最；完全自主研发的 WisPipeline 一体化载体平台形成产品并应用，打造了领先的数据服务能力，领跑智能管道建设；主参编国际标准 1 项、国家标准 6 项，行业标准和企业标准 16 项，进一步巩固了行业权威地位；先后攻克了"油气管道关键设备国产化""第三代大输量天然气管道工程关键技术""天然气管道基于可靠性的设计和评价方法""高海拔地区油气管道建设技术"等行业技术难点；承担了国务院国有资产监督管理委员会"1025"专项攻关技术研究；"OD1422mm X80 管线钢管应用技术研究"获中国石油集团公司科技进步特等奖，在管道建设技术升级和核心装备国产化等方面实现突破引领。

11

"三能"增活力　改革强动力
奋力打造世界领先的催化剂公司

中国石化催化剂有限公司

一、基本情况

中国石化催化剂有限公司（以下简称"催化剂公司"）成立于 2004 年底，作为中国石油化工集团有限公司（以下简称"中国石化"）旗下唯一一家催化剂专业公司，既是催化剂生产经营的责任主体，也是中国石化科技成果孵化转化的平台，承担着石油化工行业"科研成果转化、生产组织优化、产品技术服务"的重要职责，不仅成功解决了国外对我国催化剂工业领域"卡脖子"的问题，而且极大地促进了中国石油化学工业整体发展。经过 16 年专业化发展，催化剂公司已经成为催化剂行业举足轻重的参与者、建设者和引领者，是国际知名、亚洲最大、中国第一的炼油化工催化剂生产商、供应商和服务商。

催化剂公司目前年生产能力 23 万吨，产品共六大类近 300 个品种，在国内石化行业综合市场占有率达 55% 以上，海外客户遍布亚洲、非洲、欧洲、美洲的 30 多个国家和地区，下辖 10 家生产经营性单位和 2 家直属单位，现有员工 3 420 人。管理及专业技术人员中，本科及以上学历占比达到 74%；技能操作队伍中，取得高级工及以上职业资格的高技能人才占比超过 82%。

作为中国石化科研工作的重要组成部分，催化剂公司在科研创新、成果转化、技术进步方面建立了比较完整的科研管理体系，并建有院士工作站和博士后工作站。2014 年公司首次通过国家高新技术企业认证，2016 年荣获"中国石化首批创新型企业"称号。

二、主要做法

自入选"科改示范企业"以来，催化剂公司深刻领会国务院国有资产监督管理委员会政策精神和集团公司党组要求，按照"搭平台、建机制、抓重点、促融合"的思路，加快向打造"科技型、生产服务型和先进绿色制造"的世界领先催化剂公司目标奋力前进。

（一）搭建三大平台，健全三项机制，用"四个到位"推动改革开好局起好步

一是健全机构、选优配强，建立统筹协调平台，推动改革部署到位。"科改示范行动"伊始，催化剂公司就成立了改革领导小组和 5 个专项小组，迅速构建起高效运转、统筹协调的改革机构，组织制定 2020 年十大改革任务清单，明确了攻坚方向和突破口。

二是加强学习、凝聚共识，建立交流互促平台，推动改革认识到位。催化剂公司党委组织广大干部员工深入学习领会习近平总书记关于加强国有企业改革的重要论述，以及国资国企改革的重要政策，进一步提高站位、校正"偏差"，主动对标郑州煤矿机械集团股份有限公司、杭州海康威视数字技术股份有限公司等改革先进典型，进一步解放思想、开阔视野。

三是引进外智、强化保障，建立外部支持平台，推动改革设计到位。催化剂公司聘请专业咨询机构担任改革顾问，加强顶层设计和具体环节的

全程指导。

四是周密部署、形成合力，健全三项工作机制，推动改革协调到位。催化剂公司建立改革领导小组月度例会、信息交流和宣传联动三项机制，公司系列改革举措被国资委微信公众号和《光明日报》、中国新闻网等多家主流媒体刊载，展示了锐意改革的企业形象。

（二）树起"三能"标尺，畅通"三能"路径，用"三个说了算"推动"三能"机制落地见效

催化剂公司将深化三项制度改革作为实现高质量发展、打造世界领先企业的重要举措，将建立"三能"机制作为检验"科改示范行动"取得成效的重要标尺。

一是"能否坐得住，协议说了算"。催化剂公司2020年年底率先组织本级5名经理层成员签订岗位聘任协议和经营业绩责任书，通过以上率下，发挥"关键少数"的带动示范效应。目前正在组织推进机关、分（子）公司以及基层一线的任期制和契约化管理工作，2021年上半年将实现干部队伍的"全覆盖"，451名管理人员均做到"人人头上有指标、人人肩上扛责任"。通过契约管理，切实实现干部"能上能下"。

二是"干得好不好，指标说了算"。催化剂公司牢牢把握市场化改革这条主线，加快建立市场化选人用人机制。一方面，组织编制《职业化员工管理办法》，充分体现优胜劣汰、进出通畅的市场化用工特点；另一方面，2021年将组织全体员工签订上岗协议，对任职条件、岗位职责、考核指标、退出机制等进行约定。经考核"下岗"的员工将进入"资源池"，由人力资源部门组织转岗培训，同时执行待岗薪酬（待岗期最长3年，第一年按基本薪酬100%发放，第二年减至50%，第三年执行当地最低工资标准）。通过刚性考核，打破"合同制"就是"终身制"的传统观念，切实实现员工"能进能出"。

三是"收入多与少，业绩说了算"。催化剂公司全面实施工效联动机制，将每一位员工的收入与所属单位目标利润直接挂钩。2020年11家所属单位考核工资总额平均增幅达11.2%，其中最高增长15.59%，最低为7.52%，真正做到"效益升、工资升，效益降、工资降"，切实体现出薪酬是"挣"出来的，不是"争"出来的。通过目标业绩，切实实现薪酬"能增能减"。

（三）聚焦重点领域，深化改革创新，积极构建相互融合、"百花齐放"的生动改革局面

科技创新是企业发展的关键引擎，体制机制创新是强基赋能、推动企业高质量发展的重要保障。催化剂公司以"科改示范行动"为契机，加大各专业领域改革力度，推动体制机制互促互融，奠定了科技引领、创新发展的基础。

一是完善法人治理授实权。催化剂公司成功组建新一届董事会，健全党委前置研究决策机制，切实将完善治理架构与企业生产经营紧密结合，同时向股份公司申请获得考核管理、财务金融、干部人事等14项授权，初步建成"党委核心领导，董事会战略决策，监事会独立监督，经理层全权经营"的现代企业治理体系。

二是对标国际领先找差距。催化剂公司与德国巴斯夫公司、美国格雷斯公司等国际领先企业全方位对标，推动体制机制与市场接轨，按照"员工股权激励—混改—上市"的三步走路径，加快将催化剂公司打造成为有较强核心竞争力的市场主体，用改革"破冰"带动发展"破题"。

三是聚焦中心任务抓重点。催化剂公司抓住市场化改革这条主线，坚持科技创新和体制机制创新"双轮驱动"，主动融入集团公司"一基两翼三新"产业格局，在完善治理体制机制、市场化选人用人、核心骨干人才中长期激励、科技创新体系建设、营销体制机制等改革重点领域实现突破。

四是强化科技创新搭平台。催化剂公司加快构建与世界领先科技型企业相适应的科技创新体系，建设自主创新、成果转化、协同创新3个平台；健全科研项目全周期管理、科研难题攻关、科研课题负责人、科技创新评价、科技成果转化奖励等科研管理机制，营造良好环境。

五是拓展产业链条强基础。催化剂公司与催化剂产业链上下游企业、高校、科研院所开展深入交流，加快对外合资合作，完善催化剂全产业链；利用博士后工作站等平台，内培和外引相结合，加快建设一支结构合理、素质优良、创新能力强的科研人才梯队。

三、改革创新成效

1年来，催化剂公司以"开局就是决战，起步就是冲刺"的决心，积极推进"四个加快"，奋力实现"四个率先"，切实将"科改示范行动"各项改革举措抓实抓细、抓出成效，取得了科技引领、体制优化、机制创新、活力激发等初步成效。

一是加快以改革推动高质量发展，率先在经营业绩上取得突破。在2020年新冠肺炎疫情"大考"中，催化剂公司取得了"跑赢大市、好于预期"的经营业绩，公司资产总额达115亿元，资产负债率为49%，实现营业收入近90亿元、利润总额近9亿元，企业主要经营指标创历史新高，特别是在营业收入上已超过美国雅宝公司，成为继德国巴斯夫公司、美国格雷斯公司之后的世界第三大催化剂公司，行业地位和国际影响力进一步提升。

二是加快科研体系建设，率先提升企业自主创新能力。催化剂公司建立以工程技术研究院为核心、以工程技术试验中心为依托的催化剂制备工程技术创新研究体系；优化与科研单位协同创新模式，加快与北京化工大学共建国家级重点实验室，与辽宁石油化工大学共同申报省级重点实验室，全面提升自主创新能力；针对催化剂工程制备技术，正在研发形成核心技术、成套技术，有效解决催化剂更新换代"卡脖子"技术，助力中国石化炼化企业迈向世界领先水平。2020年，公司科研投入达到7.8亿元（含支付科研单位的技术使用费5.8亿元），综合研发投入强度达到9%以上。

三是加快推动专业化改革试点，率先在产销重要环节实现提效率增活力目标。催化剂公司在所属国内销售中心和部分企业试点，对超额销量、超额利润进行提成，将销售人员收入与市场业绩完全挂钩，改革实施后，单类催化剂销量增长近4倍，同一层级人员因业绩差异收入差距达到2倍以上；对生产装置试点"承包"，与车间管理团队签订责任状，经过1年运行，装置主要产品制造成本降低10%以上，外排污水同比减少54%，试点车间员工整体收入同比增长超过20%，并且充分体现"多劳多得、少劳少得"的差异化特点，实现了企业经济效益、生态效益和员工积极性"三个提升"。2021年3月，上述改革在试点基础上已转入正式运行。

四是加快人才队伍建设，率先打造高端创效智慧方阵。针对近年来引进的博士等高层次人才，催化剂公司按照"搭平台、给名利、解后忧"的思路，制定人才特别补助、弹性工作、科技成果提成奖励等"引才新政15条"，先后组织评定高层次人才15名，树立让核心骨干人才"名利双收"的用人导向；设立车间主任（书记）岗位津贴，建立"薪酬高低看价值、收入多少凭贡献"的考核激励导向，67名生产一线"主官"的主动性、积极性得到有效激发。

12

擘画改革"施工图" 勇闯改革"深水区"
打造国有科技型企业改革自主创新尖兵

中海油常州涂料化工研究院有限公司

一、基本情况

中海油常州涂料化工研究院有限公司（以下简称"常州院"）是涂料新材料与工业防护领域集科研开发、行业服务和产品制造于一体的科技先导型企业。常州院始建于 1969 年，原隶属化工部，1987 年迁至常州，2006 年加入中国海洋石油集团有限公司（以下简称"中国海油"），成为中国海油旗下的全资子公司。目前，常州院已成为国内涂料化工领域规模最大、实力最强的行业中心，国家涂料工程技术研究中心、国家涂料质量监督检验检测中心、国家涂料与颜料标准化技术委员会等 10 个国家级行业性组织均设在涂料院。50 余年来，通过自主研发实现国外垄断技术的国产化替代，如红旗牌轿车漆、国防军事装备材料、核电站涂覆材料等，累计向全国 28 个省市推广先进成果 300 余项，为全国涂料工业的技术进步及国民经济和社会发展做出了显著贡献。

近年来，面对自身体制机制不活、发展动力不足、经营活力不强等突出问题，如何通过深化改革，探索经营新机制、新模式、新路径，增强活力动力，成为决定企业前途命运的关键问题。2020年，常州院以入选"科改示范企业"为抓手，持续深化体制机制改革，坚持顶层设计与基层实践相结合，大胆探索、主动改革，扎实推进各项改革任务落实落地，在规范公司治理、混合所有制改革、科技成果孵化等方面发挥了示范引领作用，系统积累改革经验和改革举措。

二、主要做法

（一）谋全局：擘画改革"施工图"

一是从加强顶层设计着眼，全面谋划改革。常州院坚持规划引领，立足高端工业涂料、海洋工业防护和科技服务三大领域，以科技为龙头，主动融入"一带一路"、粤港澳大湾区建设、长三角一体化等国家战略，致力构建"研发孵化端＋商业应用端"双驱动发展模式，最终形成"三个板块、三个中心、两个平台、一个学院"的协同发展产业结构，努力成为涂料新材料行业国有科技型企业的"领头羊"和中国海油应对腐蚀风险损失的"守护者"；重点聚焦五大主项改革任务的落实推进，设定检验标准，明确改革成效试金石，以更细的方案、更强的力度推进改革；制定出台各领域改革实施意见和专项规划，发布实施市场化机制、人事劳动分配制度等重点领域专项改革方案，为高质量发展制定了改革"路线图"和"施工图"。

二是从重要领域和关键环节着手，加快推进改革。常州院开展内部产业链优化和资产整合，调整组织机构，建立标准化独立法人结构，理顺产业与主体权属关系；优化管控模式，以董事会建设为重点，不断健全公司法人治理结构；健全董事会工作制度和党委工作机构，把党的领导融入公司治理各环节，党委的领导核心作用得到有效发挥，建立党委书记、董事长"一肩挑"领导体制，厘清了党委和各个治理主体的权责边界；确定10

个领域技术研究方向，重点围绕海洋强国战略、"新基建"战略、可持续发展战略 3 个领域涉及的水性聚合物合成、功能涂层材料、海洋防护、涂层机理研究等方面，开展科技项目申请与布局，15 项科技课题通过立项论证。

（二）破大浪：勇闯改革"深水区"

一是牵住任期制和契约化管理"牛鼻子"，驱动企业"强身健体"。保障经理层权责到位是推行经理层成员任期制和契约化管理的基本条件，为此常州院加快落实企业董事会中长期发展决策、经理层绩效考核及薪酬分配等职权。2020 年年底，常州院董事长与领导班子成员逐一签署岗位聘任协议、年度和任期经营业绩责任书，以固定任期和契约关系为基础，对经理层成员的任期、职责范围、年度及任期经营业绩责任指标、考核内容与方式、薪酬兑现、退出机制等进行契约化约定，开启干部人事制度改革的全新局面；不断完善母子（分）公司权责划分清单，权责事项由 97 项减至 72 项，减少 25.8%，对院级 59 项审批事项的 40 项进行授放权，授权放权比例达 32.2%，确保"放得下、接得住、托得稳"。

二是深化市场化用工和市场化薪酬机制改革，激发队伍活力。常州院通过以经理层成员任期制和契约化管理为有效牵引，推进建立市场化用工机制，建立了高端技术、经营和技能人才市场化管理体系；以行业标准规范劳务用工，近 250 名劳务用工实现"同岗同管"；制定销售队伍晋升方案，明确晋升规则，为 40 余名一线销售人员打开了全新的职业发展通道。2020 年，推行了"专项奖励、即时激励"两个较有针对性的激励办法，从工资总额中单列 10% 设置专项奖，对在管理创新、提质增效和安全生产等方面做出突出贡献的个人或团队进行奖励，实现关键岗位收入高于市场竞争对手不低于 15%；全年共对 6 个子（分）公司实施专项激励、对 13 个方面的工作给予即时奖励。

三是建立"市场为导向、产学研相结合"的开放式科技创新体系点燃发展新引擎。常州院建立与市场发展相适应的研发架构与运行管理模式，发挥现有国家级研究中心、检测中心和标准化委员会"发动机"和"孵化器"作用；坚持市场导向型科研，推动"产、学、研、用"协同创新，与中科院所属部分专业所、深圳清华研究院共建6个开放/联合实验室，加强跨领域产、学、研合作，充分发挥企业资源优势和科研院所人才优势。2020年，常州院启动科研队伍"能力评定和业绩聘用"双通道建设；针对重点研究课题尝试引入"揭榜挂帅"科研试点工作，对重要成果的创造者进行重奖。

三、改革创新成效

一是践行国家战略，履行央企责任担当。作为"涂料第一院"，担负着中国涂料民族工业繁荣振兴的重任，常州院大力提升服务国家重点任务、重大工程的保障能力。隔热反射涂料助力航天运载长征5B型火箭发射；攻克华龙一号、AP1000、国和一号等堆型核电站涂料关键技术；保障了援外项目特别是巴基斯坦核电站等重大工程建设；此外，产品陆续应用于长沙黄花国际机场新航站楼、港珠澳大桥、杭州湾跨海大桥、海南国际会展中心等国家重点工程。

二是超额完成年度经营指标，业绩创历史新高。常州院2020年实现营业收入6.68亿元，同比增长11%，创造了历年经营业绩的新高；实现净利润4 102万元，同比增长177%；实现降本2 680万元，完成预定目标的127%；净资产收益率、资产负债率等盈利能力指标持续向好，呈现出较好的发展势头和发展质量；通过三项制度改革的有力推动，全员劳动生产率达到60.67万元/人，同比增加11.42万元/人，增幅达23%，提前完成年度改革预定目标。

　　三是强化战略科技力量，攻克"卡脖子"技术难题。2020 年 7 月，常州院承担的国家重点研发计划项目子课题"大气污染物气候舱检测准确性评价"项目通过验收，彻底解决了国际普遍存在的"准确性低、重复性差"问题；联合浙江大学等国内 4 所顶尖高校以及荷兰代尔夫特理工大学，共同启动生物基海洋防腐新型涂层材料政府间国际科技创新合作项目；联合中国科学院海洋研究所、金属研究所等单位共同启动深海关键技术与装备国家重点研发项目高性能海洋工程装备防污涂料及其配套防腐涂料研发项目。2020 年，由常州院主导制定的第二项国际标准正式发布，进一步提升了我国涂料行业在国际市场的影响力和话语权。

创新机制 激发动能
打造国企数字化转型排头兵

南方电网数字电网研究院有限公司

一、基本情况

南方电网数字电网研究院有限公司（以下简称"数研院"）是中国南方电网有限责任公司于 2019 年 9 月底改制设立的全资子公司。作为全球首家数字电网研究院，数研院致力打造世界一流自主创新高地和高科技产业集团，坚决贯彻国家创新驱动发展战略，积极落实数字化转型战略部署，主动谋划开展网络强国、数字中国、碳中和、碳达峰重点战略任务，全面服务融入"两区一港""两新一重"区域重大战略建设工作，成立首年便获得国家高新技术企业资质认证，先后荣获"2019 年度创新技术应用企业""中国大数据能源行业创新企业""中国大数据企业 50 强""广东省电力大数据分析及应用工程技术研究中心"等资质称号。

数研院成立短短 1 年多来，始终坚持创新引领。新增国家、省部级项目 6 项，获得省部级、行业级奖励 16 项，主参编国际标准 2 项，国行标 9 项，累计已拥有 CMMI5 等资质 60 余项，建设省部级重点实验室 2 个；始终强调自主研发，累计获取 530 项专利授权，其中发明专利 270 项，建设集前沿技术与孵化培育于一体的技术研发中心；2020 年研发投入达 1.54

亿元，年增幅达90%，研发投入比例达6%；始终坚持人才强企，人员平均年龄33.9岁，硕士及以上员工占比达61.3%，研发技术人员占比达84.5%，持续为数字化领域创新变革做出重要贡献。

二、主要做法

（一）完善法人治理，打造现代企业制度体系

一是强调章程牵引，发挥制度基础保障作用。数研院深刻领会国有企业公司章程制定管理办法精神，强化章程"上承"国家法规，"下接"指导制度建设的功能；落实"两个一以贯之"，在各级企业章程全面落实党组织法定地位及领导作用，2020年由党委前置研究115项重大经营事项，全面支撑股东会向董事会授权、董事会向经理层授权的授权机制运作；同时，建立健全出资企业外部董监事、职工董监事管理办法，董事会、监事会考核评价办法等规范性文件，科学评判各级主体治理能力及治理队伍工作质量，敦促各级董监事勤勉履职。

二是优化治理架构，做实治理型管控转型。数研院选派4名熟悉数字业务、具备专业电网运营背景及丰富企业管理经验的行业专家及资深干部，建立外部董事占多数的董事会，配套编制治理主体权责清单和议事规则，强化对董事会履职行权支持；同步设立4个专门委员会，逐步由外部董事主导委员会运作，推动外部董事在战略规划、高管提名、薪酬分配、风险防控等重大经营事项上为董事会科学决策提供有力支撑；在股权多元化的控股企业深圳数字电网研究院率先打造完备的"四会一层"治理主体，充分授权派出董事落实管控清单252项权责事项，履行集团股东意志，引导参股方董事积极参与企业决策，推动母子两级治理体系协同运作。

三是落实对标管理，以集团化改革激发组织活力。数研院全面对标业内先进企业集团管控成功经验，直面自身体制机制不活、组织架构不适应

业务发展等老大难问题。一方面，打造精干集团本部，整合设立职能部门和服务中心，落实好职能管理、业务支持及共享服务定位；另一方面，综合考虑下属经营主体业务特征、治理成熟度、市场拓展能力等因素，设计多元化差异化管控模式。在业务规划、资源配置、人才引进、机制改革等方面加大授放权力度，推动各业务单元自主经营，深入市场，积极主动创造效益。

（二）导入市场机制，全面激发企业经营活力

一是坚持效率导向，推动用工"能进能出"。数研院坚持将用工增量向核心业务、重要岗位倾斜，2020 年新增科研技术人员 291 人；坚持"市场来市场去"，推动干部员工"能上能下、能进能出"，各级企业全年公开招聘达 99%，市场化退出 136 人，中层管理干部降级或退出共 6 人次；大力度打造"管理＋专业技术"员工职业生涯发展双通道，在岗级、薪酬设置上进一步向技术体系倾斜，形成全系列、多层级、适应高科技行业特点的职业发展体系。

二是聚焦高端人才，打造数字化人才梯队。数研院确立覆盖"两类三层"人才的 5 年梯队搭建规划，聚焦"高端团队＋高端人才"引进，设立"运作实体＋市场化"薪酬方式。本部成功引入行业领军人才 6 名，控股子公司"打包"引入 20 余人云计算团队，并在南京设立分公司加速团队实体运作；参考华为"天才少年"计划，率先试水协议年薪，以高于博士生平均薪酬 3 倍的市场价格成功吸纳 1 名海外高端博士归国入职，在人才"掐尖"上率先取得突破。

三是落实正向激励，丰富中长期激励机制组合。数研院用好用足改革政策，持续丰富中长期激励手段，成功开展覆盖 154 人的科技型企业岗位分红，探索在新设主体实施项目分红及员工持股，体现对一线科研骨干的价值认可；全程强化绩效考核结果应用，绩效工资占比达 70%，全年对绩优人员开展调薪 139 人次，同岗级收入差距最高达 2 倍。

（三）整合优势资源，大力推进创新体系建设

一是强调充分授权，构筑自主研发核心高地。数研院研发中心各团队实行独立目标与预算管理，团队负责人对团队的目标达成和成果产出直接负责，在人员选聘、薪酬分配、市场采购、资金使用、考核评价等方面及过程性管理事项享有充分自主权；同步实行团队 3 年任期制契约化考核，做实"能上能下、动态调整"，连续 2 个年度目标或任期目标未能兑现，负责人需重新竞聘，视情况可实施团队整体退出；研发中心强调权、责同步传导，在充分授权的同时明确各研发团队里程碑目标，其中科研团队 3 年内要具备转型为初创团队的条件，初创团队 3 年内要具备独立或整合上市的条件。

二是激发创业精神，探索实施"揭榜挂帅"模式。数研院全面启动技术研发团队"竞榜"，以 11 进 4 方式选拔"智能传感""人工智能与智能软件""芯片与智能终端""绿色能源" 4 个研发创新团队，为研发中心注入坚实力量；探索实施"揭榜挂帅"模式，对中长期攻关攻坚项目全面采用公开揭榜挂帅机制，鼓励科研骨干自组团队竞争揭榜；创新设计科研项目跟投试点，在新培育孵化项目以虚拟股权的方式进行跟投，并通过"成果资本券"进行确权，依据跟投资金占比、项目分红系数确定个人项目收益，推动科研团队和研发成果成效深度绑定，强调风险共担、收益共享。

三是发挥央企"头雁"作用，打造产、学、研创新合作生态圈。数研院积极与科学技术部、工业和信息化部等国家部委对接，联动相关行业标委会，争取各类政策、资质与专项支持；充分利用、集聚粤港澳大湾区创新资源，打造协同创新体系。数研院牵头组建智能传感、人工智能与芯片等 10 个公司级实验室，拓展各类产、学、研和专家合作模式，积极布局高水平"双创"平台；率先实施数字电网创新链"链长"制，聚焦人工智能、区块链等创新技术领域，与清华大学、广东粤港澳大湾区国家纳米科技创新研究院等 9 家高等院校、科研机构开展战略合作，推动形成数字电网领域"创新链""产业链"双链融合新格局。

三、改革创新成效

数研院从传统的内部共享服务中心起步，把握"科改示范行动"机遇，紧扣企业禀赋，用好用足政策、积极争取支持、聚焦短板攻坚，在提升经营业绩和核心竞争力方面取得良好突破，可为新设国有科技型企业改革转型提供参考借鉴。

一是实现了企业规模和业绩持续翻番。2020 年，数研院资产总额突破 50 亿元，实现体量翻番；完成营业收入 32.4 亿元，同比增长 108%；实现净利润 3.9 亿元，同比增长 167%，连续 2 年实现利润增幅超过营业收入增幅；实现人工成本利润率同比增长 41%，全员劳动生产率增长 31%。

二是科技成果转化成效取得跨越发展及广泛认可。"科改示范行动"全面点燃了数研院自主研发及成果转化动力引擎。数研院成立第二年便完成了"电力定制化 AI 无人机""配电智能网关""小微传感器"等共计 6 项成果转化，涉及金额共计 1.54 亿元，实现了转化收益从 0 到"破亿"的跨越式增长。科研成果连获国家级重点项目、省部级多个一等奖，同步实现重大奖项零的突破。其中，小微传感器为世界首台套，整体技术达到国际领先水平，将全面量产并替代 600 余万套传统设备，实现在配、变、输、发电领域的规模化应用，同步推动交通、建筑跨域推广，目标指向打造百亿级数字化产业规模。

三是有力彰显数字化转型排头兵一流形象。数研院充分利用先进数字化技术成果，立足高科技数字化平台，建成全球首个电力行业互联网统一客户服务平台，树立了互联网＋电力客户服务数字化转型标杆，建成全球

最大电力行业样本库的人工智能平台，输电架空线路缺陷识别准确率等多
项 AI 与业务融合应用水平全球领先；建成世界首个电力行业全网贯通、网
级统一协调资源管理、多节点部署的南网云平台，vCPU 核、内存及存储
量、动态安全管控能力均达到世界先进水平，多项世界级数字化产品及服
务的成功落地，有力彰显新生数字化企业攻坚克难的信心、决心和技术
能力。

14

优化股权强治理　转换机制添活力
通过改革不断激发科创动能

南方电网电力科技股份有限公司

一、基本情况

南方电网电力科技股份有限公司（以下简称"南网科技公司"）于2017年由广东电网电力科学研究院分立组建，是中国南方电网有限责任公司下属的三级国有全资企业，注册资本48 000万元，是国家认定的高新技术企业。南网科技公司聚焦人工智能等前沿技术在电力能源领域的应用研究，为客户提供高效、可靠、安全、绿色的电力能源建设及运营的综合解决方案。截至2020年年底，南网科技公司共有员工274人，平均年龄36岁，其中硕士及以上学历226人，博士53人，正高级职称34人，南方电网高级技术专家1人，广东电网技术专家12人；获得8项国家级奖励、316项省部级奖励，有效发明专利137项。在改革持续深入推动下，南网科技公司经营业绩在2018—2020年间显著提升，营业收入年均增长率为149.42%，净利润年均增长率为107.26%。

二、主要做法

（一）抓住上市契机，优化股权结构，注入发展新动能

一是找准"引战"方向，严选战略投资者。南网科技公司以"引资、

引制、引智"为导向,按照"战略高匹配、发展高协同、文化高认同"原则,多渠道寻找潜在投资者;与 18 家意向企业开展多轮洽谈,按照企业基本情况、财务状况、技术创新、市场开拓、公司治理、战略协同资源等多维度构建战略投资者评价模型,对意向企业进行科学评价,确保严选优选。

二是引入积极股东,注入发展新动能。南网科技公司通过产权交易所公开挂牌,释放 30% 股权,引入资金 7.67 亿元,成功引入东方电子集团、北京智芯微电子科技公司、广东恒健资产管理公司、广州工控资本管理公司等战略投资者。新引入股东在核心技术、市场资源、资质方面各具优势,为公司带来了强大的技术支持、市场资源和管理经验。

(二)围绕改革重点,全面完善法人治理

一是强化董事会职能,完善公司治理。南网科技公司扩充董事会席位,促成新引入股东派任非执行董事 2 名,并高标准按照上市要求引入 3 名独立董事,9 名董事成员中外部董事占 5 席,为股东真正发挥作用创造条件;全面构建基本制度体系及内控管理体系,切实落实"两个一以贯之",修订"四会一层"议事规则等 12 项制度,依法落实董事会职权,不断增强董事会履职的独立性、自主性和权威性;成立 4 个董事会专门委员会,让独立董事通过参与专门委员会发表独立意见,维护公司整体利益。

二是厘清权责,健全授权体系。在广东电网有限责任公司授权放权有力支持下,按"依法合规、权责对等、运转协调"原则,公司制定严谨、清晰的治理主体权责清单,梳理 7 个领域 103 项业务事项,明确股东大会决策事项 27 项,厘清党委前置研究事项边界,落实董事会决策事项 30 项,授权总经理办公会决策事项 24 项。

(三)突破改革难点,深度转换经营机制

一是组建柔性团队,实施项目化、矩阵式管理。南网科技公司结合科创企业特点，打造"敏捷型前台""赋能型中台""服务型后台"，建立健全柔性团队机制，按业绩认定85名产品经理、项目经理和区域经理，组建4个战略型项目团队和3个经营型项目团队；实施项目负责制，赋予项目负责人成员选拔、资源调配、考核分配等权利，实现项目团队成员灵活复用，充分盘活存量人才资源。

二是坚持市场化选人用人机制，严格退出管理。南网科技公司全面推行公司经理层成员固定任期和契约关系为基础的管理方式，大力推进中层管理人员公开竞聘上岗、年终考评强制分布和不胜任退出；畅通管理与技术人员转化通道，专业技术人员最高职级可达公司副总经理级，鼓励管理人员走向科研一线；全面实施社会招聘，在用工合同中明确市场化退出的触发条件，以协议合同方式面向社会引进4名高端紧缺人才，令拳头产品提前投产。

三是树立业绩导向，合理拉开薪酬差距。南网科技公司建立基于项目利润贡献的绩效考核和效益提成的分配机制，落实直线经理分配权；采用岗薪制、项目制、协议工资等多元化内部分配机制，适当拉大不同组织和个人之间的收入差距，激发员工队伍活力；通过设立科技进步、科技成果转化项目收益分红等专项奖励，引导科研人员围绕公司业务发展目标开拓创新，支撑核心产品抢占市场。

（四）以人工智能赋能，推动自主科技创新

一是实行"研发投入视同利润"的考核机制，鼓励加大研发投入。南网科技公司采用基于利润贡献的绩效考核方式，对公司各产品（项目）实施全收入和全成本独立核算，计算虚拟利润。把各事业部、经营型项目团队的研发人工成本全部纳入公司的公共成本进行公摊，相当于为研发投入最多的事业部或团队增加了利润，以此激发自主创新热情。

二是推动产、学、研结合，搭建"研发—孵化—制造"创新链条。南

网科技公司充分利用公司人员、技术、产品线、试验平台、中试基地等资源，与浙江大学、西安交通大学院士团队合作，牵头建设广东电网电力超导联合实验室、电力机器人联合实验室，着力打造"技术引导＋产业赋能"型孵化平台。截至 2020 年 12 月，孵化平台共引进内外部优质团队 47个，出孵项目 12 个，成功培育了智能终端、机器人两大主营产品线。

三是深化应用"云大物移智"技术，推动传统能源行业数字化转型。南网科技公司搭建"市场需求-行业级场景-技术开发"的研发"铁三角"构架，推进人工智能、数字孪生、物联网等核心技术跨行业规模化集成应用，研制出无人机巡检系统，形成电力、新能源、交通、市政等跨行业巡检无人化解决方案；推出行业首款智能终端操作系统丝路（InOS），打破了用户、负荷、电网之间的信息壁垒，构建了数字驱动的智慧能源应用生态链，研发出行业首款作业安全识别智能引擎，实现了作业安全监管 AI＋机器代人，构建数字式安全监管解决方案；同步打造公共数字化研发体系，构建企业级"数据中台"，初步实现多领域业务数据向智能化产品研发资源转化。

（五）坚持党的领导，加强党的建设

一是党建和业务深度融合，全面提升党建工作质量。南网科技公司把党支部建设与产品意见征求、技术、市场和政策调研等相结合，走进用户、走进同行业，走近院士、走近专家，推动党建和业务融合走深走实；充分发挥党员在突破自身发展瓶颈中的先锋模范作用，以点带面，集聚动力；围绕公司"战疫"等急难险重工作，组织党员突击队利用自主研发的机器人测温系统开展防疫志愿服务，获广东省能源（电力）行业"抗击新冠疫情先进集体"。

二是建立创新容错纠错机制，形成"崇尚创新、包容失败"的制度文化。南网科技公司举办 6 期"扶摇讲堂"，邀请行业专家讲科改、谈创新，塑造"人人想创新、个个善创新"的创新文化；制定《容错纠错机制的实施管理办法》，科学设定容错纠错原则标准和评判程序，对于研发、市场开拓等工作，只要程序合规合法、无私心私利，即使未完成目标也不予问责，只在考核中体现，旗帜鲜明地为改革创新的干部员工撑腰鼓劲。

三、改革创新成效

南网科技公司以"科改示范行动"为契机，统筹改革工作，在三项制度改革中不断取得突破，实现以改革增活力，提升自主创新能力，推动公司数字化转型，实现跨越式发展。

一是经营业绩不断提升，实现高质量发展。近年来，南网科技公司经营指标不断提升，实现跨越式增长。2020年实现营业收入11.21亿元，同比增长85.90%；实现净利润9 090.04万元，同比增长77.23%；人事费用率为12.73%，同比降低2.98个百分点；人工成本利润率为68.82%，同比增长10%。公司被广东省科学技术厅认定为"广东省特殊行业特种机器人工程技术研究中心"。

二是市场化改革提质增速，激发干事创业动力。南网科技公司在三项制度改革上主动作为，取得突破。机构数量精简15%，后台人员比例从31%降至20%，管理人员退出比例超16%；深刻践行"工资是挣出来的"理念，经理层成员浮动工资占比超过60%，经理层成员间浮动工资差距达1.79倍，同比扩大65%；同部门员工效益提成差距近4倍，同岗级员工薪酬最高相差1.5倍；2020年有超过20%的专业技术人员收入高于中层管理人员，其中12人超过经理层水平，有效释放员工创效潜能。

三是全方位提升科创属性，科技创新成果丰硕。在科创动能激发下，南网科技公司技术创新硕果累累。2020年新增发明专利27项，自主知识产权转化收入占比达86.32%；以需求牵引带动装备研发，成功实现多项技术突破，自主研发世界首台 160 千伏超导限流器并挂网试运行；推出行业首款智能终端"丝路（InOS）"操作系统，经中国仪器仪表学会鉴定达到国际领先水平；国内首次成功攻克多功能电力电子变压器并列集群运行技术、国产化超导带材和制备技术等技术难题；成功研发无人机自动巡检解决方案、智慧安监综合解决方案、智能安全帽等。

四是推动能源绿色低碳发展，支撑行业转型升级。南网科技公司积极推动低碳新技术创新，向广东能源集团有限公司、国家能源集团广东电力有限公司、华润电力控股有限公司等客户提供大型机组低负荷节能、燃烧优化、清洁燃煤改造、烟气排放协同治理、污泥混煤掺烧、碳捕集与封存示范等高端技术服务项目，累计达 1 000 余项；作为第三方技术服务机构为发电企业有效减少二氧化碳排放 15.5 万吨，为助力构建清洁低碳、安全高效的能源体系持续贡献南网科技公司的智慧。

15

坚持创新驱动　塑造改革新优势

国电南京自动化股份有限公司

一、基本情况

国电南京自动化股份有限公司（以下简称"国电南自"）是中国华电集团有限公司（以下简称"中国华电"）的控股子公司。作为国内电力行业二次设备的领军企业之一，国电南自始终坚持智能化数字化发展方向，聚焦自动化信息化业务核心，构建了由电网自动化、电厂及工业自动化、轨道交通自动化、信息与安全技术、电力电子五大领域产业格局。作为"科改示范企业"，国电南自坚持以效益提升为轴心，以质量提升为纽带，致力深化改革，聚力科技创新，着力完善机制，全力党建融合，以务实举措不断塑造改革新优势。

近年来，国电南自着眼于培育自主关键核心技术，在"卡脖子"领域持续发力，先后于 2019 年年底成功实现火电分散控制系统、水电监控系统、电网自动化保护控制系统等国产化替代项目的投产应用，成功开创了全国产化替代新局面。公司研发费用投入占销售收入比例近 3 年增加了3.2 个百分点，科技创新成果不断涌现。2020 年国电南自获得授权发明专利 57 项，25 项科技成果通过中国电机工程学会等省部级鉴定，获得省部级及以上科技进步奖 14 项，其中中国华电科技进步奖一等奖 1 项、二等奖

3 项，中国电力科技创新一等奖 1 项。

二、主要做法

（一）体制改革为引领，完善公司治理体系

国电南自按照"两个一以贯之"要求，坚持党对国有企业的领导和建立现代企业制度方面有机融合，形成了党委会把关定向、董事会科学决策、经理层高效执行、监事会有力监督的现代企业法人治理体系。董事会成员 9 人，其中非执行董事 5 人，实现非执行董事占多数；董事会下设战略、审计、提名、薪酬等专门委员会；配套制定相应的议事规则，印发了《贯彻"三重一大"决策制度实施办法》《党委会议事规则》《总经理办公会议事规则》，并制定了配套的议事清单。各治理主体权责边界清晰，运行协调高效。

（二）市场机制做催化，激发企业内生动力

一是全面推进经理层任期制和契约化管理。按照"党组织把关、董事会选聘、契约化管理"方式，国电南自制定"先行先改"的经理层成员任期制和契约化管理改革管理办法；通过现状调研分析和重点专业诊断，形成《经理层成员任期制契约化管理方案》《聘用合同书》《经理层年度（任期）经营业绩考核责任书》《经理层年度经营业绩（任期）考核及薪酬管理办法》，完成了公司本部及基层企业共计 11 家企业经理层任期制契约化的协议签订。

二是持续深化三项制度改革。国电南自打通人才流动、使用、发挥作用中的体制机制障碍，确保企业三项制度改革见实见效。在"能上能下"方面，树立鲜明用人导向，强化干部的考核评价和激励约束机制，修订《领导人员管理办法》《领导人员综合考核评价办法》，通过严格的制度管理，实现"干部能上能下、收入能增能减"。近几年，多名干部被降级使

用，降级干部平均降薪达 28% 以上。在"能进能出"方面，完善全员业绩考核评价制度体系，修订《国电南自绩效考核管理办法》，进一步健全以岗位价值为基础、以业绩贡献为依据的内部分配制度，通过机制建设留住高绩效员工，淘汰低绩效员工。近几年人力资源配置不断优化，用工总量逐年下降。制定《特殊人才引进管理办法》，强化高端人才引进，为国产化攻关项目顺利推进提供人才支撑。在"能增能减"方面，制定《薪酬激励指导方案》《工资总额分配办法》，采取岗位绩效考核与强化激励相结合的模式设计研发岗位薪酬激励体系。2020 年研发人员人均最高收入与最低收入差距达 8 倍。差异化的激励方式既保护了骨干人员工作积极性，也有助于进行低绩效员工的退出管理。低绩效员工淘汰退出为优秀人员的进入腾出了空间，使员工"能进能出"的良性流动得以平稳实现。

三是进一步完善市场化用工制度。国电南自深入推进职位序列管理体系，着重对科技研发岗位进行评价和分析，修订研发职位《技术 I 类任职资格体系指导办法》，明确研发职位涵盖范围和岗位等级，提出各岗位任职资格标准、岗位调整条件和评定程序，健全以创新能力、质量、贡献为导向的科技人才评价体系；建立 4 大职位族群、7 种岗位类别、31 级职位层级的岗位序列图谱，岗位序列由管理层单通道，转变为管理、技术、技能等多通道模式，搭建各类人才成长的"立交桥"。

四是持续优化人才结构。国电南自以全面提升人均效能为目标，以高绩效为导向，严格"三定"管理，严控用工总量；持续拓宽人才引进渠道，加强高层次科技人才的培养和引进，建立"导师制"的传帮带机制，逐步完善人才培养机制，重点加强青年人才培养和人才储备；坚持党管干部原则，建好年轻干部"蓄水池"，举办"青干班"精准培养，为青年人才提供了锻炼培养平台。

五是重点探索市场化激励机制。国电南自坚持业绩效益导向，突出岗位价值和绩效贡献，重点探索薪酬激励改革，积极推进国有科技型企业长期和分红激励政策，研究关键岗位激励机制和总额增量投放机制；制定了专利技术、重大奖项的考核奖励制度，推动公司具有自主知识产权技术的发展突破；实施科研项目考核奖励办法，建立基于项目进度和成果的激励机制，有力保障了重点研发项目开展和研发质量提升；推进岗位分红激励方案，激发青年骨干工作积极性，2019 年选取 2 家试点单位，采用优中选优的方式积极开展科技型企业岗位分红激励，2020 年共有 86 位研发骨干兑现岗位分红，人均激励金额达 3 万元。通过分红激励的实施，试点单位技术核心岗位员工的流失率得到有效控制，有效提升了核心研发岗位员工满意度，研发工作成效明显。

（三）科技创新为驱动，加速高质量发展

一是持续推进科技创新体系建设。国电南自成立由公司主要负责人任主任委员的科技创新委员会，研究部署公司研发与技术管理重大事项，做实做强两级研发协同体系。本部研究院负责整合优质资源，建设系统自动化平台，为公司关键核心技术攻关做好自主平台支撑，为公司向数字化、智能化转型升级提供有力的技术支持；子公司研究部门做好应用研究，深耕专业技术，在不同业务领域各个突破。

二是持续优化科技创新机制建设。国电南自建立重点项目和资金统筹协调机制，围绕自主安全可控自动化控制系统、综合能源服务、数字电厂等，组织开展重点科研项目攻关和工程示范应用；落实研发投入保障机制，加强关键核心技术攻关等重点项目的科技投入和资源保障；开展行业对标，深化落实研发项目考核奖励办法、科技成果奖励办法，试点岗位分红，提高研发人员绩效薪资占比，有效激发研发人员积极性、主动性、创造性和奉献精神。

三是扎实开展电力自主可控关键核心技术攻关。国电南自成功构筑了覆盖火电、水电、风电、电网等具有完整自主知识产权的华电"睿"系列电力工控产品，技术成果成功通过中国电机工程学会组织、多名院士参加的鉴定，填补了国内空白，整体达到国际领先水平。目前，华电"睿"系列自主可控工业控制系统实现了在火电、水电、风电及输变电领域的全覆盖。其中，"华电睿蓝"火电智能分散控制系统先后在华电章丘电厂300MW机组、芜湖电厂660MW超超临界机组投运，在全国率先实现自主可控DCS（分散控制系统）在主流火电机组上的示范应用和全厂一体化控制；"华电睿信"水电站计算机监控系统，先后在洪家渡水电站200MW机组、构皮滩水电站600MW机组投运；"华电睿风"风电场一体化监控系统，在华电宁东风电场1.5MW风电机组成功并网，在实现核心元器件和应用软件国产化率100%的基础上，开发了拥有自主知识产权的风电主控PLC（可编程逻辑控制器），实现了主控控制策略、变桨控制策略自主可控；"华电睿智"自主可控智能变电站保护控制和监控系统，实现各电压等级继电保护装置国产化100%和监控系统产品软件自主可控率100%，并于2020年在国家电网和南方电网最高1 000kV及其他电压等级变电站陆续挂网试运行。

（四）党建融合为保障，构建经营稳固发展新格局

国电南自认真落实全国国有企业党的建设工作会精神，不断创新党建工作，推进党建和经营深度融合，汇聚形成改革发展的强大合力；严格落实党组织在公司法人治理结构中的法定地位，把党的领导融入公司治理各环节，将党建工作体系与内控、绩效考核、运营管理等体系紧密衔接，积极构建改革发展和党的建设一体化发展新格局，有效发挥党组织思想保障、推动发展、团结维护、塑造文化核心作用；科技创新，人才为本；坚持党管人才，着力破除体制机制障碍，加快构建具有竞争力薪酬激励、人才评价、多通道成长机制，为人才松绑，激励广大人才为推动公司高质量发展贡献聪明才智；大力培育和践行社会主义核心价值观，发布"创造者"文化，营造"尊重知识、尊重人才、崇尚创新、崇尚技术"的浓厚氛围，促进科技人才文化认同和价值认同，持续优化科研生态，厚培创新创造土壤。

三、改革创新成效

一是主要经营业绩持续向好。国电南自深入落实新发展理念，坚持党建引领、战略统筹、改革助力、创新赋能、文化促进，统筹推进疫情防控和生产经营各项工作。结构调整取得决定性成果，利润、现金流等关键经营指标创近年来新高，重点改革任务稳步扎实推进，新兴业务得到拓展，经营净利润大幅增加，资产负债率 3 年下降了 15 个百分点，4 家高风险企业全面扭亏，可持续发展能力显著提升。

二是技术攻关成果丰硕。国电南自与中国电子信息产业集团有限公司共建"联合实验室"，实施国务院国有资产监督管理委员会央企联合攻关和国家能源局"补短板"等项目，通过高效组织、强强联合，圆满并超额完成国有资产监督管理委员会和能源局要求的各项年度工作任务；加大"卡脖子"关键核心技术攻关力度，研发的自主可控华电"睿"系列产品填补了国内空白，整体达到国际领先或先进水平，成为提升行业地位、体现责任担当、创造社会经济价值的重要源泉；2021 年，顺利通过 CMMI V2.0 高成熟度（五级）评估，成为业内首批取得 CMMI V2.0 新版本体系最高等级资质的企业，标志着研发体系的科学性、长效性、规范性取得了显著提升。

三是人才活力显著增强。国电南自通过推行任期制和契约化管理，建立责任、义务和权利更加对等的管理机制，最大限度激发企业活力，挖掘潜能，截至 2021 年 3 月已经实现任期制和契约化管理的经理层成员达 41

人，在健全市场化经营机制上迈出了坚实步伐；通过不断探索强化研发创新激励，在公司内部形成"重才爱才惜才"的良好氛围，使研发人员在个人价值的实现上得到更大提升和满足，研发人员流失率大幅降低，从2017年的近10%下降到2020年的4.54%，科技人才凝聚力明显增强。

16

深入推进市场化改革
聚力打造氢能行业领军企业

国家电投集团氢能科技发展有限公司

一、基本情况

国家电投集团氢能科技发展有限公司（以下简称"氢能公司"）成立于 2017 年 5 月，是国家电力投资集团有限公司（以下简称"国家电投"）控股子公司、国家认定的高新技术企业，专业从事氢能及氢燃料电池技术研发与高端制造一体化发展，致力于实现我国氢燃料电池核心技术的自主化，重点解决产业关键技术"卡脖子"问题，支撑国家电投打造成为未来主要的氢能源供应商、先进氢能技术和设备供应商。氢能是零碳绿色二次能源，具有安全环保、能量密度大、转化效率高、来源和使用范围广等特点，可以大规模替代化石能源，被国际社会公认为 21 世纪的终极能源。氢能产业是我国已经确定的战略性新兴产业，是国家电投集团重点培育孵化的新产业、新业态，已经被国务院国有资产监督管理委员会批准同意成为"非电主业"。

自入选"科改示范企业"以来，氢能公司实施从体制到机制的一揽子综合性改革，全面激发企业活力动力，着力提升自主创新能力。2020 年 9 月，氢能公司正式发布自主研发的"氢腾"系列电堆和动力系统，实现国产氢燃料电池材料级全自主化。截至 2020 年 12 月底，氢能公司总资产为 6.45 亿元，同比增长 5 倍；资产负债率由 2019 年的 128% 下降至 81.25%；净资产由 2019 年的 3 100 万元增加至 1.2 亿元；净利润减亏超 1 亿元。

二、主要做法

（一）混资本，实现股权结构多元化

2020 年，氢能公司在对骨干员工实施股权激励后，随即开展了 A 轮股权融资，引入外部战略投资者，深化混合所有制改革。

一是创新估值方法。氢能公司目前尚处于大规模研发投入阶段，尚未有实质性营业收入和利润，一般估值方法难以精确判断公司价值。经过研究，采用市场法 VM 指数方式对公司价值进行评估，在公司账面净资产为负的情况下，估值实现数十倍增长，投前估值达到 6 亿多元。

二是精确匹配战略投资者。在进场挂牌阶段，氢能公司共吸引意向投资方 9 家，经过筛选匹配，最终确定了认同公司价值成长，为公司带来战略资源的 4 家投资者，分别为产业链下游、未来大场景应用方、产业基金以及国有投行。

三是股权实现多元化。A 轮"引战"完成后，氢能公司股东达到了 8 家，首先在股权上实现了混合所有制改革，绑定了国有资本、社会资本以及员工利益，并且在国有资本相对控股的前提下，充分发挥了非公资本作用，为转化经营机制奠定坚实基础。

（二）优治理，建立现代企业治理机制

在股权多元化后，氢能公司进一步完善了公司法人治理结构与体系，充分发挥董事会核心决策作用，公司运转科学高效。

一是坚决贯彻落实"两个一以贯之"要求。氢能公司修改公司章程，

确定了党组织在公司治理中的法定地位;将党委决策嵌入公司决策流程,党委与经理层"双向进入、交叉任职"的方式,把加强党的领导和完善公司治理统一起来。

二是配齐建强董事会。氢能公司优化董事会组成结构,7名董事中有4名外部董事,其中聘请中国工程院院士1名作为独立董事,并实现非执行董事占大多数;成立战略、薪酬与考核等4个董事会专委会,提升董事会专业化、科学化水平。

三是董事会获充分授权并发挥核心决策作用。国家电投在权责清单中明确给予"科改示范企业"董事会更大的授权力度。当"科改示范企业"改革方案的授放权与权责清单不一致时,按照"孰高原则"执行。氢能公司董事会在重大事项、薪酬分配、选人用人等方面真正发挥了核心决策作用。

四是以权责清单建立规范高效治理体系。氢能公司制定"三会一层"权责清单,厘清董事会、党委会、总经理办公会与经理层的权责边界,规范"三会一层"公司治理的运作机制,公司经营决策日益规范高效。

(三)转机制,激发各级人员创业活力

氢能公司已经全面建立市场化经营机制,经理层推行职业经理人制度,全员实现市场化用工,并建立了市场化薪酬分配机制。

一是牵住经理层市场化"牛鼻子"。氢能公司全面推行职业经理人制度。原经理层成员经集团公司批准,由氢能公司董事会组织履行选聘程序后,全部"转身"为职业经理人。职业经理人的经营业绩考核由氢能公司董事会负责,个人绩效与公司经营业绩直接挂钩;同时,提高绩效达标门槛,经营业绩主要指标完成率低于80%的职业经理人,考核即为不合格,面临退出风险。

二是实现全员市场化"上下一盘棋"。氢能公司实行全员聘任上岗,坚决"去行政化"。岗位聘任打破职级限制，以"人岗相适、人事相宜"为原则，让"能者上"；员工聘期内业绩考核不合格的，不再续聘原岗位，实施调整岗位、降岗使用直至解聘退出，做到"平者让、庸者下、劣者汰"。

三是构建差异化薪酬"分水岭"。氢能公司从岗位、专业、战略价值3个不同维度，设置差异化薪酬系数，薪酬分配向科研一线倾斜。技术人才薪酬实行市场化对标，同岗级技术人员与管理人员收入差最高可达20万元。

（四）重人才，培育科技创新一流团队

人才，尤其是科技人才，是氢能公司最宝贵的资源与财富。氢能公司通过多种灵活高效的方式方法，吸引、培养了大批骨干人才团队，人才规模已是氢能行业第一，成为行业高端人才集聚基地。

一是柔性引进国内外高层次专家人才。采用专家薪酬议薪制，对标市场化水平，实现一人一薪，并通过全职、兼职等劳务合作办法，从行业、企业、高校引进国内外高层次专家10人，其中有来自日本、加拿大的行业紧缺专家5人。

二是大力培养科研技术骨干。通过与高校合作技术攻关学习、专家"传帮带"、向骨干人才提供足够的舞台与空间等方式，重点培育技术研发骨干；大规模招聘专业对口的硕士博士，快速扩充科研团队。截至2021年第一季度，氢能公司人员总数303人，其中研发与生产团队规模就达到200多人，科研人才数量实现每年翻一番，氢能行业人才被大批吸引至氢能公司。

三是绑定核心骨干人才。按照《国有科技型企业股权和分红激励暂行办法》，氢能公司2019年开展了股权激励，向核心骨干增发30%股份，共激励核心骨干28名，同时预留了部分股权，用以激励后续引进和培养的骨干人才。

三、改革创新成效

2020 年，面对新冠疫情冲击和异常激烈的行业竞争，氢能公司乘"科改示范行动"东风之势，聚焦科技创新与经营发展，实现了氢燃料电池关键技术自主化的重大突破，改革创新取得了看得见的实效。

一是实现了国有资本大幅保值增值。氢能公司通过开展混合所有制改革，引入 4 家战略投资者，绑定国家级大基金、金融机构、产业链重要合作伙伴，超预期完成融资目标；公司净资产估值增长 13 倍，投后估值超 10 亿元，实现国有资本大幅保值增值，为后续打造行业"独角兽"企业并实现 IPO（首次公开募股）上市奠定了坚实的基础。

二是培育了一支有活力、留得住的核心科技人才队伍。氢能公司通过推行经理层职业经理人制，将经理层成员利益与企业经营绩效有效结合；通过市场化薪酬对标与绩效考核，吸引员工并充分调动员工创新动力；通过实施核心骨干股权激励，实现员工与企业发展的深度绑定；通过预留股权，吸引了一批高端人才，解决了"高端人才进不来、现有人才留不住"的局面。2020 年，股权激励对象没有一人离职，公司核心骨干团队结构稳定，员工与公司形成了"上下同欲、风雨同舟"的创业发展格局，氢能公司人才核心竞争力进一步增强。

三是初步成为氢能行业领军企业。氢能公司 2020 年研发投入超过 2 亿元，同比增长 164%；全年申请专利 21 件、授权 8 件；氢燃料电池关键材料制备实现突破，多项关键部件材料实现 0 到 1 的跨越，燃料电池产品关键性能指标达到国际先进水平。2019 年 9 月，隆重发布"氢腾"氢燃料电池与系统产品，当即获得市场订单 40 台套，意向订单 200 多台套；公司集团化、产业化逐步落地实施，形成北京本部加武汉、宁波、东京三地的"1＋3"产业格局。重点布局研发的催化剂、碳纸扩散层、金属双极板、膜电极组件、电堆组装工艺、动力辅助系统 6 个关键材料与核心零部件，是国家重点支持的氢燃料电池"8 大件"中的 6 件；氢能交通示范项目取得积极进展，氢燃料电池大巴车已经批量下线，并成为 2021 年博鳌亚洲论坛、2022 年北京冬奥会氢能交通示范指定车辆。

17

科技引领 制度护航
培育具有中国社会主义特色的产业
互联网企业

中能融合智慧科技有限公司

一、基本情况

中能融合智慧科技有限公司（以下简称"中能融合"）成立于2018年11月9日，是以"共商、共建、共享"原则为指导，由15家发电类国有能源企业共同出资成立的高科技互联网企业。中能融合以"融合、协作、求变、创新"为理念，以整合能源数据、服务国家战略转型、协助能源行业绿色转型发展为使命，以国家智慧能源信息平台（以下简称"平台"）建设与运营为核心开展工作，运用"新机制、新体制、新模式"探索了"国有资本控股、民营企业参股、市场机制运作"的国企改革创新模式。

在入选"科改示范企业"后，中能融合抢抓改革窗口期，实施了一系列深化市场化改革、健全科技创新体制机制、激发人才创新活力的改革举措，为国企"混改"积累了大量有益经验。截至2020年年底，中能融合共有员工107人，全年实现营业收入、利润总额、净利润分别为30 506万元、9 092万元和7 897万元，分别同比增长246%、222%和249%。

二、主要做法

（一）建立国有资产管理新体制，坚持党的领导，坚持股权多元化和混合所有制改革，破除国有体制束缚

一是在章程中明确了党委在公司的地位、职能和履职路径。中能融合专门制定党总支会议事规则和党组织"三重一大"事项决策清单，把党总支会研究讨论作为董事会、经理层决策重大问题的前置程序，全面加强党组织在公司治理结构中的领导作用。

二是坚持多元化和混合所有制改革的主路径。中能融合秉承"共商、共建、共享"原则，以股权为纽带，制定"引资源"与"引资本"相结合的战略，融合各方资源打造共享开放的实体平台。2019 年，中能融合引入发电类、电建类以及发电主机制造类 14 家国有企业入股，包括中国核工业集团有限公司、中国大唐集团有限公司、中国华能集团有限公司等；2021 年中能融合启动煤炭、石油、天然气、两网等 6 家能源国有企业入股工作，继续深化"引资源"战略。强大的股东资源为中能融合的发展注入了源源不断的动力。下一步中能融合将实施"引资本"战略，计划于 2022 年引入民营高科技领域企业和头部基金入股。

三是加强监督的前提下，充分授权放权。中能融合打破了传统央企二级单位的管理模式。第一大股东国家电力投资集团有限公司采用"不并表"的方式，在工资总额和市场化激励机制等方面充分授权放权，让中能融合能按照规定自主决策，为中能融合在公司管理及体制机制改革探索上提供了相对宽松、灵活的外部环境。

（二）统筹推进市场化经营机制、法人治理结构、激励约束机制等方面改革，探索国有互联网科技型企业创新机制

一是建立市场化经营机制，完善授权体系。一方面，以民营股东入股为契机，中能融合将市场化基因融入公司发展血脉，避免行政僵化等问题，同时建立健全能源国有企业以股东角色和身份参与企业经营决策和管理的制度，例如，规定引入新股东、对外担保等 6 项重大事项需经全体股东一致同意，降低决策风险，避免国有资产流失；另一方面，股东通过董事会将经营管理、投资决策、人员管理、薪酬管理、考核激励等方面授权给公司管理层，充分保证管理层经营自主权。

二是建立权责法定的"三会一层"法人治理结构，创新设立董事会观察员制度。中能融合完善股东会、党总支会、董事会、监事会、经理层决策制度，并建立配套议事规则，有效划分和厘清各法人主体的权责边界；强化董事会职能，切实落实董事会对高级管理人员的选聘权、考核评价权和薪酬分配权；下设战略、薪酬、审计等 5 个专门委员会，为董事会决策把好关；同时建立董事会观察员制度，当届未推荐董事和监事的股东可以委派董事会观察员列席董事会会议，董事会观察员享有董事除表决权之外的其他全部权力。

三是深化三项制度改革，逐步形成"员工能进能出、干部能上能下、薪酬能增能减"的机制。市场化用工改革机制方面，中能融合以"渠道多样、评估方式多样、评委来源多样"原则为指导实行全员市场化招聘，设立人才双通道管理，确保技术、技能等专业人才职业发展路径。针对核心技术性岗位及管理岗位人员，通过外聘行业专业、辅助人才测评机构的方式对人才进行评估，同时通过查阅干部人事档案、组织背景调查等方式侧面深入了解候选人实际情况，确保市场化招聘效果。人事制度改革方面，重点推进经理层任期制和契约化管理，打破体制内行政级别限制，根据经理层的职责分工，明确各经理层人员的任期及年度责任目标，制定量化考核指标，签署任期及年度目标责任书，达到"一岗一签"。薪酬分配体制改革方面，建立岗位评价、绩效考核与薪酬管理"三位一体"薪酬分配体系，实施全员考核，打破平均主义"大锅饭"。充分考虑科研人员考核的复杂性和差异性，建立知识、技术、管理等生产要素"由市场评价贡献，按贡献决定报酬"的分配机制。

（三）以科技创新为指引，打造技术创新新模式

一是构建科技创新治理体系，明晰科研机构、科研人员等科研主体所形成的科研成果的产权边界。一方面，中能融合制定了科技创新、协同创新等管理办法，强调科技型企业在技术创新决策、研发投入和成果转化中的主体作用；另一方面，充分借助外脑，会同中国工业互联网研究院等6家单位，设立北京市能源工业互联网研究院。坚持以科研创新部门需求为出发点匹配资源与技术，搭建"科研创新部门-研究院-研发团队"三层科研体系，同时广泛吸收公司内外人才来组建产业化团队，推动科技成果转化和产业化。

二是激发科技创新新动能。一方面，中能融合制定专项激励、点激励、员工持股等短、中、长期激励办法，形成正向激励态势，有效调动了科技人才的积极性；另一方面，完善科技创新人才体制机制建设，包括健全科技人才引进体系、畅通科技人才流动渠道、提高科技创新人才激励强度、优化科技创新评价机制等。

三、改革创新成效

一是高质量推动专项工程建设，服务国家战略转型。中能融合完成能源工业互联网大数据平台（一期）建设，具备海量数据接入、治理和分析利用的支撑能力，完成能源工业互联网基础架构的搭建和应用层开发工作，能够满足不同类型用户的基本使用需求；建成国有发电企业行业内网，包括 VPDN 专线 3 000 多条，云联网专线 10 多条，点对点专线 20 多条；初步构建全国性能源工控网络安全态势感知系统，全面提升国有发电

场站安全防护能力，平台累计接入 3 523 个场站安全数据，实现国有发电企业规模以上场站、风光水火核五大发电品种、31 个省级行政区域全覆盖，占全国规模以上装机容量 74% 以上；在多个场站开展电厂智慧辅助运行系统、远程诊断及预警等智慧能源 App 试点并取得良好效果，已初步具备推广应用基础。

二是开创性的探索国有制互联网企业的发展路径。中能融合建成权责明晰、运转高效的法人治理结构。在 15 家国有企业集团层级入股、民企参股、员工持股等多元化股权结构下，清晰界定了股东会、董事会、监事会及公司管理层职责边界，明确了党在公司经营中的地位，做到了各负其责、各尽其职、相互配合，不越位、不缺位，促进各主体之间相互协调、配合，在充分激发国有制企业"集中力量办大事"的优势的同时，从公司制度设计上避免效率降低、管理成本增加等问题的出现，让"高效""创新"等互联网企业的标签同样适用于国有制企业，实现二者的有机融合。中能融合初步建立了以岗位管理为基础、合同管理为核心的市场化用工制度。通过持续的人才招聘和制度配套，逐步建立了一支高水平、多梯度的经营管理和技术团队，打破传统国企难以吸引互联网科技型人才的僵局。2020 年公司共引入较高水平人才 22 人（管理 9 人，技术 13 人），极大改善了员工队伍结构。与 2019 年相比，公司本科学历人员占比由 44% 提高到 57%，研究生及以上学历人员占比由 9% 提高到 26%。公司 2020 年研发投入占营业收入的比例为 6.5%，共申请发明专利 8 项、计算机软件著作权 22 项，实现了科技成果转换 13 项，逐步建立了自有知识产权体系。中能融合先后获取了国家高新技术企业资质、3 个信息安全服务资质认证和信息安全等级保护三级资质，并成功入选工业和信息化部工业安全和工业互联网平台试点示范项目。

18

把握"五感"抓关键 善用改革开新局

国能（山东）能源环境有限公司

一、基本情况

国能（山东）能源环境有限公司（以下简称"国能环境"）始建于1999 年，是以"环保技术研发与工程转化"为主体，以"能源环境咨询检测及综合治理""智能加工制造与新材料开发应用"为两翼的一体化专业化服务商，是"燃煤烟气硫回收及资源化利用""工业锅炉节能与清洁燃烧技术"两项国家重点研发计划项目的核心参研单位，承担了一批省部级绿色发展相关科技创新与工程实践任务。

自 2020 年 4 月入选"科改示范企业"以来，国能环境牢牢把握住这一难得机遇，用足用好改革"政策包"和"工具箱"，紧紧围绕"达成 1 项共识、锚定 3 个目标、聚焦 5 种感受、取得 4 项成效"的"1354"改革目标，下功夫、动真格地推进"科改示范行动"并取得阶段性成果，科技创新的动力活力进一步迸发，转型升级步伐不断加快，企业高质量发展特征日趋突显。

二、主要做法

国能环境基于自身发展需求和使命愿景，明确了"科改示范行动"的总体思路，全员达成"将公司打造成国有科技型企业改革样板和自主创新尖兵"的共识，锚定了"经营业绩明显提升、改革任务取得实效、自主创新能力显著增强"3 个目标，并聚焦"引领感、层次感、方向感、紧迫感、获得感"5 种感受，分别制定了可量化指标和系列措施，为"科改示范行动"的有序、有效实施筑牢了"桥墩子"。

（一）将党的领导贯穿始终，彰显央企"引领感"

作为中央企业控股的混合所有制企业，国能环境坚持党的领导，将党的建设与企业改革发展同步推进。将党建工作内容写入公司章程；党委委员与经营班子实现"双向进入、交叉任职"；严格落实重大问题党委会前置研究程序，2020 年公司共召开涉及企业改革事项的党委会 12 次，前置审议和审定改革事项 40 余项，党委前置把关率与纪委监督覆盖率均达到100%。一个党支部因"科改示范行动"成效突出、特点鲜明，获评国家能源投资集团有限责任公司"双百"示范支部，成为党建与生产经营深入融合、党建引领企业改革发展的标杆样板。

（二）强化公司治理，理顺运行"层次感"

一是强化监督制衡机制。国能环境修订完善《党委前置决策清单》《国有股东授权清单》《董事会决策事项清单》《经理层经营权限清单》四大权责清单，将党委、股东会、董事会、经理层的责权利与企业日常决策运营机制有机结合，健全公司内部制衡机制和有效监督机制；依法履职行权，确保上级公司在投资、人事、采购、激励等多个关键领域的授权，接得住、行得稳。

二是积极向控股股东和集团公司申请授放权。国能环境根据自身发展阶段、行业特点、管理基础等情况，认真研究提出了改革所需的"授放权清单"，作为增强市场化经营自主权的重要抓手。

三是重塑企业组织架构。国能环境以市场为中心、聚焦技术研发和市场营销为原则，完成了公司组织机构的重塑，优化了各部门职责权限和运行协作制约机制，为推动"科改示范行动"提供了组织保障。

（三）发挥战略引领作用，找准发展"方向感"

国能环境制定契合公司"十四五"发展需求的战略目标体系，经调研测算后，提出了营业收入、科研投入、净资产3年翻番，人均收入5年翻番的"小目标"；推行"市场和科技双轮驱动，业务布局适度多元"发展策略，将关键资源配置由禀赋优势加速向竞争优势转换；组织"科改示范行动"说明会、培训班、战略规划头脑风暴、专题调研、以有奖征集等方式，调动全员参与企业核心理念体系的梳理编制等宣贯措施，集结员工智慧、凝聚广泛共识，进一步增强员工主人翁意识，强化了全员对企业改革的战略认同。

（四）深化市场化选人用人，触发员工"紧迫感"

国能环境坚持党管干部原则与市场机制作用相结合，大力推进市场化选人用人改革。完成公司经理层成员任期制和契约化签约，班子带头，业绩说话；以条件较为成熟的子公司为试点，从外部选聘职业经理人；制定并发布了中层管理人员任期制和契约化改革的相关制度并迅速落地实施，发挥了"以上率下"效应。在通过公开竞聘选出的新一届中层管理团队中，新提拔任用人员占比达到37.5%，平均年龄由41.1岁降至38岁，35岁以下占比34.4%。在竞聘中，既有25%的优秀人员打破条条框框实现跨级、破格提拔，也有20%人员落聘、10%降职任用。为人才架起多元化选择、多通道发展的"立交桥"，按20%比例遴选首批39名核心骨干员工享受超额利润分享政策，在改革发展关键时期打赢"人才战"。

（五）健全激励约束机制，突出员工价值创造的"获得感"

国能环境建立了以价值贡献为导向、"能增能减"、刚性兑现的薪酬分配机制。经理层根据权责分工，在绩效考核上全面实行差异化目标设定和系数考评,与选任方式相匹配、与经营业绩相挂钩的绩效考核机制落地执行。若经理层成员年度经营业绩考核未达到底线(百分制低于 70 分),或年度经营业绩考核主要指标未达标(完成率低于 70%),则按制度规定中止任期。按"岗位对责、绩效对账"刚性执行绩效分配改革,实施全员定岗定编定薪,实现"一人一薪、易岗易薪"。2020 年单季度同等岗位绩效收入最高相差 4.7 倍,全年相差 2 倍以上;将 60 余万元证书补助转用于绩效激励,引导员工摒弃"吃补助"的图安逸思想,增强了"挣工资"的创效理念。

三、改革创新成效

一是企业治理效能显著提升。国能环境建立起以公司章程为统领、兼顾市场要求和企业自身特点的治理体系,在沟通、决策、监督、落实、评价等方面形成了符合自身特点和"科改示范行动"导向的内部运行机制;公司治理机制不断完善,科学决策、有效监督、高效执行的水平不断提升。

二是服务国家战略能力显著增强。国能环境承担的国家重点研发计划项目"工业锅炉节能与清洁燃烧技术"的首批示范燃煤工业锅炉已于 2020 年 11 月启炉供暖,该项研究将全面提升我国工业锅炉节能和环保指标,将 NO_x(氮氧化物)排放浓度降低到国际排放水平的一半左右,提高锅炉效率至 90% 以上,有效解决燃煤工业锅炉污染物排放问题,推进现代锅炉设计与制造和应用技术的变革;承担的另一项国家重点研发计划"燃煤烟气硫回收及资源化利用技术"正在为中试试验开展选址工作。

三是内生活力动力显著加强。"科改示范行动"极大地激发了国能环境全员立足岗位促增量、提质量的积极性创造性。2020 年公司新增合同额同比增长 55%,工程项目毛利率同比提高 5%、采购成本降低 10% 以上,应收账款回款同比提高 63.3%；首次将自身拥有核心技术的"半干法脱硫超低排放技术"应用在化工领域，完全掌握了 VOCs（挥发性有机化合物）治理关键技术并开展工程应用，成功进军煤化工废水治理领域。

四是科技创新与成果转化取得显著进展。国能环境开发的循环流化床发电机组一炉两塔、双塔切换控制系统，在机组负荷不足的单塔运行节能模式下，满足安全环保稳定运行；自主研发的炉内炉外两级联合脱硫协控系统，显著提升发电机组自动控制水平和环保运行的安全稳定性；采用自主知识产权的柔性无水湿式静电除尘技术研发的无组织粉尘超低排放解决方案及装置，能够很好地解决工业生产领域职业安全健康危害隐患；科技成果转化项目"交联聚乙烯滚塑油箱生产技术"已形成订单，后续市场前景广阔。

19

全面深化改革　强化创新引领
实现"十四五"高质量发展

国能信控互联技术有限公司

一、基本情况

国能信控互联技术有限公司（以下简称"国能信控"）成立于 2003 年 4 月，是国内最早从事发电行业信息化业务的高新技术企业之一。经过 10 余年发展，已形成新能源工控和电力信息化两大业务板块，拥有自主知识产权的风电变桨产品，国内市场占有率排名第一，累计为 650 余家电力企业提供电力信息化自主产品及服务。

国能信控是北京市高新技术企业、北京市双软认证企业，2019 年成功申报北京市企业技术中心。公司共获得含国家科技进步奖在内的各类科技奖项 29 项，拥有各类知识产权 305 项，其中发明专利 44 项，承担各级研发课题 65 项，连续 3 年研发投入占营业收入比重超过 6%，平均税后净资产增长率达 12.6%。

二、主要做法

（一）建立现代企业治理机制，提升企业经营效能

一是积极推进混合所有制改革，放大国有资本功能。国能信控合理制

定"混改"方案，积极推进战略投资人引进工作，以引入在技术、市场、管理等方面具有战略协同意义的产业投资者，聚合优势资源，转换经营机制，助力企业转型发展。

二是优化"四会一层"设置，建立现代企业法人治理结构。国能信控厘清集团管控界面，制定"四会一层"决策事项清单，落实董事会职权；建立适用于"科改示范企业"的《党委会工作规则、议事规则》《三重一大决策制度》，推动党建工作与生产经营深度融合；研究制定董事会向经理层授权管理办法及授权清单，构建权责法定、权责透明、协调运转、有效制衡的公司治理机制。

三是用好改革授权政策，提升企业经营决策效率。国能信控围绕人力资源管理、科技管理、采购管理及投资管理等9项改革授权，在依法合规、风险可控的前提下，制定配套制度和工作细则，扩大企业经营自主权，进一步激发企业活力，提升快速应对市场变化的能力，提高组织效能和办事效率。

四是优化组织架构，建立"以效益为中心"的组织体系。国能信控将"事业部制"调整为"矩阵式"，以"客户导向、价值创造、赋能、敏捷、协同"为核心，撤销4个事业部，整合市场、研发资源，落实项目制管理，再造业务流程，完成新建及修订制度53项，修订发布流程119项，公司管理聚焦到最小利润单元，资源集中优势愈加明显，组织响应速度更加迅捷。

（二）推进市场化选人用人机制，激发人才队伍活力

一是开展竞聘上岗，形成"能者上、庸者下、劣者汰"的选人用人导向。国能信控以推动组织变革为契机，重建公司中层管理团队。29名中层干部全体起立、竞聘上岗，通过公开述职、综合考察，最终平级调整9人，提拔任用8人，降级使用2人，免职1人，真正实现干部"能上能下"。

二是完善职级序列，建立员工职级动态调整机制。国能信控制定《员工职业发展通道管理办法》，建立技术、营销、管理 3 条通道，每个通道设置 9 个层级 30 个岗级，拓宽了员工职业发展空间；坚持"业绩与收入紧密挂钩"的收入分配导向，2020 年销售冠军个人收入位居公司榜首，超过执行董事薪酬；建立岗级"能上能下"的常态化调整机制，员工岗级每半年调整一次，近 2 年共晋级 197 人次，降级 15 人次。

三是完善市场化招聘机制，强化灵活用工管理。国能信控根据改革授权，修订《员工招聘管理办法》，在年度用工计划和编制总量内企业自主决策和招聘劳动用工，由"批复制"转为"备案制"，建立起以合同管理为核心、岗位管理为基础的市场化用工机制。

四是强化绩效考核，建立不胜任人员退出机制。国能信控构建经营业绩、项目管理、产品研发及应用、职能管理、党建党廉、安全管理六大专业化考核评价体系，形成相互促进、相互制约的考核关系；将公司经营业绩考核目标由部门逐级分解到项目团队和个人，层层压实经营管理责任；考核结果实行强制比例分布，员工连续两年考核为 C 或当年考核为 D 的，进入再培训管理中心，履行淘汰程序，"科改示范行动"以来，已有 6 名不胜任人员退出。

（三）健全激励约束机制，探索多样化中长期激励

一是建立市场化薪酬总额决定机制及分配机制。国能信控制定《工资总额管理办法》，建立与利润增长率、营业利润率、人均产值、研发投入等指标强关联的工资总额决定机制，2020 年工资总额较 2019 年上涨12.62%；建立起以价值创造为导向，以岗位为基础，岗薪、职级相匹配的薪酬体系，合理设置固浮比，降低固定收入比例，加大绩效薪酬以及专项奖励力度，浮动收入部分占总收入比超过 50%，实现绩效考核、岗级调整及薪酬调整的联动。

二是成功实施岗位分红激励，强化科技骨干激励。国能信控立足发展战略，突出价值创造，基于岗位价值选取"头部"岗位，科技研发人员在激励对象中占比超 60%；刚性应用考核结果，精准实施激励兑现，不同激励对象根据岗位贡献、绩效考核结果拉开差距，激励最高水平达到最低水平的 5 倍左右，有效激发核心人才干事创业热情。

三是稳妥推进骨干员工持股，实现员工与企业利益绑定。国能信控以创业心态实施骨干员工持股，以增资的形式与战投同股同价，以股按岗定、岗变股变、股随绩调、人离股退的原则建立股权动态分配、调整机制，实现与公司风险共担、成果共享的长效激励。

四是探索超额利润分享，努力撬动增量价值创造。国能信控鼓励经营管理层和核心骨干员工锐意进取，挑战新高，撬动增量价值创造；结合公司业绩难度和激励力度，设置超额利润分享门槛、分享系数等关键要素，采取当年兑现、递延支付等方式，引导关键岗位核心人才为企业创造更多增量价值，形成良性循环。

（四）对标一流管理要素，着力提升创新动能

一是推进 IPD（集成产品开发）体系变革，提升产品研发能力。国能信控对标华为研发体系，建立以产品（线）经理为核心的产品管理机制，制定发布《集成项目开发管理办法》等 6 项制度，系统梳理公司产品规划，构建公司信息化产品货架，形成统一、共享、开放、融合的信息化产品平台体系。

二是加强科技创新平台建设，提升自主创新能力。国能信控设立 2 个省级研发平台，3 个地市级研发平台，1 个研究生工作站，成功开展风电变桨控制技术、智慧企业、互联网 + 信息与控制融合技术、网络信息安全态势感知技术与产品、一体化智慧运维技术等多个业务领域和方向的产品和技术研发工作。IMS 智慧管控系统成功应用于 20 余个风电、火电智慧化建设，为电力企业数字化转型提供了有力支撑。

三是打造协同科研模式，提升企业创新成效。国能信控与华北电力大学、清华大学等多所高校，中国科学院、中国电科院等研究院所，以及多家行业领军企业建立长期、紧密的合作关系，促进产、学、研、用协同创新，在风电变桨系统核心部件自主化研发及"网络安全态势感知技术与产品""支撑中长期和现货电力交易的平台架构及关键技术研究"等前沿课题研究取得一系列成果。

三、改革创新成效

一是外单比例持续扩大，经营业绩稳步增长。国能信控通过不断深化改革，公司营业收入、利润总额等主要经营指标保持稳健发展，资产负债率持续下降，净资产收益率连续 4 年超过 10%。其中，2020 年风电变桨控制系统外销售占比超 70%，已成为国内最大的专业研发和生产厂家。公司进一步明晰了"成为推动能源技术革命的一流科创型企业"的企业愿景和"智领能源、慧通未来"的品牌理念。

二是产品创新能力不断加强，战略支撑能力显著提升。实施"科改示范行动"以来，国能信控自主研发科技项目 26 项，累计投入研发经费6 100万元，完成科技成果转化 4 项，形成科技成果产业化收入 2.34 亿元；公司网络安全数据采集装置被国务院国有资产监督管理委员会批准进入"能源互联网合格产品名录"，IMS 智慧管控系统经中国电机工程学会鉴定，达到国际领先水平。

三是市场化人才机制不断完善，企业内生动力日益加强。国能信控初步建立起良性的、可持续发展的人才生态，形成领军人才占比 13%、骨干人才 30%、基础人才 57% 的金字塔型人才结构，人才梯队结构日趋优化，核心人才流失率降至 5% 以下。

四是改革经验不断积累，示范效应初步显现。国能信控用足用活国企改革相关政策，发挥先行优势，在依法合规前提下大胆探索，总结提炼改革经验，形成了可复制的改革模式，培养了一批兼具理论素养与实操技能的改革人才。

20

围绕高质量发展　加大市场化改革力度
着力打造科技型企业

中国电信集团系统集成有限责任公司

一、基本情况

中国电信集团系统集成有限责任公司（以下简称"集成公司"）成立于 1996 年，注册资本 5.42 亿元，是中国电信集团有限公司（以下简称"中国电信"）的全资二级子公司，现有 32 家分公司、10 家参股子公司。作为中国电信"云改数转"的主力军和先锋队，集成公司深耕政企客户信息化市场，基于电信基础通信网络资源提供涵盖智慧集成、数字化平台和垂直行业应用等综合解决方案。集成公司致力于打造科技型企业，积极构建研发队伍，研发人员规模超 740 人，占比达 43.6%，同时持续加大研发投入，2020 年研发投入 8 609 万元，研发投入强度 2.5%，截至 2021 年 3 月拥有受知识产权保护的发明专利 5 项、软件著作权 250 项。

集成公司以入选"科改示范企业"为契机，坚持新发展理念，深化市场化经营机制，全面推进选人用人和激励约束机制改革，着力提升科技创新自主能力，以创新驱动高质量发展。

二、主要做法

（一）打造扁平化、专业化组织，凝聚体系合力

一是优化公司总部机构设置。坚持价值导向、专业高效等原则，集成公司结合战略规划，将总部业务部门调整优化为智慧应用和智慧集成 2 个业务群，每个业务群下根据业务属性细化为 30 余个业务独立、领域清晰、可单独核算的业务单元，奠定市场化改革基础。

二是攻关数字化服务领域前沿技术应用。集成公司积极落实中国电信"云改数转"战略，推进数字化前沿技术布局，成立了智慧水利、智慧金融、大数据服务、云网创新等创新业务单元，探索 5G、大数据、AI、虚拟化等前沿技术的应用场景，丰富和完善数智产品体系。

三是打造跨域协同开发体系。为适应跨域数字化服务发展需求，集成公司设立了郑州软件开发中心，定位为"政企行业应用开发基地"，构建自学习、自组织的软件研发人员资源池，以跨域协同提升数字化产品和应用研发效率。

四是推进属地分公司集成能力建设。集成公司围绕集成业务重点能力，编写能力建设指导意见，通过制定配套机制、推进培训赋能、开展能力评估、搭建协同平台等方式，引导属地分公司完善本地集成队伍建设、提升专业技术能力，完善总分协同机制，助推数字化服务业务规模发展。

（二）完善创新体系建设，强化科技创新能力

一是完善科技创新组织和制度。集成公司聚合总分体系力量，选聘DICT（大数据技术、信息技术和通信技术的深度融合）业务领域高级科技专家人才进入科技委，设立科技创新部，统筹科技创新规划和发展，先后出台了《核心技术和关键技术管理办法》《专利管理办法》《外部科技创新项目激励办法》，构建起从创新项目立项、执行、验收到成果转化的闭

环管理制度。

二是聚焦核心数字平台迭代开发。集成公司落实提升自主创新能力的要求，持续加大研发投入，聚焦核心数字平台，明确里程碑倒排时间表，通过能力开放、线上线下赋能培训、协同开发等多种形式，持续推进迭代开发与功能完善。2020年所有既定开发工作圆满完成。

三是多层面展开生态合作。集成公司聚焦音视频、大数据/AI算法、硬件终端等领域，积极引入外部合作伙伴，扩大生态圈合作范围。2020年引入了浙江大华技术股份有限公司、厦门亿联网络技术股份有限公司、科大讯飞股份有限公司、北京旷视科技有限公司、中科寒武纪科技股份有限公司等10家生态合作伙伴。

（三）深化三项制度改革，激发组织人员活力

一是推进经理层成员任期制和契约化管理。在中国电信相关部门指导下，集成公司制定任期责任书，明确任期目标任务，对业绩不达标的强制降职或岗位调整，并建立绩效年薪、任期激励与经营业绩挂钩机制，最高绩效年薪可达到基薪的5~5.5倍。

二是大力推进干部队伍年轻化。集成公司注重年轻干部队伍建设，大力提拔"80后"优秀员工进入管理岗位。2020年新提拔40岁以下二级正职人员4人，35岁以下二级副职1人、三级正职人员1人、三级副职人员4人。

三是坚持市场化用工，实施有序退出机制。集成公司以业务发展为导向，加大人才引入力度。2020年市场化选聘351人，其中从互联网、高科技公司等引进了DICT、信创、虚拟化等领域3名高端科技领军人才，为集成公司转型发展提供了强有力的人才支撑。建立全员绩效考核评价及应用机制，每季度对考核结果进行通报，全年绩效考核评级一般及以下人员将被纳入待观察名单，进行转岗或退出处理。2020年对8名考核一般及以下

人员进行了劝退或辞退，人员结构持续优化。全年离职员工 155 人，年度离职率 10.2%，高于传统运营商离职率、低于行业平均离职率，人员实现有序流动。

四是深化分配制度改革，构建差异化激励体系。集成公司围绕激励"透明化、差异化"，以"划小"为抓手深化分配制度改革，建立了员工收入与公司业绩提升强相关的市场化、差异化收益共享激励分配机制，有效发挥了激励的正向牵引作用。针对二、三级经理人员，2020 年年初签订了《市场化改革划小试点绩效考核目标责任书》，建立了与签约利润贡献强关联的激励机制，按照业绩导向、充分授权、责权利相统一的原则，将二、三级经理人员的奖金与部门签约利润及年度部门考核进行挂钩。2020 年二、三级经理共配置基础包 831 万元，在 2019 年实发基础上增长 25%。针对重点产品，建立了"四位一体"前后端协同划小激励机制，2020 年 8 个自有重点产品纳入"四位一体"协同激励，激励奖金初步核算为 350 万元左右。针对创新业务，建立并试点创新单元资源划小配置机制，2020 年创新单元激励人数共 22 人，积累激励总额度 150 万元左右。针对科技创新人员，制定了《新兴业务积分激励办法》，62 人列入新兴业务积分核心研发人员激励名单范围，全年兑现奖金 300 余万元。

（四）党建统领，推进党建与科技创新工作深度结合

集成公司充分发挥党委把方向、管大局、保落实作用，将党的领导融入公司治理各环节，科技创新已纳入党委"三重一大"议事事项，制定了党建与科技创新工作融合的机制，建立了党委联系专家服务机制，组织开展了"DICT 夏季攻势"专项行动及"科改示范、你我同行"主题实践活动等一系列研发攻关行动，充分发挥基层支部战斗堡垒作用和党员先锋模范作用，强化员工对"科改示范行动"的认识。

三、改革创新成效

一是科技创新实力不断增强。截至 2020 年，集成公司在 5G、云网融合、安全、大数据、行业应用开发等技术领域的专家级以上人才达到 284 人，结构占比 17.5%，其中市场化引入的高端领军人才规模达到 14 人，有效支撑了公司数字化转型发展。科技创新成果方面，2020 年集成公司新增知识产权 49 项，新获 ISO 22301 业务连续性管理体系认证、CMMI 5 级复评并升级 2.0 版、2020 年中央企业"新基建"网络安全技术大赛金融与服务行业最强战队、"面向 5G 与云网一体的智能切片系统研发与应用"获得中国电信科技进步二等奖，重点打造的软件开发云平台被中国电信确定为集团内部使用的统一应用开发平台，月活跃用户数超过 2 000 户，支撑落地项目 255 个，提供的 131 个组件在不同项目中被累计调用 1 214 万次，节约软件开发成本 6 049 万元。

二是整体经营业绩再上台阶。2020 年集成公司经受住疫情对业务发展的不利影响，全年整体实现收入 60.7 亿元，同比增长 11.3%，其中总部实现收入 28.8 亿元，同比增长 20.2%，增量收入达到 4.8 亿元。市场拓展效果显著，全年完成签约额 53.3 亿元，夯实客户关系 30 家，在政府、金融、运营商、企业等领域成功打造标杆案例。业务规模实现新突破。天翼云会议全国累计用户突破 750 万户，企业客户突破 7.5 万户，智能通信云平台云呼座席达 2.13 万席，云总机突破 10 万户；天翼对讲平台总用户数达到 113.7 万户，同比增长 190.5%。

三是社会责任履行能力持续增加。集成公司借力技术优势，以数字化手段助力各行各业抗击疫情和复工复产，充分彰显央企责任担当。2020 年 1 月 27 日，集成公司接到支撑保障央视直播任务，充分发挥在信息系统研发和视频融合应用领域的技术积淀优势，依托"天翼云监控"打造火神山、雷神山施工现场"云监工",截至 2020 年 2 月底,雷神山、火神山医院直播累计观看人次超 3 亿,在线观看峰值超 8 000 万人;疫情监控系统为政府提供及时掌握疫情进展通道,截至 2020 年 12 月已在 30 余省市完成部署,累计开通单位 326 家;天翼云会议免费提供服务,有效保障了疫情期间远程会议的召开,2020 年全年累计召开会议 286.1 万次,参会超过 1 500 万人次,累计会议时长达 202.9 万小时;天翼对讲为抗疫相关团队提供了便捷高效的沟通通道,2020 年累计服务抗疫单位 7 371 个。

21

以"科改示范行动"之火点燃创新热情
推动企业高质量发展

联通在线信息科技有限公司

一、基本情况

联通在线信息科技有限公司（以下简称"联通在线"）作为中国联合网络通信集团有限公司（以下简称"中国联通"）面向消费互/物联网、家庭互/物联网的产品型平台公司和生态型平台公司，成立于2017年，注册资本4亿元，是国家高新技术企业。截至2021年3月，联通在线拥有多项专利和294件软件著作权。联通在线下属有5家全资子公司，4家参股公司，现有员工775人，平均年龄35周岁，本科以上学历占员工总数的96%。

联通在线对内是中国联通公众市场产品和创新基地、科技成果转化平台，承担技术创新和产品创新职能，为集团主业赋能，对外承担着5G创新业务生态构建的任务。自成立以来，联通在线一直秉承"党建统领、完善机制、强化创新、健康发展"的方针，聚焦互联网数字内容应用创新，深耕互联网视频权益、游戏、音乐、阅读、动漫以及家庭互联网等领域，业务包括基础创新、应用创新、支撑服务及数字营销三大板块，涵盖智能通信、数字内容、数字权益、数字应用、触点营销、支撑服务6类领域，全面助力中国联通推进数字化转型和高质量发展。

为增强自主研发能力，近几年联通在线不断加大研发投入，建立了一支 100 多人的公共研发队伍，专门负责集约化平台开发和核心能力创新。2020 年研发投入 1.66 亿元，研发投入强度为 6%，提前实现"科改示范行动"承诺目标。

二、主要做法

（一）完善公司治理结构，建立现代企业制度

联通在线建立了规范的法人治理结构，通过章程明确了各主体之间的权责边界，把党建写入章程，党委书记兼任公司董事长，实现了领导人员"双向进入、交叉任职"；注重发挥董事会决策引领作用和监事会的监督职能，明确对董事会的授权清单，发挥董事会对公司经营发展的战略引领、决策主体、对外投资管理等职权和作用，通过定期组织会议、调研专访、专题培训等形式，充分发挥董监事专业经验，全面提升履职能力；全面推行经理层任期制和契约化管理，强化刚性考核，严格落实考核结果应用；同时，实施总法律顾问制度，将法律审核嵌入公司生产流程关键环节，并借鉴先进管理经验，不断强化和完善企业文化顶层设计，搭建了三级规章制度体系和内控体系。

（二）创新人力资源管理模式，切实激发人才创新活力

为进一步推进市场化改革，充分激发员工活力，联通在线对标腾讯全面深化了三项制度改革，横向搭建"双通道"体系、任职资格、价值分配机制、绩效管理 4 个板块，纵向搭建职级、序列、角色、核心能力、人才引进、薪酬激励、职级动态调整、不胜任退出 8 个板块，建成了区别于互联网公司和传统国有企业的"四梁八柱"人力资源管理体系。

一是建立了以"角色与能力"为基础的双通道职级新体系。扁平化管

理层级，分级分类设置产品经营单元职级带宽；专业序列员工横向划分为4个专业类别，纵向划分6个层级，最高可对视到在线公司副总经理，常态化开展职级动态调整，真正实现职级"能上能下"。

二是搭建"宽幅制与目标全薪"的薪酬激励新体系。以效益贡献为主轴强化产品经营单元工资总额配置的差异化，关联员工薪酬分配的差异化，运用调薪矩阵工具进行差异化调控，根据员工人才等级、当前职级及职级所处薪酬带位置等因素综合设计调薪，真正实现薪酬"能多能少"。

三是加大不胜任退出等负向应用力度。绩效等级和专业能力等级"待改进"和"不称职"在组内的比例不低于10%，连续两个季度绩效考核等级"待改进"则退出岗位待岗，季度绩效考核等级先有一个"待改进"再有一个"不称职"则退出岗位待岗，连续两年绩效考核等级"待改进"则降级降薪，打开社会化招聘，健全市场化选人用人机制，实现人员"能进能出"。

（三）构建创新研发体系，增强自主创新能力

一是健全科技创新体系。为提升自主研发创新能力，支持高质量发展，联通在线紧密围绕能力建设主线，依托战略定位，进行科技创新顶层设计，成立科技创新委员会，在体制机制、管理体系、指标体系、人才培养、研发投入、合作管理等方面给予充分保障，全方位支持科技创新工作。

二是打造标准研发体系。联通在线改变以往事业部各自为政、垂直小烟囱式的研发模式，统一建设集约化平台，为各事业部和业务单元提供包括数据、标准化接口、通信功能等可共享的基础能力，"一点对接"中国联通"天擎"研发系统，实现集约、高效、敏捷的产品研发创新。

三是强化产品规划与管理。联通在线聚焦"5G + AI + 泛视频 + IOE"主航道，围绕产品生命周期全流程，制定《2020—2022 年产品创新滚动规

划》，确立产品演进路线，通过产品管理委员会制度及开发工具共享等方式实现互联网化管理，确保产品滚动供给与质量提升，赋能集团价值经营。

四是规范研发项目管理。针对众多的研发项目，联通在线严格按照立项、实施、验收 3 阶段，分类施策，优化管理流程，强化系统高效支撑和代码入库管理，做到研发项目管理规范化、体系化。

五是加强研发人才队伍建设。2020 年，联通在线南京研发中心打造了百余人的公共研发队伍，建立事业群自有研发团队与公共研发团队协同发展机制，严格控制自有核心研发人才与项目开发人才匹配比例，从而实现创新型人才的储备。

（四）坚持党建引领，促进健康发展

在深化市场化改革过程中，联通在线始终坚持党的领导，全面落实"两个一以贯之"，严格落实"三个区分开来"，积极探索党组织的引领作用，推动党建与中心工作深度融合，各党总支/党支部坚持把涉及部门生产经营、年度工作计划、重大项目决策、个人绩效考核等涉及员工核心利益的重大事项纳入党总支/党支部参与决策范畴，将党建与中心工作紧密结合、有机统一。

三、改革创新成效

随着各项改革落地见效，联通在线的经营业绩、员工活力、科技创新等方面呈现积极良好的发展态势。

一是经营业绩实现"V 形"反转，发展更加稳健。2019 年，为践行高质量发展理念，联通在线坚决摒弃 20 年来电信增值业务粗放发展的业务模式，以壮士断腕的决心调整业务结构。2020 年，联通在线借改革东风，坚持疫情防控和生产经营两手抓，迅速实现"V 形"反转，展现出良好的发展潜力。2020 年完成收入额 29.18 亿元、实现利润额 4.92 亿元；人均创收额 393 万元，同比增长 22%；人均创利 65 万元，同比增长 12%。

二是三项制度改革取得突破性进展，活力明显增强。2020 年公司员工全薪倍数差异最高达到 2.75 倍，绩效工资倍数差异最高达到 7.09 倍。中层管理人员职级晋升占比 17.8%，下降占比 7.1%；本部专业序列员工晋升占比为 13.3%，下降占比 7.4%。2020 年，联通在线本部目标全薪上涨人数共计 173 人，占比 39.8%；目标全薪下降人数共计 28 人，占比 6.4%。2020 年，联通在线从阿里巴巴集团控股有限公司、京东集团股份有限公司、国际商业机器公司（IBM）、北京字节跳动科技有限公司、小米科技有限公司、三六零安全科技股份有限公司等头部企业引进中高端人才近 20 人；不胜任退出人员占总离职人数的比重从 2018 年的 6% 提升至 2020 年的 50%。公司活力明显增强。

三是科技创新方面取得系列成果，激发企业发展新动能。第一，产品体系创新供给实现新提升。联通在线以资源协同、项目管控提升自主创新能力，依托核心、明星、孵化 3 条产品曲线，实现产品递进式供给。2020 年联通在线应用创新产品 47 款，实现市场化收入 16 亿元，全网收入 41.4 亿元，用户规模 2.4 亿户。第二，科技创新贡献指数站上新台阶。随着一系列举措的落实，联通在线技术创新能力指数贡献度跃升至集团子公司第三位，公众线子公司排名第一。2020 年共有 67 个研发项目全面纳入集团研发项目管理系统，项目源代码入库率达到 80%。第三，科技研发创新成果取得新进展。2020 年专利受理数量 18 件，获得软件著作权证书 106 件，15 项科研成果通过集团鉴定，其中 2 项获评重要成果。第四，科技研发创新合作实现新突破。以国家课题、重点专项攻关重大科创任务，联合科研院所承担科技创新 2030 "新一代人工智能"国家重大项目"人工智能安全理论及验证平台"；与科大讯飞股份有限公司共同成立 5G + AI 应用联合创新实验室；联合其他行业单位落地重点专项，包括量子通信项目、5G + 智慧医疗应用示范项目等，打造合作创新样板。

联通在线以改革促创新，以创新推动高质量发展，经营业绩和自主创新能力得到显著提升，科技成果不断涌现，人才创新活力不断增强。联通在线将以"科改示范行动"为契机，全力推进数字化转型，构建智慧运营体系，在实现自身高质量发展的同时，赋能智慧社会建设，为建设科技强国做出更大的贡献。

22

探索科技型企业改革创新
推进国家 5G + 物联网新基建

中移物联网有限公司

一、基本情况

中移物联网有限公司（以下简称"中移物联网"）是中国移动通信集团有限公司（以下简称"中国移动"）的全资子公司。中移物联网于 2012 年在重庆成立，注册资本 30 亿元，是国内第一家由运营商成立的专业物联网运营企业。公司坚持"物联网业务服务的支撑者、专用模组和芯片的提供者、物联网专用产品的推动者"战略定位，以物联网平台（OneLink、OneNET、5G 专网运营）为核心，持续锻造芯片、模组、操作系统、信息安全、应用集成等能力，构建了一支年轻的技术研发型团队。截至 2020 年年底，员工总计 2 925 人，平均年龄 30.5 岁，超过 95% 来自"985""211"重点大学，超过 80% 从事研发、技术、产品工作。公司成立以来累计获国家、省部级和行业协会奖项 50 余项，2018 年获重庆市人民政府五一劳动奖、"富民兴渝"特殊贡献奖。

中移物联网在新时期党建引领下，积极响应国家 5G + 物联网新基建要求，以助力中国移动创建世界一流企业为目标，准确把握"科改示范行动"政策要求，践行"两给两出（给资源给政策、出成果出人才）"的指导思想，坚持拓展连接边界，锻造核心能力，赋能垂直行业，奋力开启高质量发展新征程。

二、主要做法

中移物联网在实践中形成了两级改革架构：在中移物联网施行全面综合性改革，设立子企业芯昇科技有限公司（以下简称"芯昇"）作为"改革先行区"。以重点突破带动整体推进，将中移物联网打造成为治理规范有序、经营高效灵活、创新驱动发展的市场化科技型企业，实现企业活力的全面激发。

（一）健全市场化选人用人，落实干部"能上能下"、员工"能进能出"

一是全面推行经理层任期制和契约化管理。2020 年中移物联网领导班子共 4 人签署《岗位聘任协议》及任期《经营业绩责任书》，并在 2021 年将任期制和契约化管理扩大至全部中层管理人员 72 个岗位。

二是落实干部"能上能下"。中移物联网结合物联网产业链"云、网、边、端、用"不同特点，稳步实施"一人一表"定制化考核指标，将业绩指标在考核中的占比由 10% 提升到 30%；加强考核结果应用，坚持干部10% 末位强分，连续两年等级为 D，直接调整岗位或退出，2020 年结合干部年度考评、任职试用期考察，完成 2 人次职务调整、3 人次延长试用期、3 人次退出；同时，对标互联网标杆推进干部 OKR（目标与关键成果法）管理，与考核脱钩，鼓励自我驱动制定高目标，实现组织内部目标对齐。

三是实行以岗位管理为基础、以合同管理为核心的市场化用工制度。中移物联网针对重大项目、科研攻关实行"揭榜挂帅"；根据岗位性质，对勇挑重担、攻坚克难的干部员工，匹配更高的职级和薪酬带宽；建立"管理＋专家双通道"职级体系，优化员工晋升、调薪方案，2020 年完成626 人次职等晋升、869 人次调薪；建立内部人才市场，畅通跨部门、跨地区流动渠道，人员市场化配置提升效能，2020 年完成跨部门调动 59 人，跨地区 4 人；结合岗位任职标准规范劳动合同文本，细化界定劳动合同终止和解除条件，使劳动关系管理有章可循、有法可依；逐步构建科学的绩效考核体系，严格落实末位淘汰制，2020 年考核淘汰 30 余人，实现员工"能进能出"。

（二）强化市场化激励约束，开展核心人员中长期激励

一是探索"分灶吃饭"的薪酬包管理。物联网属于典型的智力密集型行业，为鼓励提升人均创新效益，中移物联网推进人工成本划小业务单元管理。根据业务发展、用工编制等确定部门基础薪酬包，根据业绩目标完成情况确定部门变动薪酬包。用工编制内减人后薪酬包大部分可保留，实现"分灶吃饭"，减人不减薪、增人不增薪。

二是开展中长期激励，实现核心人员与企业中长期发展的相互捆绑。为解决 5G、AI、物联网安全和区块链等关键领域高端技术人才存在薪酬天花板、不利于人才吸引和保有问题，中移物联网构建了多元化的中长期激励体系。首先，实施了针对核心骨干员工的虚拟期权计划。虚拟期权按照 3 年内每年 3∶3∶4 的比例进行解锁，解锁后能否兑现，与"中移物联网—部门—激励对象个人"三层次的业绩情况层层挂钩，激励个人与组织绩效对齐，已完成第一期试点覆盖约 20% 核心骨干。其次，实施"创业合伙人"计划，鼓励干事创业。通过开展符合《国有科技型企业股权和分红激励暂行办法》的项目分红，识别和培育具有盈利能力的业务单元，形成创新孵化平台，为科技创新性强、市场前景好、创业意愿强烈的业务单元市场化独立运作打下基础。

（三）打造"工程师文化"，释放科技创新动能

为推动 5G、AI、边缘计算等物联网相关技术核心能力沉淀，中移物联网着力打造开放、交流、分享的"工程师文化"，于 2019 年成立了技术委员

会，2020 年更名为"鲁班院"，取"传承'鲁班精神'，持续钻研技术"之意，致力于推进重大专项攻坚、促进人才发展和打造"技术圈"交流平台。

在推进重大专项方面，"鲁班院"成立专项工作组，专注 5G、技术中台、中低速物联网等技术攻坚，编制相关技术白皮书；促进人才发展方面，通过邀请相应线条技术专家参与制定产品、技术、研发序列共 10 个子族任职资格标准，与实际情况进行 114 人次对标，使岗级标准更符合科研创新实际要求，通过大比武、技术人才盘点、内部人才流动等方式寻找公司 5G 人才，建立 5G、边缘计算等细分领域人才库；打造"技术圈"方面，持续运营技术俱乐部，共组建 9 条专业线、成员超 500 人，全年开展设计大赛 3 次，组织"圈内"技术分享交流、培训 22 次。

（四）设置"改革先行区"，助力突破芯片"卡脖子"问题

中移物联网围绕物联网芯片国产化，以促进国家集成电路产业振兴为目标，设立了子企业芯昇作为"改革先行区"，适配更加市场化的机制，实现核心能力建设的突破。

为适应芯片行业高度市场化竞争，芯昇逐步探索建立职业经理人制度，包括芯昇总经理、副总经理、财务负责人及公司章程规定的高级管理人员；按照"三因三宜三不"原则，拟于 2021 年完成芯片业务资产组的拆分转移、全面独立后通过第一轮混合所有制改革，引入外部战略投资者，积极探索以资本为纽带的管控方式；同时，面向子企业芯昇核心员工实施股权激励，建立员工股权管理制度、实施动态管理；2022—2023 年进一步深化体制机制改革，完成第二轮混合所有制改革工作，多元股东共同赋能公司业务发展，改革效应驱动公司业绩快速提升，探索在资本市场上市。

（五）加强党建工作，统领公司改革发展

一是在中移物联网和芯昇全面完成党建要求进章程，党的领导融入公

司治理各环节。

二是迭代公司使命愿景，融入"红色通信"基因，打造"红色 DNA 聚变链"，坚定干部员工改革信念。

三是借鉴党对军队的管理试行"政委"体系，每个部门的"政委"负责关注组织发展目标、文化践行和人才培养，有序推进党业融合，促进改革全面均衡发展。

三、改革创新成效

一是经营业绩逆势上扬，价值经营初见成效。通过推进"科改示范行动"，在复杂的国内外形势及新冠肺炎疫情冲击下，中移物联网 2020 年实现营业收入 53.56 亿元，同比提升 12.13%；全员人均劳产率增至 180.65 万元/人，同比提升 9.07%。中移物联网自主研发的 OneLink 平台连接量突破 7 亿个，成为全球第一大连接管理平台，与 7 家国际运营商建立合作，为 260 个国家和地区提供短信和流量服务；OneNET 平台设备连接数，累计突破 2 亿个，聚集开发者超过 18.32 万人，服务企业客户超过 1.37 万家；自研模组全年销售 1 227 万片，自主芯片全年销售 2 190 万片，降低全产业链入网门槛，构建自主可控的物联网产业生态。

二是技术能力跃上新台阶，核心能力持续沉淀。2020 年，中移物联网研发费投入 9.8 亿元，同比增长 66%；新立研发项目 151 项，其中国家拨款项目 16 项，中国移动重大项目 25 项，承担芯片、平台、操作系统、物联网安全、5G 组网及应用等国家级核心技术研发；专利总提案数量 254 件，获 151 项专利授权，同比增长 268%。各产品线条取得新突破：基于 OneLink、OneNET 平台衍生 5G 切片、边缘计算等能力，并融合打造 5G 专网运营平台，累计支撑超 90 个 5G 示范项目；大容量 MCU（微控制单元）、NB-IoT（窄带物联网）、Cat.1（LTE 网络下的用户终端）芯片研发取得阶段性成果；自研 5G 模组开始规模推广；发布国产自主操作系统 OneOS，适配 60 余款主流芯片。公司累计获得中国移动科技进步和业务服务创新奖 16 项，其中，OneNET 获科技进步一等奖与产品奖，OneLink 获业务服务创新一等奖。2020 年获工业和信息化部第三届"绽放杯"5G 应用征集大赛二等奖 4 项、三等奖 2 项和优秀奖 1 项，获全国工业互联网安全技术技能大赛二等奖。

三是以混合所有制改革为突破口，进一步激发市场化活力。中移物联网在"科改示范行动"中形成整体推进与重点突破相结合的两级改革架构，子企业芯昇多项综合改革取得突破。以混合所有制改革为突破口，芯昇将成为中移物联网、社会资本和员工激励平台共同持股的混合所有制企业，股东结构更趋合理，未来发展所需资金、市场等资源得到补充，体制机制逐步优化，有力推进了物联网芯片国产化，提升基于 RISC-V 内核（开源、自主可控）的芯片出货量占比，助力真正解决物联网芯片"卡脖子"问题。

23

打造中国操作系统核心力量

麒麟软件有限公司

一、基本情况

麒麟软件有限公司（以下简称"麒麟软件"）是中国电子信息产业集团有限公司（以下简称"中国电子"）所属专业化科技型公司，主要面向通用和专用领域打造安全创新操作系统产品和相应解决方案。为聚力突破操作系统领域关键核心技术、更好地保障国家网络空间安全，2019 年 12 月，中国电子将旗下中标软件有限公司和天津麒麟信息技术有限公司整合成为麒麟软件。

麒麟软件以安全可信操作系统技术为核心，现已形成了以银河麒麟操作系统、麒麟云、操作系统增值产品为代表的产品线。截至 2021 年 3 月，麒麟软件申请专利 397 余项，其中授权专利 164 项，是国内拥有专利最多的操作系统厂商，也是迄今为止唯一荣获国家科技进步一等奖的操作系统厂商。麒麟软件建立了面向全国的销售体系和服务网络，国产操作系统市场占有率连续 10 年保持第一。

二、主要做法

麒麟软件自入选"科改示范企业"以来，积极通过市场化结构性改革，推进全方位超常规创新，打造战略性核心竞争力，实现了科技型企业的高质量发展。

（一）科学决策，有效制衡，保障公司治理现代化

麒麟软件把提升公司治理能力作为重要方针，做到了决策科学性与治理现代化"两手抓"。

一是以整合为契机，调整优化董事会结构。麒麟软件确保非控股股东推荐董事数量超过 1/3，同时确保外部董事占多数，控股股东只负责推荐董事，公司其他高管团队市场化选聘，既保证了董事会规范运行，也在重大事项决策方面形成有效制衡，有力保障了董事会在把方向、议大事、控风险等方面的有效性。

二是完善监事会组成结构。公司监事会引入 2 名职工代表，监督公司董事会和高级管理人员履行职责的合法性，维护职工的合法权益，使监事会更加具有代表性，能更多地赢得广大职工的信任、理解和支持，增强了企业的凝聚力。

（二）尊重契约，严格考核，实现市场化选人用人

麒麟软件建立健全市场化考核激励机制、选人用人机制，加快体制改革与机制创新"双轮驱动"。

一是颁布《麒麟软件高管团队任期制和契约化管理办法（暂行）》《麒麟软件高管团队任期考核激励实施办法（暂行）》；与董事会任命的公司经理层签订《岗位聘任协议》《任期经营管理目标责任书》《年度经营目标责任书》，实现经理层成员任期制和契约化管理，明确经理层的责任和权利；通过董事会对经理层进行严格考核，确保管理层人员薪资水平与工作绩效相挂钩，提升了对公司管理层人员的激励与约束。

二是出台《员工劳动合同管理制度》，并完成全员劳动合同的签署和动态管理，实现员工管理的透明化、标准化、规范化，保障公司、员工的

合法权利和利益；同时搭建管理与专业双职业发展通路，设置 5 大族群、11 级职级，通过明确各级的定级标准、评定机制，打通专业发展路径，并为其发展指明方向；实施基于族群、职级的外部薪酬对标，并通过差异化的薪酬策略定位，在薪酬水平市场化、成本可控的前提下，最大限度地保证核心族群、高端人才薪酬标准的外部竞争性。

（三）利益绑定，风险共担，强化市场化激励约束机制

麒麟软件把人才队伍建设作为公司发展的根本，以激励约束机制留住人才、吸引人才。

一是实施完成股权激励。公司向 141 名核心骨干员工出售限制性股票965.5 万股，将员工持股比例扩大至 5%，并积极论证推动员工持股等其他中长期激励工作，将公司长远利益与员工个人利益相捆绑，共担风险，共享收益，有效地提高了核心团队稳定性，增加人才吸引力。全年人员规模增长率达到 167%，员工积极能动性得到激发，公司创新能力不断提升。

二是完善考核评价体系和激励约束机制。2020 年 4 月 30 日，公司建立并实施人力资源效能评估体系，通过引入劳动生产率和人事费用率等指标实现对人力资源要素整体投入产出水平的持续监控，为相关管理决策提供重要参考；依托"网格化"的思路持续提高绩效考核管理的精细化程度，经营管理层、中层管理者、普通员工，销售人员、研发人员、职能人员，均采用不同的绩效考核模式，并与不同的奖金兑现、薪酬调整、职级晋升、人才发展规则相匹配。以科学、市场化的方式评价人、激励人、发展人，使资源向更优秀的人才倾斜，实现了"员工能进能出、领导能上能下、薪酬能增能减"的目标。2020 年公司绩优员工的整体奖金分配比约为整体水平的 1.3 倍以上，同期核心人才整体保留率在 95% 以上。

（四）加大投入，打造平台，不遗余力激发创新动能

科技自立自强是国家发展战略的重要支撑，麒麟软件不断加大科技投入，持续打造创新平台，力争早日实现操作系统核心关键技术突破。

一是打造面向操作系统领域的共性技术研发攻关平台。由公司牵头，联合行业内诸多领军企业共同投资设立先进操作系统创新中心，以企业为主体，以市场为导向，集中行业资源，为有创新精神与能力的科技型人才提供产、学、研相结合的科技创新与成果转化平台。

二是建设一流的操作系统人才队伍。截至 2020 年年底，公司人员规模已由年初的 800 余人迅速扩张至超过 2 100 人，其中新引进博士 7 人，新引进硕士 169 人。在职员工中，研发与技术服务人员合计达到整体规模的 70%。积极引进技术人才，引进首席科学家 1 名，培养出获得社会认可的 1 名领军型人才、2 名创新型人才、10 名高层次专家级人才，打造了一支以顶尖人才为引领、以高端核心人才为中坚、以优秀基础人才为根基的可持续发展的人才梯队。

三是加大研发投入。2020 年研发支出超过 2.6 亿元，同比 2019 年增长超过 60%，其中研发人员费用占比 72%，科技投入比超过 60%，为公司实现核心产品的技术突破起到了关键性作用。

（五）党建引领，规范运行，推动党建工作与中心工作深度融合

党建工作是麒麟软件发展的灵魂。麒麟软件通过高质量党建工作凝聚企业发展动力，以党建成效引领履职高度。

一是发挥党在企业发展中的引领作用。麒麟软件先后成立党委、团委以及工会，党委书记、董事长由一人担任，实现"一岗双责"。

二是坚持党的领导，以打造中国操作系统核心力量为目标指引，加快实施创新驱动发展，大力推进科技及其他各方面创新，形成更多新的增长点、增长极，加速科技成果向现实生产力转化。结合企业的区域分布和业务分布实际情况，充分考虑麒麟软件的融合发展，选举成立了 6 个党支部，为进一步发挥党的领导和在实际业务中发挥党支部的战斗堡垒作用打下了基础。

三、改革创新成效

"科改示范行动"为公司发展注入了生命力，1年来硕果累累，既有力支持了国家信息技术应用创新事业发展，公司发展也迈上新的台阶。

一是经营业绩提升势头强劲。2020年营业收入约6.14亿元，同比增长75%以上；实现净利润约1.65亿元，同比增长23%以上；经营性净现金流量同比增长130%以上，有效实现了国有资产保值增值。

二是支撑国家战略成效显著。麒麟软件发布银河麒麟操作系统V10，同源支持飞腾、鲲鹏、龙芯等多款国产CPU，具有内生安全、融入移动、性能领先等六大优势，树立了国产操作系统在技术创新方面的新标杆，并在众多国家部委、金融机构及大型央企等得到广泛应用，在全国各省市广泛部署，被国务院国有资产监督管理委员会评为"2020年度央企十大国之重器"，相关新闻也入选中央广播电视总台"2020年度国内十大科技新闻"。

三是科技自立自强不断实现突破。麒麟软件获得授权发明专利10项、申请发明专利64项、软件著作权63项、注册成功95个商标；标准建设方面，牵头编制9项标准，参与编制33项标准；获得天津市企业技术中心认定，申请天津市企业重点实验室，获得2020年上海高新技术企业认定；落实建设国家基础软件创新中心的要求，与合作伙伴共同投资设立先进操作系统创新中心（天津）有限公司；通过开展校企合作，发布操作系统基础能力建设、核心产品开发课程，为网络安全与信息化产业培养人才，2020年累计开展培训65次，覆盖范围近7 000人。

四是企业文化在攻坚克难中凝练升华。面对突发疫情，为了保障国家重大任务工程顺利实施，麒麟软件百余名开发人员从多地远赴海南，发挥

"事业至上、迎难而上、领导先上"的工作精神，院士带头展开"百日封闭式集中攻关"，圆满完成银河麒麟操作系统 V10 的研发工作，形成集中攻关这一科学高效、可复制推广的创新工作模式。在后续工作中，麒麟软件多次运用集中攻关这一模式，完成对产品的打磨提升。V10 集中攻关也成为麒麟软件"不惧困难、勇于挑战、敢于创新、勇于担当"文化的最佳实践。

24

打造中国领先的汽车行业数字化服务商

深圳联友科技有限公司

一、基本情况

深圳联友科技有限公司（以下简称"联友科技"）成立于 2002 年 4 月 28 日，是东风汽车集团有限公司（以下简称"东风公司"）下属的软件企业，总部位于深圳，下设 2 个分公司、1 个子公司。联友科技目前形成了较为完善的法人治理结构和运作机制，公司董事会由 5 名董事组成。

经过近 20 年的发展，联友科技在推动信息化与工业化深度融合、支撑中国汽车制造企业发展方式转变、提升汽车企业数字化水平等方面做出了突出的贡献，是中国领先的汽车全价值链数字化服务商。联友科技主要面向汽车行业提供信息化整体解决方案、信息化产品、系统运行维护、云服务、大数据分析服务、智能网联及出行服务、车载智能终端研发、智能驾驶技术研发及汽车设计等业务。联友科技是国家高新技术企业、国家规划布局内重点软件企业。

联友科技拥有汽车行业全价值链信息系统解决方案，业务覆盖范围达到 91%，其中 DMS（经销商管理系统）产品市场占有率国内排名第二，与包括广州小鹏汽车科技有限公司、威马汽车科技集团等造车新势力在内的 37 家主机厂家保持长期合作关系，另外服务于零部件供应商 4 173 家，经销商 4 200 家。联友科技是国家第 8 家通过 ISO 20000 认证企业，信息系统运行维护经验丰富，在汽车生产运行维护领域，连续多年保持零停线记录，是日产全球与本田全球的信息系统运行维护标杆，截至 2021 年 3 月，运行维护服务的车企达 27 家。同时，联友科技提供企业私有云服务，是日产全球亚太区核心数据中心，同时是联通合作数据中心，拥有虚拟机数量超过 5 000 个，存储容量 8PB，服务客户数量 37 家。此外，联友科技还通过打造"端、管、云、营"完整的车联网业务体系，拥有千万量级自主车联网平台、支持私有云 + 公有云的混合云部署模式，支持多品牌，并通过了国家计算机信息安全等级三级认证。截至 2021 年 3 月，联友科技车联网平台累计接入车辆超过 260 万台，月平均新增接入 8.3 万台，国内车联网平台接入量排名第二，达到 100 万接入量规模时间最短，同时联友科技是国内 5G T-BOX 第一梯队，已完成产品预研，支持高通、华为芯片、MTK 等平台。

二、主要做法

联友科技以入选"科改示范企业"为抓手，持续深化体制机制改革，探索国有控股科技型企业改革之路，重点围绕敏捷组织搭建、开放式经营、市场化选人用人机制、科技创新动能、激励约束机制等方面，加快形成运行高效、充满活力的运营机制，探索高质量发展之路。

（一）围绕客户、市场搭建敏捷组织

一是开展"大牛客服"。联友科技主动开展模式变革，围绕市场与客户快速响应，总经理助理以上干部 10 人围绕着"5 + 5 + 27"客户（5 个战略客户、5 个优质客户、27 个成长型客户）开展"大牛客服"，即围绕重点客户，第一时间响应、第一时间服务、第一时间决策。

二是搭建联合作战（UBG）快速响应部队。联友科技通过搭建数字营

销联合作战队、智能网联联合作战队、概念车驾舱联合作战队、数字工作台联合作战队，实现跨组织、跨职能、跨流程协同作战，实现重点产品与课题的快速解决。

三是打造敏捷、动态组织。联友科技依据市场及客户变化，及时调整组织及干部任免，2020 年累计进行干部任免调整 202 人次。

（二）开放式经营，提升整体竞争力

一是与头部生态开展合作。联友科技通过与 BAT 等头部生态企业开展战略合作，打造先进产品与平台，提升产品竞争力，并基于头部生态企业的影响力，快速拓展市场，提升公司影响力。

二是深化合作伙伴生态联盟。联友科技基于产业联盟汇集第三方合作资源池，通过引入"外脑"及"顾问"，吸收整合各类资源能力，汇集打造各类方案和产品，与产业联盟成员开展联合营销模式。

三是扩大投资/融资/增资扩股合作机会。联友科技与合作伙伴讨论进一步的战略合作框架，包括通过资本合作形成更紧密的伙伴关系开展相关业务。

（三）全面推进以市场化为导向的选人用人机制

一是以效率提升为目标，以劳动合同管理为基础，以人岗匹配和绩效管理为核心，拉大绩效分配方式。为提升企业效率，联友科技全面推进市场化选人用人机制，每年基于公司战略将公司目标层层分解到每个业务领域及员工，到年底进行考核，对于绩效考核不达标的员工，通过合理合法合规的渠道予以调整，对于不符合公司效率提升要求的业务连同员工予以整体剥离，确保"员工能进能出"；全面落实市场化招聘制度，支撑战略规划发展，大规模引进青年人才，近两年来入职的"211"高校应届本科和硕士毕业生近 140 人；积极探索高端紧缺人才引进模式，2020 年通过外部市场引进智能网联、大数据、人工智能、自动驾驶等方面高端紧缺人才

48 名。

二是激发经营者活力，强化经营者契约精神，全面推行任期制和契约化管理。联友科技依托组织机构改革，建立市场化用人机制，持续打造适应未来发展的组织机制，全面推进任期制与契约化管理制度。通过在公司经理层以上干部实施任期制和契约化管理，与公司经理层以上成员签订聘任协议和绩效目标责任书，强化经营者市场意识与契约精神。对于不能达成经营目标的管理者，坚决予以退出领导岗位，实现能上能下的管理机制。同时，为进一步强化年轻人才的培养使用，持续开展人才储备，联友科技大力推进班子结构优化，优先提拔年轻人才，强化总监队伍年轻化，2020 年共提拔重用"80 后"人员占比达到 25%，新增"80 后"总监占比达到 40%。

（四）激发科技创新动能

一是优化完善研发体系，提升自主创新能力。创新是引领发展的第一生产力。联友科技通过打造"联创"孵化平台、创新产品群，以"创新驱动，引领未来"为宗旨，在智能制造、汽车 IT、大数据三大实验室下开展产品及创新课题预研，同时通过打造联创 2.0 运行体系，瞄准智能零部件、智能网联、数字化产品、大数据、智慧营销、智能制造、云服务等多个行业热点进行创新，并促进创新科技成果转化，持续提升公司自主创新能力。

二是进一步完善产品管理体系，提升产品价值。联友科技围绕产品经理为核心打造产品，深化应用，构建以客户为中心的 IOM 产品管理体系，采用敏捷开发以及快速试验学习的方法，主动创造业务价值，加速以客户为中心的业务转型。

三是加大新技术领域资源投入，加快关键技术突破与成果转化，持续智能网联及汽车智能产品研发。在智能网联方面，联友科技基于智能网联发展趋势，在端云一体化布局下，通过聚焦 FOTA 空中升级、语音平台、LYUI 车载系统中间件、智能驾驶舱硬件，找到切入点，帮助主机厂降低成本风险、建立自主可控网联服务能力；在汽车智能化产品方面，产品范围覆盖车联、车载、车控多个领域，其中 4G T-BOX 到 2020 年年底已累计出货 215 万台，市场占有率国内排名第 4 位。通过以上创新，联友科技迅速积累提升自身的核心算法能力，形成自主的产品研发实力。

四是创新人才激励机制，打造核心科技人才队伍。用科技创新激发发展企业新动能，人才是关键。为落实公司创新战略，确保建设一支规模宏大、结构合理、素质优良的创新人才队伍，联友科技通过各种渠道引进各类专业人才。"引进来"更要"留下来"，为切实当好服务创新人才的"店小二"，联友科技还不断创新激励机制，通过打造敏捷化组织，多元化激励举措，广泛调动创新人才的积极性，充分激活科技创新的"一池春水"。

（五）探索创新市场化激励约束机制

一是贯彻多元化激励举措，让奋斗者受益。联友科技坚决落实三项制度改革，让薪酬激励向为公司奋斗的员工倾斜。通过以岗定薪，将岗位薪酬与岗位价值及任职资格进行关联，实现宽带年薪、协议薪酬、薪酬特区等多项薪酬举措，进行多元化激励，同时通过绩效考核，强制分配比例，强化绩效考核差异化分配，让奋斗者收益。

二是完善中长期激励方式，不断扩大覆盖面。为进一步完善公司法人治理结构，联友科技建立公司与骨干员工团队之间利益共享的激励和约束机制，提升公司凝聚力和竞争力，确保公司未来发展战略和经营目标的实现，促进公司持续稳健发展。联友科技通过打造员工持股平台，本着公平、公正、激励重点的原则，确定激励对象，将更大范围的核心技术、业务骨干人员纳入计划。2020 年 3 月，联友科技员工代表大会通过了《深圳联友科技有限公司员工持股方案》，首期持股平台激励对象为 58 人，约占当年在岗员工总数的 2.4%。与此同时，联友科技通过设立挑战性经营指标，将股东利益、公司利益和核心团队个人利益结合在一起，激发核心骨干挑战自我、创新产品与业务，增强新市场开拓的决心和信心，推动公司持续又好又快发展。

三、改革创新成效

一是企业经营业绩不断提升，行业影响力不断提升。联友科技通过上述机制变革，持续创新，打造核心产品，千方百计拓展市场，为客户提供价值产品与服务，各项经营指标再创新高。2020 年公司实现营业收入 13.8 亿元，同比增长 9%，实现利润 7 945 万元，同比增长 14%，经营业绩再创历史新高；2020 年完成专利申请 8 件，软件著作权申请 19 件。截至 2020 年年末，公司累计授权有效专利 42 项，其中发明专利 39 项，累计获得软件著作权 157 项。公司技术创新能力和综合实力得到业内的普遍认可。

二是落实数字化转型战略，支持企业数字化转型升级。联友科技为响应国家"打造数字经济新优势"的号召及东风公司加快建设"数字东风、卓越东风"的战略指引，积极把握当前数字化转型机遇，打造适应未来的体制机制、积极开展创新探索、迅速抢占市场、奋力打好数字化转型攻坚战。在数字化产品方面，基于网联业务积极开展与生态和相关方合作，探索新的业务模式，通过网联数据与价值链的端到端协同，开启"车联＋"模式（车联＋商企、车联＋制造、车联＋品质、车联＋供应链、车联＋水平事业）探索，通过数据中台赋能，推进业务数字化转型；在数字化服务方面，通过数据标准化，搭建数据资产管理平台、数据导航平台，帮助车厂实现数据资产化，助力车厂数字化转型升级，并取得显著成效。

三是持续创新，打造公司核心竞争力。2020 年，联友科技累计启动创新产品与课题 22 个，创新成果转化率达到 73%，重点创新产品/课题包括

5G T-BOX、L2/L3 级自动驾驶、数字工作台（iLink）、FOTA 等。在 T-BOX 方面，已完成 C-V2X 和 5G 技术预研，并实现厂商定点；在 L2/L3 级自动驾驶方面，L2 级自动驾驶已实现厂商签约，L3 级自动驾驶已完成核心课题研究和样机开发；在数字工作台方面，支持深度定制、本地化部署、隐私安全，目前已完成 V1.0 产品发布；在 FOTA 方面，已完成 V2.0 版本发布，支持多品牌、多车型、多 OTA 供应商、多型号 ECU 的软件升级。通过创新，公司整体竞争力不断增强。2020 年 1 月，联友科技通过 CMMI（能力成熟度模型集成）最高级 5 级评估，是中国区域第 7 家通过 CMMI Dev V2.0 ML5 的企业；2020 年 10 月，联友科技完成 DCMM（数据管理能力成熟度评估模型）3 级评估，是汽车软件行业首家获取该证书的企业。

25

强化改革牵引　激发创新动能

天津重型装备工程研究有限公司

一、基本情况

天津重型装备工程研究有限公司（以下简称"天津研发"）是中国一重集团有限公司（以下简称"中国一重"）所属的科技型子企业，也是重型技术装备国家工程研究中心和国家能源重大装备材料研发中心。天津研发成立于 2004 年，注册资本 13 000 万元，股东分别为中国第一重型机械股份公司（以下简称"一重股份"）和天津泰康投资有限公司，其中一重股份占比 92.3%。作为国家级研发中心，天津研发始终坚持以发展壮大民族装备工业为初心使命，面向国家战略需求、行业发展和集团转型升级需要等开展重型装备技术开发、新材料研发和技术服务。自成立以来，天津研发累计开展国家及企业研发课题 300 余项，向行业输出科技成果 100 余项，制、修订国家及行业标准 30 余项，拥有专利 59 项，获得省部级以上科技奖项近 20 项。天津研发现有员工 191 人，其中，享受国务院政府特殊津贴专家 6 人，正高级工程师 8 人，高级工程师 102 人，硕士研究生及以上学历人员 111 人。

天津研发始终坚持党建引领，阔步推进企业改革，深入贯彻落实 2018 年习近平总书记视察中国一重时提出的"要肩负起历史重任，制定好发展路线图,加强党的领导、班子建设,改革创新,自主创新,提高管理水平,调动各类人才创新创业积极性,把我们的事业越办越好"的"七个勉励"要求,按照"12345"的改革总体思路,认真落实"科改示范行动"精神,加快推进改革,不断释放企业创新活力。3年来,各项工作取得了长足进步,研发投入强度达到65%以上,科技成果倍出,攻克多项国家和行业"卡脖子"技术,人才队伍建设明显加强,创新活力得到有效释放、市场化水平逐步提升,坚定地维护了国家国防安全、科技安全、产业安全和经济安全。

二、主要做法

(一)完善公司治理体系,全面提升治理能力

天津研发积极完善公司治理结构,形成以公司章程为核心,集分权手册、"三重一大"决策办法、各治理主体议事规则等为依托的"四会一层"权责体系,充分发挥基层党委战斗堡垒作用,落实党委会前置讨论事项和决定事项,落实董事会定战略、作决策、防风险,经理层谋经营、抓落实、强管理职能;优化董事会结构,形成了外部董事占多数的董事会,提升了董事会科学决策能力。

(二)坚持市场化路径,加强科技人才队伍建设

自2016年起,天津研发即建立了市场化选人用人机制,在入选"科改示范企业"之后更是严格落实"市场化选聘、契约化管理、差异化薪酬、市场化退出"的改革要求,搭建起公平、竞争、择优的选人用人平台,系统构建了人才分类分级和专业化发展体系。

一是构建人才市场化机制。截至2020年年末,天津研发先后两次实施全员起立竞聘上岗,定员总数由267人压缩至220人,领导人员数量由43人精简为18人,管理人员由31人缩减为12人,退出领导岗位的技术干部全部回归研发岗位。

二是构建人才发展体系。天津研发实施人才强企战略、继任者计划、干部职工能力提升计划，推行"12256"人才分类分级和专业化发展体系，选派多名技术骨干到生产一线挂职锻炼。新提拔的领导人员中"80后"有4名，占36.4%；业务岗位人员中一级研究员层（副部长职级）"80后"占比达到80%以上。

三是实施契约化管理。天津研发各级领导人员立下军令状、签订经营业绩责任书，全员签订"两个合同"，明确责、权、利，实现将组织任务目标转化为个人奋斗目标。

（三）坚持目标导向，健全高效的创新机制

一是围绕国家战略、市场需求、集团发展，完善精准立项。天津研发设立市场调研部，完善政策研究与科技信息调研体系，形成与政府机构、科研院所、高等院校、行业协会、产业链上下游企业、集团内部各单位等定期交流机制，为研判技术发展方向和科技立项决策等提供基础依据，形成"横纵结合""开放协同"的科技项目指南编制体系，实现项目精准立项。

二是鼓励竞争，推行课题负责人竞聘制。天津研发不断完善科技创新运行机制，以激励先进、鼓励竞争、快出成果为目标，打破看职位、重职称和硬性指派的传统做法，将主持研发经历与职级晋升、人才申报、重点项目申报等挂钩。2020年，累计28项课题实施了公开竞聘，课题负责人青年占比达70%以上，实现科技人员从"要我干"到"我要干"的思想转变。

三是落实"放管服"，持续完善项目管理机制。天津研发推进科研项目精准预算管理，探索推行项目负责人承包制，制定完成96种材质全工序标准成本；推行课题负责人负责制，签订责任状，明确责权利，在成员组阁、工作分工、项目路线、对外合作、绩效考核等方面为课题负责人充分赋权；精简管理程序，配备科研助理，为科技人员减负，实现一重股份战略项目全覆盖；建立项目风险抵押机制，将科研项目奖金作为本金参与风

险抵押，项目验收合格后，除本金外可获得一定比例的风险抵押奖励，使个人与企业利益有机结合；完善科研成果评价机制，以产出成果为导向，改变传统的重过程、轻结果的考核机制，考核评价更加科学合理，得到科技人员的充分认可。

四是建立完善科研项目市场化运作机制。天津研发落实"新发展理念"，以"产、学、研、用"为路径，与东北大学按照"专业技术平台＋生产基地＋市场网络＋投融资"的产业链型孵化模式，实施新业务、轻资产项目产业化；推进组建金属基陶瓷耐磨新材料合资公司，填补成果自主孵化空白，补齐市场化运营短板。

（四）强化市场化激励约束，激发创新创业活力

一是充分发挥薪酬激励作用。天津研发推进实施薪酬单列，以创新指标、利润指标为基础，科学建立工资总额决定机制，设定特殊事项清单，对特殊贡献、重大成果、承担急难险重等任务给予特殊奖励。

二是打破高水平"大锅饭"。天津研发建立按绩取酬的差异化薪酬分配体系，研发部门负责人薪酬差距达 1 倍以上，员工积极性主动性明显提升，2020 年技术服务满意度达到 100%。

三是积极探索实施中长期激励。天津研发按照《国有科技型企业股权和分红激励暂行办法》和一重集团内部奖励办法，分别遴选 3 个项目，制定项目收益分红方案，在形成收益的 3～5 年内，按约定比例享受收益分红。

四是积极探索在新业务、轻资产项目中推行骨干员工持股。天津研发在政策框架内，突破"上持下"约束，推动员工与企业形成事业共同体、利益共同体、命运共同体，激发科技人员创新创业活力。

三、改革创新成效

随着"科改示范行动"改革任务的推进，市场化理念已深入人心，人

才发展体系、科技创新体系和激励机制等得到不断完善。岗位竞聘制、职级晋升制、课题负责人竞聘制，契约化管理、差异化薪酬、中长期激励机制等举措的深入实施，更加坚定了全体干部职工干事的信心、创业的决心，队伍的创造力与战斗力显著增强，人才集聚效应逐步显现，企业创新活力不断提升。

一是服务国家战略能力不断加强。2020 年，天津研发累计承担国家重点研发项目 11 项、国家重大工程 1 项、国家重大技术攻关 5 项，以实际行动彰显了天津研发维护国家国防安全、科技安全、产业安全和经济安全的"硬核"担当。其中，"专项Ⅶ压力容器及蒸发器锻件研制和生产""特大型深海容器锻件制造技术"等项目攻克关键核心技术，完成"卡脖子"产品制造，为国家重点工程建设提供了可靠保障；"新一代核压力容器用钢工程化研究""700℃以上超超临界发电机组用镍基合金转子材料及制造技术研制"等项目全面完成研发任务，具备结题验收条件，为国家关键发电设备代际进步提供了有力支撑。

二是创新能力不断提升。天津研发立足科技自立自强，强化创新驱动发展，坚定不移把创新摆在各项工作的首位，2020 年制修订国家及行业标准 5 项、企业标准 13 项，获国家专利授权 13 项，获省部级以上科技奖项 8 项，成功研发"华龙一号主管道""压力容器带接管用 508-Ⅲ 钢整体筒节锻件""35CrMo 钢大规格高性能异形球壳锻件""铝板轧机工作辊""$\phi8.8m$ 超大直径 EO 反应器管板""海洋核动力紧凑式直连结构小堆接管段锻件"等近 10 项新产品、新材料，在加速科研成果转化、消除行业技术壁垒、支持国家重点工程建设的同时，为一重集团"十三五"圆满收官、"十四五"顺利开局提供了创新动力。

以市场化机制改革为动力
构建企业科技创新更强引擎

国机精工股份有限公司

一、基本情况

国机精工股份有限公司（以下简称"国机精工"）于 2005 年在深圳证券交易所上市（股票代码：002046），由中国机械工业集团有限公司（以下简称"国机集团"）控股，主要下属企业有洛阳轴承研究所有限公司（以下简称"轴研所"）、郑州磨料磨具磨削研究所有限公司（以下简称"三磨所"）、中国机械工业国际合作有限公司（以下简称"中机合作"）等。

国机精工主营业务为轴承、工磨具及相关领域的研发制造、技术咨询、行业服务等，在高精度、高可靠性轴承与高速高效超硬材料制品及相关零部件研发制造、检测试验方面居国内领先地位，其中航天领域特种轴承处于国内垄断地位、高端超硬材料制品居国内领先地位，重点为国民经济和国防建设提供关键机械基础件产品。在飞天的"北斗"、登月的"嫦娥"、火星探测的"天问"、中国"芯"的制造等国家重大工程中都有国机精工的产品。

国机精工具有较强的技术创新实力，拥有以国家超硬材料制品重点实验室为代表的 7 家国家及省部级实验室，以国家超硬材料及制品工程技术研究中心为代表的 14 家国家及省部级研究与检测中心，是全国滚动轴承标准化技术委员会等 4 家国家标准化技术委员会主任委员单位，是国际标准化组织滚动轴承技术委员会（ISO/TC4）中国秘书处，拥有院士、博士后工作站及国家专利交流站。

二、主要做法

（一）完善法人治理机制，塑造"高质量发展、高绩效运营"的核心能力

一是完善公司治理机制。国机精工加强董事会建设，实现董事会外部董事占多数，修订完善董事会成员管理、考评、薪酬分配以及董事会运作指引等相关制度；全面落实和维护董事会、经理层等依法合规行使职权，构建规范运作和提高效能并重的法人治理结构；将"三重一大"事项集体决策程序纳入公司治理机制；界定各治理主体决策权限，明确决策事项清单；严格执行党委会研究讨论前置程序。

二是强化"自主创新、聚核铸强"战略引领。国机精工董事会发挥战略引领和重大事项决策作用，以"主业做强"为主体，以"产服融合、产资结合、平台竞争、生态升级"为创新驱动，着力推进"技术创新、管理精进、资源整合、人力资本、机制变革、两化融合、风险控制"企业高质量发展 7 种能力建设，进一步明确国机精工"科改示范行动"的战略意图与创新焦点。

三是打造"流程贯通、闭环精进"卓越运营。国机精工以战略绩效闭环管理为方法工具，以增量文化为牵引，以精益管理为抓手，以全面预算管理和年度业务计划重点提升项目为实施载体，贯通董事会战略规划和经理层年度业务计划的闭环流程，以年度重点工作达成支撑年度目标实现，以年度目标实现确保战略规划落地，把高质量发展的战略要求内嵌到卓越

运营体系当中。

（二）健全市场化选人用人机制，增强"奋斗进取、向上向善"的人才活力

一是建立差异化、职业化的人才发展阶梯。国机精工分层次、分序列构建营销、科技等岗位胜任力模型，明确优秀人才标准，为公司优秀人才的培养选拔奠定基础；制定《科技人员职业发展通道设计方案》，完善员工多通道及高层次人才选拔管理机制，建立人才发展阶梯；实施关键岗位继任计划，建立核心骨干人才动态数据库；以行动学习为主要形式，推进高研班、高潜班等多层次精准培训，培养公司中高级及后备人才。

二是建立任期制、契约化的双向承诺机制。国机精工以"目标管理、动态考核、激励约束"为导向，完善经理层成员考核评价制度；制定《公司经理层成员任期制、契约化管理办法》《领导班子成员薪酬绩效管理办法》，与经理层成员明确固定任期、签订聘任协议，打造契约关系、效薪挂联、刚性兑现的双向承诺机制；建立"3＋2"战略目标契约管理，将3年滚动计划与2年展望目标列入领导班子任期制、契约化合同，为企业家精神"通上电""加上压"。

三是建立市场化、"赛马制"的良性竞争生态。国机精工健全岗位关键绩效指标考评体系，规范实施员工岗位合同管理，完善员工考核评价机制，根据考评结果实行以员工ABC分类管理为基础的市场化用工制度；以岗位胜任能力素质为基础，组织总部职能部门公开竞聘，推进下属企业竞争上岗，推进公平竞争、公正选聘，形成"能上能下、能进能出"的正常流动机制和良性竞争生态。

（三）深化价值管理激励约束机制，构建"以奋斗者为本、为智慧之火加油"的创造动力

一是探索"经营链"增量激励。国机精工以绩效考核激励牵引增量价值创造，按照市场化经营原则，以经营活动净现金流、利润总额、新产品销售收入增长率等关键运营质量指标增量为拉动，修订完善工资总额、经营者差异化薪酬等管理办法，加强"价值驱动、增量激励"经营机制建设。

二是探索"创新链"精准激励。国机精工围绕"技术突破、产品制造、产业发展"等创新链全生命周期，运用精准化、多样化中长期激励工具，着力打通创新成果转化应用的关卡与瓶颈。针对关键技术突破重点项目，制定实施科研项目"揭榜挂帅"、专利成果激励分享等管理办法，探索实施绩效工资总额单列、项目成果专项奖励等定向激励；针对产品制造重点项目，制定科技成果转化、科技创新与产业化绩效考核等管理办法，探索实施超额利润分享、项目分红等研产挂联激励；针对市场模式创新、产业化发展重点项目，制定科技创新及产业化项目骨干员工跟投相关管理制度，探索实施项目跟投、员工持股等利益捆绑激励。

三是探索"人才链"奋斗激励。国机精工开展科技与质量考核激励机制专题研究，制定《科技人员考核激励指导意见》，深化"价值创造目标牵引、价值评价绩效考核、价值分配激励约束"的价值管理机制；为激发骨干员工的奋斗激情，实现股东、公司和骨干员工利益的有机结合，制定并启动了股权激励计划，探索下属企业岗位分红试点；对于在研发、营销等方面做出突出贡献的员工给予重奖，对"动量轮轴承组件""半导体封装切割用划片刀""风电轴承市场开发"等项目负责人分别给予50万元奖励。

（四）激发科技创新动能，强化"锻造精工所长、服务国家所需"的创新合力

一是推进关键技术攻关。"锻造精工所长、服务国家所需、聚焦产业发展"。国机精工以服务国家战略为己任，学习研究国家战略需求、深度洞察行业发展趋势，发挥国家队主力军作用及协同优势，积极主动承担各层面重大（重点）纵向科研专项，落实轴承及工磨具产业"卡脖子"、补短板等重点技术攻关任务，增强科技创新源动力和主业做强驱动力。

二是强化创新资源整合。国机精工围绕公司主业与核心产品，聚焦关键技术攻关，利用内外部科技创新资源，组织与实施科技创新基金项目和对外开放研发项目。根据企业结构调整重点项目，公开征集重大科技需求建议，通过论证遴选、项目指南、公开招标、联合攻关等工作，与西安交通大学、郑州大学等高校联合攻关，借助高端研发力量解决产业发展的技术难题。

三是加强技术平台建设。国机精工加强各类技术创新平台资源聚集、集成共享、效能倍增、行业引领等科技力量，挖掘国家重点实验室、技术中心、工程技术研究中心、创新中心等平台聚合优势，开展专项整合提升，优化资源布局，集中力量推动平台升级，建立"战略定位高端、组织运行开放、创新资源集聚"的高层次研发创新中心，支持带动产业链各类主体融通创新。

（五）加强党的建设，筑牢"党建生产力、党建竞争力"的坚实根基

国机精工推动党的建设与企业生产经营、科技创新工作深度融合，以高质量党建引领高质量发展，不断激发党建生产力、党建竞争力；制定实施《关于建立容错纠错机制鼓励担当作为干事创业的实施办法（试行）》《公司"三重一大"决策运行系统管理办法》《"三重一大"事项决策制度监督管理办法（试行）》《领导干部谈心谈话制度（试行）》等，进一步健全党建工作制度体系；巩固"不忘初心、牢记使命"主题教育成果，完善领导班子基层调研机制，组织班子成员开展"科改示范行动""高质量发展"主题调研，指导下属企业解决实际问题、推进各项工作；坚持把"创新创效"活动作为企业党建工作的品牌工程，推进实施"创先争优"与中心工作深入融合机制，组织完善"一支部一品牌，一党员一旗帜""党员示范岗""党员责任区"等活动，努力把党建工作成效转化为企业发展活力和竞争实力。

三、改革创新成效

一是高质量发展能力不断增强。随着各项工作的持续推进，国机精工高质量发展能力不断加强，运营效率明显提升，预计 2020 年归属于上市公司股东的净利润相比 2019 年增长 118%～191%，应收账款周转率提高 7.09%、存货周转率提高 0.33%，成本费用率下降 2.87 个百分点、全员劳动生产率提升 7%，经营性现金流大幅增长。所属企业生产经营屡创历史最好水平，轴研所特种轴承产品迈过 3 亿门槛，实现收入 3.5 亿元、利润 1.4 亿元，分别同比增长 30%、25%；三磨所半导体领域相关产品快速增长，实现收入 1.3 亿元、利润 4 650 万元，分别同比增长 34% 和 61%。

二是科技创新动能持续提升。推进"科改示范行动"以来，国机精工以"锻造精工所长、服务国家所需"为己任，积极推进所承担的 5 项国家关键核心技术攻关项目，其中某主轴轴承项目已经通过用户空载装机试验，某轴承项目的 7 种型号轴承试制取得重点突破。同时承担各层级纵向项目 22 项，其中国家科技重大专项 4 项。组织完成 16 个国家、省部级重大项目验收，获得省部级及以上科学技术奖 14 项，其中轴研所获国家科学技术进步奖二等奖 1 项，三磨所获河南省、国机集团科学技术进步二等奖 3 项。公司连续两年荣获国机集团"科技创新奖"，获授权专利 94 件（其中发明专利 67 件），主持或参与制修订标准 60 项，发表论文 83 篇。轴研所获批国家级企业技术中心，河南省轴承创新中心、河南省技术转移示范机构获批成立。三磨所超硬材料国家重点实验室完成验收前准备工作。轴研所在我国"嫦娥五号"探月工程中提供关键轴承，并承担"嫦娥五号"

月球采样关键部件"某轴系"的研发与制作，获得"国防科技创新团队"称号。以技术创新带动产品结构调整，轴研所"大功率某轴承"项目、三磨所"半导体某砂轮"项目，攻克多项关键技术，打破国外长期垄断，实现销售收入的较大增长。2020年公司完成产品结构调整一级项目9项、二级项目18项；推进重点新产品92项，重点新产品销售收入同比增长25.6%；三磨所获得"2018—2019年度河南省省长质量奖"。

三是激励约束机制逐步深化。国机精工研究科技型企业发展规律，不断探索知识型员工中长期激励模式，以激发价值创造的利益因素为牵引，以事业激励、成长激励、文化激励为推动，建立绩效奖励、岗位分红、超额利润分享、股权激励、骨干员工持股、跟投等制度体系；深化重点改革项目，提升组织变革能力，逐步建立具有国机精工特色的"揭榜挂帅"遴选机制、"争金夺银"激励机制、"奋勇争先"人才机制，推动企业高质量发展。

27

以改革促创新　以创新助发展
企业焕发新活力

哈电发电设备国家工程研究中心有限公司

一、基本情况

哈电发电设备国家工程研究中心有限公司（以下简称"哈电工程研究中心"）是哈尔滨电气集团有限公司（以下简称"哈电集团"）旗下唯一的科研开发型企业，是由原国家发展计划委员会批准，于 2000 年 1 月建立的全国发电设备制造行业唯一的集科研、新产品开发与科研成果工程化、产业化推广应用的科技型企业。

哈电工程研究中心注册资本 1.6 亿元，共有 2 家法人股东，其中哈尔滨电气股份有限公司出资 1.2 亿元，持股比例 75%，哈电集团出资 4 000 万元，持股比例 25%。公司董事会共有 5 名成员，设有监事 1 名，经理层共有 4 名成员，内设 11 个机构，包括 9 个研究所和 2 个职能部门。公司共有员工 123 人，其中外聘兼职院士 1 人，享受国务院特殊津贴 5 人，研究员级高工 10 人，博士 17 人。

哈电工程研究中心以"科改示范行动"为契机，全面深化改革，多点突破，持续激发活力，取得了显著成效，各项经营指标均呈良好态势。2020 年公司营业收入较上年增长 10.8 倍，研发经费投入强度达到

23.88%；科研成果丰硕，获得中国机械工业进步二等奖 1 项、电力科技创新一等奖 1 项，发电设备工业大数据平台建设获得工业和信息化部 2020 年制造业与互联网融合发展试点示范项目。

二、主要做法

（一）完善公司治理模式，健全现代企业制度

一是加强董事会建设。哈电工程研究中心按照法定程序新聘任 5 名董事，均为外部董事，明确董事会为经营决策机构，确定董事会构成及权责边界，制定董事选聘、管理、考核、评价、退出等机制。

二是开展授权放权。哈电集团结合实际，赋予企业发展一定的自主决策权，授权哈电工程研究中心包括战略规划、科研管理及创新、组织机构设置、用工总量、工资总额等决策事项，提升了企业决策效率。

三是明确经理层职责权限。哈电工程研究中心明确经理层为公司的运营执行机构，执行董事会决议以及执行董事会授予的其他职权。目前公司经理层 4 人，其中 3 人由外部公司调入，管理层构成更加多元化。

（二）深化科研体系建设，加快科技成果转化

一是强化战略引领。哈电工程研究中心以"双碳"目标为引领，重点在新能源、环保、智能化 3 个领域制定了科研行动方案，提高科技创新的前瞻性和针对性。

二是创新科研管理模式。哈电工程研究中心打破常态化科研管理方式，在引才模式和管理模式上深化创新，实施项目制，从社会上整体引入新能源汽车驱动系统创新团队 11 人，建立专项考核机制，加速推动科研见成效、出成果。

三是优化科研管理流程。哈电工程研究中心充分授权放权给各级领导及项目负责人，由归口管理部门统一签订科研合作合同，减轻研发人员的

商务工作压力，提高工作效率。

四是促进技术成果转化。哈电工程研究中心推进超额利润分享机制，采取按项目考核利润方式，激发内生动力；依托哈电集团事业部及所属企业开展技术成果转化，助推所属企业转型发展；基于研发的技术成果，积极推动成立孵化型科技企业促进技术成果商品化、产业化。

（三）健全市场化经营机制，激发企业内生动力

一是实施契约化与任期制管理。哈电工程研究中心按照"契约化管理、差异化薪酬"的原则，聘任哈尔滨工业大学专家作为公司总经理，为公司科研创新注入新的活力，在哈电工程研究中心层面实施经理层任期制管理，并以业绩为导向，建立激励约束机制。

二是建立差异化薪酬体系。哈电工程研究中心实行差异化年薪体系，建立基本薪酬＋绩效薪酬＋超额利润分享的结构模式，拉开收入差距，提升经营动力和活力。

三是健全市场化用工机制。哈电工程研究中心建立以合同管理为核心、岗位管理为基础的市场化用工制度。2020年公司引进院士1人、领军人才3人、社会招聘12人，并通过优化绩效评价体系，实施员工能上能下、能进能出的流动机制。

四是加强科技人才队伍建设。结合各产业的发展规划，哈电工程研究中心明确各产业人才规划，制定了《党管人才培训计划》《导师带徒方案》等针对科研人员的培训培养方案，稳步推进人才培养；不断推进科技人才发展的体制机制改革，建立科学的人才评价体系。

（四）加强党的建设，发挥党组织引领能力

一是加强党的领导。哈电工程研究中心将党建工作要求写入公司章程，明确党组织的职责权限、机构设置、运行机制、基础保障等重要事项；坚持和完善"双向进入、交叉任职"领导体制。

二是强化组织建设。哈电工程研究中心党委严格按照党的相关规定，坚持选配党性强、作风正、思想政策水平高、组织能力强的党员干部。针对产业孵化公司中"国有绝对控股的科技型公司""国有大股东产生重要影响的公司"同步设置党组织，严格按规定配备党组织负责人及党务工作人员，在上级党组织领导下开展党建工作，确保党建工作有目标、有组织、有活力、有力量、有保障地开展。

三是落实从严治党。哈电工程研究中心落实全面从严治党责任，强化政治监督，严格落实中央八项规定及其实施细则精神，加强对关键岗位、重要人员特别是主要负责人的监督，突出"三重一大"决策、工程招标等重要环节的监督。

三、改革创新成效

一是攻坚克难推进改革专项工程，企业高质量发展势头持续向好。2020年以来，哈电工程研究中心认真贯彻落实党中央、国务院决策部署及哈电集团工作要求，面对新冠肺炎疫情的严峻考验，坚持一手抓防疫、一手谋发展，多措并举，全力推进生产经营各项工作，取得显著成效。第一，深入推进"科改示范行动"，全面完成了2020年度确定的改革目标任务，同时，充分发挥哈电集团科技资源整合优势，并借助巡视整改、对标提升行动，补短板、强弱项，不断提升管理水平。第二，内部活力得到有效激发，广大干部员工干事创业劲头十足，发展合力进一步汇聚。2020年公司营业收入、资产总额、利润等规模效益指标均实现增长。

二是科技成果转化形成"乘数效应"，自主创新能力显著提升。第一，科研开发逐步转向系统化。哈电工程研究中心明确了以科技创新引领转型发展的战略思路，以单个技术为突破口，不断完善和修正研发方向和产品。公司通过轮毂电机产业摸索到了电动轮的研发方向，通过电动轮的单一产品研发扩展到电动轮及驱动系统的研究，通过激光熔覆焊接技术的研发带动机器人和智能制造领域，以点带线、以线带面，科研开发逐步转向系统化。第二，科研成果转化趋势明显。牢固树立科研成果工程化的思想，坚持以市场化为衡量标准，科研方向不断瞄准市场需求，让科技创新充分展现出价值。重载矿用车电动轮试验样机实现了总装，新能源先进电动轮及驱动系统研制项目获得了省科技重大专项资助，低污染燃烧器实现工程化应用，激光熔覆装备实现商业化运行。2020 年哈电工程研究中心共获得知识产权授权 36 项，其中获得专利授权 24 项，软件著作授权 12 项。

三是多措并举集聚创新资源，企业科技创新活力逐步释放。第一，人才推动创新取得进展。2020 年，哈电工程研究中心成功引进中国工程院 1 名院士，促进哈电集团燃机和新能源院士工作站获得省科技创新平台奖励；引进轮毂电机领军人才及团队，1 年内带动电动轮、轮毂电机、永磁推进电机的快速发展；引进青年人才带动了激光熔覆焊接技术和设备的发展。第二，对外合作广度和力度加强。哈电工程研究中心与德国弗朗霍夫研究所、俄罗斯彼尔姆航空发动机公司开展国际合作，快速补齐科技创新短板；与清华大学、哈尔滨工业大学、大连理工大学、电子科技大学、华北电力大学等高校开展产、学、研合作，促进科技成果加速实现转化；与中国科学院物理研究所、中汽研汽车检验中心、中国航空发动机集团相关研究所开展试验合作，利用其先进的试验设施验证产品性能。

下一步，哈电工程研究中心将积极落实"国企改革三年行动"，聚焦哈电集团"62858"战略部署，重点围绕加强党的领导和党的建设、完善公司治理结构、推进三项制度改革、重点课题研究、关键技术攻关、推动科技成果转化等开展工作，一切为了转型，一切服务转型，持续推进科研成果工程化目标，勇做科技创新发展新格局的引领者、低碳转型新发展阶段的开拓者、推动高质量发展的实践者。

28

聚焦建立市场化机制 改革破局焕发新动力

东方电气（武汉）核设备有限公司

一、基本情况

2008 年 11 月，中国东方电气集团有限公司（以下简称"东方电气"）为构建完整的核电站核岛主设备产业链，努力为国防建设做出更大贡献，与有着 50 多年舰船用堆内构件制造经验的武汉锅炉集团（以下简称"武汉锅炉"）强强联合，成立了东方电气（武汉）核设备有限公司（以下简称"东方武核"），其中东方电气占股 67%，武汉锅炉占股 33%。企业经营范围为民用核承压设备堆内构件的设计、制造，舰船用专项产品的设计、制造及机械加工，是国内唯一具有舰船用堆内构件供货业绩的供应商，也是国内具备民用核电堆内构件供货业绩的两家企业之一。东方武核先后成功研制了 CPR1000、AP1000 核电机组堆内构件，正在进行我国具有自主知识产权的三代核电"华龙一号"堆内构件研制及海洋核动力平台、小型堆、供热堆等核能新技术的研发。东方武核深入贯彻落实习近平总书记军民融合战略思想，致力于打造国内领先、国际一流的军民核动力装备制造基地，奋力走在军民融合发展前列。

2011 年，受日本福岛"3·11 核事件"引起的外部市场需求急剧下降，以及公司自身转型滞后等多重因素影响，东方武核效益持续下滑，

2013—2017 年连续亏损，资金链脆弱，员工信心不足，劳动生产率偏低。企业既面临着关键领域深化改革的"硬骨头"，又面临着扭亏脱困、持续发展的重任务，发展步履维艰。面对严峻形势，在东方电气党组的指导下，东方武核领导班子着力体制机制创新，激发各类要素活力，通过持续深化改革，引领企业实现扭亏脱困，进入了新的发展阶段。

二、主要做法

（一）完善治理结构，建立适应创新发展的组织体系

一是完善决策管理运行规则。东方武核全面修订公司章程及《"三重一大"及重要经营管理事项决策管理办法》，调整 20 个类别、189 项"三重一大"决策事项，进一步明确各治理主体的权责边界，形成了党委会、董事会、经理层各司其职的良好局面；通过"三重一大"等制度规定，进一步将党委前置研究讨论嵌入到公司重大事项决策流程中，真正把加强党的领导和完善公司治理统一起来。

二是全面推进扁平化管理。东方武核打破管理壁垒，缩短管理层级，实现基层组织精简 54.5%，并配套开展岗位优化调整，推进"大岗位"管理，鼓励员工"一岗多能"，合并相似类型、职责交叉的岗位，岗位数量精简 53.4%，管理效率大大提高。

三是以科技引领优化调整适应创新发展的组织体系。东方武核按照"一个业务由一个部门归口"的原则梳理并调整公司科研管理相关职能，制定完善《科研项目管理办法》《专利管理办法》等 7 项科研相关规章制度，完善了科研制度体系。

（二）选优配强队伍，健全市场化选人用人机制

一是全面落实企业经营班子任期制和契约化管理。东方武核制定领导班子经营业绩目标责任书，任务目标分解至个人，压实责任，按月对标

落实。

二是推进中层管理人员市场化选聘。东方武核加大优秀年轻中层领导人员选拔配备力度，畅通中层领导能上能下渠道。公司累计通过市场化公开选聘中层管理人员 8 人。

三是健全领导人员退出机制。东方武核建立公司《专家管理办法》，中层管理人员退出后经认定进入公司专家序列，充分发挥好退出中层管理岗位人员的作用。

四是紧盯公司发展急需要的高层次人才。东方武核通过搭通道、定标准、建培养、优运营的培养路径，建立健全"三支人才"领军人物引培机制，与猎头公司签订高端人才引进协议，2020 年引进行业专家 2 人。

五是推行关键岗位的公开竞聘，建立科学的员工成长通道。东方武核构建了五大序列、15 个职级的职业发展能力晋升体系，全体员工按照条件进行评聘，充分调动积极性。

（三）坚持业绩导向，建立市场化激励约束机制

一是建立经营业绩和工资总额联动机制。东方武核以提升人工成本投入产出效率为目标，完善与劳动力市场价位相适应，与利润总额、劳动生产率等效益效率指标挂钩、同向联动的工资总额决定机制。

二是深化市场化分配制度改革，切实发挥绩效"指挥棒"作用。东方武核按照"3P1M"（岗位、职位、绩效、市场）付薪理念重新梳理薪酬绩效体系，建立公司、部门、个人三级绩效体系，引入项目准时交付节点考核指标，项目绩效系数最高 1.4、最低为 0，产品相关部门项目绩效和综合绩效"五五开"，其他部门"三七开"，引导全员围绕项目履约发力。

三是积极探索超额利润分享、项目收益分红等中长期激励机制。东方武核结合企业实际和中长期激励工具的适用性，拟定超额利润分享模式，按照向技术、技能、管理类岗位倾斜的设计规则，形成超额利润分享方

案，充分激发核心经营管理、科研技术和技能人才的活力。

（四）聚焦机制创新，全面提升科技创新动能

一是打造高水平科技创新平台。东方武核对接上游设计院，签订联合开发和技术服务等创新合作协议，搭建科技创新平台，制定行业制造技术标准1项，新增专利4项，"拳头产品"核心技术能力和行业话语权不断提升。

二是加快推进科技创新平台硬件配套能力建设。东方武核积极开展全国首个控制棒导向筒智能制造车间建设，投资建设了数控键槽机、高精度数控定梁龙门坐标镗铣床、20千瓦激光焊接设备等关键核心技术装备，大幅提升主导产品核心竞争力。

三是积极探索智能制造。东方武核推进核电堆内构件3D打印技术，在核电钴基耐磨层以及连续段制造中的应用以及机器人智能焊接技术研究等工作。

四是以激励约束激发创新动能。东方武核在公司新项目开发中推行"摘标赛马制"，制定《项目"揭榜挂帅"实施方案》，统筹配置一支工作效能高、项目管理水平强的项目团队，并通过签订对赌协议，激发员工积极性、主动性和责任心。

三、改革创新成效

东方武核坚持深化推进中共中央、国务院关于深化国有企业改革的部署和要求，落实"科改示范行动"系列举措，成功实现从连续5年亏损到扭亏脱困再到经济效益大幅提升的发展形势转变，为公司高质量发展奠定了坚实基础。

一是经营质量显著提升。截至2020年年底，东方武核资产总额相比改革前增长了40%，资产负债率从扭亏前的94%下降到当前的62.8%，低于国务院国有资产监督管理委员会对中央企业监管的平均水平，企业经营能力显著增强；近 3 年公司营业收入稳步提升，利润总额成倍增长，2020年各项经营指标均达到历史最佳水平，企业竞争力、创新力、控制力、影响力、抗风险能力明显增强。

二是人员效率持续提高。截至 2020 年年底，东方武核全员劳动生产率较改革前提高了 18.4 倍，人员薪酬较 2016 年增长了 71.85%，人均营业收入和利润水平也大幅提高，市场化选人用人机制和市场化激励约束机制不断健全，推动企业经营效益持续提升。

三是市场影响力初步显现。深化改革以来，东方武核实现了从仅有 2 台二代半民核堆内构件产品订单，到民核产品批量化生产的蜕变。截至 2020 年年底，公司军民融合核动力堆内构件产品市场占有率达 100%，持续保持领先地位。"十三五"期间民核市场招标 12 台，东方武核中标 8 台，市场占有率提升至 67%，2020 年新生效订单总额同比增长 20%，获得市场上唯一招标的民用核电订单——海南昌江多用途模块式小型堆项目（ACP100 玲珑一号）堆内构件设备供货合同，公司市场影响力逐步显现。

四是创新实力稳步增强。东方武核实现了从民核堆内构件技术"门外汉"到全面掌握 CPR1000、AP1000 堆型制造技术"内行人"的转变；从专项产品堆型单一到清华低温、HEA 模式堆、"华龙一号"等多种堆型百花齐放，关键产品核心技术基本掌握，技术攻关取得新突破，产品核心竞争力稳步提升。

难走的路是上坡路，难开的船是顶风船，改革只有进行时没有完成时，东方武核将坚决贯彻落实习近平新时代中国特色社会主义思想，扎扎实实、一步一个脚印地将"科改示范行动"工作进行到底，进一步激发内生动力，突破发展瓶颈，破解发展难题，在企业高质量发展的新征程中乘风破浪、砥砺前行。

29

把握时代机遇　锐意改革进取
勇当钒钛特钢新材料产业创新排头兵

成都先进金属材料产业技术研究院股份有限公司

一、基本情况

根据国家创新驱动发展战略纲要，结合我国攀西资源高质量开发需求，2017 年 6 月，攀钢集团有限公司（以下简称"攀钢集团"）依托国家级首批转制院所——攀钢集团攀枝花钢铁研究院，成立了成都先进金属材料产业技术研究院股份有限公司（以下简称"成都材料院"）。2020 年 11 月，为进一步提升钒钛特钢领域科技自立自强能力，推动产业链和创新链深度融合，引入了 3 家钒钛特钢领域上下游企业，完成股份制改革。成都材料院现为成都市十大新型产业技术研究院、四川省先进金属材料增材制造工程技术研究中心、国家高新技术企业。

建院以来，成都材料院面向世界科技前沿、面向经济主战场、面向国家重大需求，开展钒基、钛基、镍基、钴基、铁基等高端材料及其零部件的研发与应用研究，研制首发产品、首创工艺、首台套装备，经过 3 年多快速发展，逐步成长为具有重要影响力的新材料产业技术研究院。成都材料院拥有"航空发动机用高品质高温合金""高端功能型钛及钛合金""先进功能材料开发"等近 20 个高水平项目团队，年均承担国家重点研发计划及省部重大专项、前沿性基础研究、战略性新兴产品开发、重大成果转化、自主探索研究等重点项目 60 余项；先后开发出进口替代产品 7 项，聚集重点领域布局和培育高价值专利 400 余项；构建起"专精特新"产业的育成孵化生态基地，打造了"技术＋市场＋数字智慧＋政策＋资金"生态圈，助力区域经济发展；深化对外开放合作，与战略客户、科研院所、高校等联合共建实验室（研发中心）8 个，延伸创新链的上下游合作；加强跨界融合，与华为技术有限公司等合作建设数字化研究院，着力推进智慧科研；发挥市场导向作用，在 3D 打印增材制造、储能材料等领域布局育成孵化项目 10 余项，开发的气雾化激光打印用钛粉、高端丝材产品质量居国内领先水平，为培育"隐形冠军"提供了核心技术支撑。

二、主要做法

（一）实施股份制改造，规范公司治理机制

按照"三因三宜三不"原则，2020 年 11 月，成都材料院引入 3 家钒钛特钢领域上下游企业，完成股份制改造，设立股东大会、董事会、监事会，成立党总支及相应群团组织；优化董事会席位设置，增强企业用户的话语权，更好发挥市场对科技创新的导向作用；优化公司组织架构，形成"三部一中心"、两个研究所和 N 个创业育成孵化团队的创新创业新格局；制定总支委会、董事会、总经理办公会等议事规则，初步形成界面清晰、授权到位、简洁高效、规范运行的经营机制。

（二）推行契约化管理，增强市场化激励约束

成都材料院全面实行经理层成员任期制和契约化管理，签订任期及 2021 年契约化经营目标责任书和聘用合同书，明确经营考核指标及考评规则，强化经理层责任意识，落实经营主体责任；用好、用活市场化的"选育用留"机制，外引智慧，内挖潜力，夯实创新团队建设，2020 年引入成

熟人才、博士 18 人，并制定实施"一人一师一图一表"的个性化培养方案；围绕重大项目探索以"揭榜挂帅"为主的关键共性技术攻关机制，打破论资排辈等隐形台阶，大胆起用善谋实干的青年才俊，如某国家关键核心材料开发项目团队平均年龄仅 33 岁。

（三）实施"放管服"改革，增强创新动能

成都材料院全面推行以"信任"为前提的科研管理服务，大力推进项目负责制。鼓励科技人员自主选题、自由探索，最大限度地赋予科技人员学术和技术自主权。2020 年，18 项重点应用基础研究和育成孵化项目均由科技人员自主选题，占项目总数的 26%，内容涵盖 3D 打印、储能、舰船、航空等诸多领域；35 项重点生产线提质增效研发项目，技术路线均由科技人员自主探索，占项目总数的 51%。授予项目负责人自主管理权、创新团队组建权、项目经费审批权、外委合作决定权及物资采购审批权，建立"一站式"服务保障机制，科技人员创新创业动能和效率显著增强，形成科技创新创业"万马奔腾"的新局面。

（四）突出战略重点，布局高价值专利集群

成都材料院突出高价值知识产权集群布局，聚焦特钢、钛及钛合金材料，围绕新产品研发、工艺装备开发、生产线成套系统集成的核心技术和关键共性技术，以突出高质量和高价值为导向，积极构建集群式知识产权。2020 年申报发明专利 130 余项，形成专有技术 10 余项；联合起草并发布 GB/T 39251—2020《增材制造金属粉末性能表征方法》，填补了国内增材制造金属粉末性能表征方法的标准空白。

（五）聚焦创新全链条，建立投入保障机制

成都材料院围绕创新链的不同阶段，差异化建立专项经费保障机制；设立基础研究、原创探索、自主选题的专项研发资金，鼓励引导青年科技人员坚持需求导向和前瞻引领，潜心开展前沿、交叉领域基础研究，

努力取得更多原创成果;设立科技创业基金,支撑处于孕育孵化阶段的创业项目立项研究,催生产业化技术方案和商品化样件,培育产业化"育苗";设立成果转化基金,支持具备可转化的技术成果实施产业化转化,建立产线,孵化新的科技公司。

(六)聚焦产业高端,构建"专精特新"产业生态链

成都材料院打造"技术+市场+数字智慧+政策+资金"生态圈,助力区域经济发展;根据"种子""育成""孵化""产业化"产业孵化项目不同阶段,建立差异化"施肥"、精准培育机制;构建集技术研发、成果孵化、产业转化、产品应用和标准制定于一体的特色平台,坚持培育为客户提供特色化、定制化的新型材料整体解决方案和综合服务的产业孵化项目。

(七)完善考评体系,建立差异化的激励机制

一是探索超额利润分享机制。成都材料院对经营层经营业绩设底线值、目标值、挑战值3档。超过利润挑战目标后,按照超过挑战值额度净利润的8%给予奖励;同时,将利润分成的一定比例,作为任期激励,延期支付。

二是建立科研人员和创新团队评价制度。成都材料院对科研人员和创新团队的评价,以提升创新能力、提高创新效率、体现创新价值为准则,以技术价值、经济价值、科学价值、社会价值和文化价值的创造为核心,注重评价代表性科技成果的创新贡献和技术价值,促进科研人员和创新团队与先进同行标杆对标,增强价值创造和价值贡献。

三是实施项目收益分红激励。成都材料院根据不同的转化方式、不同的业务类型差异化确定激励额度,同时明确分红激励的约束条款。2020年,依托成都材料院改革机制,产业孵化项目实现分红240万元,有效激发了科技人员推动成果市场化转化的积极性、主动性和创造性。

（八）加强党的领导，增强党建与治企高度融合

成都材料院把加强党的领导和完善公司治理统一起来，将党建工作写入股份公司章程；颁布"三重一大"、党组织议事规则等系列制度，将党的领导融入公司治理各环节；制定发布"三个区分开来"容错纠错管理办法，为失败风险较高的创新创业项目，营造宽容失败的良好氛围，鼓励科技工作者和创业者的大胆创新、勇于探索。

三、改革创新成效

一是经营业绩显著提升。2020年，成都材料院积极应对新冠肺炎疫情和经营风险挑战，以股份制改造为契机，以市场化运营为抓手，完善公司治理架构，提高经营效率。实现营业收入6 197.59万元，同比增长102%；完成利润总额606.75万元，同比增长121.6%；承担2项揭榜挂帅的国家重大关键核心技术项目顺利完成里程碑节点目标，51项各级政府及企业重点研发任务完成率达到100%。

二是关键核心材料开发取得突破。成都材料院聚焦国家战略需求，航空发动机转动及静止件用高品质高温合金、海装用高强耐蚀合金、飞机起落架用超高强结构钢等7项进口替代新产品开发成功；高品质高温合金质量达到国际先进水平；低膨胀高温合金实现批量稳定交付；打通了MonelK500高强耐蚀合金全流程工艺；300mm≤ϕ≤400mm规格的A100超高强结构钢合格率100%；突出钛及钛合金创新需求，推进创新布局由跟踪型向引领型、开创型转变，高强高韧钛合金中厚板、高强高韧耐磨钛合金薄板、钛钢复合卷等多项关键技术实现突破；高强高韧钛合金中厚板实现了多规格、宽板幅、高品质装甲钛合金板材的工业制备；成功开发出3.0～4.0mm高强高韧耐磨钛合金薄板；国内首创成功工业试制出规格（6＋1.2）mm×1 700mm×8 000mm的钛钢复合卷。

　　三是聚焦科技前沿，培育新兴产业增长极。2020 年，成都材料院坚持市场导向，聚焦新材料产业发展前沿，大力推进创业孵化。自研的 10 个孵化育成项目中，2 个项目成功实现试产试销，5 个项目成功试制出样品，3 个项目达到既定年度科研目标；增材制造用球形钛粉的收率、流动性和氧含量控制等指标均达到国内领先水平，形成了快速建模、精密打印、退火及表面抛光后处理等系统集成 3D 打印技术。同时，逐步建成和完善成体系、有特色的创新创业支撑体系。围绕金属材料先进制造与应用，构建"材料基因设计 + 大数据与数值仿真 + 实验平台 + 验证平台 + 组织表征 + 应用评价"的全流程研发支撑体系；围绕钒钛特钢新材料创新需求，建成丝材、管材及粉体材料制备、增材制造等系列特色研发平台，以及焊接、成型、热处理、腐蚀等应用技术支撑平台，为多规格、多系列的高端钛合金及特种合金材料制备与应用提供了重要保障。

30

区块链供应链金融助力钢铁生态圈协同创新

上海欧冶金融信息服务股份有限公司

一、基本情况

上海欧冶金融信息服务股份有限公司（以下简称"欧冶金服"）是中国宝武钢铁集团有限公司（以下简称"中国宝武"）旗下的产业链金融服务平台企业，下设欧冶商业保理有限责任公司（以下简称"欧冶保理"）、上海欧冶典当有限公司（以下简称"欧冶典当"）、欧冶融资担保有限公司（以下简称"欧冶融资担保"）、诚融（上海）动产信息服务有限公司（以下简称"诚融动产"）4 家子公司，并受托管理 1 家子公司东方付通信息技术有限公司（互联网支付牌照公司）。欧冶金服成立于 2015 年 2 月，注册资本 14 亿元，其中，欧冶云商股份有限公司持股 34%，华宝投资有限公司持股 25%，宝山钢铁股份有限公司持股 20.91%，中国宝武持股 20.09%。

2019 年，中国宝武提出"共建高质量钢铁生态圈"的使命，打造穿透产业链的社会化合作、网络化协同、智慧化发展的生态圈商业模式。欧冶金服作为中国宝武产业金融业子公司之一，定位于线上与线下服务相结合，打造集金融科技研发、供应链金融服务、金融数据与风险信息集成为一体的第三方金融服务平台。

欧冶金服过去 3 年的研发投入保持占营业收入 20% 以上的较高水平，3 年累计研发投入超亿元。在前沿金融科技研发上，与中国人民银行数字货币研究所合作，开发了基于中国人民银行贸易金融区块链的一系列平台和应用程序。当前，欧冶金服已成为中国人民银行数字货币研究所在产业领域的主要合作伙伴，运营的区块链通宝平台已成为国务院国有资产监督管理委员会下属央企子公司中，完全应用"区块链 + 供应链金融"技术和解决方案，对接金融机构最多、交易规模最大、融资余额最大的平台。

二、主要做法

欧冶金服实施"科改示范行动"以来，坚持科技自主创新，以改革促发展，以改革求创新，深化三项制度改革，充分激发员工创新创业创造活力，形成公司与员工的利益共同体，业务发展进入良性循环，科技创新动能不断激发，以科技为核心竞争力的金融服务平台建设取得实质性突破。

（一）瞄准科技前沿引领企业快速发展

党的十九大报告提出，创新是引领发展的第一动力。欧冶金服以参与"科改示范行动"为契机，在数字经济时代积极探索、大胆实践，用最前沿的科技破解钢铁生态圈的信用变现难题。

一是现代科技赋能钢铁产业链普惠金融。多年以来，钢铁上下游的中小供应商、钢贸商甚至是大中型核心企业，普遍面临融资难题，而金融机构又面临流程看不透、授信风险高的困境，既不忍心放弃这么大的市场又不敢深入合作。双方之间若即若离的根本障碍在于难以建立互信，信用和风控体系缺失成为阻碍产融深度结合的核心问题。欧冶金服敏锐捕捉到区块链"多点存证、加密不可篡改"的技术特点或是化解难题的关键。从 2018 年起，经过两年多攻关，欧冶金服打造出大宗商品领域全新的信用支付方式——区块链通宝，将百余家居于核心地位大企业的应付账款进行数字化转换成通宝，取代应付账款或商业票据向上游中小企业支付，从而上游企业以通宝贴现时的资金价格，只与开立通宝的核心企业授信有关，中小企业获得的资金价格最低降至年化 3%，比银行直接融资成本普遍低 2%～4%。通宝产品的诞生，让核心企业的优质信用得以与中小微企业分享，既帮助核心企业节省现金开支，又降低了中小企业融资成本，还将金融机构的风控流程和产业链深度结合，降低了风险，真正用技术实现了普惠金融。

二是引领钢铁生态圈供应链金融技术标准。欧冶金服建立科技首席制度，在部门预算、梯队资源方面显著向金融科技部门倾斜，从而让技术团队心无旁骛地从事"产业＋金融"前沿技术研发。在欧冶金服，技术支撑业务，业务也反哺技术，助推大数据、机器学习等人工智能技术的应用，构建客户信用体系，解决生态圈中不同核心企业的数据孤岛问题。2020 年 11 月，欧冶金服主动发起并联合 26 家产业龙头、金融机构、科技平台、科研院所、专业服务机构等，发布《产业金融区块链联盟白皮书》，多家专业媒体纷纷跟进报道，显示出欧冶金服在推动钢铁生态圈形成金融科技实施标准和统一规范方面的引领力度。

（二）深化机制改革激发全员创新活力

作为互联网科创企业，战略产品的运营要快速响应、精益求精，必须通过机制改革最大限度地为核心人才创造施展才华的平台，激发全员干事创新创业的激情与活力。

一是全面实施市场化选人用人制度。公司推行员工公开招聘、管理人员末位调整和不胜任退出等市场化用工机制；通过差异化的岗位薪酬体系，对紧缺的科技研发人员采用个性化制定薪酬待遇方案，对营销人员实行与其业绩强挂钩的薪酬机制。建立以岗位聘用合同管理为核心的契约化管理，对不胜任岗位的人员，严格采用市场化方式退出，2020 年实际退出人员比例达 7%。

二是建立符合行业特性的岗位薪酬体系。欧冶金服对标市场中位水平，根据行业和公司特点，制定薪酬标准，以实现在一定薪酬总成本限制下，最大程度吸引和保留人才；公司强调以业绩为导向，建立"能上能下"的员工职业发展双通道，新增"专家""科学家"等岗位，支撑管理和专业双序列提升，加快培养造就科技创新人才，激发公司高质量发展内生动力；设置"金融科技首席"，带领技术团队专攻技术路线和前沿研究，让专业的人做专业的事，提高研发效率。

三是推行产品经理全程负责制。欧冶金服为不同类别的金融产品，设置专门的产品经理。产品经理获得充分授权，可以在公司范围内自行选择人员组成跨部门产品组，但也要为此承担全流程的产品升级、业务协调、费用催收等责任，实现权力与责任对等统一。除了风险控制由专职部门把关，其他一切围绕产品的事务都交给产品经理决策，所有部门均由产品经理指挥协调。

四是"百团大战"助推市场营销全员登高。欧冶金服采用团长负责制，按照区域市场和专业市场的特点，划小战斗单元，设置多个营销团队，由团长自主招募团员并全权负责营销工作、奖金分配等；采取资源竞争性配置，资金、研发等团队共享资源的配置使用必须先报出切实可行、能覆盖成本、有收益竞争力的实施方案；实行"底薪＋提成"，打破传统目标薪资制，让所有人都能清楚算出自己的收入。

三、改革创新成效

一是加快科技成果转化，助力我国区块链技术与应用领域持续创新。欧冶金服承建的"上海市大宗商品区块链供应链金融应用示范项目"2019年成功上线，成为当年上海市在区块链技术领域唯一的应用示范项目，得到了中国人民银行和上海市经济和信息化委员会的高度认可。2019年12月8日《解放日报》头版头条报道《宝武区块链惠及全国千家中小企业》前后，上海市委主要领导两次调研中国宝武，就区块链通宝解决产业链融资难题给予充分肯定。2020年，欧冶金服不负重托，公司专利、软件著作权申请数分别增长225%、190%。在当年7月份召开的世界人工智能大会上，战略产品通宝获选"2020年全球区块链创新50强"。截至2021年3月，欧冶金服已实现100%全在线的供应链金融服务，0.5亿~1亿元的企业端支付实现T+0。2020年年底，欧冶金服被认定为上海市高新技术企业，为下一步科技发展再上台阶打下坚实基础。

二是强化金融服务实体经济能力，解决中小企业贷款融资难、银行风控难、部门监管难等问题。区块链通宝解决了银行与企业之间的互信难题，中小企业以通宝为载体，可以利用大企业的信用到银行融资，享受大企业才有的低成本。通过信息上链存证和查询，金融机构可以更好地掌握中小企业真实业务往来与经营状况，服务意愿和效率得到显著提升。依托数字加密技术，满足监管部门对数据透明度要求，同时也兼顾不同商业机构间的隐私及利益。这样一来，中小企业贷款融资难、银行风控难、部门监管难等问题，在一个产品方案里都能得到圆满解决。2020年，公司各类生态圈金融服务规模同比增长120%，背后是零风险、零坏账，显示出"科技+风控"的突出优势。

三是履行国有企业社会责任，支持产业链供应链健康有序共同发展。截至2020年12月底，中国宝武成员单位及上下游战略客户已有近170家优质企业成为核心企业，产业链上近2 500家中小企业接收通宝，使得通宝发展为常规结算方式。除中国宝武外，鞍山钢铁集团公司、山东钢铁集团有限公司等产业龙头企业也加入联盟链运作体系。在中国银行保险监督管理委员会排名前40的银行中，已有21家通过多种方式接入通宝平台，提供融资服务。2020 年，供应链融资规模同比增长超过 50%，活跃客户数同比增长超过 40%，通宝交易规模累计近 1 000 亿元，中小企业融资成本最低可至 3%，最小单笔融资仅 3 800 元。2020 年疫情期间，欧冶金服给予产业链 12 家客户授信展期，并保障 100% 客户如期还款，证实了区块链在支持中小微企业复工复产、实质性降低融资成本、提高融资可得性方面的独特优势。

四是构建与行业特征相匹配的岗位薪酬体系和多维量化的考核评价体系，不断增强人才创新动力和活力。针对经营层，公司建立了以重点关注科技创新实力、新商业模式打造、规模快速增长为主，适当兼顾当期利润的考核评价方式；在市场营销端，实行绩效与团队毛利、成本费用强挂钩；在产品运营端，各产品团队自发组队、自负盈亏；在绩效考核和薪酬兑现中，坚决杜绝分配的平均主义。到 2020 年年底，管理人员、市场营销与产品运营人员中，既有较上年收入增长超过 1.5 倍的绩效优秀者，也有因绩效不理想而收入减半的人员。强绩效导向下的分配机制改革极大地激发了各业务团队争先创优的积极性，促进了公司主要业务快速增长，也为下一步产品功能快速迭代、线下网点布局快速打开奠定了扎实基础。

31

打造中国领先的工业互联网平台

上海宝信软件股份有限公司

一、基本情况

上海宝信软件股份有限公司（以下简称"宝信软件"）系中国宝武钢铁集团有限公司（以下简称"中国宝武"）实际控制、宝山钢铁股份有限公司（以下简称"宝钢股份"）控股的上市软件企业（股票代码：600845），总部位于上海自由贸易试验区，公司下辖9家全资子公司、4家控股子公司，宝钢股份持有宝信软件50.15%的股权。公司董事会由9名董事组成，其中非执行董事7名（含4名独立董事），逐步形成了较为完善的法人治理结构和运作机制。

历经40余年发展，宝信软件在推动信息化与工业化深度融合、支撑中国制造企业发展方式转变、提升城市智能化水平等方面做出了突出的贡献，成为中国领先的工业软件行业应用解决方案和服务提供商。公司产品与服务遍及钢铁、交通、医药、有色、化工、装备制造、金融、公共服务等多个行业。2021年，宝信软件被国务院国有资产监督管理委员会列为具有较大影响力的中央企业数字产业公司。

二、主要做法

宝信软件以入选"科改示范企业"为抓手，持续深化体制机制改革，探索国有控股上市科技型企业改革之路，重点围绕运营管理体系、选人用人机制、激励约束机制、科技创新动能等方面，加快形成运行高效、充满活力的运营机制，探索高质量发展之路。

（一）全面对标找差，争创一流，促进管理能级提升

一是着力开展对标找差工作。宝信软件成立专项工作小组，系统化、常态化、责任化推进对标工作，考察走访国内优秀企业，开展与国际一流企业对标找差分析，围绕其发展路径与商业模式总结提炼可借鉴之处，明晰自身在作业模式等方面的短板，坚定"高科技、高效率、高市占"发展方向，不断提升产业发展能力。

二是有序推进"一总部多基地"管理模式。宝信软件完善分（子）公司管控模式，推动协同能力建设，打造全国智慧运维服务网，推进战略业务布局，优化协同对接机制，充分发挥总部专业优势和分支机构区域优势的叠加效应。

三是强化体系和能力建设。宝信软件优化完善项目管理指标体系，支撑相关部门直观了解项目管理状况，有效提升集群项目管理能力；全面推进采购过程阳光透明化，有效提高网上采购率，促进公司采购管理能力全面提升；推进合规管理体系建设，强化重大、重要风险管理，不断提升内控合规体系能力。

（二）全面推进以市场化为导向的选人用人机制

一是以效率提升为目标，以劳动合同管理为基础，以人岗匹配和绩效管理为核心，大力调整人员结构。宝信软件对于绩效不胜任的员工，通过合理合法合规的渠道予以退出；对于不符合公司效率提升要求的业务连同员工予以整体剥离，确保员工"能进能出"。全面落实市场化招聘制度，支撑战略规划实施，大规模引进青年人才，近3年入职的"211"高校应届本科和硕士毕业生近400人；积极探索高端紧缺人才引进，2020年通过外部市场引进工业互联网、大数据、人工智能等方面高端紧缺人才30余名。

二是以激发经营者活力为目标，强化经营者契约精神，大力推进"能上能下"和经营者年轻化工作。宝信软件在公司经理层实施任期制和契约化管理，与公司经理层成员签订聘任协议和绩效目标责任书，强化经营者市场意识与契约精神；对于不能达成经营目标的经营者，坚决予以退出领导岗位，实现"能上能下"，2020年共有8名经营者退出领导岗位。为进一步强化年轻人才的培养使用，宝信软件持续开展人才储备，大力推进班子结构优化，优先提拔年轻人才，强化总监队伍年轻化，2020年提拔重用的"80后"占比32%，新增总监"80后"占比61%。

（三）探索创新市场化激励约束机制

一是贯彻"强绩效"文化，完善薪酬激励机制。宝信软件鼓励各经营单元持续快速增长，不断提升人均效率，将各经营单元的工资总额增量与利润增幅和人均利润双关联，用分享系数的方式予以固化，"想要多少总额""需要增加多少利润"，简单明晰，将各级管理者年度收入与利润、营业收入规模、组织绩效、个人绩效、员工收入增幅等强挂钩，用简单数学公式予以固化，使各级管理者从"让我干"到"我要干"，使各经营单元成为自带驱动力的"动车"，而公司则从"火车头驱动模式"转变成"自带动力的动车组"。2020年，宝信软件各经营单元员工平均薪酬增幅进一步加大，差值达22%。

二是实施限制性股票激励，激发科技人才创新动力。宝信软件推进限制性股票激励计划，采用分期授予的方式，本着公平、公正、激励重点的原则，确定激励对象和股数分配，将更大范围的核心技术、业务骨干人员纳入计划。宝信软件首期限制性股票计划激励对象总人数为332人，约占当年公司在岗员工总数的7%，授予总股数为777万股；二期限制性股票计划首次授予激励对象总人数增加至 645 人，约占当年公司在岗员工总数的13%，二期首次授予总股数增加至 1 694.5 万股。与此同时，公司提出更具挑战性的经营指标，通过设置具有前瞻性和挑战性的净资产收益率、净利润、营业收入等业绩指标，将股东利益、公司利益和核心团队个人利益结合在一起，激发核心骨干挑战自我、争创佳绩的热情和斗志，增强布局新业务、开拓新市场的决心和信心，大力推动公司高市场占有率、高效率成长和发展。

三是完善丰富中长期激励方式，不断扩大覆盖面。宝信软件推动下属全资子公司宝康电子完成国有科技型企业岗位分红首次考核兑付工作，形成"科技型企业岗位分红激励探索"工作小结，加速在符合条件的子企业中实施推广；持续跟踪《国有科技型企业股权和分红激励暂行办法》等相关政策规定，学习研究相关成功案例，对下属高新技术子企业实施意愿及实施条件开展调研，择机推行各类中长期激励计划。

（四）持续激发科技创新动能

一是优化完善研发体系，提升自主创新能力。宝信软件结合国家"新基建"战略，重构公司研发体系进，成立工业互联网研究院/大数据中心，不断完善运作机制，加大投入力度，吸引高端人才，打造公司科技创新高地；编制七大技术领域的专利地图，加强知识产权管理，指明技术发展方向。

二是加大新技术领域资源投入，加快关键技术突破与成果转化。宝信软件持续开展工业互联网研究开发，搭建新一代技术平台 ePlat/iPlat，完成新一代技术平台90%以上规划组件；基于 ePlat 构建具备"平台化、服务化、运营化、生态化"特点的前中后台架构模式，组件性能与业界领先产品性能相当；iPlat 平台按不同应用场景整合组件，形成 BA（基础自动化）、BB（工业数据）、BC（工业集控）、BD（分布式协同）的 ABCD 产品体系，实现工艺、设备、操作、自动化与信息等技术的融合创新，支撑构建工厂级的数字化中心。

三是优化科技人才培养机制，打造核心科技人才队伍。宝信软件形成《"宝信技术专家"评选工作方案》，组织开展"宝信技术专家"评选，不断提高公司行业知名度和影响力，加强公司技术业务知识传承；制定完成《关于公司高层次人才延迟退休的实施方案》，进一步明确公司高层次人才延迟退休的标准和流程等，规范有序开展高层次人才延迟退休工作管理，确保公司紧缺专家人才不因年龄原因而流失。

三、改革创新成效

一是经营业绩大幅提升，行业影响力持续攀升。2020年宝信软件实现营业收入95.18亿元，同比增长38.96%；实现利润总额14.82亿元，同比增长47.81%；人事效率持续提升，人均利润同比增长48%，经营业绩再创历史新高，稳居行业前列；2020年完成专利申请50件，软件著作权申请53件，均超额完成年度目标。截至2020年年末，公司累计授权有效专利269项，其中发明专利237项，累计获得软件著作权873项。公司技术创新能力和综合实力得到国内外钢铁业界的普遍认可，被中国钢铁行业协会认定为首推的专业IT服务供应商，重点客户遍及国内规模以上的钢铁企业。

二是落实创新驱动发展战略，工业互联网体系能力实现突破。宝信软件抓住国家"新基建"战略与"双循环"发展新格局带来的重大机遇，通过参与一系列国家级重点项目，创新溢出效应不断增速；深入开展工业互联网研究，完善运作机制，夯实数字化基石，强化宝信工业互联网平台xIn³Plat顶层设计，完善"云-边-端"的系统架构，跟踪核心技术最新发展趋势，为各类业务的创新应用提供坚实基础；开展工业互联网安全研究，推进安全态势感知平台和安全监管平台建设；推进产业生态平台 ePlat 和工业互联平台 iPlat 平台组件开发，形成多个示范应用；推进大数据 "5S"（数存、数成、数智、数现、数典）组件开发，完成炼铁互联智控平台（高炉）示范项目建设，助力企业实现效益提升、流程再造和管理变革。宝信工业互联网平台成功入选工业和信息化部 15 家双跨平台，工业互联网相关应用再次获评工业和信息化部示范项目。

三是持续深耕智慧制造，加强集控、人工智能、5G 等核心技术研究与应用，创新服务能力不断提升。宝信软件引领钢铁产业数字化及智慧制造顶层设计，推动示范项目建设，集控中心建设能力进一步提升；在人工智能领域聚焦图像识别、运筹优化、机器学习三大方向，推进视觉中台、排程中台建设，并在多基地排程、智能工厂、厚板缺陷识别等场景实现示范应用；研究 "5G + 工业互联网" 在钢铁行业的应用，完成技术白皮书编制。宝信软件成为国内首家通过 "研发运营一体化（DevOps）能力成熟度模型" 持续交付标准 3 级评估的工业软件企业，成为国内唯一获得数据管理成熟度模型 DCMM 四级证书的工业软件企业，顺利通过首批 "信息系统建设和服务能力评估（优秀级 CS4）"。

32

彰显中国制造"软"实力

山西太钢不锈钢精密带钢有限公司

一、基本情况

山西太钢不锈钢精密带钢有限公司(以下简称"太钢精带公司")是中国宝武钢铁集团有限公司(以下简称"中国宝武")下属太原钢铁(集团)有限公司(以下简称"太钢集团")的三级控股公司,成立于2008年8月,项目投资8.68亿元,可生产300、400系列厚度0.02～0.5mm、宽度3～650mm高强度不锈钢精密带钢,设计产能2万吨,现有在册职工210人。公司多年来专注"超薄、超平、超硬"产品的研发创新,是全球精密带钢行业的领头羊。

近年来,太钢精带公司加大市场化改革力度,不断增加研发投入,整合创新资源,集聚创新要素,自主创新能力得到明显提升,经营业绩和效率创出历史新高。2020年5月12日,习近平总书记考察调研太钢集团时,对太钢精带公司在技术创新、转型升级工作给予充分肯定,并殷切希望太钢精带公司在不锈钢领域不断勇攀高峰。

2020年,太钢精带公司业绩逆势上扬,全年保持了产销增长的好势头,完成产量23 637吨,比上年增加了637吨,增长2.8%;销售23 342吨,比上年增加了742吨,增长3.3%。2020年完成营业收入5.46亿元,报表利润861万元，完成考核利润1 007万元。

二、主要做法

"手撕钢"被喻为钢铁工业"皇冠上的明珠"，代表不锈钢和钢铁工业的重要发展方向，是国家重大战略和重点新兴领域的高、精、尖、缺材料。我国不锈钢精密带钢年消费量约50万吨，其中超薄精密不锈钢带钢年需求约2万吨，需求年增长率50%左右，未来需求量将达到10万吨以上。近年来，随着我国新型尖端领域的快速发展，尤其是航天、核电等领域对宽幅超薄不锈钢精密带钢提出了迫切需求，但长期以来，该类产品仅有少数国家可以生产，对我国军工、航天等领域急需的0.02mm带钢严格禁售，使我国长期面临"高价买"和"卡脖子"的困境。太钢精带公司立志要在解决我国这一领域"卡脖子"技术和产品上奋力有所作为，实现重大突破，主要做了以下工作。

（一）构建产、学、研、用高效协同的创新机制

围绕"手撕钢"项目配置创新资源，太钢精带公司对内围绕研发生产全过程，组建由太钢技术中心（先进不锈钢材料国家重点实验室）、全流程各生产单位组成的跨部门创新研发项目团队开展联合攻关，成立了提升板型、性能、纵切、超薄等7个技术攻关小组；对外联合北京科技大学、钢铁研究总院、太原理工大学、太原科技大学等单位，组建山西省精密带钢工程技术研究中心等创新平台，大力开展协同创新，将最优秀、最适合的资源迅速集中配置到了最需要的前沿一线，构建起高效的科技供给体系，为创新活动提供了坚实的资源要素保障。

（二）倡导将创新成本剔除考核的容错文化

太钢精带公司坚持将创新文化和理念融入制度，持续完善贯穿创新活动全过程的制度链，及时修订、制定了一大批科技创新管理制度，建立了

科技创新容错机制，鼓励科研技术人员大胆探索、主动创新。"手撕钢"项目在研发的最初阶段，问题接踵而来，特别是抽带断带一周出现十几次，每次断带都要花十几个小时恢复设备，一次次的失败让团队成员极度受挫。如果失败了，不仅拿不到核心技术，还会产生巨大损失，许多职工打起了退堂鼓。对此，公司明确提出创新成本一律剔除考核，有进步还给予及时激励，坚定了创新信心；公司还创造了"白板分析法"，把大家的意见、建议写下来，让问题简单化、措施数据化；开设"创新大讲堂"，不断增强全员创新意识，提高创新能力。

（三）深化经营机制市场化改革

"手撕钢"生产难度极大，成材率很低，太钢精带公司仅试生产就进行了 700 多次，无论是技术人员还是现场操作工人轻易都不愿意尝试。公司引入"标产折算"的市场化概念，即以厚度 0.1mm 为标准，低于标准按难度系数折算产量，职工生产"手撕钢"获得的收入相当于普通产品的 45 倍。这样的机制让生产高附加值、高科技含量产品的艰巨任务成了一线职工的"抢手货"。同时，对管理人员严格实行工效挂钩，坚持月度考核季度评价，重点绩效指标连续 3 个月完不成者进行岗位调整或降级使用；对销售提成上不封顶、下不保底，最大限度地激发营销人员多拿订单、多拿高附加值订单。2020 年 5 月，在传统钢材产品受疫情影响市场需求不振的情况下，论克卖的"手撕钢"销量逆势而上，其中 1 个出口订单供货量达 12 吨。

（四）以工匠精神带动人才队伍培育

核心技术的突破，离不开关键人才的支撑。在"手撕钢"研发过程中，太钢精带公司先后总结推广了王慧文轧机设备攻关经验，总结推广了"手撕钢"轧制工匠吴琼的先进操作法；从工艺技术人员和一线操作人员中选拔功底扎实、责任心强的职工进行重点培养，并根据各自特长组成若干创新团队；开展"献一计"活动，问计于民，调动全员参与创新的积极性。"手撕钢"的研发成功，带动了创新人才的快速成长，成为太钢精带公司创新发展、持续进步的源头活水。

三、改革创新成效

一是突破关键核心技术，有力促进了高端行业制造领域关键材料的升级换代和可持续发展。太钢精带公司耗时两年多，历经 700 多次失败，攻克了 175 个设备难题、452 个工艺难题，成功生产出了宽 600mm、厚 0.02mm 的不锈钢精密带钢，成为世界上唯一可以批量生产宽幅超薄不锈钢产品的企业。产品一经面世，就引起海内外强烈反响，被公众形象地称为"手撕钢"。在此基础上，太钢精带公司继续深耕高端领域市场需求，成功开发出新一代 5G 高端电子用系列精密带材柔性屏钢，突破了低磁高强度超平材料关键技术，破冰特殊合金轧制及去应力工艺难题，加快 OLED 用掩模板基材国产化进程，同步带动了超导、微孔加工等一系列表面深加工重大工艺技术的发展。截至 2021 年 3 月，该项目已拥有国家专利 44 项，其中发明专利 13 项；研发团队还起草制定了 2 项行业标准。

二是经营业绩稳步提升，从亏损边缘的企业转变为赢利丰厚的明星企业。2020 年，太钢精带公司不仅经受住新冠肺炎疫情的考验，而且面对极其严峻的经营环境，实现产销两旺，差异化品种比例达 73% 以上，创历年新高；海外市场拓展取得新突破，产品出口同比增长 61%。2018 年以来，"手撕钢"累计市场投放约 80 余吨，赢得了市场认可。同时，基于"手撕钢"箔材的研发和技术积累，公司深耕新能源领域，国内领先的氢燃料电堆双极板用料开始稳定供应；柔性折叠显示屏用系列产品已与国内多家知名企业建立合作关系；5G 通信行业用高强超薄带材、超导领域特殊合金、无磁新材料正在加速推进；电热管及汽车关键零部件用新产品开发取得实质性进展；"手撕钢"产品进入国家核军工项目等。

三是刷新全球最薄最宽不锈钢箔材生产纪录。"百炼钢做成了绕指柔"，这是习近平总书记在太钢精带公司视察时对国产"手撕钢"的称赞。太钢精带公司在新产品、新技术、新材料等方面持续发力，成立了7个高端市场急需的关键材料及技术创新攻关组。

通过对现有轧制核心技术的攻关、特殊辊系开发、超薄带钢厚度自动控制系统改进，热处理工艺优化，精带创新团队把已经是世界最薄最宽的0.02mm推进到了新的纪录，实现了0.015mm×600mm不锈钢箔材的生产，现已小批量投放市场，应用于新能源行业电池包覆材料。在传统的春节淡季，订单高达产能的2.5倍，2021年第一季度精密带钢产量同比增长14%，销量同比增长41.3%，利润同比增加427万元，"科改示范行动"效果凸显。

33

聚焦主业　深化改革
以科技创新驱动企业高质量发展

长沙有色冶金设计研究院有限公司

一、基本情况

长沙有色冶金设计研究院有限公司（以下简称"长沙院"）成立于
1953 年，是我国首批成立的大型综合性设计研究单位和国家高新技术企
业，也是中国铝业集团有限公司（以下简称"中铝集团"）二级企业中铝
国际工程股份有限公司全资子公司，注册资本 7.2 亿元。经过 60 余年的努
力，长沙院已发展成为有色金属行业全产业链和项目全生命周期的技术和
服务提供商，可从事工程咨询、工程设计、工程总承包、工程监理、工程
勘察、工程施工、环境治理、生态修复、科学研究和技术开发等多项业
务。长沙院拥有全国勘察设计大师 2 人，省部级设计大师 14 人，建立了以
国家和省部级设计大师为带头人的高层次科研人才队伍。

长沙院始终围绕国家、行业和中铝集团重大战略需求，重点在矿山采
选、有色金属冶炼、节能环保、智能制造等领域进行研发和工程化应用，
形成了集技术研发、成果转化、技术服务于一体的完整科研体系。尤其是
自主研发了"高、深、难"矿山采选技术，建成了世界海拔最高的特大型
露天矿山、中国第一深井、中国首座绿色智能化矿山等一批具有重大影响

力的代表性矿山，创造了多项国内外第一，为我国打造矿业强国提供了强有力的技术支撑；创新研发了氧压浸出、CSCC熔池熔炼和闪速熔炼等新型绿色冶炼技术；建造了世界首座大型综合回收镓锗的锌氧压浸出绿色工厂、世界首座富氧侧吹铅锑冶炼厂、国内首座闪速直接炼铅厂等一系列精品工程；多项成果填补了国内外空白，对推动我国有色金属冶炼行业高质量绿色发展、降本增效具有重要标杆意义。

长沙院自实施"科改示范行动"以来，更加注重在完善现代企业治理中加强党的领导，将党建写入公司章程，将党委对重大事项前置研究讨论制度化、规范化；坚持改革与创新两手抓，强化顶层规划设计，以体制机制改革创新为主线，推进改革任务举措落实见效，促进企业高质量发展。

二、主要做法

（一）坚持实施创新驱动，持续推动科技自强

一是强化核心技术研发。长沙院加大科研投入，近3年科技研发投入强度逐年增大，2020年研发费用达7 207万元，研发投入强度较上年增长2.42%；建立研发准备金制度，建立企业、高校和科研院所协同创新机制，加大有色金属行业重大关键核心技术研发；围绕国家在资源综合利用、节能减排、提质增效和安全环保等方面的科技需求，重点开展深地资源绿色安全高效开采技术与装备、铜等金属氧压浸出技术、富氧熔池熔炼技术、再生金属资源循环利用技术、有色冶金智能制造技术等方面的研究，解决行业技术瓶颈和技术难题，促进有色金属行业高质量发展。

二是深入推进科研体系建设。长沙院印发实施《科研项目管理办法》《科技创新奖励管理办法》，制定了《科技成果转化项目分红激励办法》《项目收益分红激励实施方案》，健全科研项目管理机制，完善科技成果转化收益分享机制，进一步激发了科研人员积极性、创造性，激发了科技创

新新动能。

三是加强科研人才和团队建设。长沙院优化整合科技平台资源，组建了 1 个国家级博士后科研工作站、5 个省级科技创新平台、3 个大师工作室和多个试验基地，建立了 4 个专职研发团队；建立人才分类评价指标体系，突出岗位履职评价，完善内部监督机制，使人才发展与单位使命更好协调统一；完善科研人员评价机制，发挥评价机制的导向作用；建立人才共享机制和科研人员诚信机制，赋予科研人员自主权，最大限度激发科研人员的主动性创造性。

（二）深化三项制度改革，健全市场化选人用人机制，激发企业经营活力

一是全面推进任期制和契约化管理。长沙院组织院本级经理层成员 5 人及分（子）公司经理层成员 15 人签订了岗位聘任协议和年度经营业绩责任书，形成了"一岗一责、一岗一考核、一岗一薪"的强激励硬约束机制，以上率下，自我革命，形成示范带动作用；同时将任期制和契约化管理推行至中层管理人员，将经营业绩指标进一步分解至各二级单位；明确生产单位年度经营业绩指标及管理部门年度关键绩效考核指标，签订目标责任书，层层传导压力，压实责任，对各项关键指标进一步量化考核；根据年度考核结果，推行中层管理人员末位淘汰制，其中对排名末 2 位的管理部门中层给予降职、免职或改任非领导职务的处理，强化考核结果运用。

二是提高劳动用工市场化程度，强化市场化薪酬分配机制。长沙院完善合同管理制度，健全员工退出机制，逐步推进形成员工"能进能出"的常态化局面；通过制定专业人员技术等级评定制度、高级业务经理管理规定等，畅通各类员工职业发展通道；薪酬与职业等级动态挂钩，分配向核心骨干员工倾斜。

三是积极探索生产单位经营管理机制市场化改革。长沙院重点选取了行业市场化程度高的设计咨询部门——建筑规划设计院进行了经营管理机制市场化改革的有益探索，划小经营单位，分设 3 个业务所、1 个分公司，原负责人全部起立，干部员工双向选择，干部竞争上岗，由新选出的负责人选择员工。

四是积极推行职业经理人制度。长沙院率先在控股子公司湖南华楚项目有限公司（以下简称"华楚公司"）推行职业经理人制度，加快建立健全市场化经营机制；坚持市场化选聘、契约化管理、差异化薪酬、市场化退出"四化"原则，推行华楚公司董事会依法选聘和管理职业经理人。长沙院党委和华楚公司董事会打破常规，改革选拔模式，引入竞聘机制，3 名候选人报名参加总经理竞聘。华楚公司与职业经理人签订劳动合同、聘任合同和经营业绩责任书（年度和任期），以契约方式明确聘任岗位、聘任期限、任务目标、权利义务、考核评价、薪酬标准等，通过市场化、专业化、契约化的职业经理人机制，进一步调动了经营管理者干事创业的动力和积极性，增强了企业机制活力和竞争力。

（三）积极稳妥推进混合所有制改革

长沙院以华楚公司为试点，先行先试开展了混合所有制改革。为了适应日益加剧的市场竞争压力，进一步激活体制机制，华楚公司通过股权出让的方式引入地方国企湖南梦想置业开发有限公司（持股42%）和民企正茂日升工程咨询有限公司（持股7%），再以增资扩股的方式实施员工持股，目前已完成"混改"工商变更。员工持股方案待上级批复同意后，拟以增资扩股的方式引入员工持股平台，持股比例不高于29%。通过"混改"，华楚公司业务领域由单一的监理拓展到项目代建、工程造价等业务，并一举中标梦想御江山项目全过程工程咨询业务，在全过程工程咨询业务领域取得突破。

在华楚公司"混改"成功的基础上，长沙院本级积极稳妥推进混合所有制改革。明确了院本级改革路径，在完善公司治理体系、健全市场化选人用人机制、强化市场化激励约束机制、激发科技创新动能、发挥党建对改革的引领力的基础上，同步推进混合所有制改革，实现公司高质量发展。长沙院开展了本级"混改"论证、股权激励论证，确定"以混促改"，制定长沙院"混改"的路线图，主要分为"瘦身健体"、资产分立、引入"战投"、员工持股、适时上市 5 个步骤。

三、改革创新成效

一是经营业绩有提高。通过深化改革和科技赋能，进一步激发了企业内生动力和活力，2020 年长沙院稳健发展，完成新签合同额 17.1 亿元、营业收入 12.48 亿元；新签科研合同额 7 021 万元，同比增长 72%；自主创新能力得到增强，科技成果转化取得较好成效。

二是核心技术有突破。长沙院依托广西重大科技专项"富氧粉煤喷吹熔池熔炼技术和装备研究"项目完成仿真研究和中试试验，并进行了工业化应用，生产指标显著提升，渣含铅、煤耗、氧耗、劳动强度等指标明显降低；具有自主知识产权的"复杂多金属物料协同冶炼及综合回收关键技术"入选国家绿色技术推广名录（中铝集团唯一入选技术）；自主研发的"铜冶炼企业废水零排放关键技术及应用""锌浸出渣高值化清洁冶炼技术"成功列入 2019 年湖南省环境保护实用技术目录。

三是科技研发有成果。2020 年，长沙院开展技术研发、业务建设项目 27 项，完成 26 项；申请国内外专利 62 件，其中发明 32 件（占比 52%）；获专利授权 48 件，其中发明 20 件；商标注册 10 个；发表技术论文 90 篇。组织申报奖项 60 项，获奖项目 54 项，其中省部级科技进步一等奖 1 项、二等奖 5 项、三等奖 2 项；颁布实施国标 2 部、团标 1 部；参编国标 3 部、行标 2 部；审查国家、行业标准 6 部；牵头和联合承担正在实施的国家重大科研项目 13 项，省级重大科研项目 9 项；牵头承担了国家重点研发计划项目"面向有色金属冶炼流程精细管控的网络协同制造关键技术与平台研发"；签订了国外科研项目——南非 Gamsberg 项目氧压浸出探索性试验合同。

34

建设具有综合竞争力的一流企业
为美丽中国打造环保新锐

中化环境控股有限公司

一、基本情况

中化环境控股有限公司（以下简称"中化环境"）成立于 2011 年，为中国中化集团有限公司（以下简称"中化集团"）全资三级子企业，是中化集团发展环境科学的综合业务平台，是最早进入环保产业的中央企业。中化环境聚焦工业环保领域的废水治理、固废治理、土壤修复、废气治理、节能低碳等业务，拥有环保工程专业承包一级、环境工程水污染防治工程专项甲级、废物处置工程专项甲级、化工石化医药行业（化工工程）专业甲级等 10 余项核心资质。中化环境是为数不多的集水固土气全类型污染物处理能力为一体，技术创新、技术装备、工程服务、运营管理的全过程服务能力为一身的环保企业，废水催化氧化、污盐资源化、土壤天然矿物基修复、废气脱硫脱硝等多项技术处于国内领先地位，已在各领域为政府、工业园区服务 300 余个项目。中化环境致力于成为全面权威的工业环保专家，为服务中国工业企业、建设美丽中国做出积极贡献。

中化环境深刻把握我国加快现代环境治理体系建设与深化国企改革的重大机遇，以"科改示范行动"为契机，努力将公司建设成为治理机制规范、科技动能充沛、经济回报丰厚、具有综合竞争力的一流环保企业。

二、主要做法

（一）健全市场化选人用人机制，深化三项制度改革提升内部组织活力

一是落实经理层任期制与契约化管理。中化环境在实现外部董事占多数的董事会结构基础上，以权责清晰、以上率下、严格契约、长短结合为原则，与公司经理层签订《岗位聘任协议书》与《经营业绩责任书》，全面落实经理层任期制与契约化管理工作，做到"一岗一职责、一岗一考核、一岗一薪酬"，实现压力和责任层层传递。

二是坚持"能者上、庸者下、劣者汰"原则，深化选聘模式改革，实现管理人员"能上能下"。中化环境建立以业绩考核、发展评价和晋升考察为主要内容的"中化环境经理人考评体系"，通过年度业绩考核、群众民主测评和公开竞聘，2020 年有 4 名员工走上公司中层领导岗位；创造性地推行"举手制"，通过"选定战场、官兵互选、报名打擂"的方式，鼓励有抱负、有能力的员工主动响应业务一线需求，2020 年共向 5 个重要岗位输送人才；同时，根据"三个区分开来"原则，出台干部容错纠错机制，正确对待干部在工作中，特别是改革创新中的失误和错误，营造鼓励干部勇于开拓进取、敢于担当作为、善于创新创业的良好氛围。

三是坚持"五湖四海、任人唯贤"的人才观，强化市场化用工模式，实现员工"能进能出"。中化环境坚持市场化人才引进，并建立了以合同管理为核心、以岗位管理为基础、以能力和业绩为导向的市场化用工制度。2020 年公开招聘率达 90%；离职人员中，公司主动优化占比达 52%；开展"活水计划"，促进员工在企业内部轮岗流动，通过多种性质的工作发掘员工潜质，盘活公司人才资源，打造用人所长、人岗匹配的局面，2020 年共流动调整 93 人次。

四是坚持效益导向，优化薪酬分配机制，实现收入"能增能减"。中化环境增设预算达成奖金与业绩冲锋奖，并减少未达成目标的经营单元的薪酬配置，实现达到目标即奖励，未达目标则惩罚，2020年共计兑现业绩冲锋奖276万元。

（二）强化市场化激励约束机制，以多样化的短中长期激励手段激发员工干事创业动能

一是以多样化的中长期激励机制，打造骨干员工与企业利益共同体。中化环境积极探索跟投、分红、项目抵押金等多种中长期激励方式，将员工收入与企业业绩牢牢绑定，形成鼓励价值创造，风险共担、收益共享的良好氛围。在新疆、辽宁、山东等地不确定性较高的项目实施高管风险抵押金与项目跟投，打造高管与项目的利益共同体，同时为普通员工注入了充足的信心；在江苏、大连两处公司自有技术应用项目上实施科研项目收益分红，以核心技术创造价值，为科研人员带来了可观的收益，极大提升研发热情。

二是以差异化的短期激励机制，鼓励全员在本职岗位发光发热。中化环境根据业务价值链，创新市场、工程、职能条线专项激励，并完成设计人员工时制改革方案迭代更新，为设计人员"量身打造"专属激励机制；增设"春风奖""协同奖""科技奖""百战奖"4项即时奖励，以主动申报、全员投票的方式进行评选，对员工的行为价值观、内部协同、科技创新与战功进行奖励；营造鼓励价值创造、"做好即奖励"的文化氛围与各个岗位机会均等、评判标准有所差异的激励体制，鼓励员工坚守岗位，做好本职工作。2020年共计兑现专项奖励近600万元，共组织评选即时奖励3期。

三是设立科技创新激励基金，激励科研人员奋斗创新。中化环境设立"中化环境科技创新激励基金"，首期规模200万元，对在科技创新过程、科技创新成果、科技创新转化、科技服务成果、科技资源获取等方面有突出贡献的团队或个人进行激励；充分鼓励并调动研发人员工作主动性、积极性与创造性，为科研成果落地打下基础。

（三）激发科技创新动能，全面提升公司科技水平与技术研发能力

一是科技项目管理放收结合，增加一线单位科研自主性。中化环境对科技项目分级分类管理，将有重大战略意义或投资过大的科技项目纳入总部统一管理，打通协同壁垒，使资源配置最优；对于战略意义较小、投资较低的科技项目，各下属公司有充分自主权，可自主决策立项、自行管理。通过集中管理与授权相结合，建成集中优势力量进行重点攻关与按照市场需求灵活调整相结合的科技管理体系。

二是以平台人才为支撑，加强创新能力建设。中化环境以"科技顶天、市场立地"为原则，建立了全面面向工业环保市场的科技创新体制。对内构建 1 个创新总部，5 个细分领域创新中心与全国 N 个项目系统现场的"$1+5+N$"的创新体系；加强与清华大学等高校、中国科学院生态环境研究中心等科研院所及高新技术企业的合作；获批博士后工作站与北京市企业技术中心，为科技创新打下了坚实基础。截至 2020 年年末，公司技术人员已占员工总数的 51%，其中高级技术职称人员占 42%，已经形成一批顶尖科研人才与一批高端研发平台的科技创新架构。

三是优化资源配置，加大科技研发投入。中化环境围绕公司主业，聚焦工业废水处理、固/危废处置、污染场地土壤修复、废气处理、化工环保等主营业务的难点问题，着力在高盐废水零排放、难降解工业污水处理、污盐资源化、环保装备与新材料开发、清洁生产工艺研发等领域进行研究布局和技术攻关，优化资源配置；同时，基于公司自身化工技术和人才优势，以资源化为目标，大力开发以低碳节能、清洁生产为引领的绿色化工先进工艺，以化工技术解决环保问题；在湿法制硫酸成套工艺及装备、连续加氢反应器技术与微通道反应器技术方面广泛进行科技合作,并应用于泉州石化等项目之中。中化环境成立以来,科技研发投入年均增幅达30%以上,2020年同比增长44.6%,取得专利25件,在工业污染的水固土气治理领域形成了一批行业领先的主流技术。

三、改革创新成效

一是经营业绩大幅提升。在"科改示范行动"引领下,中化环境克服疫情对生产经营带来的不利影响,全面加强市场开发,以科技创新驱动三大主业发展。污水治理方面,扬州化工园区工业污水处理项目入选国家生态环境部工业园区环境污染第三方治理典型案例;土壤修复领域,将四川张化厂厂区综合治理项目打造成为国家级渣场修复治理工程示范项目;工业固废领域,沈阳化成、潍坊京泰项目高质量投产,在技术创新、产融协同等方面发挥示范作用。2020年,公司营业收入、利润总额、净利润较2019年分别提升54%、133%、123%,归母ROE(净资产收益率)达24.76%,超额完成预算目标。

二是全员干事创业热情显著增强。中化环境通过落实经理层任期制与契约化管理,打破公司经理层的"铁交椅",明确业绩目标并刚性兑现,激发经理层的创业热情;创造性的实施"举手制"与"活水计划"等员工内部流动计划,实现人尽其才、人尽其用;建立多样化的短中长期激励体系,覆盖市场、工程、科研、职能等各个工作条线,充分激发员工的干事积极性,充分营造鼓励价值创造的文化氛围,促进各条线员工在本职工作上发光发热。2020年中化环境人均营业收入达到191万元,较2019年提升10.4%。

三是科技创新与产业化取得突出进展。2020年,中化环境科技创新能力显著提升,科技成果转化水平显著增强。2020年11月,以自有化工污盐资源化及零排放技术为核心的潍坊京泰项目正式运营，系国内第一套处理能力达 10 万吨/年的化工污盐资源化项目，打通了从污盐处理到利用的产业链。此外，高盐废水零排放与高盐高 COD 难降解废水资源化项目也正在产业化之中，中化环境已经在化工污盐减量化、无害化和资源化领域实现技术全覆盖，帮助国内精细化工领域解决了污盐处置的"卡脖子"难题。

35

以改革激发内生动力　开启创新创业新征程
建设国内领先的精细化工企业

沈阳化工研究院有限公司

一、基本情况

沈阳化工研究院有限公司（以下简称"沈阳院"）成立于 1949 年 1 月 8 日，是新中国成立最早的综合性化工科研院所，也是中国中化集团有限公司（以下简称"中化集团"）三级全资子公司，现有在职员工 780 人，主要从事化工新材料、生物医药、化学品测试与评价、化工反应风险评估、危险废物鉴别等方向的研究及产业化。沈阳院在染料、农药、化工安全等领域的研究处于国内领先地位，现拥有染料国家工程研究中心、国家沈阳新药安全评价研究中心、应急管理部化工过程本质安全技术创新中心 3 个国家级研发平台，是国家农药、染料质量监督检验中心、信息中心及标准化归口单位，中国化工学会染料专业委员会、辽宁省精细化工行业协会等挂靠单位，具有较强的行业影响力和丰富的文化底蕴。

沈阳院把"以人为本"作为改革的起点，针对转型过程中存在的员工思想僵化、体制机制固化、人员创业热情不足等问题，将打破思维束缚作为破局的"牛鼻子"，以党建引领与企业文化建设为突破口，党员干部带头革新、强化政治引领作用、重铸企业文化，打破员工思想藩篱，提升精神面貌；以核心干部人才建设为改革的"领头雁"，打造领军突出、骨干均衡、结构合理的人才队伍，形成"能上能下、能进能出"的市场化刚性兑现选人用人机制；以强化激励约束、科技体制创新等举措为手段，充分激发创新动能，有效激发内生活力，取得了显著改革成效，切实促进公司市场化转型发展和经营业绩提升。

二、主要做法

（一）加强党建引领，重铸企业文化，促进员工转变思想观念

沈阳院坚持党建引领，以企业文化建设为抓手，切实改变员工思想认识水平，引导全员形成改革与创新意识，激发奋斗热情。

一是重铸企业文化。沈阳院通过文化建设，实现企业与员工价值观的交互，改变员工的思想和精神面貌，形成上下同欲的改革氛围。全院践行"科学至上"核心价值观，建立以"书香门第"为文化引导，以成为"有梦想、有激情、有真本事、有干劲"的新"四有新人"为价值引导，以秉持"科研态度认真、科研作风较真、科研探索求真"的"三真"精神为行动指导的文化闭环，引导员工由"要我做"转向"我要做"，促进各项重要项目和改革措施顺利实施。

二是党委带头坚决革新。沈阳院党委带头党员干部率先"改"，针对领导干部队伍中存在的不担当作为、自强意识不强、精神状态不到位等问题开展"治庸、治懒、治散"的"三治"专项行动，树立危机意识、岗位意识、责任意识，以上带下，激发时不我待的创业者激情，使员工的整体工作面貌得到有效提升。

三是以思想教育保障改革行动。沈阳院发布实施《"科改示范行动"思想政治教育工作方案》，通过"强院兴院的科改追求、迎难而上的科改气魄、立说立行的科改担当、奋勇当先的科改作风、矢志创新的科改姿

态、成就大我的科改情怀"6 个方面的教育引导,统一全院思想,推进科技创新与深化改革工作高质量开展。

四是以党建引领科研业务发展。沈阳院牢抓党建促进科研与业务发展,通过实施青锐基金、优秀党员示范岗等专项工作,开展看先进、讲先进、党课走进业务等专项行动,使党建工作和业务工作有效结合;在业务中不断强化基层党员模范带头作用,不断提高基层党组织的凝聚力和战斗力,使基层党建工作成为强化经营管理的"高效推进剂"。

(二)强化人才队伍建设,精辨业务、知人善任,打造培养高能核心骨干队伍

沈阳院外引高层次人才、内培业务骨干,打造差异化人才选用育留体系;健全市场化选人用人机制,实现"干部能上能下、员工能进能出"的有效流动,激发企业内生活力。

一是加强外部高端人才引入。沈阳院明确以高科学素养、较强专业能力、创业态度端正、饱含改革精神为核心的人才标签,并以此为原则进行人才引入与培养;通过工作环境、薪酬激励及职称荣誉方面的提升强化人才吸引力,引入 2 名行业领军人才,实现测评、化工安全业务跨越式发展;通过"带土移植"方式,引入临床病理等领域 5 位高层次人才带团队、带项目来院创新创业。

二是强化内部骨干人才培育。沈阳院以"贴着人心做管理"为指导思想,不搞"大锅饭"、不搞"一刀切",根据业务特点因材定策,为员工定制个性化培养方案;鼓励员工创新创业,通过"虚拟公司"制度,在资金、管理、市场方面给予支持,搭建容错试错机制,不以当期论成败,目前已有 2 个青年团队走出舒适区,成立"虚拟公司"投身创业;同时,营造"以院为家"的良好工作环境,员工对沈阳院的归属感明显提升。

三是率先推行任期制与契约化管理。沈阳院领导班子以上率下,5 名院领导班子成员全部实施任期制与契约化管理，按照经营指标60%、创新指标40%的权重，将经营业绩、科技创新、成果转化等目标纳入经理层考核，并针对经理人不同职责制定了差异化的指标体系，完成经理层岗位聘任书、任职责任书、年度绩效书的签订工作；优化经理层薪酬考核体系，明确退出评价条件，打破"领导职位终身制"，经理人达不到业绩考核指标即退出现行领导岗位，实现"能上能下"。领导的主动担当、自我革新的精神，激起了全院上下勇于改革的决心。

四是全面落实市场化用工制度。沈阳院实施覆盖全员的市场化用工机制，以合同管理为核心，以岗位和业绩管理为基础，严把入口关，强化业绩考核，真正做到能进能出，2020年招聘员工138人，试用期考核不合格辞退7人、解除续签1人、降岗1人；强化绩效考核结果在岗位调整、职称晋升、薪酬调整等方面应用，主动辞职或免职院管干部3人，直接解除不合格员工1人。

（三）推行多元激励举措，完善科技创新体制，全面激发科技创新动能

沈阳院以多元化的中长期激励举措为重要手段，以"强投入、钻核心、促转化、推辐射、解热点"的科技创新体系为保障，显著提升全员干事创业热情与科技创新动能。

一是落地推广科技股权激励。为促进核心重要业务快速发展，沈阳院在引进高端领军人才的同时，配套实施股权激励机制，设立沈阳沈化院测试技术有限公司（以下简称"沈化测评"）与中化安全科学研究（沈阳）有限公司，实现核心优势业务独立运营，并为核心骨干人员实施股权激励创造条件。沈化测评已率先落实科技型企业股权激励，激励范围覆盖84名员工，占在岗员工32.4%，股权授予总量占激励后公司注册资本的10%，实现员工与公司之间的发展权益共享，成为中化集团内部首家落地科技股权激励的企业。

二是探索推行多元化中长期激励。沈阳院以高增长业绩支撑多元化激励，在设置岗位薪酬体系中，对科技人员工资收入进行适度倾斜，提升对科技人员的重视程度，实现利润分红、岗位分红等基于不同业务类型的差异化奖金激励体系；突出科研成果共享理念，对于科研项目在闸门奖励的基础上叠加风险抵押，捆绑员工与沈阳院的风险与利益，更加突出价值创造。2020 年共 12 个项目通过小试和中试闸门验收，合计奖励 100 万元；下属新纪公司兑现风险抵押金奖励，共计 130 万元。

三是推动科研项目分级管理。对于科研项目，沈阳院按照产业规模 2 亿元、1 亿元、0.5 亿元的标准划分重大、重点和一般项目。对于重大、重点项目实施周例会调度机制，对项目进度与方向进行精准把控，及时纠偏；对于产业化项目，由院长、相关领导与技术专家组成跨部门工作推进组，院长亲自担任组长，共同解决技术难题，完善管理机制，强化资源配置，实现技术研发与产业化过程中的"破难题、盯进度、配资源"有机结合。2020 年共开展了 14 项院级重大、重点项目研究，重点推进热塑性弹性橡胶高端系列产品、高品质分散染料等补短板产品的开发。

四是聚焦共性技术提高成果转化水平。沈阳院以用户需求为导向，发挥共性技术优势，解决客户在关键中间体等方面的实际需求，对光学材料、医药中间体等多个品种的产品进行研发；以用户评价为标准进行产品判定，不断优化产品品质，显著提升科技成果孵化速度；依托中化新材料公司搭建中试平台、放大平台与区域共性服务平台，破除成果转化过程中工程化和产业化能力缺失造成的梗阻。沈阳院现已对 9 个品种开展中试及产业化，2021 年预计实现 8 个以上品种产业化，带来 1.5 亿元销售收入。

三、改革创新成效

一是经营业绩大幅提升。在新冠肺炎疫情等诸多不利因素影响下，沈阳院通过诸多改革举措的系统实施，2020年经营业绩逆势提升。利润总额、EBITDA（税息折旧及摊销前利润）等指标均超预算完成，同比增长202%、207%；全员劳动生产率达到25.54万元/人，相比2019年提升21%。沈化测评年内经营业绩突出，员工持股带来的主人翁效应得以凸显，收入和利润总额分别同比增长36%和78%；化工安全业务实现人均收入200万元、利润100万元的高绩效目标，2020年合同额近7 000万元。

二是业务布局加速拓展。沈阳院测评业务加速全国布局，在海门、昆山等地成立分支机构，实现了六大业务方向能力补强的全覆盖；化工安全业务在全国29个省、自治区和直辖市推广应用，为千余家化工企业提供科技服务，解决了硝化、过氧化、氯化等行业高风险技术难题，在风险降低、提质增效等方面取得显著成效。

三是行业影响力不断提升。沈阳院2020年被评为全国企业科技创新100强，位列第68名。2020年7月，院长胥维昌荣获"沈阳市作风学风建设优秀科学家"称号。沈阳院改革举措也得到了其他院所的认可，上海船舶所组织改革团队专程到访并交流科改经验，双方就科研项目激励、薪酬改革等相关事宜进行了深入的探讨，建立了长效沟通机制。

四是成果转化能力显著加强。2020年，沈阳院2个项目实现了产品孵化，2个产品进入产业化建设阶段，完成10处工程示范项目，多个补短板产品走到产业化"最后一公里"，部分产品指标达到国际一流水平，科技成果孵化速度和质量显著提升；正式启动新材料公司二期项目建设，加速推进7个近产业化项目，为公司未来快速发展、实现经济腾飞夯实了硬件基础。

36

双创改革　构建企业与员工事业共同体

长沙矿冶研究院有限责任公司

一、基本情况

长沙矿冶研究院有限责任公司（以下简称"长沙矿冶院"）始建于 1955 年，是中国五矿集团有限公司（以下简称"中国五矿"）直管的二级全资子企业，是国家金属矿产资源开发利用、新材料研发生产、高端矿冶装备制造、深海采矿领域的骨干研究院所。

长沙矿冶院主营业务包括矿冶工程技术与装备的研发与应用、新材料研发与产业生产，其中：科研业务涵盖采矿、选矿、冶金、材料、环保等主体专业领域，拥有 8 个直属研究所，并依托院组建了国家金属矿产资源综合利用工程技术研究中心、深海矿产资源开发利用技术国家重点实验室、海洋矿产资源开发国际联合研究中心等 17 个国家级与省部级创新平台；科技产业主要涉及新能源电池材料、石墨烯材料、锰基新材料的研发与生产。

近年来，长沙矿冶院始终坚持自主创新，不断加强科技研发和体制机制改革，科技创新能力显著提升，科技成果不断涌现。"十三五"期间，获国家和省部级科技进步奖 14 项，专利授权 348 项，2020 年研发投入强度达到 6.5%。目前，全院拥有科研人员 624 人，其中中国工程院院士 1

人，国家级有突出贡献专家 4 人，享受政府特殊津贴专家 12 人，博士生导师 6 人，硕士生导师 49 人，教授级专家人员 72 人。

二、主要做法

长沙矿冶院作为转制大型科研院所，一直是我国科技体制改革的先行先试者，2020 年，成功入选"科改示范企业"以来，以国家及中国五矿相关改革政策为指引，积极探索科技体制机制创新，大力推进具有自身特色的改革举措——双创改革试点。双创改革主要以核心人才中长期激励为重点，采取"模拟模式"或"注册模式"，从创新源头抓起，在科技成果转化过程中，建立核心骨干人员跟投的风险共担、利益共享创新创业合伙人机制。

（一）科学谋划布局，分级分类施策

一是"模拟模式"双创项目。长沙矿冶院对于新技术、新产品等前期研发类项目以及具备一定技术基础需进行产业化培育类项目，采取"模拟模式"契约化运行。通过设立模拟法人形式的双创项目，核心团队以技术成果作价出资和现金出资（核心团队现金出资占项目预算的 5%～10%，技术成果出资占比不得超过项目预算的 50%），持有项目虚拟股权。待项目成熟进行成果转化时，通过市场评估作价，如有增值，项目核心团队可根据出资比例，享有一定比例的项目增值收益；如无增值或无投资方进行投资转化，则双创团队与企业共同承担失败风险。如此一来，彻底实现对核心科技人员的利益绑定，项目研发及成果转化效率得到显著提升。

原则上，"模拟模式"双创项目实施期限不超过 3 年，特殊情况经审批可延长至不超过 5 年。在运行期限内，若项目培育成熟，具备转化条件，应及时进行项目结题清算，转为注册模式；若项目运行到期后仍未能进行成果转化，应结题封存，进行项目清算，已发生的费用，各自按协议约定

的出资比例承担。如有资金结余，按出资比例返还；如有实物或其他资产，由各方协商处置。双创项目成果 5 年内能获得市场化收益的，仍可按原协议进行收益分配。

二是"注册模式"双创项目。长沙矿冶院对于技术与市场均相对成熟，具备公司化运作条件的项目，采取"注册模式"，成立新的法人企业进行产业孵化。在国有控股的前提下，项目核心团队通过技术成果作价出资和现金出资（技术成果出资占比不得超过注册资金的 50%，现金出资额要求占注册资金的 20% 以上），持有企业股权，并根据持股比例享有成果和分红权。双创出资人员原则上设定股权锁定期。一般出资人锁定期不少于 12 个月，公司高管锁定期不少于 36 个月，公司章程和国家相关政策中另有规定的除外。通过核心员工持股，将个人利益与企业发展前景捆绑在一起，使员工与企业形成命运共同体，不仅充分调动核心科技人员创新创业激情，而且避免了核心技术秘密泄露，以及离职或退休的核心员工与企业之间可能存在的同业竞争，有利于企业的长远发展。

（二）多层严格把关，宁缺毋滥，确保项目质量

双创项目必须要符合长沙矿冶院规划发展方向和目标，具有较好的产业化前景或市场需求。项目在遴选过程中，长沙矿冶院按照"院职能部门初审—外部专家评审—院党委会前置研究—院总经理办公会审议"等环节（注册制项目还要经过投委会审议），履行立项程序，严格把关，优中选优，确保项目质量。2019—2020 年第一批启动试点了 5 个双创项目：研发类和培育类项目 4 个，采取模拟模式；产业转化类项目 1 个，采取注册模式。5 个项目总投资 7 500 万元（含 220 万元无形资产出资），其中长沙矿冶院现金出资 5 860 万元，33 名骨干科研人员现金出资 1 420 万元。

（三）强化制度设计，厘清产权关系，明确权责利

为确保双创改革更好地落地实施，长沙矿冶院经过近两年的走访调研

和深入研讨，制定出双创改革总体方案，并出台了双创项目管理办法，以及配套的人事薪酬管理实施细则、财务管理实施细则等系列制度，建立起一套高效科学的项目运行与管理机制，各方的权责利得到进一步明确。

开展模拟模式项目时，双创团队与院签订《科技创新项目共担共享协议书》，明确约定各方出资比例、资金使用、项目核算、成果收益分配及项目清算等事项；项目成功与否及成果价值由市场进行检验与评定，其技术或成果价值取决于后续中试、产业化评估作价。若成立员工持股注册制企业，员工与长沙矿冶院解除合同，原业务资产全部剥离，技术成果进行作价评估并按照制度进行分配，股东以现金＋技术出资入股，建立了产权清晰、运作规范的公司治理结构和现代企业运行体系。

（四）坚持自愿入股，优选范围，紧抓关键少数

双创项目改革，不搞全员持股，在充分自愿的前提下，重点鼓励核心科技人员及管理骨干跟投入股，严格控制持股人员范围，优中选优，以点带面，充分发挥关键少数持股员工的示范、带动作用。同时，综合考虑员工的基本能力、岗位贡献、未来潜力、出资承受能力以及企业（项目）初始资金需求、潜在市场风险等因素，合理设计持股比例和出资额度，以更好地起到引才聚力、拴心留人的作用。

三、改革创新成效

经过 1 年多的改革实践，长沙矿冶院以双创改革为核心的"科改示范行动"取得积极成效，整体创新活力明显增强，新兴业务培育进一步加速，经营业绩进一步改善。

一是科技人员积极性充分激发，干事创业热情高涨。通过双创试点改革，员工与企业成为利益共同体，科技人员的创新动力更足，创新活力更强、干事创业热情空前高涨，经常是"5+2""白+黑"，接受挑战性指标意愿明显加强，员工主人翁意识、成本控制意识明显提升。

二是自主创新能力进一步提升，关键核心技术取得重大突破。新能源材料领域，长沙矿冶院攻克了高性能硅基负极材料制备新技术，开发出高能量密度电容碳材料制备新工艺，打破了日韩技术的垄断封锁；矿产开发领域，突破了深海采矿大水深、高浓度矿石输送关键技术，研发出大型铁矿秘铁高硫选矿和废水回用技术，解决了复杂海水体系下铜铅锌分离的世界性难题。

三是科技成果转化效率进一步提升，新兴业务培育进展迅速。"废旧电池回收体系项目"抢占市场先机，长沙矿冶院建成了工业和信息化部认可的国内首家退役动力电池回收互联网服务平台——锂汇通。目前，平台已注册企业及个人用户1 068户，通过平台确认的交易额达4 200万元。"退役动力电池梯次利用项目"瞄准储能行业发展大势，在短短1年多时间里，快速开发出移动应急储能、智慧储充一体化站、大型分布式储能等系列核心产品，成功进入国网湖南省电力公司，在竞争激烈的湖南省储能产业中稳稳占据了领先地位。

四是整体经营业绩稳步提升，高质量发展格局初步构建。2020年，长沙矿冶院以"科改示范行动"为契机，以技术创新为推动力，克服了新冠肺炎疫情的不利影响，在不断加大研发投入的同时，仍保持了经营业绩的稳步提升，全年净利润同比增长近20%，为"十三五"的圆满收官、"十四五"的良好开局奠定了坚实的基础。

37

继往开来 科改创新
打造更具活力的冶金建设国家队排头兵

中冶京诚工程技术有限公司

一、基本情况

中冶京诚工程技术有限公司（以下简称"中冶京诚"）是中国五矿集团有限公司（以下简称"中国五矿"）所属的从事冶金工程业务的国家级大型科技企业，是国内首家同时拥有"工程咨询资信综合甲级""工程设计综合甲级""工程监理综合甲级""冶金工程施工总承包特级"资质的工程技术企业。中冶京诚的前身是创建于 1951 年的冶金工业部北京钢铁设计研究总院，是国家首批转制院所，2003 年改制成为国有控股的混合所有制企业。公司拥有 4 个国家级研发平台和 1 个省部级研发平台，始终致力于钢铁新材料、新工艺、新技术方面的研发与创新，打造具有自主知识产权、达到国际领先水平的核心技术和产品，承担着冶金建设国家队的光荣使命。

中冶京诚设有技术研究院和信息数字化中心，拥有国家企业技术中心、国家技术创新示范企业、北京市企业技术中心等 16 个国家及省部级研发平台；被评为代表国家知识产权管理最高荣誉的"国家知识产权示范企业"；先后荣获国家和省部级科技成果奖 430 余项，国家和省部级优秀工程奖 570 余项；主持或参加 340 余项国家和行业标准的编制工作，拥有专利授权 2 000 余项。在科技创新、成果推广、标准规范等方面，中冶京诚都为行业的发展做出了重要贡献。在 2020 年最新公布的行业排名中，中冶京诚获得中国工程勘察设计行业综合实力 50 强的第 3 名、中国全过程工程咨询行业综合实力百强的第 4 名。

中冶京诚具有改革创新的优良传统，在混合所有制改革、市场化选聘用工、薪酬分配体系改革和骨干员工持股等方面进行了一系列积极的探索和实践，积累了许多有益的经验。自入选"科改示范企业"以来，公司纵深推进综合改革，抓重点、补短板、强弱项，企业发展活力不断增强，科技人员内生动力不断释放，各项经营指标在同类设计企业中名列前茅。

二、主要做法

（一）以完善公司治理为基础，建设中国特色现代企业制度

一是加强董事会建设，配齐配强董事会。中冶京诚入选"科改示范行动"后，在中国五矿和中国冶金科工集团有限公司的大力支持下，第一时间完成了本级董事会成员改选，实现了外部董事占多数，规范健全的董事会为全面落实"科改示范行动"奠定了坚实基础。

二是推进清单式管理，实现管理制度化、规范化。中冶京诚大力推进治理体系建设，规范权力运行，通过建立完善"三重一大"决策事项清单、总部决策事项及决策流程清单以及对子企业的核心管控事项清单，明确了各治理主体权责界面，进一步形成权责法定、权责透明、协调运转、有效制衡的公司治理机制，提升了经营管理效能。

三是加强党的建设，为国企发展强根铸魂。中冶京诚严格落实"两个一以贯之"的要求，明确党组织在公司法人治理结构中的法定地位，把党的领导融入公司治理各个环节。2020 年共有 46 项重大经营管理事项经党

委前置研究讨论后，再由董事会或经理层做出决策，充分发挥党委把方向、管大局、保落实的领导作用。

（二）以实施创新驱动为引领，不断提升自主创新能力

一是建立健全研发创新体系。中冶京诚通过梳理分析多年来实施课题研发和成果产业化的共性特点和关键环节，提出了方案设计、理论验证、仿真模拟、技术设计、实验研究、试验验证"六位一体"的研发模式，并将其固化应用到所属科技研发项目中，有效贯穿了技术研发与成果产业化的通道，打通创新和市场化的"最后一公里"。同时，为响应国家数字化转型升级战略，强化"技术设计"这一关键环节能力提升，中冶京诚大力推广以 BIM（建筑信息模型）为核心技术、以编码平台为基础的三维协同设计系统，建立起工程数据中心和数字化交付平台，实现了从理论研究到成果展示的无缝衔接，保障了科技创新的高质量、高效率和落地性。

二是持续开展重点关键技术攻关。中冶京诚贯彻落实国家创新驱动发展战略，强化科技创新的引领作用，定期梳理产业发展和公司业务面临的关键技术问题，确定重点科技攻关项目，开展专项研究。目前在研项目已达 100 余项，包括瞄准"碳"减排方向开展的氢冶金技术研究，瞄准"碳"捕集和循环利用技术方向开展的钢铁行业二氧化碳捕集及循环利用技术研究等。公司率先实施的"转炉烟气隔爆型全余热回收及除尘系统的研究""绿色低碳氢冶金技术及关键装备研发"，成功入选中国五矿科技专项，为全球钢铁技术革命和绿色发展贡献中国智慧和中国方案。

三是大力推进研发成果市场化。作为"冶金建设国家队"的排头兵，中冶京诚拥有一批具有自主知识产权、达到国际先进水平的核心技术，其中有 73 项技术属于世界或中国首创技术。中冶京诚加快推动研发成果的市场化，构建成果评价体系，强化激励带动作用，形成涵盖短、中、长期的"项目-团队-人"的"三维"创新激励长效机制，全方位激发了科技人员的创新热情。2020 年，公司上百亿元合同额的取得都与科研成果展现的市场竞争力密不可分，公司开发的柔性化 45m/s 高速棒材关键技术与装备，打破了国外垄断，其成果应用获得 2020 年中国钢铁工业协会、中国金属学会冶金科学技术一等奖。

（三）以深化市场化经营机制为重点，激发内生动力活力

一是全面推行任期制和契约化管理。中冶京诚推行经理层成员开展任期制和契约化管理，打造一支市场化、职业化、专业化的经营管理人才队伍，提升企业内生动力和市场竞争力；通过聘任协议和业绩责任书，明确了主要领导的任职周期，考核指标和权重，考核结果的应用等，强化责任担当，严格兑现奖惩；制定《中层管理人员任期制和契约化管理工作方案》，构建任期制和契约化管理制度体系，不断完善市场化经营机制。

二是探索研发项目模拟公司制运行。中冶京诚选取自主开发的"钢铁行业高炉煤气的二氧化碳捕集技术开发与应用""炼钢烟气余热高效回收与能质提升利用技术研发与应用" 2 个项目实施模拟公司制试点，项目实行独立全成本核算，由中冶京诚、核心团队和科创基金共同出资，签订书面协议，约定资金使用、项目核算、成果收益分配等事项，实现研发项目成果转化收益和项目团队利益的捆绑。

三是推动工程项目超额利润分享。为充分调动工程项目一线员工的积极性，中冶京诚建立了工程项目超额利润分享机制，并在晋钢冷轧、华西特钢除尘项目率先实施。通过签订项目管理目标责任书的方式，约定超额利润分享比例、奖惩方式，项目竣工验收并完成结算后兑现奖惩。超额利润分享机制有力促进了项目部管理人员在项目执行过程中节约成本，保障了项目进度，提高了项目回款率，使项目利润不断提升。

三、改革创新成效

中冶京诚党委不断提高政治站位，坚定大局意识，持续推动各项改革举措落地，不断增强核心竞争力，为实现高质量发展注入新的动能。

一是公司经营质量不断提升。2020 年，中冶京诚中标合同额达到 287 亿元，创历史新高；经营利润率提高了 0.5 个百分点，经营质量显著提升；荣登 2020 年中国工程勘察设计行业综合实力 50 强榜单第 3 名。

二是研发创新动力空前高涨。"科改示范行动"的支持政策极大地激发了中冶京诚对研发投入的积极性，同时也激发了技术人员的研发热情。2020 年，中冶京诚研发投入 5.2 亿元，超过 2019 年同期 17%，研发投入比例达到 4.2%，46 项研发课题先后立项，荣获国家级科技进步二等奖 1 项、各类省部级科技成果奖 34 项。

三是企业加速实现智能化转型。中冶京诚紧抓机遇，结合自身技术优势，从最前端的数字化设计和交付着手，打造数字孪生工厂。公司承建的河钢集团唐钢新区三维数字化工厂项目，是国内钢铁行业第一个覆盖冶金全流程业务的数字化工厂项目；承揽的北京大兴国际机场临空经济区规划建设信息平台项目，通过 BIM + GIS 数字孪生技术，实现了临空经济区规划建设阶段所有数据的协同和共享，成为探索智慧城市高水平规划建设的行业先行者。

以市场化改革为契机　着力增强科技创新动能 促进企业高质量发展

中建科工集团有限公司

一、基本情况

中建科工集团有限公司（以下简称"中建科工"）是中国最大的钢结构产业集团、国家高新技术企业、国家知识产权示范企业，隶属于世界500强中国建筑集团有限公司（以下简称"中建集团"）。中建科工围绕"高质量、可持续、全面发展"目标，构建科技与工业核心"双引擎"，探索"产品＋服务"的创新发展路径，向建筑工业化、智能化、绿色化迈进，致力于打造"具有全球竞争力的建筑工业化科创集团"。

中建科工经营区域覆盖全球。在国内，下设东西南北中5个区域公司、三大事业群及五大现代化钢结构制造基地，制造年产能超过120万吨，居行业首位；在国际上，经典项目和服务范围覆盖五大洲的29个国家和地区。中建科工以承建"高、大、新"工程而著称，主营业务为高端房建、基础设施工程，通过钢结构专业承包、EPC（设计＋采购＋施工）、PPP（政府与社会资本合作）等模式在国内外承建了一大批体量大、难度高、工期紧的标志性建筑。近年来，中建科工积极响应国家大力推动建筑行业供给侧结构性改革的倡导，在保持传统钢结构建筑优势的基础上，秉承

"让城市生活更美好"的理念，自主研发形成了绿色装配式建筑、智慧停车库、城市慢行系统等"钢结构＋"系列新产品，在市场上获得了良好的反响。

二、主要做法

中建科工以"科改示范行动"为抓手，一方面持续深化治理结构，选取智慧停车业务作为"混改"试点，探索多元股权，增强企业发展内生动力；另一方面加强党的全面领导，将政治优势转化为发展优势，重点围绕科技创新、市场化选人用人、激励约束改革等方面，探索科工特色的高质量发展道路。

（一）注重激发创新动能，加快科技成果转化

一是推行集成产品开发模式（IPD）。中建科工组建成立创新委员会，对研发项目的市场需求、经费预算、成果转化、市场推广等进行全方位评估，科学决策智能制造、钢结构装配式建筑、智慧停车、慢行交通等领域的公司重大研发项目，努力"做正确的事"；以商业成功为最终目标，建立了从需求管理、产品与技术规划、研发实施、推广管理的全过程集成产品开发（IPD）流程；针对装配式建筑产品领域，按照"研发设计—试验完善—产品推广"实施路径，形成了以 GS-Building（钢结构装配式建筑）和 ME-House（模块化建筑）两大核心产品体系，打造了学校、医院、写字楼、住宅和产业园五大类产品系列等。

二是"走出去、引进来"，打造核心竞争力。中建科工开展国企改革系列调研活动，深入学习精益制造、创新理念，借助国际咨询机构全球化视野，助力公司战略转型及创新变革，制定公司中长期发展战略规划；组建智能制造研发 PDT 团队，先后赴德国、意大利、日本等地进行先进制造模式交流，通过"引进、消化、吸收、再创新"，最终在中建科工广东厂

建成了我国建筑钢结构行业首条重型 H 型钢智能制造生产线,获得工业和信息化部"智能制造综合标准化与新模式示范项目"(行业唯一),实现了国内钢结构智能制造从"0"到"1"的突破,开启了中国钢结构制造技术发展新篇章,培养了一批优秀的技术与管理人才。

三是加强科技成果培育及转化。一方面研究制定"中建科工关键核心技术攻关清单",明确研发创新方向;另一方面探索创新研发项目负责人制、PDT 团队绩效评价激励等机制,营造"想创新、敢创新、能创新"的研发氛围。中建科工形成了乘用车、公交车、自行车三大智慧停车产品系列;具备了从装备开发到制造和安装,再到运营管理的整体解决方案能力;研发了自行车专用道、城市绿道、二层连廊等为代表的慢行交通系统产品。

(二)注重市场化人才引导,规范建立市场化用工机制

一是以激发人才活力为目标,强化任期制和契约化管理。中建科工全面推行公司经理层成员任期制和契约化管理,强化经理层成员市场意识与契约精神。中建科工结合经理层实际情况,出台《中建科工经理层成员任期制和契约化管理办法》《经理层成员岗位说明书》《任期制和契约化管理权责清单》;持续推进人才梯队建设"789"计划,从"70后""80后""90后"职工中,发现培养选拔优秀年轻干部培养对象,优先提拔年轻化、专业化人才,优化各层级领导班子结构,2020 年提拔任用的"80后""90后"干部占比达 90%。

二是坚持干部"能上能下",畅通人才流通。中建科工一方面畅通干部"能上"的赛道,明确优秀干部选拔"三优先"导向,即"优先从成功团队中选拔干部,优先从主攻战场、一线和艰苦地区选拔干部,优先从影响公司长远发展的关键事件中选拔干部";另一方面强化干部"能下"机制,建立健全"业绩不达标退出、考核末位退出、纪检监察退出、关键

事件黑榜退出" 4 种退出机制，特别是坚持强化考核结果运用，针对考核不合格、不胜任岗位要求的人员，综合使用转岗、降职等方式进行调整，将态度、能力等欠佳的人员及时淘汰，建立"进得来、出得去、留得住、用得好"的人员流通机制。2020 年，公司因业绩考核不佳免职干部人员16 人，从行政岗位调整为业务序列 85 人，全年主动淘汰 180 余人。

（三）注重多项激励并举，强化市场与激励约束机制

一是深化绩效激励机制改革，构建以奋斗者为本的激励体系。在薪酬方面，中建科工以岗定级、以级定薪、人岗匹配、易岗易薪，构建了 11 ~ 28 级数字化职级体系，实施"族—类—序列"三级管理。新的体系打开了人才金字塔，打通了专业人才的通道，不当干部当专家，一样享受高职级，有助于引进和培育一批引领业务发展、驱动商业成功的高层次、专家型人才队伍。在激励方面，中建科工秉持"获取分享"理念，通过核心经营指标计算生成奖金包，各组织以贡献大小进行层层分享，构建了"以项目为中心、以结果为导向、以奋斗者为本"的激励体系。2020 年，中建科工在员工人均收入上浮 15% 的情况下，实现 70% 的一线员工人均收入明显增长，12.3% 的机关员工收入明显下降，进一步激发了作战一线的活力。

二是聚焦科技人才队伍，构建以科技人才为导向的管理体系。自入选"科改示范行动"以来，中建科工依托深圳打造国际化高层次人才高地的政策，加大海内外博士招聘力度，聚焦建筑机器人、智能制造、绿色建造等领域，集结了高层次研发团队，强化了设计技术人才支撑，建设了一支数量充足、结构合理、素质优良、创新能力强的科技人才队伍；同时，构建"双金字塔"模型的人才管理体系，打开科技人才职级晋升的天花板，让做出贡献、干出业绩的科技人才及时获得回报。

三、改革创新成效

一是经营业绩实现显著提升。中建科工紧密围绕可持续高质量发展目标，高效推进"科改示范行动"。2020 年，合同额突破 500 亿元，营业收入及资产总额突破 240 亿元，较 2019 年分别增长 55.9%、20.4%、18%，净资产攀升至 72 亿元，国有资产保值增值率达 103.2%。与此同时，围绕以"钢结构＋"为核心产品体系加速落地，业务领域进一步拓宽，为规模效益提升奠定了坚实的基础。

二是科技成果提升品牌效应。开展"科改示范行动"以来，中建科工针对核心攻关产品和技术开展了丰富的应用型研究，培育并形成了一批具有核心知识产权和科工特色的研究成果，全面提升公司在钢结构装配式建筑、基础设施等产品领域的竞争力和品牌效应。2020 年，公司授权专利 239 项，同比增长 41%，主参编 11 项国家和行业标准，行业影响力进一步提升。

三是创新动能实现显著增强。中建科工聚焦解决重大民生需求，坚持以市场为导向，自主研发形成了装配式建筑、慢行交通、智慧停车等系列"钢结构＋"新产品，引领中建科工由"高端承建商"向"产品开发商"和"产业集成商"转型。2020 年公司新产品新业务营业收入占比达到80%，已成为转型发展的主力军；"高层钢—混凝土混合结构的理论、技术与工程应用"成果荣获国家科技进步一等奖，并获得中建集团首家国家知识产权示范企业，创新动能实现显著增强；同时，公司积极推动技术成熟的产品孵化为独立运营团队及公司，于 2020 年正式成立了中建系统内首个智慧停车公司。

39

科技型定位　差异化竞争　高质量目标
开拓建筑央企转型升级新路径

中建科技集团有限公司

一、基本情况

中建科技集团有限公司（以下简称"中建科技"）成立于2015年，是中国建筑集团有限公司（以下简称"中国建筑"）开展建筑科技创新与实践的"技术平台、投资平台、产业平台"，深度聚焦智慧建造方式、绿色建筑产品、未来城市发展，在全国设立全资子公司3家、分公司13家，布局25个产业基地，拥有在岗员工3 600人（其中博士57人，硕士620人，本科生2 493人）。近年来，中建科技创新开拓、协同发展，已成为我国装配式建筑领域的"国家高新技术企业"和首批"全国装配式建筑产业基地"，被住房和城乡建设部列为装配式建筑龙头企业。

中建科技贯彻新发展理念和创新驱动战略，聚焦"科技型定位、差异化竞争、高质量目标"，确立"一最五领先"战略目标（"一最"是指打造最具引领力的建筑科技产业集团，成为未来城市建设发展好伙伴；"五领先"是指科技创新能力领先、资本运作能力领先、产品创效能力领先、公司治理能力领先、品牌塑造能力领先），重塑"智力＋资本"赋能合作发展、"产品＋服务"实现价值创造的商业模式，加快形成运行高效、充满活力的运营机制，开拓建筑央企转型升级新路径，持续推动公司高质量发展。

二、主要做法

中建科技锚定本轮改革的核心目标为"形成更加成熟定型的中国特色现代企业制度、提高企业活力和效率"，将"改革三年行动"与"科改示范行动"一体推进，重点推进公司治理、选人用人、科技创新等重要领域改革，将本轮改革作为公司"补短板"的重要抓手和"锻长板"的重要契机。

（一）建立科学规范的现代化公司治理体系

一是将推进公司治理体系治理能力现代化作为提升企业经营管理质效的关键抓手，全力将制度优势转化为治理效能。中建科技建立党委常委会，落实党委班子与经理层"双向进入、交叉任职"的制度；修订党委常委会、董事会、经理层议事规则清单，进一步厘清党委常委会、董事会、经理层的权责边界；在董事会下设战略、提名、审计、薪酬与考核 4 个委员会，经理层下设科技与创新管理、投资管理、预算、安全生产、标准化 5 个委员会，进一步提高公司科学决策水平。

二是大刀阔斧推动"三级机构、两级管控"组织管理体系变革，着力构建灵敏高效的扁平化组织架构。在总部层面，中建科技落实"去机关化"要求，实施"大部制"改革，将总部原有的 19 个部门精简为 13 个，新设 4 个研究中心，整合科研资源，强化科技赋能；在所属单位层面，中建科技聚焦国家战略区域，优化公司区域格局，将直管 17 家单位整合撤并，由新设立的华北、华东、西南、华南 4 个区域法人公司统筹管理；中建科技将设计院、工厂等生产要素下沉，作为产业链一环融入公司业务大循环，实现设计、工厂与建造业务的利益捆绑，提升区域市场张力，构建完备的市场竞争体系，搭建更加多元的市场合作载体和平台。

（二）健全引育并重的市场化选人用人机制

一是将经理层任期制和契约化管理作为深化"三改"（指劳动、人事、分配三项制度改革）和实现"三能"（指员工能进能出、领导能上能下、薪酬能增能减）的"牛鼻子"。中建科技明确"强激励、硬约束"的任期制和契约化管理鲜明导向，制定经理层整体与成员的"双考核维度"、年度绩效和任期绩效的"双考核周期"，通过"三上三下、多轮研究"，重点聚焦经营质量、人才引进、技术攻关、成果转化，形成具有科技特色的考核指标体系，强化考核结果刚性兑现。在此基础上，进一步推进总部部门中层和所属单位领导班子成员任期制和契约化管理，层层传导压力，把改革任务100%纳入到公司组织绩效考核，实现考核结果与组织绩效强关联。

二是强化市场化选人用人制度改革，为深化"三改"、实现"三能"提供有力保障。中建科技建立健全15项"选、育、用、管、退"全生命周期选用人制度，突出"高精尖缺"人才导向，制定"牵引力"（招聘百名博士）、"海淘"（引进百名海外高层次人才）、"海培"（选派科研人员海外学习交流）等人才引育计划，提高科研人才国际化水平，打造自主创新能力提升的强劲引擎。2020年引进博士20名，培育省部级大师1人。中建科技加快推进干部年轻化，全年选任"80后"中层干部占比为67%，同比上年提高35%；全年退出领导岗位9人，淘汰不合格员工239人。建立鼓励创新、宽容失败的容错纠错机制，明确岗位分红、项目分红、知识产权归属分配等中长期激励举措，进一步激发科研人员创造潜能。

（三）确立协同开放的产业化科技创新导向

一是编制以科技创新为导向的"十四五"规划。中建科技坚持产业化、市场化、资本化，明确智能建造业务与创投新业务协同发展、双轮驱动的中长期发展业务格局。智能建造业务聚焦"建筑产业互联网"，深化升级"智慧建造平台",把互联网技术与建造业务紧密结合,持续提升一体化、智能化、信息化建造能力,引领建造方式变革和产业迭代升级;创投新业务聚焦国家核心战略,将智力技术资产转化为产业资源,借助资本手段分拆成熟业务上市,不断提升企业科技含金量,全面激发自主创新动力,引领业务形态和经营模式跨越转型。

二是优化科技创新管理体系。中建科技针对科研规划零散、管理松散、资源分散的问题,建立"一体统筹、多元协同、分层聚焦"的科技创新管理体系,即董事会和经理层决策、科委会评估论证、科技管理部统筹管理、4个研究中心具体实施、区域公司提供场景、外部科研机构提供智力支持。聚焦创新、创效、创业,在选定课题上做"减法",坚持"科研三问"(即能不能引领行业,能不能为项目提质增效,能不能孵化成产业),不断提高科研投入精准度;在科技成果价值评估上做"加法",坚持评估标准高于行业标准,不断提高科研获得感。

三是建立科研投入稳定增长机制。中建科技加大研发经费投入,2020年研发经费占比达4.62%,比目标提高32%,较建筑行业平均水平提高230%;不断拓宽科研经费来源渠道,形成了国家纵向经费、外部横向技术合作经费、政府财政性补贴、公司自筹经费等多元化的科研经费来源局面,全年获得外部科研经费逾2亿元。

四是建立全球开放的科技创新机制。中建科技深化与中国科学院、清华大学、哈尔滨工业大学等高端科研机构和院校的合作,合力打造3个科技创新平台;通过核心技术"揭榜挂帅"的方式,落地实施多项关键核心技术;紧密围绕国家战略,发挥在新技术、新材料、新能源等方面的比较优势,实现多项产业技术成果转化;探索引入外部投资者,加快推动新业务孵化上市。

三、改革创新成效

一是经营业绩显著提升。中建科技通过科技赋能，在传统建筑行业内率先创新"智力营销""设计营销"模式，实现市场角色转身，从工程施工方转变为城市建设的专家、行家、管家，得到了政府、部队、大型企事业单位等战略客户的高度肯定。2020年新签合同额、营业收入分别同比增长30%、47%，净利润完成年度预算目标的150%，业务基本覆盖京津冀、长三角、粤港澳、川渝经济圈等国家战略核心区域，"四大核心区域"中标合同额同比增长45%。

二是行业引领地位凸显。我国新型建筑工业化领域尚处于起步发展阶段，"科改示范行动"以来，中建科技凭借深厚的科研实力，先后主参编国家标准5部、地方及行业标准10余部，高质量完成住房和城乡建设部《绿色建造导则》等行业及地方建设导则，主编教材10余部，在装配式建筑、绿色建造、新型装配式结构体系等领域引领行业发展，在行业和市场上的影响力进一步提升。

三是厚植科技创新资源。中建科技在科技研发和成果应用推广上取得显著成效，聚智打造了"装配式建筑设计研究院、绿色建筑生态城研究院、未来人居环境研究院、智慧建造实验室"等高端研发平台；牵头"十三五"国家重点课题4项、国家自然基金课题1项，获得国际领先和国际先进水平认定的科技成果7项，取得发明专利70项，获省部级以上科技奖励14项；形成"十项结构技术体系""十类产品系列"并被广泛应用，其中校园产品和"闪建模式"成为公司的"金字招牌"；自主研发的工业化、数字化、一体化的"智慧建造平台"，经国内院士专家组评审达到国际先进水平。

四是创投新业务扬帆起航。中建科技结合自身技术优势，初步选定3

个创投新业务方向:第一个是建筑清洁能源业务,集成光伏、直流电、地源热泵等技术,参与片区综合能源建设,服务国家能源安全战略;第二个是智慧城市设施业务,研发智慧公厕、智慧停车、智慧灯杆、智慧充电桩等产品,参与智慧城市系统(CIM)建设,服务"新城建"需要;第三个是智能建造装备业务,升级建筑机器人及智慧建造平台,服务新型建筑工业化发展。同时与中信证券等头部券商已达成长期合作意向,有望在"十四五"期间孵化 1~2 家子企业并实现分拆上市。

40

以"科技之手"守护"大国粮仓"

中储粮成都储藏研究院有限公司

一、基本情况

中储粮成都储藏研究院有限公司（以下简称"成都储藏院"）是中国储备粮管理集团有限公司（以下简称"中储粮集团"）所属的顶层研发机构，是国内唯一专门从事粮食储藏技术研究的中央级研究院。成都储藏院创建于 1965 年，是国家首批转制科研院所，2004 年转制为科技型企业。全院拥有 1 个国家级研发平台和 1 个行业级研发平台，是"中国储粮害虫防治应用技术研究服务中心""国家粮油标准研究验证测试中心""国家粮食局储藏物保护工程技术研究中心"等的依托单位。

成都储藏院科技人员占职工总数的 70%，其中享受国务院政府津贴专家 3 人，全国粮食行业领军人才 1 人，外聘学术顾问 9 人，国际客座教授 5 人；先后承担国家、部省级科研课题 315 项，获国家、省部级奖励 90 项，其中国家科技进步一等奖 1 项，拥有国家专利 124 项，主持编写国家及行业标准 109 项；完成的粮食仓储行业甲基溴替代项目，成为中国第一个向国际社会兑现的甲基溴消费行业，被联合国工业发展组织授予"特殊贡献奖"；开展的农户科学储粮研究成果在全国 26 个省、直辖市、自治区得到广泛应用，受惠农户达 600 多万户，示范农户粮食损失率由平均

8%～10%降低至1.02%，该科研成果平均每年能为社会增加42亿元的经济效益，对于减少农户储粮损失、增加农民收入、保证我国粮食安全、促进新农村建设意义重大。

二、主要做法

（一）全面加强党的领导，完善现代企业制度

成都储藏院入选"科改示范企业"以来，严格按照中储粮集团党组提出的坚持以政治建设为要、以主责主业为本、以防范风险为基、以高质量发展为重的新时代"四个坚持"新要求，全面加强党的领导和党的建设，明确党组织在公司法人治理结构中的法定地位，把党的领导融入公司治理各个环节，完善《党委议事规则》和《"三重一大"决策制度》，规范权力运行，明确各治理主体权责边界，坚持把党委会研究讨论作为重大事项决策的前置程序，充分发挥党委把方向、管大局、保落实作用。

（二）深化市场化体制机制改革，全面激发内生动力

一是全面推行任期制与契约化管理。成都储藏院分层次与3名经营班子成员、11名中层负责人签订《年度经营业绩责任书》和《任期目标责任书》，明确各经营管理人员权责清单，以固定任期和契约关系为基础，对经营管理人员任期、职责范围、年度及任期绩效责任指标、考核内容与方式、薪酬兑现、退出机制等进行了契约化的约定，并签署了岗位聘任协议及年度和任期经营业绩责任书，强化刚性考核并根据考核结果兑现薪酬和实施续聘或解聘，全面激发领导人员潜力、领导团队活力，发挥关键少数作用，形成示范效应，扎实推进改革发展各项任务。

二是建立中长期激励机制。在科技成果转化分红激励的基础上，成都储藏院建立以超目标利润部分为享有激励条件的虚拟股权激励机制，形成与企业发展战略目标一致的中长期激励措施，坚持虚拟股权分配与被激励

对象的个人价值直接关联的原则，通过针对经营管理层和核心技术骨干共20余人的股权激励，根据虚拟股权激励对象所处的职位等级及绩效考核系数确定授予数量，设定3年持股锁定期，使其与全院的长期发展紧密联系起来，实现责任与风险共担，形成企业与员工的利益共同体。

三是深化三项制度改革。成都储藏院实行工资总额备案制，改革内部薪酬分配模式，按照岗位价值贡献程度、所需知识技能、工作量、安全责任等因素，重新对26个经营管理岗位和82个研发技术和辅助性岗位进行岗位价值评估并优化，梳理形成管理、营销、研发技术、职能四大序列，形成8级15档薪酬架构，调整薪酬分配制度；实行市场化招聘、合同制用工，开展全员绩效考核，建立员工"能进能出"、干部"能上能下"、薪酬"能高能低"的灵活用工制度；畅通各类人才成长通道，制定《专业技术人才通道建设实施办法》，建立规范统一的技术管理队伍职位序列和科学的选才、育才、用才、聚才工作机制。

（三）强化创新驱动为引领，提高保障国家粮食安全能力

一是建立"产、学、研、用"一体化科技创新体系。成都储藏院开展战略、组织、运营、科技、人事等六大方面19项对标"世界一流"行动，积极开展与国内高科技公司和高校合作，充分借助行业内外优势，形成科研互补合力，建立起"产、学、研、用"一体化科技创新体系；陆续制定和完善了《创新激励管理办法》《科技成果转化管理办法》《科技经费管理办法》等64项制度，为进一步规范科技创新管理、激励科技人才干事创业奠定基础。

二是围绕国家粮食安全战略开展关键技术攻关。成都储藏院强化科技创新的引领作用，组织开展了"粮食出入仓粉尘控制技术研究""低温储粮工程技术创新研究""小麦不完善粒检测设备研发"等中储粮重点项目，为保障国家粮食安全，推进绿色储粮技术发展做出了积极贡献。

三、改革创新成效

成都储藏院坚持党建引领，创新驱动，全面深化改革，激发活力，全院内部管理进一步提升，科技创新创效能力进一步增强。

一是科技创新取得丰硕成果。成都储藏院12项科技成果通过验收，取得专利授权23项、软件著作权6件，标准发布8项；获中国粮油学会一等奖1项，中储粮集团科技创新大会二等奖1项；组织开展的粉尘控制项目实现了系统全面解决粮食进出仓作业粉尘污染问题，完成了近300条库区作业线防尘改造，为改善粮库作业环境，打赢"蓝天保卫战"贡献了积极力量，取得了良好的社会效益；开展的低温储粮工程技术创新项目，从材料、结构、工艺、模式、产品与技术5个方面创新，实现更高效、经济、操作简便、稳定可靠的低温储粮模式，进一步推进中国绿色储粮技术发展；研发的小麦不完善粒检测仪，应用人工智能、大数据、机器视觉、深度学习等多项前沿技术，实现小麦不完善粒检测机器替代人眼的目标，达到世界领先水平。

二是成果转化创效明显。作为新中国第一家粮食储藏研究机构，成都储藏院始终致力于有害生物防治、食品安全、储藏工艺、新仓房设计等粮食储藏技术研究和创新，打造具有自主知识产权、达到国际领先水平的核心技术和产品，为保障国家粮食安全、守护"大国粮仓"做出了突出贡献；研究开发的自动分样器、脂肪酸值自动检测系统等专业设备在粮食行业广泛推广应用，大大降低了检测误差和劳动强度，提高了检测的准确度和效率；克服新冠肺炎疫情的严重冲击，顺利完成了全年目标任务，实现国有企业保值增值。

三是科技人才队伍建设取得成效。成都储藏院专业技术人才成长通道建立，改变了过去挤"独木桥"的现象，技术人才心无旁骛做科研，岗位价值得到充分体现，硕士以上人才比例、中高级职称技术人才比例实现"双提升"，1人获国务院政府特殊津贴，1人获评第二批全国粮食行业领军人才、中储粮"两个确保"忠诚奉献奖，1人获评"成都工匠"。

41

以新模式新技术新业态为核心
促进国有科技型企业转型升级

广东冠豪高新技术股份有限公司

一、基本情况

广东冠豪高新技术股份有限公司（以下简称"冠豪高新"）是中国诚通控股集团有限公司（以下简称"中国诚通"）所属三级公司，成立于1993年，是国内以纸、膜为基材的涂布新材料行业的领军企业，是中央企业中唯一一家特种纸企业，肩负着民族特种纸产业发展的重任。公司建立湛江、珠海、平湖三大生产基地，专业生产热敏纸、不干胶标签、热升华转印纸以及无碳纸等产品，拥有9家分子公司，员工总数1 545人，科研人员33人。

作为国家级高新技术企业，冠豪高新拥有特种纸工程技术研发中心和企业技术中心等多个省级创新平台，开发了几十种新产品，填补多项国内空白，先后获得13项技术发明专利，荣获国家级火炬计划项目证书、中国轻工业联合会科学技术进步奖和科技创新鼓励奖、中国专利优秀奖、"国家知识产权优势企业"称号及省、市级科技奖励20项。

二、主要做法

冠豪高新自成立以来，多次通过非公开发行A股股票等方式引入战略投资者，不断优化股权结构，中国诚通持股比例逐步优化至 26.1%。换股吸收合并粤华包重组项目于 2021 年 3 月 11 日通过中国证券监督管理委员会审批，进一步提升了上市公司质量。在切实加强党对国有企业的全面领导、坚决防止国有资产流失的前提下，按照高质量发展要求，冠豪高新持续推进国有资本布局优化和结构调整，不断深化市场化改革，重点在完善公司治理、市场化选人用人、强化激励约束等方面探索创新、取得突破。

（一）完善市场化经营机制，培育发展新动能

一是以市场化改革推动企业蜕变。冠豪高新持续深化改革，进一步完善公司法人治理结构，科学界定党委会、董事会、经理层在重大事项决策过程中的职责权限，梳理、明确"三重一大"事项清单；落实"三个区分开来"要求，建立企业容错纠错机制；优化董事会职数，建立外部董事占多数的董事会，增加专职外部董事，提高董事履职能力，加强董事履职和考核激励管理，为董事会规范运行、科学决策提供专业支撑。

二是以市场化激励机制激发经营层潜能。冠豪高新已实施本级经理层任期制和契约化管理，签订了"两书两办法"，董事会依据协议约定开展年度和任期考核，落实"一岗位一考核""一岗位一薪酬"，根据考核结果兑现薪酬，实施刚性兑现；经营班子成员实施超额利润分红和薪酬差异化管理，2020 年经理层收入差距超过 1.8 倍，绩效薪酬差距达到 2 倍；将公司经营业绩指标自上而下分解，由总经理层层分解至相关部门及分子公司，主动压实各层级责任，保证各项经营业绩指标的完成，实现以上率下。

三是以市场化选人用人机制增强队伍活力。冠豪高新坚持人才强企，构建良性人才生态圈，建立实施"后备人才""岗位任职资格""卓冠计划"培养机制，在发展中引进和培养出一批优秀人才；2019—2020 年，开展专业技术职务评聘，累计 151 人报名，其中 101 人通过评聘获得晋升；

2015—2020 年，累计市场化引进管理人才和专业技术等高端人才共 84 人，其中管理人才 43 人、专业技术人才 41 人。

四是持续精简冗员，提升人均效率。冠豪高新推行五级考核机制和减员增效，挖掘人力效益新潜能。2015—2020 年，公司在职总人数由 1 897 人下降至 1 545 人，完成精简 352 人；人工成本利润率从 25.8% 提升至 97.76%，增加 71.96 个百分点。

（二）践行创新驱动战略，挖掘技术新潜能

一是加快研发成果转化，增强核心竞争力。冠豪高新高度重视科技创新工作，面向发展战略，颁布了《创新创效成果奖励办法》以明确奖励制度，积极培养自主创新人才，不断提高自主创新能力和科技成果转化率，致力于突破行业发展亟需解决的关键核心技术，为公司转型升级奠定技术基础。2020 年，公司研发费用投入 9 271 万元；共有创新创效项目 23 项，申请专利 8 项，包括 5 项发明专利和 3 项实用新型专利，其中 2 项实用新型专利、2 项发明专利已授权，2 项发明专利已审核，2 项待审；"可降解无纺布材料"已完成研发成果转化，开始量产，目前已经开始小批量供货。

二是加快搭建开放式科创平台，挖掘技术新潜能。冠豪高新将充分发挥"产、学、研"一体化开发优势，建立多元化的技术创新体系和机制，引领开放式科技创新平台的建立、发展以及创新成果的孵化、转化工作，加强技术合作，强化产、学、研融合，形成科技组网，积极探索精密涂布、环保新材料等创新领域。2020 年，公司启动筹建新材料研究院，兼具"内部创新空间＋外部孵化平台＋协同创新中心"三层物理空间，以攻克国家战略需求和制约行业发展的关键技术为发展使命，致力于发展成为国际一流的开放式创新研发平台；同步制定并实施《改革创新容错纠错管理办法》《退休科研和专业人才返聘管理办法》《科研项目揭榜挂帅管理办法》等，为激发创新动能提供有效保障。

（三）建立差异化、长效化激励机制，激发员工新活力

一是建立健全创效激励体系，激发员工创效动力。冠豪高新持续加强考核机制的优化创新，打破大锅饭现象，打造"经营型"部门。近年来，公司生产三部、物流部率先进行内部改革，先后实行"仿公司"承包制，通过利润考核与效益增量分红机制，激发员工主动性。生产三部在供汽供电量上升的情况下实现生产成本节降，物流部则在工作量同比增加的情况下完成减员 19 人，人均效益与收入获得提升，全年共奖励 157 万元。冠豪高新以"谁创效谁收益"为原则，建立健全创效激励体系，相继修订《合理化建议管理办法》《创效成果奖励办法》，制定《设备系统仿商项目奖励办法》，营造了浓厚的业绩创效氛围。采购部、技术研发中心等业务部门率先设置项目奖励机制，2020 年奖励金额约 70 万元，奖励 32 人次。

二是建立超额分红机制，增强员工积极性。2020 年，冠豪高新利润预计超额完成 33%，达到行业良好水平，对超出行业利润平均水平的部分提取一定比例作为公司核心骨干员工的当期激励，最终兑现超额分红奖励约750 万元，大大提高了核心骨干员工的积极性和活力。薪酬向研发类人员倾斜，研发人员薪酬定位及薪酬增长趋势均在市场中占据优势。2020 年，公司研发人员薪酬同比增幅达 49%，较公司其他人员薪酬高约 80%。

三、改革创新成效

冠豪高新通过改革实现公司法人治理结构逐步完善，市场化经营机制逐步健全，企业发展活力和创新动能显著增强，正式步入可持续、高质量发展的快车道。

一是经营业绩逆势上升。近 5 年，冠豪高新实现高速增长，营业收入从 12.95 亿元增加至 25.94 亿元，利润总额从 0.43 亿元增加至 2.15 亿元，增长近5倍，同比增长6.24%；2020年，实现净利润1.76亿元，同比增长5.8%；公司资产负债率下降至26.82%，较2019年下降了5.54个百分点，低于同行业优秀值水平。2020年，公司实现高速涂布技术突破，热升华转印纸最高生产车速从600米/分钟提升至900米/分钟，产能大幅提升，吨纸成本大幅下降，年销售额达5.9亿元以上，同比增长20.41%，国内市场占有率从2019年的33%提升至41%。

二是创新驱动价值凸显。2020年，经广东省人力资源和社会保障厅批准，冠豪高新成功设立博士工作站。自2019年以来，公司共有研发技术人员220余人，新增研发经费2.5亿元，推进水转印纸、无纺布材料、热敏医疗胶片涂料等新产品新工艺的研发及推广，加快研发成果转化输出，打造经济效益新增长点。2020年，公司大力推广超低克重及高松厚热敏纸新产品，合计销售2.2万吨，有效弥补了被疫情冲击的市场份额，创新驱动价值逐渐凸显。

三是激励机制成效明显。冠豪高新坚持"为企业谋发展，为员工谋幸福"的发展理念，在快速发展的同时，积极为员工谋福利，实现员工收入的持续增长。近5年，公司人均劳动生产率从68.28万元提升至156.41万元，增幅达129%，充分释放产能，提高了劳动生产率。2020年，90%的员工实现了收入增长，共实施创效项目23项，创效奖励总金额近200万元，奖励234人次，有效地凝聚人心集思广益，调动了全员创效热情，提升了公司管理水平，为高质量发展奠定了坚实基础。

42

"科改示范行动"赋能"两院"共建
全面提升科技创新能力

中煤天津设计工程有限责任公司

一、基本情况

中煤天津设计工程有限责任公司（以下简称"中煤天津设计公司"）隶属于中国中煤能源集团有限公司（以下简称"中煤集团"），前身是1975年在河北省邯郸市成立的煤炭工业部邯邢煤矿设计研究院，2019年10月迁入天津市。建企近50年来，公司始终聚焦国家能源战略布局和经济布局，致力于服务国家煤炭工业基本建设，主要从事工程勘察设计、工程总承包、工程技术咨询、科技研发等业务，先后完成工程项目超过1 000项，荣获省部级以上技术奖励300多项，其中全国优秀工程设计金奖2项、银奖3项，监理项目获得6项鲁班奖和9项詹天佑奖，拥有全国设计大师2人，在行业具有较强影响力。2019年，中煤集团依托中煤天津设计公司布局科研板块，成立中煤天津地下工程智能研究院，形成以设计院与研究院协同发展的"两院"共建新格局。

入选"科改示范企业"以来，中煤天津设计公司立足国家能源战略和创新驱动发展战略，聚焦煤炭资源安全绿色开采和清洁高效利用，以"科改示范行动"为契机，按照"建体系、改机制、强队伍、出成果、重引领"思路推进科技创新工作，在千万吨级特大型现代化矿井设计、煤矿及选煤厂智能设计研发、新型轨道交通、全煤流增值服务、新能源及瓦斯综合利用等领域的核心技术优势进一步彰显，闯出一条"两院"共建、融通赋能的发展新路。

二、主要做法

中煤天津设计公司坚持和加强党的领导，健全现代企业制度，规范建立董事会，推行外部董事占多数，以激发活力、提高效率为改革主线，不断完善科研体系、创新体制机制与激发动力活力，努力提升公司自主创新能力和可持续发展能力。

（一）构建科技研发体系，打造技术创新联盟

一是建立融通互补的自主研发体系。根据设计院与研究院"两院"共建的特点，中煤天津设计公司利用设计院工程实践优势，发挥研究院的技术创新优势，推动"两院"资源共享、优势互补，建设4个实验中心，设置智能掘进研究所、洗选装备研究所、新能源设计研究所共3所研究机构，成立了5个专项事业部，在设计院配置9个创新工作室，建成"3所5部9室"的三级研发机构。其中，创新工作室作为科研课题的发起者，以研究解决工程实践中遇到的难点和痛点为目标，立项并开展课题前期研究；专项事业部作为成熟课题的承载机构，负责具体实施科研课题研究；研究所是专业科研项目的统筹管理机构，负责资源保障、组织管理和成果转化，并将技术和产品运用于工程实践。通过设计院与研究院之间、三级研发机构之间的融通互补、递进支撑，公司构筑了从课题立项到产业化的完整研发链条，形成自主创新体系。

二是打造互利共赢的技术创新联盟。中煤天津设计公司围绕地下工程，智能智慧矿山、选煤厂，煤炭清洁高效利用，矿山综合治理与利用等领域，采用"搭平台，找伙伴；建机制，促协同；做市场，引需求；攻课

题，提效益"的工作路径，用足自身创新要素资源，建立互利共赢的技术创新联盟。提供研究成果应用平台，与北京交通大学就轨道交通枢纽及地下空间规划开展战略合作；建立研发成果共享机制，与天津大学就区块链、5G 智能定位、视频识别等技术进行协同推广；依托市场应用优势，与西门子公司围绕数字化自控技术、雪浪数制公司围绕工业互联网技术开展长期互利合作；聚焦绿色矿山建设技术，与中国矿业大学、中国煤炭地质总局在井下矸石治理等方面开展课题攻关。

（二）创新激励机制，提升科研创新动力

一是在科技研发板块推行项目分红激励机制。中煤天津设计公司采用整建制引进＋全要素配套方式引进成熟科研团队，对技术相对成熟的智能洗选装备产品采用里程碑管理、递延支付、差异分红的激励机制。在里程碑管理方面，按照技术成熟、产品落地、投入市场为主要节点，结合项目难易程度，划定 3～5 个里程碑节点，基于阶段成果产出给予约定比例的阶段激励；在递延支付方面，以 3 年为期限，对阶段激励按照 5∶3∶2 进行年度递延支付，引导团队成员关注短期和长期效益相结合；在差异分红方面，以产品最终收益的 50% 作为分红总额，对团队成员进行岗位价值评估，按岗位价值贡献系数确定差异化分配比例，其中产品研发核心带头人岗位价值贡献系数不低于平均数的 3 倍。

二是对产品研发团队实施项目跟投激励机制。以风险共担、利益共享为原则，中煤天津设计公司对市场前景比较好、研发周期比较长的项目，如井下智能选矸、三维激光扫描等产品项目，项目实施独立核算，在前期对项目进行评估，签订跟投协议，明确员工的项目跟投出资比例（5%～15%），形成产品并获得收益后，由员工以约定的分红比例进行收益分享（10%～30%）。

三是对技术、研发等骨干实行岗位分红激励机制。按照岗位职级和绩

效考核确定激励对象，中煤天津设计公司拟定激励人员总数为员工总数的27%，按照公司、部门两级进行考核分配，以部门考核确定的分配系数进行兑现，实现企业业绩与个人贡献挂钩。

（三）深化三项制度改革，激发持续发展活力

一是创新干部选拔任用方式，从组织选才"让我干"到优秀人才"我要干"转变，全面推进干部人事制度改革。中煤天津设计公司对总经理岗位进行社会化公开招聘，对中层管理人员实施竞聘制、任期制、岗薪制、淘汰制的"四制"管理；开展市场化公开竞聘，实现74名中层管理人员100%竞聘上岗，任期每3年一届，届满全部重新竞聘。通过竞聘上岗，同口径中层干部职数下降14名，下降比例18.9%；对49名干部进行了岗位调整，调整比例为66%；竞聘淘汰22名干部，退出比例为30%。依据经营业绩、个人岗位贡献及个人考核确定绩效薪酬，实行"一岗一薪、易岗易薪"管理。员工薪酬分为岗位工资和绩效工资，如技术人员与管理人员的岗位平均工资之比为1.8，同一序列岗位基本绩效工资差距为60%，通过考核，同一序列同一职级岗位绩效工资拉开2倍差距。实行末位调整和不胜任退出机制，确定1年考核末位进行职级降级或调整岗位，连续2年考核末位或未完成年度基本考核指标强制退出。通过干部制度改革，中煤天津设计公司形成了"能者上、平者让、庸者下"的干事创业氛围。

二是建立以合同管理为核心、岗位管理为基础的市场化机制，全面推进劳动用工制度改革。中煤天津设计公司员工全部实施市场化公开招聘，依据岗位职责签订岗位协议，以岗位协议约定考核标准和考核条件，明确综合考核分值低于70分的降低岗位职级，低于60分的调整岗位；加强职业通道建设，设立7个序列（1个管理序列和职能、技术、研发、经营、项目管理、工勤6个专业序列），确定13个职级（比原5个职级拓展了8个职级），其中设计和研发序列最高职级与总经理助理同职级，体现企业对技术人才的重视和尊重；建立管理和技术序列转换机制，确保技术序列人员的发展空间，让优秀的技术骨干安心留在技术通道，在公司内打造"人人在岗有位置，个个争先有方向"的良好局面。通过用工制度改革，公司畅通了员工发展和流动通道，员工工作动力进一步增强。

三是坚持效益优先、价值创造、业绩激励的原则，全面推进收入分配制度改革。中煤天津设计公司完善薪酬二次分配制度，在管理部门以履职满意度和重点工作为考核指标确定绩效薪酬分配，在生产部门以分业务类型、分专业分层级和价值贡献为主要考核指标确定绩效薪酬，其中浮动工资占比超过70%。薪酬分配突出价值导向，强化精准绩效激励，将生产部门创造的利润作为激励主要依据，完成利润基本指标取得基本绩效薪酬，超额完成利润，超额部分按约定比例作为绩效薪酬进行发放，创造利润越高取得的薪酬越高，实现由"拿工资"向"挣薪酬"转变。通过薪酬制度改革，中煤天津设计公司确立了以岗位价值为基础、以业绩创造为导向的分配机制，公司发展活力得到进一步激发。

三、改革创新成效

一是立足国有资产保值增值，效益提升实现突破。通过平台转变、技术创新和管理变革，2020年，中煤天津设计公司克服新冠肺炎疫情不利影响，经济效益实现逆势快速增长，全年营业收入、利润总额、薪酬水平分别同比增长11%、13%、20.02%，各项经营指标均创历史新高，创效能力持续提升。

二是勇担改革示范使命，活力动能实现突破。通过全员干部竞聘上岗，中煤天津设计公司完成从"相马"到"赛马"的用人理念转变，开展市场化用工改革，强化考核硬约束，打破"平均主义"分配机制，合理拉开薪酬差距，中层干部最高收入与最低收入之比达到2.41倍，员工最高收入与最低收入之比达到 9 倍，研发人员平均收入与其他人员平均收入之比达到 1.3 倍，公司发展活力得到充分激发。

三是服务科技强国战略，创新能力实现突破。中煤天津设计公司认真履行央企科技攻关"国家队"职责，自实施"科改示范行动"以来，落实研发经费超 3 亿元，承担了国家级科研课题 2 项，申报专利 29 项、计算机软件著作权 10 项，目前已获得专利 15 项、计算机软件著作权 9 项；把握智能化发展趋势，在智能化采掘、洗选等领域开展攻关，建成中煤首个智慧洗煤厂示范工程；发挥自身优势，与强者为伍，同中国矿业大学国家重点实验室联合建设地下空间应用创新中心；坚持立足前沿、跨界发展，与中车青岛公司联合发起，组建全国首个新一代跨座式单轨系统研究平台，在全国城市新型轨道交通方式研究中处于领先地位。

43

改革攻坚蓄动能　科技创新促发展

中煤科工集团重庆研究院有限公司

一、基本情况

中煤科工集团重庆研究院有限公司（以下简称"重庆研究院"）成立于 1965 年，是中国煤炭科工集团有限公司（以下简称"中国煤炭科工"）管理的全资二级子企业，主要从事煤矿瓦斯灾害防治与利用、粉尘防治、瓦斯与煤尘爆炸防治、应急救援、民用爆破等领域的技术研究、技术服务以及相关装备研发，建有煤矿安全技术国家工程研究中心、瓦斯灾害监控与应急技术国家重点实验室、煤与瓦斯突出灾害预防与技术鉴定实验室、瓦斯煤尘爆炸灾害预防与技术鉴定实验室、煤矿高压供用电系统安全准入分析验证实验室等 25 个省部级以上煤矿安全技术研发平台，为提升自主创新能力和突破关键核心技术提供有力支撑。

50 多年来，重庆研究院坚守"致力安全科技、提升生命保障"的企业使命，坚持公益研究与产业发展并重，积极推动煤炭行业安全共性、关键技术进步，相关技术装备推广运用到全国 95% 以上的煤炭企业。2020 年，重庆研究院以入选"科改示范企业"为契机，全力克服新冠肺炎疫情不利影响，积极推进市场化改革，强化激励机制建设，充分激发科技创新动能，经营业绩实现大幅逆势增长，净利润同比增长 40.74%，研发投入强度达到 9.16%，创近年来新高，突破了一批重大关键核心技术，经济效益与社会效益取得双丰收。

二、主要做法

（一）力推市场化改革，持续提升企业活力

一是推行经理层任期制和契约化改革。2020 年，重庆研究院率先推进经理层任期制和契约化管理，董事会与各经理层成员签订了《岗位聘任协议》和《年度经营业绩责任书》，明确各经理层成员的责任、权利与义务，并通过实施年度和任期考核，刚性兑现薪酬及聘任结果，当年经理层收入差距扩大至 1.3 倍。

二是推行中层干部公开竞聘。2020 年，重庆研究院推动企业职能部门及生产研发机构负责人全体起立，并对相应岗位实施公开竞聘，共计竞聘上岗 62 人，其中 21 人首次走上领导岗位，占比 33.9%，职务调整和退出 14 人，占比 25%，干部队伍平均年龄下降 5 岁。2021 年，重庆研究院将推行干部任期制和契约化管理，让中层干部管理从"身份管理"向"岗位管理"转变，全面落实干部"能上能下"，带动企业改革工作向纵深推进。

三是推行绩效考核及分配方式改革。重庆研究院坚持以利润为中心，通过引入利润总额、净利润、全员劳动生产率、营业收入利润率、资产负债率、研发投入强度等关键指标，加大绩效考核与收入分配联动力度，同时进一步完善薪酬体系，以业绩贡献和科研创新能力为导向，建立了以岗位浮动工资为主的薪酬分配机制。2020 年，重庆研究院中层干部收入差距扩大至 4 倍，不同生产研发机构的员工收入差距扩大至 2 倍，有力破除了平均分配主义和"大锅饭"现象。

四是完善人员退出管理机制。通过出台企业人员退出管理制度，重庆研究院大力推行末位淘汰及不胜任退出工作机制，加大人员退出工作力

度，促进企业人才资源合理分配。2020 年，重庆研究院以深化"三定"工作为契机，结合职能部门机构改革，对职能管理部门 64 个工作岗位实施竞聘上岗和双向选择，对不符合岗位要求的员工进行了分流，全年解除劳动合同关系 16 人。

（二）完善科技创新机制，激发科技创新动能

一是完善科技创新管理制度体系。重庆研究院制修订科技成果转化贡献奖励等 8 项科研管理制度，进一步优化完善了科研考核、创新激励、项目管理等科研管理制度体系。通过实施绩效奖励、科研课题奖励、成果转化奖励等专项奖励措施，从根本上保障并提升了科研人员的薪酬待遇水平，目前平均收入水平已达企业人均收入的 2 倍左右，从而激发了科研人员创新动力，不仅能"耐得住寂寞"，而且能"心无旁骛搞研究"，主动承担原始创新研究、关键核心技术攻关等长周期项目的意愿明显增强，企业基础研究能力有力提升。2020 年科技创新收入完成 21 024 万元，同比增长 11%。

二是搭建智能化协同创新平台。重庆研究院围绕煤矿安全技术领域智能化发展的重大需求变革，2020 年组建成立了智能化协同创新中心。该中心遵循"有限资源、有限目标"原则，旨在打造企业级"机器人共用平台"，集中优势资源解决全院亟需解决的智能化共性关键技术和装备难题。创新中心实行自由开放、流动互补的人员管理机制，人员收入独立于企业现有收入体系，通过市场化选聘、考核末位淘汰等举措，建立了一支高效精干的科研人才队伍。2020 年共完成 9 个智能化项目的立项工作，累计投入 1 330 万元，占自立项目总预算的 38%。

三是畅通科研人才职业发展通道。重庆研究院制定科研、管理、经营、技能人才管理办法，打通 4 类人才 H 型职业发展通道，为各类人才提供了业务和管理两条平行互通的晋升发展途径，双轨并行，两条通道享有

相同的发展机会和收入待遇。2020 年,科研人员 H 型职业发展通道率先落地,通过实施积分制,从科研成果、科技奖励、产业贡献、论文论著、行业影响、人才培养、在研项目 7 个方面对科研人才量化计分,选聘了 23 名院级首席专家,薪酬待遇与同级中层干部相匹配,与集团公司首席科学家发展通道实现了无缝衔接,进一步畅通了科研人员职业晋升通道。

(三)强化激励机制建设,促进科技成果转化

一是建立企业中长期激励机制。为强化正向激励机制,重庆研究院研究制定了企业中长期激励整体方案,确定了因企施策的总体原则,明确了项目收益分红激励与股权激励相结合的总体行动计划,以点带面,发挥示范带动作用,不断提升企业科技创新能力和水平。根据方案,选取煤矿智能钻机等 6 个技术先进、具备市场潜力的科技成果,通过实施自行转化,从项目转化收益中提取 20% 奖励核心团队,预计首年人均分红达 10 万元;选取 1 家全资子公司对核心骨干人才实施股权激励,形成共享企业发展红利的激励机制,助推企业高质量发展。

二是建立科技成果转化奖励长效机制。为鼓励和表彰在技术创新和成果转化中做出突出贡献的科研人员,提升科技成果转化率,重庆研究院通过对科技成果先进性、知识产权保护有效性和直接经济效益等关键因素进行综合评价,建立了科技成果转化贡献评奖机制。2020 年,首次实施了科技成果转化成效奖励,共计提 220 万元对"激光甲烷传感器系列产品"等6 项科技成果的核心研发人员实施现金奖励,个人单笔最高奖励超 8 万元。该奖项每 2 年评选一次,将有效提升研发人员参与新技术研发、成果转化的积极性。

三、改革创新成效

一是生产经营质量取得"新提高"。2020 年,重庆研究院克服新冠肺炎

疫情等不利因素，以深化改革助推企业发展，主要经营指标逆势增长。全年完成营业收入18.45亿元，同比增长3.68%；实现利润总额1.19亿元，同比增长30.45%；全员劳动生产率达30万元/人，同比增长13.64%；人事费用率为21%，同比下降6.21%。企业发展质量稳步提升，改革红利得到持续释放。

二是企业体制机制呈现"新活力"。重庆研究院通过深化"三能"机制改革，打破干部"铁饭碗"，畅通人员退出渠道，优化薪酬分配，一批"想干事、能干事、干成事"的青年骨干走上领导岗位，企业活力进一步激发，科研人员创新动力持续增强，6项科技成果项目进入国务院国有资产监督管理委员会第三届熠星大赛路演阶段。

三是关键核心技术取得"新突破"。重庆研究院围绕煤矿瓦斯灾害防治、粉尘防治、智慧矿山等开展关键核心技术攻关，科技成果不断涌现。2020年共申报纵向科研项目、行业标准116项，在研131项，申请专利、软件著作权301项，授权知识产权180项，其中发明专利53项，12项科技成果获省部级以上奖励；自主研发的煤矿用激光甲烷传感器，突破了多项关键核心技术，成功实现了核心器件"激光器"的国产化替代；突破全自动钻进、自动上下钻杆等关键技术，研发量产了全球首台煤矿智能钻机，大幅提升了井下钻进效率；攻克了铁道床吸煤车除尘系统及爆炸防护核心技术难题，助推全球首创、具有自主知识产权的TX-100Ⅱ铁路道床吸煤车成功运行，填补了全球铁路道床粉尘污染实现机械化清理的技术空白。

四是履行社会责任展现"新作为"。重庆研究院积极履行作为中央企业的社会责任，2020年累计派出安全领域专家40人次，先后参与了重庆松藻煤矿"9·27"重大火灾事故、吊水洞煤矿"12·4"事故、山东梁宝寺煤矿"8·20"事故等救援调查工作，为国家安全监管部门开展事故原因分析、健全防范机制提供重要技术支撑；派出专家 165 人次赴全国多地参与安全检查，及时排除煤矿生产安全隐患，为保障煤炭企业安全生产做出了突出贡献。

44

改革激发自主创新发展活力
向一流新材料企业砥砺奋进

中钢天源股份有限公司

一、基本情况

中钢天源股份有限公司（以下简称"中钢天源"）成立于 2002 年 3 月，是中国中钢集团有限公司（以下简称"中钢集团"）科技新材料产业的重要组成部分，2006 年 8 月在深圳证券交易所挂牌上市。

中钢天源以金属材料及检验检测业务、磁性材料为主业，以打造世界一流新材料企业为远景，秉承锐意改革、不断求索的创新精神，坚持不懈走自主创新发展之路，已成为我国最权威的金属制品检验检测机构、国防军工领域最重要的金属制品研发制造企业、最大的芳酮产品出口商。

目前，中钢天源的软磁材料四氧化三锰生产能力和市场占有率世界第一，永磁器件产品市场竞争力位居行业前列。作为国家级高新技术企业，中钢天源拥有"国家级企业技术中心""国家金属制品质量监督检验中心""磁性材料及其应用技术国家地方联合工程研究中心""国家级博士后工作站"等 6 个国家级创新平台，8 个省部级创新平台，近年来承接近 30 项省部级以上科研项目任务。

二、主要做法

2020 年以来，中钢天源以入选"科改示范企业"为契机，抢抓深化改革"窗口期"，通过科研机制改革、完善公司治理、加大资本运营、坚持市场化激励等方式，在重要领域和关键环节迈出实质性步伐，取得显著成效。

（一）引入市场化激励机制，激发科技创新活力

一是以市场为导向，加大科研激励力度，有力促进科技成果转化。中钢天源瞄准产业发展前沿，在南京设立新材料研究院，先后引进碳材料领域、新能源材料领域、知识产权运营等方面的专家和团队，快速准确地向相关新材料领域拓展。在总结经验的基础上全面推行"首席技术专家"和"青年科技骨干"竞聘任期制，形成科技人才良性竞争的格局。建立以股权奖励和项目分红的为主的激励措施，有效激发科研人员干事创业的热情与活力。以专利作价投资入股的"电池级磷酸铁"项目，将 50% 的股权奖励给研发团队，极大鼓舞了科研人员的拼劲，实现当年投产当年盈利的良好开局，并在后续发展中逐年扩产，至 2020 年年底已扩建到 3 万吨产能，达到建设初期 6 倍的规模，产品供不应求；以分红形式激励的"电池级四氧化三锰"项目，将 30% 的利润奖励给技术团队，产品细分市场占有率提升到 70% 以上。2020 年稳妥推进混合所有制改革，旗下智能装备公司成功引进上下游企业入股，市场竞争能力显著提升，同时，将 6 项非专利技术作股奖励核心技术团队，占"混改"公司 3.29% 的股权，科技创新带来的红利，让核心技术团队的面貌焕然一新。此外，设立年度优秀专利奖、优秀发明人、优秀科研项目、优秀科技能手等奖项，营造科技创新的良好氛围。

二是以市场化薪酬机制和灵活的激励措施，吸引并留住引领型、"头

雁"型人才。中钢天源以南京新材料研究院为载体，整合科技资源，充分发挥长三角区域一体化在人才、技术、产业方面的优势，加快实施创新驱动发展战略。成为"科改示范企业"后，中钢天源在中钢集团内部先试先行，充分运用好改革政策，2020 年年初制定"十大分红激励"项目，把对企业未来发展影响大、业绩关联度高、可替代性低的核心技术人才纳入奖励范围，成功的激发了核心技术人员干事创业的激情与活力。2020 年度，中钢天源引进硕博以上技术人员 57 名，目前本科以上员工占比为 55.39%，承担国家重大项目的能力显著加强，有效承担并解决国家新材料和国防军工相关领域"卡脖子"技术问题，接连建功国家重大专项，取得突破性成绩。

（二）以资本运营促治理完善，进一步夯实高质量发展基础

一是借力资本市场，持续优化公司治理结构。中钢天源坚持"尊重市场、敬畏市场、服务市场"的理念，牵动吸引战略理念相一致的社会资本参与中钢天源的发展。在加强党的领导、规范实现党的领导融入公司治理各环节基础上，通过非公开发行 A 股、下属子公司"混改"、并购投资等方式，引入优质战略投资者，在董事会、监事会提供席位，并使之为发展建言献策，能帮助、指导、监督公司经营改革工作，提升中钢天源决策效率和科学性，进一步完善公司治理水平。

二是借助资本杠杆，进一步放大国有资本功能，完善产业布局。作为国有科技型上市公司，中钢天源通过降低国有资本持股比例，撬动社会资本，2021 年 3 月成功完成非公开发行股票工作，为主业高质量发展提供强大的资金保障。在引进资本的同时，中钢天源更注重用好资本，依托战略规划，进行主业并购重组：在检测检验服务领域，通过重组吉林省正达交通建设检测有限公司，获得公路检测综合甲级资质，补齐了公司检测业务在"铁公基"的短板；在磁性材料和器件领域，通过重组南京金宁三环电子有限责任公司，参股贵州金瑞新材料有限责任公司、参股马鞍山新康达磁业有限公司，提升磁性材料产业链水平，增强产业协同。

（三）深化三项制度改革，加大授放权力度

一是以市场化薪酬、市场化管理，激发全员活力。中钢天源改革工资总额决定与分配机制，将所属企业核心指标完成情况结合高层次人才引进与工资总额分配直接挂钩，次年最终清算。2020年各单位相比上年分配数额最高增长25.1%，最低下降9.8%，经理层最高收入比平均数高3倍以上，员工最高收入比平均数高10倍以上，通过差异化的薪酬分配调动了全级次人员的积极性。将中长期激励行权指标与"科改示范行动"改革方案量化考核指标相结合，奋斗的理念已深入人心。以市场化条件引进永磁铁氧体行业优秀团队，引入先进理念，从制造、技术、组织等角度全方位分析智能产线，整体向透明、协同、规范、精益的管理模式转变，已成为业内最先进的智能化生产线。实施全员绩效考核，旗下所属质检中心通过绩效评价搭建"赛马场"，实现"人员能进能出、薪酬能升能降、岗位能上能下"，仅2020年就淘汰32名关键岗位人员，22人次薪酬下降，4人岗位降级，人员收入最高与最低比值达到9.6，呈现年轻化、专业化、高层次的特征。"十三五"期间质检业务营业收入平均增长41.36%。

二是经营事项全面放权，提升所属企业市场快速反应能力。中钢天源以提高运营效率为目标，以"一企一策、一业一策"为原则，根据实际需求精准定向赋权，制定科学合理的权责清单，减少管控事项和范围，将人才引进、绩效考核与薪酬分配、资金使用、项目投资、采购与销售审批等管理权限授放到位。目前，中钢天源已完成所有直接管理的8家业务单位的分级授权管理工作，其经营事项已基本不用向总部请示，切实做到真放权、敢实践，进一步提高了全级次各企业的决策效率和管理效率。中钢天源搭建产业"政策特区"，旗下铁氧体智能工厂按"应授尽授、应放尽放"

原则全面放权，进一步激发一线作战主体的活力。

三、改革创新成效

中钢天源通过上述举措，紧抓入选"科改示范企业"的有利时机，深化改革，在主业经营、科技创新、机制体制转变、加强党的领导等方面取得了突破性成果，开启了高质量发展的新征程。

一是经营效益显著提升。2020 年，中钢天源在战疫情、克时艰的大背景下，通过一系列改革措施，积极开拓细分市场，实现营业收入 16.72 亿元，同比增长 21.04%；实现归属于上市公司股东的净利润 1.73 亿元，同比增长 25.76%；基本每股收益较上年同期上升 25.79%；加权平均净资产收益率较上年同期上升 1.60 个百分点；人均营业收入、人均利润、全员劳动生产率、人工成本利润率均稳步增长，体制改革带来了实实在在的效益。

二是科研能力不断增强，科研成果硕果累累。2020 年是中钢天源入选"科改示范企业"的第一年，也是科研成果的"丰收年"。通过聚焦重大项目和关键领域，培育一批技术领先、质量精良、布局严密的高价值核心专利并促进实施运用，年度研发项目数量同比增长 85.7%，在科技成果和创新平台申报方面获得显著提升，专利受理 199 项，同比增长 231%，授权专利 50 项，同比增长 127%。通过完善科技创新体制机制，形成了"研发—转化—生产—再研发"的良性科研循环模式，科研能力的提升获得社会广泛认可。2020 年度，中钢天源获批成为工业和信息化部认定的 63 家"国家技术创新示范企业"之一，获批成为工业和信息化部"国家工业企业知识产权运用试点"，承建国家知识产权局"国家新材料产业知识产权运营中心"。

三是以入选"科改示范企业"为契机，充分利用国家改革政策。2020

年中钢天源已完成混合所有制改革 2 家；完成科技成果转化项目 3 项，对 3 个团队 22 人转化激励价值 426 万元；完成项目分红 1 项，金额 1 200 万元；通过非公开发行股票、"混改"等资本运作共募集资金 12 亿元左右。

四是党的领导全面加强，党建融合激发活力。中钢天源始终坚持把党建工作优势转化为高质量发展优势，随着党建与经营的深度融合，党建被赋予了新动能，成为攻坚克难，为企业创效的重器。在抗击新冠肺炎疫情期间，党员骨干冲在防疫一线、冲在业务一线，以"战时状态"实现业绩"逆势飘红"。多名党员同志主动参与社区疫情防控和抗洪救灾，发挥了先锋模范作用。2020 年，公司被评为"安徽省第十二届文明单位"，中钢天源质检中心党支部被评为"中央企业基层示范党支部"。

45

以"科改示范行动"促转型
全面激发企业活力　开创高质量发展新局面

安泰环境工程技术有限公司

一、基本情况

安泰环境工程技术有限公司（以下简称"安泰环境"）是中国钢研科技集团有限公司（以下简称"中国钢研"）所属上市公司安泰科技股份有限公司（以下简称"安泰科技"）的控股子公司。

2015 年，为抓住我国节能环保产业迎来的历史性发展机遇，经中国钢研决策部署，安泰科技重组内部业务、整合外部资源，引入民营资本和员工持股，组建成立安泰环境，成为中央企业下属企业中第一批混合所有制改革的试点企业。安泰环境致力于成为"国际一流、国内领先"的工业过滤净化领域的科技创新型龙头企业，以高端工业环保过滤净化材料及部件为核心主业，重点服务于我国石油石化、航空航天、核电等领域。2020 年以来，安泰环境以入选"科改示范企业"为契机，以改革方案确立的目标、任务、举措为统领，以全面落实工作台账为抓手，在深化"混改"、完善公司治理、转换经营机制、擘画"十四五"规划等方面统筹策划、协调推进，企业创新活力不断激发、内部发展动能显著增强。

二、主要做法

（一）推行市场化选人用人机制，全面激发企业活力

一是实现契约化管理，发挥市场化机制作用。安泰环境率先对总经理试行市场化招聘，从 200 余位竞聘者中层层选拔，聘任了总经理并签订任期责任书和年度责任书，明确了净资产收益率、年均研发投入、主要产品在国内与国际市场占有率等业绩考核指标，并按达成情况刚性考核、兑现薪酬。结合"科改示范行动"，安泰环境从 2020 年 5 月开始，分批次对全部 12 名高级管理人员和中层管理干部进行市场化聘任、契约化管理。

二是深入开展市场化选人用人，推进高端人才队伍建设。安泰环境针对重点培育的新技术、新业务，引进高端人才、加强内部培养。2020 年通过公开选聘、猎头推荐等渠道引进高技术人才 10 名、资深营销专家 2 名，占年度总入职员工数的 1/4，为公司在核心业务销售和重点新业务拓展工作中做出了重要贡献。同时，公司高度重视青年员工成长，制定专门的人才梯队建设规划和青年人才培养计划，将岗位工作表现突出、成长潜力大的青年员工列为重点培养对象，通过内部岗位培训、轮岗使用和外送深造等方式推动员工成长。近两年，安泰环境 2 位研发骨干入选安泰科技研发新星，并以青年研发新星为基础成立创新工作室 1 个，充分发挥青年科技人才的作用；先后选送 6 位青年研发人才到清华大学、同济大学等攻读博士学位，为其量身定制职业发展规划，与其签订长期服务协议，保证人才回得来、用得上，充分发挥优秀员工创效积极性和主动性，实现个人价值。通过人力资源的持续优化，2020 年，公司本科以上学历人员占比超过 79%，研发人才占比从 2019 年的 29.1% 提高到 32.6%。

（二）建立以价值创造为导向的考核激励体系，为业务和管理团队赋能

一是调整薪酬体系，完善薪酬结构。首先，安泰环境以"价值创造"

为导向，以差异化、市场化为原则，薪酬增长优先向核心研发人员、营销人员和管理骨干倾斜。2020 年公司人均薪酬较 2019 年同比增长 11.7%，其中技术研发、市场开拓人员人均薪酬同比分别增长 15.8%、14.1%。公司提升绩效薪酬占比，鼓励竞争力的薪酬体系。其次，调整薪酬结构。薪酬固定部分的占比从 70% 下降到 45%，浮动薪酬的占比从 30% 上升至55%，其中业务部门的浮动薪酬占比不低于 60%。

二是细化绩效考核管理体系。安泰环境要求部门经理及以上中高层管理人员全部签订目标责任书，实施目标化、承诺制考核，对照年度目标责任书达成情况做全员述职；以公司战略规划目标为指引，对聘任人员结合各自岗位提出 3 年任期总体工作目标要求，分层级制定各年度重点工作，如增资扩股、两金管控、扩产改造等；针对专项工作任务制定考核指标，如两化融合、长超期应收催缴、氢燃料电池研发等；严格按考核结果兑现激励，对未达成任期目标的人员按约定实现退出。公司全体员工实现年度在线考核，量化考核标准、统一考核流程、自动记录和分析考核结果。公司员工积极性得到有效激发，发展动能显著增强。

三是建立共享机制，探索多元化激励方式。安泰环境制定了《安泰环境科技创新激励暂行管理办法》，将员工个人发展与公司发展目标相契合，打造良好的技术创新环境；按"鼓励创新、多元投入、收益共享、风险共担"原则，探索建立了项目成员现金出资，按出资比例共享收益、共担风险的科改示范项目运营模式。公司 5 名技术骨干成为首批"吃螃蟹"的人，并在首个创新激励项目"××新型压机设备"中，团队实际出资项目经费的 30%。科技创新成果转化分享方案中约定，自项目验收完成之日起，在实际投入成本支付完成后，项目团队除享有投入比例对应的 30% 收益外，额外享有成果转化收益分享后的 30% 分红奖励。该项目已进入关键工艺调试阶段，效果超出预期，市场前景看好。

四是应用信息化平台实现公平高效的员工管理和绩效考核。安泰环境搭建符合公司业务特点的人力资源信息化管理平台，将基础人事管理、薪酬管理、考核管理和培训管理等工作从线下转到线上完成。通过移动终端和固定终端的全覆盖使用，员工入职手续、全员考勤、月度和年度个人绩效考核、薪酬发放和查询、远程培训、员工档案及个人绩效的统计分析等工作全部实现实时、实地完成，基本实现了人力资源管理实时性、及时性和高效性目标。

（三）推行科研管理创新，激发研发人员的创业激情

一是加强顶层设计，通过战略引领创新工作。安泰环境通过反复研讨论证，制定安泰环境《"十四五"技术创新发展规划》，明确了"以市场为导向、以创新为驱动"的近期、中远期战略目标和实施计划。紧密围绕国家 2060 碳中和计划、绿色低碳循环发展体系中对节能环保的战略需求，结合公司产业转型升级，重点布局新能源、核电等增量业务，着力攻关国家相关"卡脖子"技术，规划的多项研发任务入选了国务院国有资产监督管理委员会核心技术攻关项目。

二是加大研发投入，创新机制，激发科研创新热情与活力。安泰环境根据"项目市场化、目标国际化、成果商品化"原则积极筛选支持技术创新项目，培育产业苗子。同时，公司不断加大研发投入，近 3 年研发投入占比分别达到 5.4%、6.6%、7.6%。近 3 年公司共支持 18 项技创项目，大部分项目进展顺利，部分项目已验收并快速进入市场，并通过产业化实现了效益增长。

三是着力通过机制创新增强科技创新能力，用制度巩固创新成果。安泰环境在研发平台设立、科研项目考核评价与激励、知识产权保护等方面建章立制，新建、修订、完善 10 余项管理办法。2020 年，公司完善知识产权管理体系，通过了知识产权管理体系的认证。

三、改革创新成效

在"科改示范行动"的推动下，安泰环境确定"以优化公司治理进一步释放"混改"红利，以市场化机制实现选人和用人，以创新驱动实现高质量发展，以对接资本市场实现价值共创和共享"的主题发展思路，成为安泰科技最具活力的业务板块之一。

一是经营业绩保持高速成长。通过一系列考核激励举措，激发了全员干劲。安泰环境 2020 年克服新冠肺炎疫情和行业下行的双重不利影响，销售收入和利润总额同比分别增长 19% 和 31%，均创历史新高。2020 年销售收入和利润总额比成立之初分别增长 264% 和 213%，并实现人均销售收入 118 万元，人均利润总额 12 万元，净资产收益率多年来始终保持在 15% 以上，实现了国有资产保值增值。

二是自主创新能力提升，创新成果不断涌现。安泰环境立足科技创新，对标国际先进，重点解决国内石化、煤化工领域关键过滤材料"卡脖子"问题，为中国石油化工集团有限公司、国家能源投资集团有限责任公司等多家大型能源型央企实现了重大装置关键金属过滤材料的国产化。作为重要参与单位，安泰环境承担了 2020 年国家重点研发计划"科技冬奥"重点专项——"氢能出行"关键技术研发和应用示范项目的课题研发及成果示范任务，负责开发智慧站控系统和智能调度系统。安泰环境近 3 年新产品收入累计达到 12.23 亿元，平均新产品贡献率超过 37%；近 5 年申报专利 40 项，软著 15 项，授权专利 14 项，在审专利 24 项；备案有效新产品 8 项，其中 2020 年备案 4 项；研发成果获国家及省级发明奖各 1 项，省部级奖励 2 项，世界粉末冶金大会产品金奖 1 项。

三是业务发展进入高效的良性循环阶段。安泰环境目前在高温耐蚀金属滤芯、S Zorb 吸附脱硫高精度过滤器、煤液化用高精度金属滤芯等市场领域已经成长为国内行业第一，主要产品出口订单近 2 年大幅增加。过滤净化业务作为公司的核心主业，2020 年度实现销售收入 2.8 亿元，再创历史新高，对公司业绩贡献度进一步提升。通过体制机制创新，激发内部创新活力，加快科技成果转化，必将助力安泰环境"成为国际一流、国内领先的工业过滤净化行业的科技创新型龙头企业"的目标加速实现。

46

坚持技术创新与机制创新双轮驱动
打造"一核多元"高质量发展新格局

中国天辰工程有限公司

一、基本情况

中国天辰工程有限公司（以下简称"天辰公司"）前身为化工部第一设计院，成立于 1953 年，现为中国化学工程股份有限公司全资子公司，注册资本 25 亿元，主营业务为 EPC 工程与化工新材料研发和生产，是中国化学工程集团有限公司的旗舰企业，连续多年入选全球国际工程设计公司225 强。

作为"共和国化工设计院长子"，改革与创新是天辰公司的显性文化基因。从 20 世纪末承接国内第一个 EPC 项目，转制为国内第一家化学工程公司开始，天辰公司从纯设计业务向工程总承包业务转型，随后仅用 13年时间便跨越"百亿营收"台阶，并实现海外业务占比超 50%。"十二五"以来，天辰公司着力构建以技术研发为"核"为"芯"，驱动工程、实业、工服等业务协同发展的"一核多元"发展格局，从单一工程业务发展为具有技术研发、EPC 工程总承包、实业运营、国际贸易和投融资五大能力的国际工程公司，现在已踏上具有全球竞争力的科技驱动型创新平台公司的新征程。

天辰公司是中国化学工程集团有限公司首家国家级高新技术企业，拥有 30 余名享受国务院政府特殊津贴的专家，取得数十项国家级、省部级科技进步奖成果。近年来，天辰公司不断强化技术创新，研发投入强度稳定保持在 3% 以上并逐年攀升，2020 年增幅达 18.78%。天辰公司以家国在胸的情怀，将科技创新和经济社会发展深度融合，研发攻克了己二腈、天然碱等一系列涉及国计民生的"卡脖子"技术和国内外首创技术，在多个领域打破了过往由国外绝对垄断的局面，带动建成了一批创"世界之最"纪录的重大项目，依靠技术创新拉动的产值连续多年占比超过 60%。

二、主要做法

（一）放大国资效能，积极稳妥推进"混改"

一是按照"三因三宜三不"原则，在各业务板块分层分类推进混合所有制改革，作为提升集团化管控水平、完善公司治理机制的重要抓手。天辰公司主要业务分为科技、实业、工服 3 个板块，实业板块的 2 家子公司福建天辰耀隆新材料有限公司及天辰齐翔新材料有限公司已完成"混改"；科技板块拟通过引入"战投"、科研创新团队入股新设科创平台公司；工服板块拟以工服公司为载体，采用骨干员工团队持股方式开展"混改"。

二是严密论证审慎开展本级公司"混改"。除各业务板块外，天辰公司本级也启动了"混改"工作，已完成"混改"论证方案并开始战投遴选，后续将秉持积极稳妥原则审慎开展工作。

三是积极推进福建天辰耀隆新材料有限公司科创板 IPO。

（二）强化市场导向，变革组织机构，健全市场化机制

一是实施生产经营一体化运营机制改革。天辰公司突出市场化导向，按照产品领域将工程业务进行划分，实行事业部制管理，采取"模拟法人"和财务独立核算，让事业部成为承接公司业绩指标的实体机构，将业

绩指标层层分解至具体人员，形成"全员经营"氛围，释放了经营效能，快速扭转业绩指标分解不到位、生产与经营脱节等低效能现象，改革后不到 4 个月完成新签合同额 110 亿元，占到全年总量的 50%。

二是全面推行任期制和契约化管理。坚持率先垂范，公司全部高管和经营生产一体化机构 8 名负责人在 2020 年率先完成任期制和契约化管理签约，并以职业经理人方式聘任下属法人机构天辰科技园公司总经理，实现选聘市场化、管理契约化、退出制度化。在此基础上，2021 年第一季度面向所有中层干部推行任期制和契约化管理。

三是开展机构改革全面推行竞聘上岗。在职能管理部门改革方面，对职能管理部门岗位进行优化重组，推行部门薪酬总额包干制，广泛实施竞聘上岗、全员绩效考核、考核不达标和不胜任退出等制度，实现缩编提效，累计缩减管理人员 20% 以上，管理部门员工占比下降至 10% 以内；在中层干部管理改革方面，开展中层干部岗位价值评估，确定 6 个岗位等级，充分拉开薪酬差距，并实行中层干部竞聘上岗，近 3 年共调整退出中层干部共 25 人，干部退出比例由 2018 年 4.3% 上升到 2020 年 7.3%，竞聘后中层平均年龄从 47 岁降至 42 岁；在人岗胜任管理改革方面，实行业务部门员工与项目"双向选择"，员工若未被项目聘任则只领取基本工资，多劳多得、少劳少得，激活了人才内部流动，其中己二腈项目吸引了 30 余人转岗就业。

（三）激发动力活力，完善市场化激励约束机制

一是实施员工跟投计划。天辰公司在承担国家"卡脖子"技术转化的己二腈项目中实施员工跟投，将项目建设、研发、生产运营的技术骨干和核心成员纳入跟投范围，跟投总金额达 2.6 亿元，建立风险共担、利益共享机制，有力促进了工艺技术优化和建设速度提升。

二是强化科技成果转化奖励激励。天辰公司以课题进度核定奖金，并

设立创新成果、成果转让、专利及专有技术等专项奖励。近 5 年奖励科技创新人员超过 1.5 亿元，研发速度明显加快，研究成果显著增加。2020 年研发项目结题 15 项、新增授权专利 39 项、新增专有技术认证 15 项，分别较上年增长 50%、35%、400%。

三是完善项目风险抵押激励约束机制。天辰公司通过签订目标责任书，明确责任风险及奖励指标。自 2019 年实施以来每年收取风险抵押金 2 000 余万元，涉及骨干员工 300 余人，激发了团队干劲和责任意识，现已推广覆盖公司全部 EPC 项目，促进了项目安全质量和成本效益的有效管控。

（四）落实创新发展，激发科技创新动能

一是加快建设开放式科技创新平台。天辰公司坚持市场化的体制机制、"一题一策"的发展策略，加快建设"科技引领、资源集聚"的新型创新服务平台。科创平台是汇集科研机构、高校、企业等各方资源，形成科技组网并提升科技创新和转化水平的有效载体，能够在提升企业研发创新水平推动公司发展的基础上，着力带动化工、工程行业升级。

二是完善创新科技成果转化工作机制。天辰公司充分发挥自身拥有的工程设计、中试放大和工艺包编制等工程转化能力，依托小试和中试基地，构建起"产、学、研、设"技术创新体系，有效提升科技成果转化率。2020 年新增实施转化的专利和专有技术 60 多项，累计接近 300 项，占总量比重超过 60%，其中己二腈属于列入国家重大科技攻关课题项目的"卡脖子"技术，填补了国内和行业空白。

三是持续推动"技术＋实业"一体化发展。天辰公司依托实业板块开展自主研发成果的工程转化，打造产业化基地，在建设"工业强国""实业强国"征程中书写天辰篇章，在融入和服务新发展格局中展现天辰作为，带动业务持续增长。目前实业板块的营业收入、利润总额贡献度分别

接近40%、50%。

四是坚持"立足培养、定向引进、高端引领、重点推进"的总体思路，以建设科创平台公司为契机，大力实施科技人才引进、培养工程，建立健全公司科技人才发展机制。

（五）坚持党建引领，加强党的领导和建设

一是建立健全容错免责机制，修订完善了《坚持"三个区分开来"重要思想，建立容错纠错机制实施办法》。

二是建立完善大监督机制，统筹各类监督力量，形成大监督格局体系，为改革提供监督保障。

三是倡导企业创新文化建设，组织开展"科改示范行动"宣传月等活动，为改革形成思想和舆论保障。

三、改革创新成效

天辰公司入选"科改示范企业"1年多来，发展速度明显加快，效益水平持续提升，研发创新能力和水平大步提升。

一是业绩水平不断提高，综合实力显著增强。2020年天辰公司多项指标再创历史新高。资产总额迈上160亿元新台阶，净资产接近60亿元，分别同比增长9.5%和3.4%，资产规模和质量稳步提升；新签合同额、营业收入和利润总额分别达到222亿元、152亿元和12亿元，相比2016年分别增长了106%、111%和351%，其中工程、实业、贸易、研发等业务收入基本达到翻番，有效实现了各板块的协同发展，圆满完成"十三五"收官，充分彰显了"一核多元"发展格局的建设成果。

二是投入产出效益显著提升，经营效率进一步优化。天辰公司人工成本投入产出效益不断攀升，2020年全员劳动生产率达到92.4万元/人，是建筑行业同期平均水平的2.2倍，人均利润和人工成本利润率领先于工程

行业 90% 以上企业，人事费用率处于工程行业 25% 以下；盈利能力和利润率水平持续上行，净资产收益率达到 16.3%，高出建筑业全行业平均水平 10.1 个百分点，已实施风险抵押金制度的工程项目利润率高出过往项目平均水平 2.24 个百分点，增幅超过 30%。

三是研发创新能力更为突出，发展动能更加强劲。天辰公司自主研发成果不断涌现和持续积累，为带动行业升级提供了强大助力。绿色己内酰胺技术转让实现收入超过 5 亿元，带动 EPC 工程合同额超过 300 亿元，带动国内己内酰胺自给率从不足 50% 提升至 90% 以上；天然碱技术工艺路线为世界首创，带动土耳其天然碱项目 EPC 合同额超过 70 亿元。2021 年公司自主研发的、国内首创双氧水法环氧丙烷技术成功应用于 10 万吨/年 HPPO 项目，这将打破此前该技术仅由两家国外厂商掌握的局面，同时公司自主研发的 PA12 等新材料工艺技术也已进入中试阶段。这些新技术将有力保障公司"一核多元"发展格局在"十四五"开好局、起好步。

四是研发成果转化推动化工实业迅猛发展。作为科技成果转化的载体，天辰公司实业板块 2 家新材料公司将形成两个"百亿营收平台"，其中，天辰耀隆公司已建成产能 30 万吨/年的全球最大己内酰胺单线，截至 2020 年年底，实现营业收入 220.54 亿元、利润总额约 18.24 亿元；天辰齐翔公司作为己二腈项目的产业化载体，正在建设 100 万吨/年尼龙新材料产业基地，预计 2021 年竣工，年营业收入和利润分别达到 100 亿元和 20 亿元，并将打破国内己二腈自给率为 0 的严峻局面，为我国尼龙 66 及其背后的汽车、电子信息、纺织、军工等行业的发展提供坚强有力的保障，在壮大民族自主技术、建设创新型国家的奋斗征程中再谱天辰新篇。

47

玻璃新材强基固链
"科改示范行动"赋能中国创造

凯盛科技集团有限公司

一、基本情况

凯盛科技集团有限公司（以下简称"凯盛科技"）是中国建材集团有限公司二级子公司，是以玻璃新材料为核心的科技创新产业平台。凯盛科技始终坚持创新驱动，按照"科改示范行动"要求，在安徽打造中央应用研究院，通过战略归核、治理规范、市场激励、党建引领融合打造创新链、产业链、价值链，实现创新和效益双丰收。2020 年 8 月，习近平总书记视察安徽时表扬超薄玻璃实现了并跑领跑的成绩。

凯盛科技现有国家级科研院所 4 家，国家级科研平台 17 个，省部级科技创新平台 43 个，海外研发中心 2 家；承担"十三五"国家重点专项、"863 计划""973 计划"、国家科技支撑计划等国家课题 17 项，省部级课题 77 项，获得国家科技进步一等奖 1 项，国家科技进步二等奖 3 项，省部级科技成果奖 90 多项；获得授权专利 1 700 件，其中国际专利 170 件，发明专利 615 件；主持参与制定国家标准 22 项，行业标准 21 项，团体标准 2 项；现有中国工程院院士 1 名，全国技术能手 2 名，国家级高层次拔尖人才 4 名，打造了百名博士创新团队（海外创新团队 40 人），专业技术人才 3 746 人，其中科技研发人员 2 120 人。2020 年，凯盛科技研发投入经费超过 10 亿元，研发经费投入强度达 5.3%。

二、主要做法

（一）加快完善市场化公司治理及人才管理体制机制

一是规范化治理、契约化管理夯实创新基础。凯盛科技入选"科改示范企业"后，对董事会进行了调整，引进了专职董事和外部董事，明确了"讨论前置"决策机制和"三会一层"权责清单。全级次企业、各经理层全面推进实施任期制契约化管理，聘用高端职业经理人 8 人，引进海外特聘人才 5 人。

二是差异化考核激励培育创新文化。凯盛科技将高层次人才对标国际化薪酬制度，充分争取属地创新项目团队专项激励基金支持；建立中长期绩效评价、成果转化后评价、颠覆性创新免责，宽容失败的创新文化；对所属企业凯盛基材采取差异化考核模式；鼓励企业创新，充分利用国家"863"高性能空心玻璃微珠制备的研究成果，产品达到美国 3M 同类产品性能指标，处于国际先进水平，打破了国外对空心玻璃微珠的技术封锁。

三是"带土移植""量体裁衣"激发创新活力。凯盛科技通过"带土移植"，将技术与人才移植到产业化环节，派出核心技术骨干进入产业公司董事会，在制度上保证了研发团队的自主决策权；通过"量体裁衣"，推行"公司控股、战略投资者参股、技术骨干持股"的激励方案，采用"现金股 + 技术股"的成果转化形式，激发各环节的转化活力，人才团队将创新创业"工作"升华为创新创业"事业"。安徽中创技术骨干持股团队仅用 9 个月时间就攻克了水热法制备高端纳米钛酸钡材料的技术和产业化难题，在同行业技术开发与应用处于尖端水平。企业从投产至今，连续实现收入和利润双增长，近 3 年营业收入增长 175%，净利润增长 94%，净资产收益率达 45.72%。

（二）"三方联动"建立一体化的科技成果转化链条

一是布局一体化。在研发方面，凯盛科技以产业化为目标，形成以首席科学家为核心、各地研发中心配合的研发机制；在中试方面，由工程公司负责产品中试和成果工程化，对生产工艺及关键设备进行工业性试验，完成核心设备和操作系统的开发，实现技术工艺的改进改型和完善升级；在产业化方面，针对具体项目，成立控股和参股的产业公司，引入社会资本，对科技成果进行规模化和市场化运作，建立起多方投入、风险共担、利益共享的产业运营机制。

二是产业链全流程。凯盛科技建立从"砂子"到"产品"的全流程链条。从石英资源起步，生产出 TFT 玻璃、高强盖板玻璃、超薄触控玻璃等显示玻璃基板，光伏盖板玻璃、光伏背板玻璃、光热玻璃等新能源玻璃，高硼硅防火玻璃、轨道交通玻璃、中性药用玻璃、空心玻璃微珠等其他特种玻璃，再整合生产显示面板、双玻组件、薄膜电池、光热反射镜等产品，分别应用于显示模组、光伏建筑一体化工程、分布式电站工程、设施农业工程。

三是研发转化高协同。一方面，凯盛科技"打破藩篱"实现协同化的科技成果转化合作。在研发与中试的协同中，坚持问题导向，在技术和工程化过程中实现双向良性促进；在中试与产业化的协同中，将中试环节的关键科技人员与产业化过程中的核心技术人员组成项目团队，根据市场需求进行成果改进，降低科技成果转化面临的市场不确定性；在研发与产业化的协同中，针对产业化过程中遇到的技术问题，有针对性地组织力量进行攻关，直至产品质量、生产效率达到最佳状态。另一方面，凯盛科技打造"长宽高"模式强化合作，培育创新生态系统，当好玻璃新材料产业链"链主"："长"，即打造产业集群，不断延伸产业链；"宽"，即向相关关联供应链发展;"高",即不断迭代创新,推动产业链迈向高端。

(三)"六三"标准工作法创建党建品牌

一是创建基层党组织可遵照执行、上级党组织可考核监督的"六三"标准工作法。凯盛科技明确党委、党总支和党支部"三组织"的分级标准,推进组织体系设置标准化;明确决策、学习、生活会"三任务"的主要内容,推进工作运行机制标准化;明确支部大会、支委会、党小组会"三会议"的时间频次,推进党内组织生活标准化;明确党课要求、主题活动类别、群团活动"三活动"的主着力点,推进工作载体建设标准化;明确党员管理、党费管理、评议评优"三管理"的相关标准,推进党员教育管理标准化;明确主体责任、监督责任、一岗双责"三责任"的落实机制,推进责任落实机制标准化。"六三"标准工作法获中国建材集团有限公司"十佳党建品牌"。

二是根据党风廉政建设主要工作内容提炼总结"五牛精神"的工作方法。执牛耳——强化责任担当,推动管党治党规范化;牵牛鼻——突出关键少数,推动监督考核制度化;瞪牛眼——注重抓早抓小,推动严管厚爱精准化;梳牛毛——坚持日常教育,推动警示防范常态化;钻牛角——用好"四种形态",推动执纪问责严格化。"五牛精神"工作方法让企业纪检工作"知道重点、抓住难点、突出亮点",研究成果荣获中国企业改革发展优秀成果一等奖。疫情期间,凯盛科技全体党员干部关键时刻拉得出、顶得上、扛得住,让党旗在疫情防控和经营一线高高飘扬。

三、改革创新成效

凯盛科技按照"科改示范行动"要求,坚持党的领导,加强党的建设,以技术与市场双引领。2020 年,实现营业收入 190.38 亿元,同比增长 32% 以上;实现利润总额 10.35 亿元,同比增长 75% 以上。超薄玻璃、优质硅砂销量同比增长率超过 50%，光伏玻璃和电子玻璃毛利率达 40%，药用玻璃和柔性折叠屏玻璃量产打破国外垄断。

一是坚持科技自立自强，以大研发推动大产业。2020 年，凯盛科技所属蚌埠玻璃工业设计研究院发挥中央应用研究院优势，完成收入 40 亿元、利润 3.2 亿元，同比增长均超过 24%。创建的国家玻璃新材料制造业创新中心，列入工业和信息化部国家创新中心总体布局；创建的全国首个新型光电材料技术创新中心，占领行业制高点；创建的安徽省硅基新材料创新中心，获评 2020 年唯一"优秀"省级创新中心。2020 年新增省部级以上课题 17 项，获授权专利 431 件，其中发明专利 77 件，国际专利 11 件；主持制定国家标准 4 项；获省部级科技进步奖 2 项、安徽省专利金奖等。凯盛科技着力打造中国玻璃新材料科技产业园，构建千亿级产业基地，全力助推蚌埠建设世界级硅基制造业中心及安徽打造万亿级"世界硅谷"；持续加强玻璃新材料新技术研发和新成果转化，充分利用长三角地区的市场资源优势，精准对接市场，融入并促进长三角地区产业协同发展。

二是培育打造拳头产品，扩大高质量发展优势。凯盛科技新能源材料加速实现效益、效率双提升。开发出世界最高光电转化率达 19.64% 的铜铟镓硒发电玻璃，成功下线世界最大单体面积碲化镉发电玻璃，发布国内首个发电玻璃 BIPV 标准，建成世界单体规模最大薄膜光伏建筑一体化应用示范项目，实现了绿色发展的"材料先行"，为实现碳中和目标不断贡献新力量。显示材料和应用材料创造技术、市场双一流。柔性折叠玻璃通过华为认证；国内首创的 8.5 代液晶玻璃基板实现产业导入；高铝盖板玻璃质量国内第一，拓展到航天航空应用领域；显示模组市场占有率 17%。高纯电熔氧化锆保持龙头地位，抛光粉、稳定锆、活性锆等新产品从传统建材行业进入集成电路、电子显示、高端光学、生物医疗、芯片等高端应用领域。优质浮法与特种玻璃保持协同、转型双推进。光伏玻璃爆发式增长，中国洛阳浮法玻璃集团有限责任公司收入同比增长 53%，利润增长超过 23 倍；疫苗用玻璃管荣获"中国国际工业博览会大奖"，为抗疫捐赠 1 000 万支国际标准疫苗用玻璃瓶，得到国务院国有资产监督管理委员会的高度肯定；高应变点玻璃国际领先，持续出口日本、德国；防火玻璃进入欧盟经济区，应用于雄安高铁站、深圳机场、土耳其地铁等重大项目。

凯盛科技因创新而生、由改革壮大，以实际行动坚持创新引领，突破了玻璃行业一系列领先技术，引领产业链做强做优，展示了推进"科改示范行动"的重大意义：机制改革激发了活力，自主创新产生了实力，凯盛科技的创新底色更加熠熠生辉。

48

以改革践行初心使命
致力科技创新与成果孵化
实现核心技术自主可控

北京玻钢院复合材料有限公司

一、基本情况

北京玻钢院复合材料有限公司（以下简称"北玻院"），是我国玻璃钢/复合材料的发祥地，隶属于中国建材集团有限公司。北玻院定位于复合材料的技术研究与成果孵化，以国防配套、新能源、新材料等战略性新兴产业为方向，设有国家纤维增强模塑料工程技术研究中心、特种纤维复合材料国家重点实验室、全国纤维增强塑料标准化技术委员会等机构，是我国特种纤维复合材料领域集研发、设计、产品制造与销售于一体的高新技术企业。北玻院科技成果先后孵化出复合材料风机叶片、CNG 气瓶、汽车复合材料等产业，促进了行业的技术进步与产业发展。

北玻院在多年的国防配套经历中创造了复合材料领域多项"共和国第一"，如第一台机械式缠绕机、第一条 SMC 生产机组、首条耐烧蚀树脂工程化生产线等，率先为航天、航空国防配套提供了工程化的解决方案，先后为国家"两弹一星""载人航天""探月工程""国庆 70 周年阅兵"等重大工程研制生产了系列复合材料部件。

二、主要做法

北玻院以习近平新时代中国特色社会主义思想为指导,以落实"科改示范行动"任务为抓手,坚持抓重点、补短板、强弱项,全力推进改革任务举措落实见效,实现自主科技创新,促进企业高质量发展。

(一)深入推进党的领导融入公司治理结构

北玻院坚持和完善"双向进入、交叉任职"领导体制,厘清党委(党组)和董事会、监事会、经理层等其他治理主体的权责,切实把党的领导融入公司治理各环节,注意前置讨论研究不等同于前置讨论决定,构建"党委核心领导,董事会战略决策,监事会依法监督,管理层全权经营"的现代公司治理运行体系,推动党的领导与公司治理有机统一。

(二)建立四个科研管理机制,提升自主创新能力

一是以集成机制打通科技创新的内部"产业链"。北玻院建成了集产业基础与应用技术研究、新产业孵化、行业服务于一体的技术创新中心,通过创新中心的系统引领,打通科技创新各环节的"壁垒",加速科研成果的孵化和转化。

二是以激励机制充分释放科研人员的活力。北玻院加强科技人员激励,建立了涵盖从项目立项到成果转化的 7 种奖励机制,覆盖项目立项、成果奖励、专利奖励、标准编制奖励、科研论文奖励、成果转化奖励和超额奖励等方面,使科研人员在研发各阶段的价值得到充分体现。

三是以"赛马机制"激发科研团队的竞争氛围。北玻院完善科研项目管理,推行"揭榜挂帅",健全科研项目经理负责制,实现团队组建、技术决策、经费使用、成果认定、收益分配 5 个方面的最大授权。

四是以科技人才聘任制培养核心团队。北玻院健全科技委、科技委常委、学科带头人评聘制度,围绕核心技术构建了复合高压容器设计与制造

技术、火箭发动机壳体设计与制造技术、弹头弹体防隔热材料技术等 14 个学科方向的科研团队。

（三）全面推行经理层任期制契约化管理和中层聘任制管理

北玻院坚持市场化为导向，建立"1234"的"市场化选人用人"管理模式，形成了"一个基础 + 五个化"管理模式，以明确岗位分工为基础，市场化的"选"、合同化的"管"、契约化的"考"、差异化的"酬"、制度化的"退"的市场化选人用人机制。

一是构建"123"的管理制度体系。"1"是公司本级及所属公司的经理层成员 100% 实施任期制和契约化管理；"2"是制定《薪酬管理办法》《绩效管理办法》，形成管理制度规范；"3"是建立以《聘任协议》《年度经营业绩责任书》《任期经营业绩责任书》为主要载体的契约化管理机制。实行"一人一岗、一岗一表"的年度与任期经营业绩考核，建立"双 70"（年度、任期经营业绩考核得分小于 70 分）的退出机制，实现刚性考核、刚性兑现。

二是实现中层管理人员"四制"管理。竞聘制方面，2020 年 12 月通过竞聘，中层管理人员下调比率达 9.1%，干部队伍"80 后"占比 67%，较上年提升 11%；任期制方面，任期 3 年，开展"年度 + 任期"两期考核；岗薪制方面，以岗位职责构建差异化考核机制，"一岗一薪，易岗易薪"，以业绩目标实现"能增能减"；淘汰制方面，考核结果不合格或连续 2 年排名倒数第 1 的，以刚性考核实现"能上能下"。

（四）持续深化三项制度改革，健全市场化用工机制

北玻院在以岗位管理为基础、合同管理为核心，员工劳动合同签订率 100% 的基础上，持续深化三项制度改革。

一是健全岗位体系。北玻院拓展管理、职能、营销、技术、操作五大职业发展通道，进一步健全"不看身份、不看资历，只看能力、只看贡

献"的任职资格标准，形成各类专业技术人员"能上能下"的职业发展动态管理机制。

二是加强员工劳动合同管理，细化配套退出条件。北玻院建立绩效考核与员工岗位退出的刚性联动，实现员工100%考核，考核不合格，经培训或调整工作岗位后仍不能胜任工作的，按照劳动合同法相关规定解除劳动合同。

三是探索工资总额备案制与单列管理，补齐"三能"激励约束机制。北玻院申请并推行工资总额管理备案制，根据"科技驱动、高质量发展"的发展导向，选择利润总额、技术投入、人均创利为工效联动系数，建立健全以企业绩效状况"能增能减"的工资体系。薪酬资源向核心技术骨干倾斜，对引进的高端专业人才、承担关键核心技术攻关的技术人员执行单列管理，确保薪酬水平具有吸引力和激励性。

（五）探索实施中长期激励，完善市场化激励机制

北玻院开展以科技型企业股权激励为主、项目模拟法人制等配套的激励约束机制，建立多层次系统化中长期激励体系，实现了骨干员工与企业风险共担、利益共享，进一步激发骨干、技术人员科技创新的主动性与活力，增强公司持续创新动能。

一是实施科技型企业股权激励。根据《国有科技型企业股权和分红激励暂行办法》，北玻院2021年向核心骨干员工实施股权激励，采取"股权出售＋股权奖励"工具，遵从"以岗定股、按岗定额、岗变股变、人离股转"原则，按照"人股分离、人岗匹配、岗股结合"方式开展。激励对象通过成立有限合伙企业作为持股平台，按照增资方式持有公司股权，实现股权激励。

二是实施项目模拟法人制。北玻院建立项目团队与公司风险共担、利益共享的合伙人机制，建立新型科研管理模式与激励约束制度。公司和项

目团队出资（风险金）设立模拟公司，实施独立财务核算。出资方以出资权益享有收益、承担风险，实现项目团队与科研项目的利益捆绑；模拟公司接受北玻院党委管理，设董事会、监事、总经理办公会，董事会与经理层签订运行方案，明确各方职责、权利义务，厘清各层级权责清单、界定决策流程；实施经理层任期制契约化管理，聘任经理层；董事会与经理层签订任期、年度的责任书，约定科研任务指标、运营 KPI（关键绩效指标）、考核评价等内容。2020 年 10 月高性能预成型体项目模拟法人制正式运行，项目核心团队个人出资比例约 30%。2021 年第一季度末，模拟公司授权发明专利 2 项、受理专利 2 项，按计划节点完成针刺缝合天线罩、2.5D 天线罩、仿形空气舵等研发任务进度，保障了重点产品研制任务的技术与进度需求，实现了加速科技成果转化、提升自主创新能力的目标。

三、改革创新成效

北玻院以"科改示范行动"为契机，坚持改革与创新两手抓，通过改革和科技赋能，进一步激发企业内生动力和活力，实现跨越式发展。

一是经营业绩实现高速增长。2020 年，北玻院实现营业收入、净利润双增长，较上年分别增长 24%、15%；实现净资产收益率 15%，较上年提高 5 个百分点；配套产品受到"长征五号"运载火箭型号办公室、中国船舶重工集团有限公司等多家配套单位表彰。公司综合能力进一步提升。风电叶片模具产品持续国内市场占有率第一并获工业和信息化部 2020 年"制造业单项冠军产品"称号；获 2020 年中国最具成长性建材企业 100 强荣誉称号、2020 年中国和谐建材企业荣誉称号。

二是科技创新成效明显。2020 年北玻院研发费用投入强度约 7%，授予发明专利增长率 20% 以上，多项核心技术攻关取得突破。航天飞行器大面积防热材料低密度化技术自主可控；碳纤维复合材料推进器导管助力

"奋斗者"号深潜、复合材料油气设施海底保护罩技术打破国际垄断;航空客货舱地板制备技术通过 AS9100D 航空质量管理体系认证,进入适航认证阶段。科技奖项丰硕。北玻院先后获建材行业科技进步奖一等奖、国防科技进步三等奖、集团科技进步奖一等奖等 10 余项奖项。

49

持续强化激励 激发创新活力
打造市场化专业化发展道路

建研防火科技有限公司

一、基本情况

建研防火科技有限公司（以下简称"建研防火"）成立于 2020 年，是中国建筑科学研究院有限公司（以下简称"中国建研院"）全资科技型子企业，由中国建研院建筑防火研究所整体改制而成。建研防火完全继承了该研究所的人员、资产、成果，是建筑行业内成立最早、规模最大、业务领域最广泛的专门从事建筑防火技术研发与服务的机构。

自从入选"科改示范企业"以来，建研防火以深化市场化改革提升科技创新能力为发展目标，在健全市场化选人用人机制、强化激励约束机制等方面不断探索，持续深化改革，并结合自身技术优势大力开展科技创新，努力探寻一条市场化、专业化的发展路线，为企业的高质量发展奠定坚实基础。

二、主要做法

（一）持续健全市场化激励机制，激发企业内生活力

一是开展岗位竞聘，为员工发展提供"双通道"模式。建研防火科学

定岗定编，制定以契约管理和岗位管理为基础的《岗位聘任管理办法》《岗位职级管理办法》，进一步明确岗位序列，为员工发展设计了"双通道"发展模式。设计技术、职能、操作3个序列共10级的专业化发展通道，鼓励员工在技术岗位上做精做深；设计由低到高的7级管理类发展通道，构建纵向阶梯式发展模式。在高级管理岗位竞聘方面，2020年9月在中国建研院范围内公开竞聘建研防火副总经理，采取演讲、答辩、模拟工作会议等多种方式开展面试，增加竞聘考核的科学性；针对公司中层岗位，选取战略与发展部中层关键岗位为试点，开展竞聘上岗工作，为其他关键管理岗位竞聘提供了参考。

二是返聘已退休的核心科研骨干给予合理激励报酬。为充分发挥核心科研骨干的科研引领作用，建研防火制定建研防火《核心科研骨干职工返聘工作管理办法》，对千人计划专家、大师，在消防、公共安全行业技术领域有重大影响力的学术带头人，千人计划专家、大师团队核心成员，科技成果转化效益显著的项目团队核心成员等实行退休返聘制度，引导退休返聘科研核心骨干继续参与科研工作，以满足科研攻关的实际需求。返聘期间，除给予合理的报酬外，允许核心科研骨干继续享有原有中长期激励，确保了科技研发的连续性，也增强了科研团队的向心力和凝聚力。目前，建研防火已返聘在科研试验、标准规范、质量管理等方面的经验丰富的核心科研骨干3名，在公司社团建设资源平台建设、协会战略发展方面的引领成效显著。

三是建立市场化薪酬分配机制，实施市场化考核。建研防火在保证工资总额总量合理的前提下，完善管理序列、专业技术序列和技能序列等以岗位价值为基础的职工薪酬体系，为使职工薪酬向关键骨干人员倾斜，合理拉开内部收入分配差距；制定《薪酬管理办法》，强化考核机制，按劳分配，实行以岗位绩效工资为主体的薪酬制度。薪酬由岗位工资、津贴岗位、绩效奖金、总经理专项奖和中长期激励 5 部分构成，共分为 10 级 7 档。实行后，基层技术员工的工资上浮最高约 30%。

四是开展中长期激励，充分调动各类人员积极性。建研防火实施对中高级管理岗位、技术骨干岗位的股权激励机制。制定《股权激励实施方案》《员工持股管理办法》。选定董事长、总经理、副总经理、总经理助理、部门负责人、未到退休年龄的专业总工程师和享受中级管理人员待遇的人员、主任助理或具有高级及以上职称的专业人员等岗位进行股权激励，出资比例设为 6 档，分别为 0.75、0.65、0.45、0.35、0.26、0.14。首次股权激励对象有 33 人，要求单一员工持股比例累计不超过 1%，员工股权激励总额占公司总股本的 10%。

（二）健全科技研发体制机制，激发科技创新动能

一是构建两级科研体系，为科技创新活动提供平台。建研防火明确公司层面侧重于引领行业发展的战略性、前瞻性核心技术研究，主要承担科学技术的基础性研究课题、政府部门的管理工作的技术和管理支撑性研究课题。2020 年，公司层面组织建立专项攻坚团队，先后承担了国家科技支撑计划课题《村镇火灾综合防治关键技术研究与开发》、住房和城乡建设部《建筑消防专门化设计可行性及其标准化研究》等多项国家级、省部级课题。经营团队层面侧重于面向生产经营的新技术、新产品研发，以提高经营能力为导向。2020 年，公司下属科研团队先后承担了《典型文物建筑火灾风险评估方法研究》《装配式混凝土结构框架节点耐火技术》等课题。两级科研体系互补互促，协同解决目前自主创新能力不强、科研与生产经营脱节的问题。

二是制定人才培养计划，完善科技人才培养机制。建研防火全面落实中国建研院"十人计划""百人计划""廿人计划"相关要求，开展建研防火人才自主培养计划，持续完善科技人才培养机制；实施"青年英才建设工程""防火工匠"培育计划、"银发计划"等针对不同类型人才的培养计划;选拔优秀科技人才,在科研课题、标准规范、专业培训、国际学术交流方面予以重点支持,选拔有望进入设计大师或有望获得国家级奖励的科技人才,在经费、科研条件、国际学术交流等方面予以重点支持,目前已有2名55岁以下人才被列入"防火工匠"培育计划。

三是加大科研投入管理,制定科技投入稳定增长长效机制。为调动科研人员创新活力、提高科技成果的质量和数量,鼓励科技创新活动与科技成果转化活动中成绩突出的个人和团队,建研防火制定《科技创新及科技成果奖励办法》《科研项目研发经费管理办法》。为加强创新科技投入管理,构建科技投入稳定增长长效机制,实现"投入双保证":第一,保证投入的强度和连续性,规定3年内科技经费投入不低于营业收入的10%;第二,保证投入的集中性和创新性,践行"超前部署""集中攻关",通过政策和资金的双重支持与倾斜,实现前瞻性基础研究、引领性原创成果重大突破。对于重大科技创新项目,建立内部联合攻关机制,试点采用"揭榜挂帅"方式,打破创新"壁垒",以竞争机制激发创新活力,充分调动和利用企业优势资源形成合力,提高科技攻关能力和攻关效率。

四是积极对接政府部门,加强科技顶层设计。在建设工程设计审查、验收职能由原公安消防部门划归住建部门的契机下,建研防火与住建部门协同开展部分消防产业顶层框架设计与标准体系塑造。2020年11月,成立中国工程建设标准化协会建筑防火专委会,凝聚行业合力,为建筑防火标准专业领域做出积极努力和贡献。同时,积极与应急管理部、国家能源局、中国民航局、国家文物局、中国铁路总公司等政府及相关部门协作,以技术服务需求为导向,面向顶层设计,开展协同创新。

三、改革创新成效

一是经营业绩稳步提升，超额完成考核目标。2020 年，建研防火各项经济指标均实现了不同程度的增长，其中归母净利润 815 万元，同比增长 33.83%，超过考核值 2.4%；新签合同 7 058 万元，同比增长 10.06%；利润总额 913 万元，同比增长 10.40%。

二是服务政府更加有力，经营维度不断拓宽。建研防火受邀在全国进行住房和城乡建设部令 51 号及消防技术标准体系宣贯，为住房和城乡建设部提供技术支撑；开展贵州苗寨木结构房屋实验研究，保驾"脱贫攻坚"；承接大兴机场 5 年期消防评估，护航"京津冀协同发展"；完成《雄安新区地下空间消防安全技术标准》研编及雄安交通枢纽防火咨询，助力"千年大计"；完成粤港澳大湾区消防规划与其超大型城市群消防治理体系研究，推动"大湾区"安全建设；同时，成立福建办事处，探索与广西壮族自治区、浙江省江山市战略合作路径，持续拓宽经营维度。

三是科研保障不断完善，科技创新成效显著。2020 年，建研防火科技成果丰硕，其中：在研项目 50 项，完成验收 9 项；主编标准 14 项，参编标准 25 项；发表科技论文 17 篇，专著 2 部；获发明专利 1 项，实用新型专利 3 项；获奖 6 项。

构建"机制改革 + 科技创新"双驱动
打造制造型企业改革样板

中车长江运输设备集团有限公司

一、基本情况

中车长江运输设备集团有限公司（以下简称"中车长江集团"）是中国中车集团有限公司（以下简称"中国中车"）所属的核心子企业，是中国中车推动业务重组、持续深化改革的先行者和试验田，也是全球重要的铁路运输装备、新兴物流装备及关键零部件研发、制造、修理、销售与服务企业，铁路货车产品涵盖铁路敞、平、棚、罐、漏斗车、铁路货车配件等 12 大系列。中车长江集团旗下拥有一级子公司 7 家、分公司 1 家、二级子公司 14 家；在岗员工 16 498 人；拥有国家认定企业技术中心 3 个，国家级博士后科研工作站 2 个，交通运输行业研发中心 1 个，省部级研发机构 8 个，国家认可 CNAS 实验室 4 个；已通过 ISO、IRIS、AAR、EN15085等国内外主要体系认证，有效发明专利 600 余件，提供的产品和服务已经遍布全球 50 多个国家和地区。

中车长江集团认真贯彻落实习近平总书记三次视察中国中车的重要指示精神，以"科改示范行动"为契机，推动市场化经营机制改革与提升自主创新能力有机融合，持续激发活力，产业转型升级取得明显成效，党的领导和党的建设进一步加强。2020年克服新冠肺炎疫情导致第一季度停产的不利影响，全年实现营业收入122亿元、净利润3.2亿元，全面完成经营目标；中标签约阿联酋二期铁路货车项目和维保项目，合同总金额达3.47亿美元，刷新了中国铁路货车装备制造业史上海外最大单笔签约纪录，引起海内外媒体的高度关注，极大地提升了公司海外品牌影响力。

二、主要做法

（一）优化创新体制，改革评价体系

一是科技研发队伍市场化。实施"科改示范行动"前，中车长江集团科技研发机构由车辆研究所、工艺所、信息化所等7个研究所组成，科研资源分散、创新效率不高；实施"科改示范行动"后，中车长江集团整合科技研发资源，成立科技开发分公司，对内以合同形式对各成员企业进行成果转化，对外提供技术咨询、试验和检测等服务。通过对研发资源的优化配置，研发出40英尺（1英尺＝0.3048米）LNG国标罐箱、新型机械冷藏车、新能源箱等一系列代表国内国际行业先进水平的科技成果。在2020年科研立项中，将400余项初报项目合并为96项，有效避免重复研发。

二是构建一体化精益研发平台。中车长江集团重点针对产品模块化设计水平低、各成员企业研发数据管理完整性和系统性不够等突出问题，按照"技术集中研究，产品联合设计，能力共建共享"的思路，通过实施"打通—拓能—扩容"的三步走策略，开展一体化精益研发平台建设工作，规范统一研发数据的代码和格式，目前中车长江集团已创建1582种各级标准件、1.5万个标准件实例、252件客通件、338件货通件、900余件企业通用件，初步打通了数据"孤岛"，完成了型谱建设，在科技开发分公司投入试运行，设计效率提升20%以上，为各子系统建设及实现研发高效

协同打下坚实的基础。

三是改革科研创新评价体系。针对科研创新成果转化不足、科技创新效率不高的突出问题，为改变科技创新评价导向，中车长江集团确立了基于"科改示范企业"的技术评价原则，明确转化要求的数量和效率，采用定量和定性相结合的方式，设立创新资源、创新能力、创新绩效、创新管理、科技激励 4 个一级指标、18 个二级指标及若干评价项点，其中创新绩效权重达 60%，充分调动科技人员的积极性，2020 年共计完成科技成果产业化转化 7 项，高新技术产品（服务）占比超过 70%。

（二）深化机制改革，激发发展活力

一是推行职业经理人制度。在实施"科改示范行动"前，新兴产业项目团队的负责人多在总部中层干部中进行选拔，绩效考核体系比照总部部门执行，内生动力明显不足。2018 年，新兴物流装备产业收入 29.7 亿元，营业收入占比仅为 19%。实施"科改示范行动"后，首先在新兴产业项目团队进行全社会公开招聘职业经理人 3 名，薪酬总水平按照"业绩与薪酬双对标"原则，以高于公司同层级领导干部 3 倍年薪，通过"阶段目标＋阶段评价＋阶段考核＋退出硬约束"的契约，规范职业经理人管理。新兴产业团队活力明显增强，2020 年新兴产业收入占比较 2019 年增加 13 个百分点。

二是实施以项目为主体的授权放权。中车长江集团根据新兴产业项目所处阶段，对项目团队实施差异化授权放权，赋予项目团队在中长期规划、团队组建、考核分配等 16 项决策自主权，同时建立以责任管理为核心的信息化系统，做到授权与监管相结合。2020 年有 2 个新兴产业公司提前半年完成产业化目标，效率显著提升。

三是强化激励并鼓励拉开差距。中车长江集团围绕承担重大科技研发项目的 10 个创新协同团队，以各项目团队签订的《项目计划实施责任书》

为基础，按超年度经营利润预算目标的阶梯累进制给予项目实施主体提成奖励，超目标利润 1 000 万元以下部分按照 20% 计提，超过 1 000 万元部分按照 15% 计提。目前已累计奖励 16 人次，总计奖励金额超 200 万元，其中项目团队负责人的绩效最高者与最低者差距达到 3.2 倍，有效提高了项目团队的积极性。

（三）强化科研创新，凸显价值创造

一是聚焦解决多种运输方式联运行业痛点。随着港口货物吞吐量尤其是海铁联运集装箱量快速增长，集疏运压力日益增加，中车长江集团于 2019 年开始技术攻关，创新性提出了智能空轨集疏运系统。2020 年 11 月，全球首创的智能空轨集疏运系统正式落地青岛港前湾港区。该系统通过空中轨道实现集装箱在各集散中心之间的互联互通，可实现港口、陆路、铁路集装箱联运"零换乘"，彻底解决传统地面车辆运输造成的港城拥堵、运输效率低、环境污染等问题，将减少占地面积约 70%，降低运营成本约 40%，提高运输效率 50% 以上。

二是聚焦发挥一线创新团队首创精神。随着和谐型电力机车陆续进入 C6 修程，面对高压电缆总成检修技术难度大、危险性高、成本居高不下的行业难点，中车长江集团"25kV 和谐机车及动车类高压电缆总成预防性试验研究"项目攻关团队应运而生，通过建立高压工作室，培养以一线科技人才和车间高技能人才为主的团队，大力实施科研立项改革，在立项程序、经费使用和技术路线选择等方面拥有较大自主权。项目团队的创新成果填补了行业空白并在中国铁道科学研究院机车车辆大修规程管理研究室编写的《机车车辆维修》杂志上全文分批刊登，制定修程修制的标准，按 2020 年计划检修和谐机车数量计算，利旧价值将超过 800 万元。

三是聚焦数字化、网络化、智能化升级。中车长江集团所属贵阳公司作为国内最大的铁路货车检修基地之一，面对场地狭小的不利因素，通过

工艺装备改进提升、生产管理数字化、生产质量数字化、异常响应信息化等一系列改革措施，提供生产监控、协同制造、数据分析等一站式的解决方案，自主研发的"铁路货车造修智慧管理 App 应用解决方案"获得工业和信息化部"工业互联网 App 优秀解决方案""轨道交通行业两化融合创新实践优秀案例"，平均在修周期相对改革前缩短 20%，平均异常响应时间由 2017 年的 29.78 分钟缩减至 2020 年的 7.62 分钟，生产效率显著提升。

三、改革创新成效

一是产业结构进一步优化。长期以来，中车长江集团的传统铁路运输装备收入占比处于80%以上，一旦市场份额下滑，经营指标将受到严重影响。2020 年，实施"科改示范行动"后，创新动能得到激发，产业化转化效率提升明显，新兴业务板块克服新冠肺炎疫情的不利影响，营业收入达 43.5 亿元，营业收入占比达 36%，规模集群效应不断显现，支柱性新兴产业集群达到 2 个，抵御市场波动的能力进一步增强。

二是行业话语权进一步提升。中车长江集团依托新兴物流装备产业项目，承担 4 个国家级重大科研专项，2020 年共参与 3 项国家标准的制修订、主持 1 项能源行业标准和 2 项铁路行业标准的制定，分别被交通运输部和湖北省发展改革委认定为"现代物流技术及装备交通运输行业研发中心""多式联运湖北省工程研究中心"，先后获得智能物流技术装备技术革新奖、物流技术装备行业知名品牌等多个行业荣誉，行业话语权得到提升。

三是公司治理进一步完善。中车长江集团坚持把"两个一以贯之"贯彻到企业改革发展全过程，按照"政治性、合规性、高效性"原则完善党委前置事项清单，充分体现企业党组织在法人治理结构中的法定地位和功能，发挥"把方向、管大局、保落实"的政治核心和领导核心作用；改革前中车长江集团本部及各成员企业董事会成员均为内部高管担任，改革后中车长江集团本部及所属 8 家一级子公司董事会结构均进行了调整，外部董事人数全部超过了本单位的董事人数；按照不在本企业任职的原则，选拔 4 名副总经理、财务总监分别进行交流；对《"三重一大"决策流程表》30 多项具体条款进行了修订完善，明确决策主体、规范决策内容、优化决策流程、完善权责清单，使得各治理主体权责边界更加清晰，提升了公司的治理能力。

四是产业链建设进一步健全。中车长江集团充分发挥自身在铁路货车行业的"链长"作用，推进核心零部件国产化替代，国产化率超过 97%；通过整合供应端资源，紧固连接系统、减震系统、制动机系统等铁路货车行业核心配件领域取得重大技术突破和赢得市场信任，培育形成了"小巨人"企业和"隐形冠军"各 1 个；轮对、车轴、轮轴钩舌、钩尾框等配件远销澳大利亚、南美洲、中东等国家和地区，2020 年配件业务为公司创造了 3.2 亿元海外收入。

51

改革激发新活力 创新提升硬实力
数字化技术应用助力企业高质量发展

中车唐山机车车辆有限公司

一、基本情况

中车唐山机车车辆有限公司（以下简称"中车唐山公司"）始建于 1881 年，是中国中车股份有限公司的核心子企业，历经百年创新发展，成为集高速动车组、城际/市域动车组、磁悬浮列车、地铁车辆、普通客车等全系列先进轨道交通产品的研发、制造及服务提供商，形成了"一总部、三基地、全系列产品"的发展格局。中车唐山公司认真贯彻落实习近平总书记视察中车重要指示精神，以绿色、智能、人文一体化轨道交通服务型制造方案提供商为愿景，以"科改示范行动"为契机，践行新发展理念，大力推进数字化、网络化、智能化转型升级，系统提升研发、制造、服务全价值链数字化管控能力，促进公司高质量发展。"十三五"期间，中车唐山公司两化融合指数提高 14.29%，研发投入强度提高 20.72%，核心人才数量提高 337.61%，企业拥有发明专利数量提高 222.33%，创新能力显著提升，科研实力不断增强，人才队伍不断壮大，数字化成果初见成效。

二、主要做法

中车唐山公司坚持走高质量发展道路，统筹谋划，在完善公司治理机制、深化三项制度改革、科技成果转化、数字化技术应用等方面多措并举，以科技创新及管理创新促发展、提能力、创效益。

（一）完善公司治理机制，统筹谋划改革工作

一是厘清各治理主体权责边界，构建"权责对等、运行高效"的现代企业法人治理结构。中车唐山公司坚持"两个一以贯之"，科学界定党委会、董事会、经理层在公司治理中的职责权限，清晰定义各项权责清单，切实提升科学决策水平；修订完善《党委会管理办法》《"三重一大"决策制度管理办法》等，严格落实党组织研究讨论重大问题作为董事长、经理层决策的前置程序要求；引入外部董事，加强董事会专门委员会建设，构建董事会"1个章程、2个支撑平台、2个清单、1本计划"的行权保障体系，建立外部董事工作机制，开发董事会决议督办系统平台，为董事会规范运行、科学决策提供专业支撑；实施全生命周期项目经理负责制，将重点项目的组阁权、奖励分配权、技术方案决定权、部分采购决策权等充分授权至项目经理。

二是统一改革行动工作目标，形成一套可复制、可推广的管理模式。中车唐山公司清晰识别企业当前、长远发展需求以及政策要求，深度剖析统筹对标世界一流管理提升行动、科改示范行动、改革三年行动、数字化工作计划，搭建改革三年管理提升"1 + N + 1"体系（1本台账、N套方案、1个结果），形成目标明确、条理清晰、资源聚焦的工作计划，确保各项改革任务按期取得实效，既解决当期生产经营关键问题，又满足长远转型布局需求。

三是搭建改革管理平台，推动改革举措落地。中车唐山公司搭建 PMP

项目管理平台,设定改革任务定性和定量指标,搭建高层、部门、车间三级指标管理平台,为各级管理者提供实时管理数据,实现改革任务的可视、可控、可分析,确保改革任务有计划、有目标、有成效,同时可实施、可复制、可推广。

(二)深化三项制度改革,强化激励约束机制

一是破除"能进不能出"。中车唐山公司按照"市场化竞聘、指标化管理、差异化薪酬、市场化退出"原则,加快推动市场化选聘和契约化管理,打造高素质人才队伍;制定《市场化公开招聘工作方案》,2021年首次面向社会公开招聘2名海外销售职业经理人,以市场化选聘方式突破传统干部选拔方式,激发人才活力,提升人才的职业化程度,实施职业经理人制度迈出坚实一步。

二是破除"能上不能下"。中车唐山公司发布《中层管理人员"两制一契"管理办法》,全面实施"两制一契"工作,建立健全与"两制一契"管理相契合的中层管理人员年度考核指标体系,组织274名中层管理人员签订了《年度目标责任书》和《聘任协议书(或任职承诺书)》,明确任期职责与目标,根据绩效考核结果兑现薪酬与奖励,对完成经营目标团队给予奖励,对未完成的实施诫勉谈话、解聘等机制,充分发挥管理层的积极性和能动性。

三是破除"能增不能减"。中车唐山公司深化内部薪酬分配制度改革,运用"增量绩效"的理念梳理绩效考核指标和考核维度,运用"增值薪酬"的薪酬结构优化方法,引导员工创造价值、产生效益,合理拉开薪酬差距,将绩效优劣与员工薪酬紧密挂钩,体现出员工因表现不同绩效考核结果以及个人薪酬具有差异性,充分提升了员工的内生动力,同一层级的中层管理人员月度薪酬绝对差值达到25%,年度薪酬绝对差异值达30%。

（三）推进科技成果转化，强化数字化技术应用

一是持续加大科研投入，勇闯科技创新无人区。中车唐山公司紧扣"协同、补短、提质"三大主题，坚持自主创新与集成创新相结合，研发投入强度稳步增长，2020年达7.7%，较2019年提升2.2个百分点，较2018年提升3.07个百分点；统筹内外部创新资源，建设产、学、研、用一体化协调创新机制，充分激活内部存量科技资源，在中国中车集团有限公司统筹下，不断推陈出新，满足轨道交通装备便捷化、智能化的市场发展需求，推进中车唐山公司由生产型向技术驱动型转变，全方位实现技术对公司高质量发展的支撑作用。

二是完善科技创新激励机制，推进科技成果转化进程。中车唐山公司制定《科技成果转化管理办法》，导向科技成果应用和转化效益，聚焦直接转化并能够市场化定价的科技成果，明确科技成果转化的认定范围和实施方式，在"增量"上确定科技人员收益，将"知本"转化为"资本"，激发科技人员积极性和创造性。

三是加强数字化技术全面应用，打造数字化标杆企业。中车唐山公司制定数据标准规范，基于产品构型实现产品全生命周期质量履历、成本数据等标准化业务流程及数据的贯通，建立面向产品全生命周期管理的数字化技术应用平台；承担国家重点研发计划项目"轨道交通装备定制生产的网络协同制造集成技术研究与示范应用"，打造轨道交通行业数字化的网络协同开发及制造能力，提升资源配置效率及智能决策与预测水平。

三、改革创新成效

一是治理机制更加完善。中车唐山公司2020年引入4名战略、市场、投资等领域的专家作为外部董事，实现外部董事占多数，在董事会下设战略与投资、薪酬与考核等4个专门委员会，形成了定位清晰、运转协调、

制衡有效的法人治理结构,充分发挥了党委把方向、管大局、保落实的作用,提升了董事会定战略、做决策、防风险的能力,调动了经理层谋经营、抓落实、强管理的积极性;2019—2021年共召开17次董事会会议,审议通过39项议案;发布《风险管理规定》,明确战略、市场、运营、财务、法律5类风险主管部门,规范风险信息收集、评估、策略等内容,确保风险分类框架的全面性。

二是"人才增量"全面向"人才增质"转变。中车唐山公司基于数字化企业推进带来的人员红利,技术、管理、操作、辅助4支队伍比例不断调整,总体结构逐步向好。"十三五"期间,技术人员增长5.77%,一般管理人员减少1.97%,辅助人员减少12.61%,操作人员增长2.50%;员工学历层次整体提高,经营管理人员本科及以上学历占比达80%,工程技术人员本科及以上学历占比达88%,其中硕士占比为35%,技能操作人员高技能人才占比为85%;以专业为导向,高层次人才培养成果不断显现,现有国务院政府特殊津贴专家16人、茅以升铁道工程师奖5人、河北省省管专家2人、河北省政府特殊津贴专家3人。

三是创新激励作用逐步显现。2020年中车唐山公司为推动企业数字化转型升级工作,按照阶段成果奖励数字化技术、数字化制造、数字化经营等项目团队共计370万元;对科技项目单项奖励额度提高至375万元,其中80%分阶段由项目经理分配,并从设计费中提取10%用于奖励技术体系基础管理提升,提升了项目经理管控力度以及对基础管理的重视程度,产品成果日益丰硕,数字化转型日趋成熟。

四是科技创新成果不断涌现。中车唐山公司建成国际领先、行业一流的企业级协同平台,覆盖研发、工艺、质量、运维全业务体系,能够支持200人规模大型单个项目线上实时协同设计,实现协同研发与数据共享;建立了正向研发体系、多学科的仿真分析平台和试验平台,实现设计数据、仿真数据与试验数据的相互迭代优化，仿真精度提升 13%，试验周期缩短 20%，开发周期缩短 18%；陆续开发出无人驾驶新一代智能地铁、350 公里高速货运动车组、时速 400 公里跨国互联互通高速动车组、城际动车组、160 公里新型中低速磁浮等新产品，在城际、市域、货运、磁浮等市场竞争力明显增强；依托国家"十三五"重点研发计划项目，自主创新研制的世界首列时速 350 公里高速货运动车组于 2020 年 12 月 23 日下线，为全球智慧商贸流通体系发展打造了新的"中国名片"；轨道车辆绿色智能与安全国家地方联合工程研究中心获得国家发展和改革委员会批复，省级以上创新机构已拓展至 13 个。

五是数字化技术应用取得阶段性成效。中车唐山公司通过数字化技术应用，完成产品全生命周期履历服务平台、全生命周期成本 LCC 平台、RAMS 分析平台建设，扩展了产品健康管理应用范围；搭建人机料法环测标准化技能数据 1 219 条、工装工具及设备数据 2 373 条、标准工序库 1 101 条；产品模块化率提升 20%，产品研发周期平均压缩 15%，制造周期提升 20%，质量不良品率降低 17%；通过"高速车车体制造新模式"项目实施，数字化技术现场支持作用的发挥，高速车车体生产效率提高 23.6%，运营成本降低 20.8%，产品研制周期缩短 32.8%；行业内首家引进打磨机器人、检测机器人以及自适应侧墙曲线工装改造高速动车组车体大部件生产线，铝合金车体制造效率整体提升 20% 以上，成为国内唯一一家车体智能制造试点示范工厂。

52

强化科技创新支撑　巩固市场经营保障
以"科改示范行动"塑造行业领军企业典范

卡斯柯信号有限公司

一、基本情况

卡斯柯信号有限公司（以下简称"卡斯柯"）成立于 1986 年 3 月，是由中国铁路通信信号股份有限公司（以下简称"中国通号"）控股、法国阿尔斯通有限公司（以下简称"阿尔斯通"）参股成立的中国铁路行业第一家中外合资企业，中国通号持股 51%，阿尔斯通持股 49%。卡斯柯专注于中国轨道交通列车运行控制系统行业技术发展，业务覆盖国家铁路、城市轨道交通、城际铁路、有轨电车等轨道交通各个领域，铁路产品遍布全国 18 个铁路局，地铁 CBTC 列控系统开通里程超过 2 118 公里，是全球第一家城轨列控系统运营里程超 2 000 公里的企业。公司拥有国家技术创新示范企业、国家知识产权示范企业、国家级企业技术中心等多个国家级资质，是工业和信息化部认定的首批"国家服务型制造示范企业"和"两化融合管理体系贯标工作试点企业"，是首批通过全国信息系统建设和服务能力最高等级（CS4）认证的 61 家企业之一，同时也是"中国软件和信息技术服务综合竞争力百强企业"。截至 2020 年年底，公司在岗职工 1 990 人，其中硕士及以上学历 843 人，占比达 42.4%。

二、主要做法

卡斯柯坚持不懈探索独具特色的国有控股中外合资企业发展模式，入选"科改示范企业"以来，再次吹响新发展阶段改革号角，在中外股东有力支持下，以"国企改革三年行动"为抓手，全面深化市场化经营机制，构建更加开放高效的科技创新体系，深度激发组织动能和活力，持续提升公司创新发展实力。

（一）完善法人治理结构，实现"管控模式差异化"

一是探索有别于全资母子公司的中外合资企业管控模式。中国通号坚持对合资企业卡斯柯实施差异化管控，与外方股东阿尔斯通一起立足卡斯柯长期可持续发展，给予卡斯柯足够利润留存和自主权限等支持。双方股东不对职权以外的事项进行干预，鼓励卡斯柯建立"投资决策有限自主化、人事决策分级自主化、生产经营决策完全自主化"既有分权、又有监督的市场化管控模式，推动企业实现"自主经营、自负盈亏"。

二是坚持现代企业制度改革方向。双方股东为卡斯柯构建了较为完善的现代企业法人治理结构，董事会健全完善，议事规则等配套制度齐备，职权划分清晰，董事会决策"完全市场化""去行政化"。董事会与经理层主体责任明晰、不相互替代，以信任和授权为原则，董事会支持经营层充分行使经营自主权，发挥经营管理作用，经理层在董事会授权范围内执行董事会各项决定、组织日常经营管理工作。

三是牢牢把握党对国有企业的领导这一重大政治原则。中国通号积极探索中外合资企业党建工作新模式。针对与传统国企存在的客观差异，按照"相互尊重、相互理解、相互包容"的原则与外方股东进行有效沟通，使外方股东逐渐由不了解转变为理解、由犹豫转变为接受、由观望转变为信任和支持，推动卡斯柯党建工作进章程，走在合资企业前列。尤其通过发挥党组织在关键技术攻关、重大工程实施等方面的坚强堡垒作用和党员干部的先锋模范作用，卡斯柯经济发展状况逐年向好。2020 年营业收入较 2016 年增长 53%，利润总额较 2016 年增长 87%，使外方股东更加看到了中国国有企业党组织的力量与作用。

（二）健全人才管理机制，实现"用人激励市场化"

一是大力推行经理层成员任期制和契约化管理。卡斯柯加快规范对经营管理人员实施的"一对一"契约考核，与全部 15 位中层以上领导人员签订岗位聘任协议以及任期和年度经营业绩责任书，按照约定严格考核、实施聘任或解聘、兑现薪酬，强化对经理层成员的激励约束，市场化选人用人机制建设走在国企前列；探索在本级和二级企业经理层实施职业经理人制度，进一步提高经理层成员创新创业意识，释放经营活力。

二是以市场化的手段实现市场化用工。除极少数董监高人员由股东推荐外，卡斯柯所有人员劳动关系均以市场聘用为基础，建立人力资源动态规划模式，将用工总量与经营效益挂钩，实现人才资源利用社会化；推行管理人员竞争上岗，明确责任制和竞争机制，实施末等调整和不胜任退出，2020 年选拔 9 人进入管理团队，调整 2 人退出管理序列；推行技术管理双轨化通道，技术骨干与管理人员严格实行对等级别、对等待遇，建立能力和绩效综合评价体系，形成晋升和淘汰机制，近 3 年管理和技术骨干团队进入人员 264 人，退出 107 人。

三是健全完善市场化薪酬分配机制。卡斯柯建立以价值评估为基础的岗位序列，形成不同类型、层级岗位横向和纵向可衡量的薪酬体系，一岗一薪、易岗易薪；全面推行基于目标管理的全员绩效考核制度，实施"薪效联动"机制，整体薪酬与企业预算完成情况直接挂钩，个人薪酬与绩效考核结果直接挂钩，差异化支付薪酬，同职级员工之间考核后薪酬调整幅度最大达到 50%，彻底打破"大锅饭""论资排辈分奖金"问题。

（三）坚持创新驱动发展，实现"技术发展自主化"

一是始终把科技自主创新作为立身之本。卡斯柯深刻认识到"核心技术是买不来的、学不来的"，将技术发展路线由"引进消化吸收再创新"调整为"自立自强自主"的"三自"方针，坚持技术国产化和品牌自主化，每年研发投入强度10%以上，核心主业和基础性前瞻性技术研究投入不断加大，成功掌握百余项具有完全自主知识产权且与国际先进水平相当的系统技术和产品，重点"卡脖子"关键核心技术攻关取得积极进展；结合国家北斗替代、云计算、5G等技术开展下一代智能列控技术开发，推动国家智慧地铁、智能铁路发展。

二是释放制度机制创新红利激活科技创新动能。卡斯柯持续健全科研开发组织体系，完善科技创新体制机制；建立以产品线商业成功为标志的全生命周期管理体系，优化产品线开发组织模式，实现职能部门与业务线高效协作、并行开发，提高科研效率；积极探索实施符合科技创新需要的中长期激励，研究面向关键科研成果和重要技术人才的岗位分红机制，结合子企业股权多元化实施骨干员工持股，进一步激发骨干人才的创新活力动力。

三是以构建创新生态集群为手段集聚科技创新资源。卡斯柯聚焦国家与行业重大需求，与产业链上下游企事业单位和科研院所联合建立"上海轨道交通无人驾驶列控系统工程技术研究中心"等系列科技创新平台，不断完善院士工作站、博士后科研工作站，以"政、产、学、研、用"模式构建完整产业创新生态集群，强化协同创新，充分发挥科研创新平台作用，加快提升科技成果转化能力。

三、改革创新成效

一是经济效益稳步提升。近年来，卡斯柯生产经营指标连创新高，过去 5 年来新签订单额增长 93%，销售收入增长 83%，利润总额增长 125%，2020 年即使在疫情巨大压力下依然实现营业收入 39.23 亿元、利润 8.12 亿元，净资产收益率始终保持在 40% 以上，成为阿尔斯通在全球投资的众多企业中效益排名居首的合资企业。

二是人力资本有效增值。改革红利赋予了卡斯柯更好的人才吸引力，通过定制化培养和差异化激励等创新人才管理机制，使得一批有想法有潜力的人员得以迅速被发掘并成长起来。目前公司汇聚了一支 556 人的高端研发团队，拥有进站院士 1 人、博士后 2 人、技术带头人 14 人、行业认可的技术专家 58 人，对于推动技术进步、增强企业影响力起到重要作用。

三是技术实力持续领先。卡斯柯作为行业领先的列车运行控制系统解决方案专家，创造了轨道交通历史上多项纪录。自主研发的国铁运输调度集中及指挥系统是全路统一标准，市场占有率超 60%；参与国铁集团核心列车控制系统各产品标准制定，参建 130 多条高铁与客运专线；地铁 CBTC 列控系统已应用于 27 个城市 79 条线路，市场占有率达 30%，居行业之首；系统产品在海外 10 多个国家和地区投入运用；自主研发的列车自主运行系统（TACS）"启骥"成为业内首个商用 TACS 系统，有望带动我国城市轨道交通建设在列控领域从多年奋力追赶到实现最终超越；2020 年一次性成功开通 3 条国际自动化等级最高 GoA4 级全自动无人驾驶线路，代表了目前全球最先进的地铁列控技术水平。

四是党建引领成效凸显。卡斯柯针对合资企业开展党建工作的独特性，积极探索中外合资企业党建工作新模式，改进党建工作方式，不断加强党的组织建设，实现了观念、制度、组织、方法、领导方式的创新，形成党建工作与企业经营共赢的发展格局，进一步推动公司的健康可持续发展。

53

坚持市场导向　聚焦科技创新
推动企业高质量发展

中铁大桥勘测设计院集团有限公司

一、基本情况

中铁大桥勘测设计院集团有限公司（以下简称"中铁大桥院"）是中国中铁股份有限公司所属二级子公司，始建于1950年，由中央人民政府政务院批准成立，现已成为以桥梁设计为特色，集工程咨询、规划、勘测、设计、监理、总承包为一体的国家高新技术企业集团，先后培养了3名中国工程院院士、7名全国工程勘察设计大师、30余名国家级专家。

中铁大桥院始终坚守创新与服务的企业精神，注重桥梁原创性、成套性技术研发与应用，取得了丰硕的科技创新成果，在高速铁路桥、跨海长桥、公铁两用桥、多塔多跨斜拉桥和悬索桥等领域处于世界领先水平。建院以来，中铁大桥院共勘测设计了公路、铁路、市政等大型、特大型桥梁1 000余座，工程项目遍布全国各地及世界10余个国家和地区；荣获23项国家科技进步奖、19项国际桥梁大奖、200余项省部级以上科技奖励；获有效授权专利316项，其中发明专利147项；获计算机软件著作权97项；2008年以来一直被认定为国家高新技术企业。

二、主要做法

（一）坚持创新驱动发展，激发科技创新动能

一是建立以需求为导向的科研选题新机制。中铁大桥院对科技研发进行顶层设计，构建了以"技术领域—研究方向—研究任务"为基本架构的三级科技研发体系，设立了6个技术领域和50余个研究方向，进一步明确企业科技研发的定位，更加聚焦国家重大工程和战略需求；围绕交通强国战略、川藏铁路建设等重大部署，遴选一批未来5～10年有望取得标志性成果的重大工程科研选题，制定创优规划，集聚各类科技资源进行倾斜支持，并建立跟踪管理和动态调整机制，推动重大科技产出不断涌现。

二是打造协同创新创业共同体。中铁大桥院着力构建以企业为主的技术创新体系，寻找高校、科研院所、政府、科技中介等资源，共建了"桥梁绿色建造工程技术研究中心""桥隧防灾减灾工程研究中心""铁水联运技术研发中心""特殊复杂环境下长大桥梁建造技术铁路行业技术研究中心"等研发平台，并与十几家高等院校和科研机构建立了长期稳定的合作关系，加强原始创新和协同创新、基础研究与应用研究融通发展，解决行业短板、痛点技术，在科技创新与产业发展间搭建桥梁。入选"科改示范企业"以来，累计投入产学研经费6 000余万元，开展了20余项科研项目合作，其中承担国家级项目3项，合作开发的多项成果用于国家重点工程，创造了良好的经济效益和社会效益。

三是实施分期分级绩效考评新规则。中铁大桥院探索实行以绩效管理为核心的考核评价制度，实施科研和生产绩效分列，选取代表性试点，建立集团公司对科研团队、科研团队对科研人员的层次有序的绩效考评新机制；按照"每年一评估、三年一考核"的周期进行考评，考评结果与目标校正、动态管理、项目预算等直接挂钩；遵循科研活动周期性的基本规

律，尊重科研创新探索性的本质，让科研人员能够安心大胆探索，原创性科研产出能力明显提升。

（二）优化选人用人体系，强化激励约束机制

一是优化市场化选人用人体系。中铁大桥院健全以岗位职责和任职条件为核心的管理人员职级体系，以综合考核评价为基础的管理人员选拔任用体系，制定《管理人员职级体系和任职条件规定》《领导人员公开选拔和竞争上岗管理办法》，明确了各级管理人员的任职条件，完善了管理人员职业发展通道，并综合运用组织选拔、竞争上岗和公开选聘等多种方式公开、公平、公正地选拔优秀管理人员；完善核心科研骨干人员退休返聘机制，制定《本部退休专家和外部专家聘用管理办法》，支持退休核心科研骨干人员特别是老专家进一步发挥在企业发展和科技进步中的服务和推动作用；实施以全员劳动生产率为中心指标的员工总量管理，制定《员工总量调控管理办法》，建立单位定员与业绩指标相匹配的动态调整机制，推行减员不减预算的激励政策，推进企业组织效率不断提升。

二是推行经理层成员任期制和契约化管理。中铁大桥院综合分析改革的环境与要素，经过审慎决策，开门研究改革，通过外部咨询、对标调研等方式，制定《经理层成员任期制和契约化管理办法》《子公司经理层成员绩效考核管理暂行办法》《子公司经理层成员薪酬管理办法》《聘任协议书》《业绩责任书》等关键制度文件，建立了经理层成员任期制和契约化管理的核心制度体系，给改革工作落地"上保险"。

三是强化市场化激励约束机制。中铁大桥院通过对各分（子）公司、生产单位历年经营数据的收集、测算，制定《全面预算（目标）和业绩考核管理暂行办法》，并修订了与其挂钩的《所属单位工资总额管理办法》，合理确定工资效益联动指标和联动方式，促进各单位转变发展方式；健全"强激励、硬约束"的企业薪酬分配体系，制定《年薪制人员薪酬管理办法》《其他负责人绩效考核办法》，强化"业绩升、薪酬升，业绩降、薪酬降""该高则高、该低则低"的差异化负责人薪酬决定机制；对集团公司直属生产单位岗位分红激励开展调研论证，研究制定分红方案，充分体现收入分配向专业技术骨干人才、经营管理骨干人才倾斜的导向。

（三）加强党的领导，培养弘扬企业文化

一是坚持和加强党的全面领导。中铁大桥院牢牢把握新时代党的建设总要求，始终以"两个维护"为最高政治原则，坚持把党的领导融入公司治理，完善《公司章程》；修订了《党委会议事规则》，把第一议题制度明确列入议事清单，形成了比较完备的党委前置研究讨论制度体系，并拟定"三重一大"决策事项决策流程表，2020 年共有 52 项重大经营管理事项经党委前置研究讨论后，再由董事会或经理层做出决策，充分发挥党委把方向、管大局、保落实的领导作用。

二是培育和弘扬优秀企业文化。中铁大桥院完善与新发展阶段、新发展理念、新发展格局相适应的企业文化建设体系，修订了《企业文化手册》，全力打造符合具有中铁大桥院特色的价值观念；精心策划"桥梁隧道与结构工程创新发展高端论坛"暨建院 70 周年活动，制作百项重点工程画册，编制了《赓续传承》故事文集，制作了《巍巍丰碑》专题片和访谈纪录片，努力打造"中国桥梁建设"新名片。

三、改革创新成效

中铁大桥院入选"科改示范企业"以来，面对复杂的国内外形势，在危机中育新机，于变局中开新局，多项改革举措落地见成效，为实现高质量发展注入新动能，企业规模和效益保持了持续向好的发展态势。

一是企业经济效益增长显著。2020 年，面对新冠肺炎疫情和经济下行的严峻形势，中铁大桥院坚持"以桥为主，多元竞进"的发展战略不动

摇，集团上下群策群力、苦干实干，实现了各业务板块竞相发展，全面完成年度经营目标，新签合同额同比增长 45.06%，营业收入同比增长 15.10%。

二是生产经营质量稳步提升。中铁大桥院在经营布局方面，深入推进区域经营体制机制改革，建立由计划经营部统筹经营、五大区域经营指挥部主体经营、各有关单位协同经营的立体经营格局；海外经营方面，进一步完善海外经营网络，在成熟地区设立境外机构，深入推进市场滚动发展，逐步建立自主开发和策划运作项目的能力；生产管理方面，项目管理系统全面上线运行，对控制项目进度、完善工作流程、提高产品质量等方面均起到了积极作用，标志着中铁大桥院生产管理进入信息化、智能化、标准化新阶段。

三是自主创新动能持续激发。2020 年中铁大桥院科技成果丰硕：21 项成果通过省部级科技成果评价，其中 7 项成果达到国际领先水平；获得国家科技进步奖 1 项，省级科技进步奖 6 项，一级学会科技进步奖 15 项；申请专利 110 项，授权专利 93 项，较 2019 年分别增长 29% 和 66%；主编国家行业标准 2 项；各类科技成果转化率达 95% 以上。

四是人才队伍建设成效明显。2020 年，中铁大桥院 1 人获全国勘察设计工程大师荣誉称号，3 人获国务院特殊津贴专家，1 人获中国中铁特级专家，2 人获中国中铁专家，1 人获省有突出贡献中青年专家，1 人获黄鹤英才专家，1 人获知音人才称号。

54

下好创新先手棋 打好改革攻坚战

中交武汉港湾工程设计研究院有限公司

一、基本情况

中交武汉港湾工程设计研究院有限公司（以下简称"武港院"）成立于 1960 年，是中国交通建设集团有限公司（以下简称"中交集团"）下属三级子公司，由中交集团控股子公司中交第二航务工程局有限公司（以下简称"中交二航局"）全资控股。

自 2008 年起，武港院连续 12 年被评为国家级高新技术企业，拥有水运工程设计甲级、建筑工程设计乙级、特种工程专业承包一级等 10 余项资质。截至 2020 年年底，武港院拥有正式员工 183 人，其中硕士及以上学历占比60.7%（含博士 3 人），高级职称及以上占比 41%（含教授级 11 人）。

2020 年，武港院获批湖北省技术中心，目前还拥有海工结构新材料及维护加固技术湖北省重点实验室平台，全年研发投入约 3 300 万元。近 3年来，武港院获得授权专利 113 项、软件著作权 8 项；主编和参编规范 20余项；承担各类科技研发项目 33 项；获省部级科学技术奖 45 项。

自入选"科改示范企业"以来，武港院在市场化选聘用工、薪酬分配体系改革和完善公司治理等方面进行了一系列积极的探索和实践，抓重点、补短板、强弱项，企业发展活力不断增强，科技人员内生动力不断释放。

二、主要做法

（一）完善公司治理，建设中国特色现代企业制度

一是坚持党的领导加强党的建设，为企业发展强根铸魂。武港院充分落实党委会决策前置要求，明确党组织在公司法人治理结构中的法定地位，把党的领导融入公司治理各个环节。落实党组织研究讨论作为董事会、经理层决策重大问题的前置程序，2020 年召开党委会 18 次，共有 152 项重大经营管理事项经党委前置研究讨论后，再由董事会或经理层做出决策，充分发挥党委把方向、管大局、保落实的领导作用。

二是健全规范董事会，持续完善法人治理。入选"科改示范企业"后，在中交集团和中交二航局的大力支持下，2020 年 9 月武港院完成董事会调整，配备 3 名外部董事，目前公司董事会成员 5 人，其中内部董事 2 人、外部董事 3 人，外部董事占多数，规范健全的董事会为全面落实"科改示范行动"奠定了坚实的基础。

三是变革管控模式，实行放权管理。武港院制定《武港院公司总部部门、一线单位组织机构设置方案》，按照市场化原则，对经理层任命、人员招聘、机构设置实行放权管理。

四是调整业务结构，实现主业更聚焦。武港院原拥有设计咨询、施工技术及检测加固三大板块，下设 9 个一线单位，业务发展不聚焦。2020 年，武港院入选"科改示范企业"后，根据中交二航局"大设计"体系调整改革部署，剥离了检测加固养护、岩土及软基处理和临时工程设计等业务，目前主营业务包括水运设计、工程总承包、智能设备和工程新材料，业务不断向价值链高端聚焦。

（二）深化市场化选人用人机制，激发内生动力活力

一是全面推行经理成员任期制和契约化管理。武港院面向中交二航局

公开招聘，层层选拔总部管理人员，严格试用期和任期制管理；制定《武港院经理层成员任期制和契约化管理实施方案》，通过全体员工大会公开推荐经理层成员；与经理层成员签订聘任协议和目标责任书，并严格按照任期制和契约化进行管理，进一步压实责任担当，充分调动公司经理层的积极性，为提升企业内生动力和市场竞争力夯实了基础。

二是深入推进三项制度改革。武港院研究制定三项制度改革实施方案和配套实施细则，形成"1 + N"制度体系，推动人员管理契约化、考核指标可量化、员工进出常态化、薪酬待遇市场化，真正实现"干部能上能下，员工能进能出，收入能增能减"，为推动武港院高效完成"科改示范行动"改革任务、全面提升科研创新引领能力和外部市场竞争力。

（三）实施创新引领，提升自主创新能力

一是明确设计、材料、装备一体化产业发展模式。经中交集团推荐，武港院提交科创板拟上市企业入库申请，致力于打造建筑央企三级子公司成为吸引社会资本的蓄水池；瞄准国家和行业发展前沿，聚焦重大项目实际需求，紧跟智能化、绿色化施工的转型升级，以关键技术、装备、材料的集成创新为突破点，加大科研投入、优化产业结构，建立以产品研发为核心、市场开发为龙头、项目管理为保障、品牌建设为引领的相互支撑、相互促进的产业发展模式。

二是强化科技领军人才引进培养。根据业务发展需要，武港院采用"一人一策"的弹性引才模式，加大对科技领军人才、高端技术人才的引进力度。2020年，引进高水平技术人才17人，制定《武港院设计研发人才分级实施细则》，搭建管理技术人才晋升晋级双通道，完成240余名技术人员定级工作。

三是推进科研产业化发展。围绕中交二航局"桥品牌"建设，武港院编制材料、设备业务领域产业化发展方案，以实现产研融合创新发展为导

向，搭建以产品研发为核心、以品牌建设为引领、产研融合更加紧密的一体化发展模式，围绕产业链部署创新链，促进创新链、产业链、价值链的"三链融合"，形成"服务主业，聚焦产品，核心技术引领、共享价值创造"的可持续发展模式。

四是做实产品研发部。2020年12月，武港院组建成立产品研发部，制定《产品研发部运行方案》，明确了产品研发部职能、定位及发展目标。通过统筹各类资源要素，高起点、高标准实施好公司重大研发项目，促进成果转化和产业化发展；加大科研成果转化激励，充分调动科研人员积极性；明确"桥塔精细化施工研究"和"混凝土大数据和云工厂服务"两大研究方向，并对这两个科研项目实行"揭榜挂帅"，充分发挥技术人员在创新决策、研发投入和成果转化中的主体作用；推广"研发＋产品＋技术服务"的产业化模式，保障桥梁建造核心技术自主可控、安全可靠。

三、改革创新成效

在推进"科改示范行动"的进程中，武港院党委不断提高政治站位，坚定大局意识，不断增强核心竞争力，持续推动各项改革举措落地，为实现高质量发展注入新的动能。改革后的新武港院实现合同额8.2亿元；完成营业收入4.2亿元，实现利润2 000万元，达到了零事故、零伤害、零污染、零疫情目标。

一是经营质效稳步提升。武港院根据主营业务调整战略，找准经营发力点，经营体系进一步完善，经营质效进一步显现。紧跟国家环保政策指挥棒，承接中央督办的长江干线两座水上洗舱站EPC总承包项目，市场影响力显著提升；坚持技术创新引领新材料产业发展，承接了济南凤凰路黄河大桥UHPC超高性能砼业务，铺装面积超9万平方米，混凝土方量逾1.3万立方米，是国内铺面最大的UHPC桥面铺装项目；开拓大型构件吊装调位业务，承接厦门第二东通道大型构件吊装及调位项目，总吊装重量达 13 万吨，为中交二航局大型预制构件吊装提供有力的技术支撑；取得工程造价咨询、工程测量、建筑工程施工总承包等 4 项资质。

二是科技创新支撑能力不断增强。武港院推进科技创新主导的深化改革不断走深走实，通过搭建科研平台，加强制度建设，开展技术交流，强化科研、设计、技术、质量管理，建立了以市场需求为导向、以推动产业发展为目标的科技创新体系。2020 年，武港院获批湖北省企业技术中心和武汉市技术转移示范机构，成立企业科学技术协会，湖北省重点实验室年度考核获评优秀；海工混凝土耐久性施工技术、超高性能混凝土应用技术等成功应用于多个重点项目，解决了项目施工过程中的关键问题；深度参与深中通道、襄阳东西轴线等重（特）大型项目建设，提供了设计优化、设计管理、方案优化、危大工程实施技术服务、安全监控等全方位的技术服务，在有效控制风险的同时，累计为中交二航局实现降本增效达 1.44 亿元。

三是创新成果实现新高。2020 年，武港院荣获省部级奖 16 项，授权国家专利 83 项，软件著作权 3 项；发表核心以上科技论文 22 篇；"超高性能混凝土及其制备方法和应用"获中国节能环保专利特等奖、中交二航局专利金奖；"一种大跨度多桁拱肋竖转施工方法"获中交集团首届专利奖；"近浅海新型构筑物设计、施工与安全保障关键技术"荣获国家科学技术进步奖二等奖；超高性能混凝土关键制备技术达到国际先进水平，荣获中国水运建设行业协会科学技术二等奖；参与完成的海岛礁连接桥梁工程建造关键技术荣获中国交建科技进步特等奖；主编行业标准《水运工程材料试验规程》并发布施行，行业影响力进一步提升。

在未来的发展中，武港院将继续在完善公司治理体制机制、健全市场化选人用人机制、强化市场化激励约束机制、激发科技创新动能、坚持党的领导、加强党的建设等方面，将改革落到实处，力争打造成为水运设计和新材料、新设备等细分市场具有竞争力的优质服务商。

55

聚焦主业开新局　突破增量谋新机

数据通信科学技术研究所（兴唐通信科技有限公司）

一、基本情况

数据通信科学技术研究所（以下简称"数据所"）隶属于中国信息通信科技集团有限公司，1972 年成立，是我国数据通信技术的先行者。作为我国从事网络信息安全技术研究和产品研制的专业单位，数据所以安全和特色技术为核心，提供产品、解决方案和服务，致力于打造政治可靠、技术过硬、客户满意的一流创新型科技企业，主要业务涵盖网络信息安全理论、算法、芯片、整机、系统、服务全产业链条，所研产品广泛应用于国家重要信息系统、关键信息基础设施及国民经济各行各业，在网络安全领域具有核心技术优势和领先行业地位。

数据所以"科改示范行动"为契机，坚持市场化的改革方向，进一步聚焦主责主业，实现机制创新与科技创新充分融合、相互促进；着力开新局、谋新机，调动干部员工干事创业激情；在增量上实现突破，进而带动存量改革，支撑企业高质量可持续发展。2020 年，数据所全面完成各项经营任务，营业收入首次突破 30 亿元。

二、主要做法

（一）激发科技创新动能

数据所坚持企业高质量发展和政策牵引，持续加大科技攻关，探索科技创新机制。

一是科学布局"三个一代"科研任务。数据所按照"应用一代、研制一代、预研探索一代"总体布局科研任务，科学设计发展指标，年初制定发展指标任务，对各产品线提出要求，年底对各产品线完成情况进行考核，既要完成当前经营业务指标，又要为未来发展提前布局科研任务，保证企业可持续高质量发展。

二是国家战略引领企业科技创新。数据所的使命是服务于国家和社会，保障网络空间安全。数据所积极参与国家专用安全重要领域"十四五"规划和重大项目论证，发挥技术特长，为国家的科技布局提供支撑，把国家需求和企业诉求有机结合，以国家重点科技项目牵引数据所科技布局和研发工作；抓住"十三五"末期重点项目"井喷"机遇，加大科技申报投入，2020 年落实外部科研经费 2.9 亿元，同比增长 383%。

三是积极探索新兴业务发展模式。数据所面向世界科技前沿和行业应用急需，促进供给方和需求方组成利益共同体。2020 年，数据所作为主依托单位，联合 10 余家产业制造和行业应用单位，成功申报先进移动通信应用创新中心，单独设置发展目标、发展规划和考核指标，集聚各方优势资源，战略引进高端人才，联合开展科技创新。通过设立创新中心，在数据所内建立虚拟主体，实现政策倾斜，加快成果转化和应用。

（二）市场化选人用人机制取得积极进展

2020 年，数据所持续完善以合同管理为核心、以岗位管理为基础的市场化用工制度。

一是初步建立了责权利相统一的任期制契约化管理机制。数据所编制了《高级管理人员任期制和契约化管理工作方案》，逐步推进"一人一表"的考核机制；下一步将在中层干部中推动落实，层层传导压力，实现干部的管理契约化、薪酬差异化、退出制度化。

二是专家梯队建设工作迈出坚实的一步。数据所完成了专家体系架构设计、确定了专家与干部的对应关系，以"长师分设、专家分类、能岗匹配"为原则，截至2020年年底，初步形成了107名部门级专家、29名所级及以上专家队伍；激励专家提前进行领域布局和技术储备，主动承担挑战性任务，促进增量任务目标的达成，形成"有为方有位"的竞争氛围。

三是坚持青年科技人才培养。数据所全年招聘应届毕业生185人，同比增长10.1%；对于通过专家组评定识别的优秀人才，对标市场中高分位的薪酬福利予以倾斜；积极推进校企合作，建立首个就业实习基地，为数据所与高校在人才培养、科研项目攻关等方面进一步深化合作奠定了基础。

（三）市场化激励约束机制逐步完善

为打造一流创新型科技企业，数据所逐步完善市场化激励约束机制。

一是完善以部门业绩增量为导向的收入分配机制。数据所强化目标导向与责任落实，截至2020年年底，员工绩效浮动薪酬已占总收入的40%~60%，2021年将通过优化薪酬结构继续引导薪酬分配向"做出贡献的奋斗者"倾斜；以市场和科研为导向，按照市场领域及研制预研各板块分别设立专项奖励，促进市场、研发、生产、管理各部门间的相互支撑与协作。

二是积极研究丰富中长期激励工具箱。自2011年中关村试点阶段至今，数据所已连续实施4期岗位分红激励，经济效益和科研实力实现快速提升。随着企业经营发展需要的变化，数据所在中长期激励体系布局方面持续发力,2020 年底研究编制了《中长期激励论证及框架方案》,梳理评估各类激励工具,为构建多层次、系统化的正向激励体系奠定坚实基础。

三是在工资总额决定机制和单列政策上开展积极探索。2020 年年底,数据所研究编制《工资总额管理办法》《工资总额单列管理办法》,探索由复合指标挂钩的工效决定机制和更具灵活性、市场竞争力的单列政策。

(四)全面加强党的领导和建设

数据所党委坚持用习近平新时代中国特色社会主义思想武装头脑,坚决落实党委把方向、管大局、保落实作用,建立并实施党委"第一议题"制度和内网"第一课堂"机制,修订完善"三重一大"决策制度,细化决策事项台帐;积极推动落实各项具体工作,狠抓政工干部和党员队伍的理论学习,专题研究干部人才队伍建设;持续推进品牌支部建设工作,认真总结归纳创建经验。

三、改革创新成效

一是企业经营效益显著提升。2020 年,数据所一手抓疫情防控,一手抓复工复产,完成"十三五"规划指引确定的目标,承前启后,蓄势"十四五"及更具长远高质量发展;全年实现营业收入 31 亿元,同比增长 18.31%;实现利润总额 6.2 亿元,同比增长 21.76%。一系列的改革措施推动数据所经营规模、效益稳步提升,为其高质量可持续发展奠定了坚实的基础。

二是技术创新能力和市场竞争力进一步加强。经过长期耕耘,数据所科技创新能力和市场竞争力显著提升。数据所在基础理论研究上保持国内领先,专用安全标准算法入选占比达 50%,2019 年开始一直代表我国在 3GPP 推进 ZUC-256 算法的国际标准化,2020 年提出新型量子密钥分发协议,联合创造了 509 公里量子密钥分发距离世界纪录,积极研究区块链、大数据、人工智能等新技术，牵头开展科学技术部"电子货币新算法与新原理研究"等重大项目；业务规模和市场占比位居前列，一批专用安全芯片规模量产，增强自主可控水平，长期体系化保障电子政务安全，是北斗系统专用安全总体单位，引领特殊领域安全移动互联技术和产业发展，信创建设的重要产品提供者和安全服务提供者；2020 年荣获国家科技进步二等奖 1 项，省部级科技进步一等奖 2 项、二等奖 2 项、三等奖 3 项。

三是服务国家战略勇担社会责任。2020 年，数据所积极投入疫情防控工作，是党中央指挥部署疫情防控工作视频会议主要技术支撑力量，为某部提供疫情移动办公任务保障系统，为定点医院提供防疫应急设备上线及保障，为多个疫情相关防控部门提供装备、调测及现场保障，多个用户利用高清视频会议系统或相关设备成功召开了百余次视频会议，为抗击疫情保驾护航，实现政治属性与经济属性双轮驱动，树立了良好的央企社会形象，充分践行国家队、主力军的使命担当。

四是持续夯实党建引领作用。数据所通过发布《数据所落实"三个区分开来"重要思想 建立容错纠错机制的实施办法（试行）》，鼓励科研人员不畏挫折、大胆创新、勇于试错，2020 年积极申报竞标项目 137 个，同比增长 120%；品牌支部建设方面，通过"凌云""天健""天山"等品牌支部的建设，打造出多支"能战斗、勇创新、敢攻关"的科研攻坚团队，推动了多个项目任务工作取得阶段性成果，受到用户单位的好评。

56

强化自主创新能力　加速企业转型发展

大唐联诚信息系统技术有限公司

一、基本情况

大唐联诚信息系统技术有限公司（以下简称"大唐联诚"）成立于 2008 年 12 月，是国务院国有资产监督管理委员会所属的大型高科技央企中国信息通信科技集团有限公司（以下简称"中国信科"）的核心企业，专注于专用移动通信系统、专用宽带电台以及宽带移动安全应用系统三大业务方向，建立了完整的科研生产保障体系。近年来，公司研制的系列科技创新先进信息通信装备，受到客户的高度肯定、大力支持。

大唐联诚自成立以来，深入发展自主研发核心技术的国家战略，紧密围绕核心业务和网络信息系统迫切发展需求，依托 3G、4G 和 5G 核心关键技术和产业优势，通过原始创新、应用创新和集成创新并举的方式，研发先进的自主信息通信核心技术和适用装备，取得了较好的效益和发展前景。

2020 年，大唐联诚以"科改示范行动"为契机，在全面深化改革方针的指引下，突破前面几年的发展瓶颈，扭亏为盈，营业收入达到 52 574 万元，为历史最高，同时也是公司历史上第一次净利润和净现金流均为正值。

二、主要做法

（一）强化战略引领，聚焦核心产品市场，围绕核心能力开展创新布局

一是开展战略聚焦、提质增效工作。大唐联诚在"十三五"中期遭遇发展瓶颈，面临业务分散、业务布局脱离公司核心技术基础、重点产品资源投入不聚焦等问题。大唐联诚认真研究党的十九大和十九届二中、三中、四中全会精神，结合高标准、高质量的产业发展要求，启动"瘦身健体、提质增效"管理优化工作：逐步收缩、关闭非核心的民口、公安的小单定制类、系统集成类业务，不再新导入非军业务；把握新一代信息技术革命和产业革命的历史机遇，面向网络信息系统重大发展需求，确定三大主营业务方向，以自有产品和核心技术为依托，全面发力。经过以上结构性调整，大唐联诚于 2019 年扭亏，在 2020 年从"求生存"转向"可持续发展"的新阶段，迈上发展新台阶。

二是积极进行经营发展顶层设计，科学谋划"十四五"发展规划。大唐联诚于 2020 年新发布的"十四五"战略规划，明确将公司定位为提供无线通信系统解决方案和自主可控重点装备的创新型军民融合高科技企业，将"科技赋能、人才聚能、激励增能"做为"十四五"战略发展规划的着力点，以国家"十四五"重大项目争取为牵引，立足自主可控、立足自主创新，重点提升通信装备质量和自主化水平，加速推进 5G 技术以及下一代战术通信装备的产品开发及应用。2020 年大唐联诚获取多项"十四五"重大专项，为公司下一代主打装备型研发产品奠定良好的基础。

三是构建自主创新以及融合创新发展体系，激发科技创新动能。大唐联诚在集团内推动产业协同，成立 5G 军事化研究中心，推进公司 5G 应用布局；与多所高校建立技术合作关系，尝试构建新型技术创新战略合作联合体，探索融合创新途径。

四是着力开拓自主核心产品市场。"瘦身健体"后，大唐联诚聚焦以专用移动通信系统、宽带移动安全应用系统等自主核心产品，不断开拓在各种细分市场的建设与应用渗透，提高市场占有率，形成品牌效应；强化自主核心产品的资源投资效率和产出效益，提升自有核心产品销售比重，到2020年年底，公司自有产品销售收入占比已经从2017年不足40%提升到了90%以上；以市场为导向，淘汰低利润非主流业务，加强综合整治，降本增效，提高产品毛利率和盈利能力，促进企业经营业绩持续增长。

（二）引入战略投资，实行包括核心员工持股的股权多元化改革，优化公司治理结构

一是引入战略投资人。在"科改示范行动"方案中，大唐联诚确定进行股权多元化改革，希望寻找能够和公司形成产业协同的产业投资者，巩固和优化产业布局；通过引入财务型投资者，解决经营发展过程中的资金问题；完成第一轮投资人增资及员工持股工作，完成股东会、董事会、监事会的初建工作，制定了规范的职权和议事规则，公司的现代企业制度更加健全。

二是实行包括核心员工持股的股权多元化改革。大唐联诚在引入战略投资人的同时，同步开展和探索实施管理层和员工持股，相关工作正在有序推进，预计2021年上半年完成。在这个过程中，企业组织活力被激发，员工积极性得以发挥，内驱动力得以释放。

（三）推进管理层与员工契约化管理，健全市场化选人用人机制

一是结合"瘦身健体"工作要求，优化和推进部分员工退出工作。大唐联诚在"瘦身健体、提质增效"的工作过程中，公司部分人才队伍和公司业务发展不匹配，亟须进行员工队伍的结构性调整。在这个过程中，公司通过集团内部公司间的人才推荐、公司内部员工退出指导等各种手段，完成了100多名员工（占研发团队规模的1/3）的有序退出工作，即保证了公司业务调整的有效性，也兼顾了员工个人的发展诉求。

二是推行任期制与契约化管理。大唐联诚建立以公平公正、竞争择优为基本特征的干部选用机制，进一步细化经理层责任、权利及义务，严格任期管理和目标考核，建立干部竞聘、年度述职等工作机制，激发干部队伍活力，2020年工作竞聘，未续聘干部13人，让干部"能上能下"的口号真正落到实处；内部培养和外部引进相结合，合理增加市场化选聘比例，2020年引入多名高级技术专家，解决公司部分领域缺少专业带头人的局面；经理层成员以及中层干部签订《聘任责任书》和《业绩责任书》，一人双书制，助力公司依法依规与各级干部建立契约关系，明确任期、岗位职责、权利义务、业绩目标、薪酬待遇、退出规定、责任追究等内容。

三是强化岗位体系标准化建设。根据业务发展需求，大唐联诚梳理适应公司发展的标准化职位体系；在优化组织架构和梳理业务流程的基础上，以建立"专业"与"管理"两大序列的岗位体系标准化为重点，明确岗位职责、细化岗位任职要求，岗位设置不得随意增设和调整，更不得因人设岗、因人调岗，员工需严格按照任职资格和业绩表现逐级晋升、竞争上岗。

（四）强化中长期激励手段，引进并培养多梯队人才队伍，激发人才活力

一是明确薪酬策略，理顺各类人员收入分配关系。基于公司实际经营水平及业务发展需求，大唐联诚贯彻"总体跟随、局部领跑"薪酬策略，优化薪酬体系设计，建立薪酬水平市场价位对标机制，对核心关键技术岗位和管理岗位，保证薪酬竞争力，确保关键岗位对人才的吸引力；修订薪酬绩效制度，定期进行市场对标分析，结合公司持续向好的经营业绩，进行员工薪酬及绩效的动态调整，确保员工绩效与企业效益、个人绩效紧密挂钩。

二是强化工效联动，逐步优化工资总额管理机制。大唐联诚通过申请授权，实施工资总额整户单列、集团备案机制；采取更为灵活的工资总额核定原则，将其与公司经营业绩联动；加强人工成本过程控制，按季度通报各部门工资总额及人工成本执行情况，设立预警机制，严格管控人工成本；定期评估人工成本效率水平等提质增效指标，对标行业先进企业，查找差距、分析原因，采取切实有效的措施提升人工成本效率水平。

三是实施多样化激励机制，激发员工活力。大唐联诚发布《组织绩效考核管理办法》，完善公司组织绩效管理工作；实施股权激励机制，推动骨干员工持股，根据《国有科技型企业股权和分红激励暂行办法》（财资〔2016〕4号），将重要技术人员和核心经营管理人员共计152人作为激励对象，激励股权占比约为5%；针对市场部门，发布《业务包干制绩效激励管理办法》；针对增量业务，发布《增量绩效管理办法》；针对战略性专项，发布《专项绩效激励管理办法》，建立了以结果为导向、以增量业绩为导向、向奋斗者倾斜的绩效激励原则。

（五）强化党建引领，以"三基建设"、惩腐防腐体系建设及容错纠错机制，为改革发展提供政治保障

一是以党的政治建设为统领，保证改革有序推进。在企业的改革发展进程中，大唐联诚增强"四个意识"，坚定"四个自信"，做到"两个维护"；坚持和加强党对企业改革的领导，将党建工作要求列入公司新章程；修订完善公司"三重一大"决策制度实施办法，根据改革进程中的公司治理结构变化情况，变更决策主体并完善议事清单。

二是抓好"三基建设"，打牢企业高质量发展基础。大唐联诚保证企业改革与基层党组织建设同步开展，根据改革发展中公司组织机构的变更，及时开展基层组织新设与换届；组织开展《中国共产党国有企业基层组织工作条例（试行）》专题学习，指导各支部落实好"三会一课"、组织生活会、民主评议党员、谈心谈话等制度，结合企业改革发展实际开展好主题党日活动。

三是推进惩腐防腐体系建设及容错纠错机制建设。大唐联诚在改革发展进程中持续推进"不敢腐、不能腐、不想腐"机制的建立，持续开展学习教育、廉政提醒和落实中央八项规定精神专项检查，让广大党员干部从思想上筑牢防线；出台《大唐联诚落实"三个区分开来"重要思想，建立容错纠错机制的实施办法》，对在推动发展、改革创新过程中出现偏差失误，但不违反法律法规和政策规定、勤勉尽责、未谋取私利的，建立容错纠错机制，激励广大干部勇于担当、迎难而上、积极投入到改革发展中。

三、改革创新成效

一是企业经营效益业绩提升。自 2017 年以来，大唐联诚收入规模连续增长，在经历了连续 3 年亏损后于 2019 年实现了扭亏，2020 年实现营业收入及利润双增长，收入达 52 574 万元，比 2019 年增加 7 328 万元，更是实现公司经营现金流量为正值，彻底解决了长期以来影响公司发展的资金压力大这一历史难题；持续压降"两金"，提高资产运营质量，2020 年年末"两金"占收入比为 88%，比 2019 年降低了 5 个百分点；加强资金管理，积极回笼资金，2020 年经营活动现金流量达 1 757 万元，经营性净现金流自 2016 年以来首次实现由负转正；在战略投资人引入过程中，通过积极推动"债转股"化解财务风险，完成集团 3.16 亿元债权补足出资及债转股项目，2020 年年末资产负债率降至 74%，比年初降低了 47%。

二是施行股权多元化改革，企业内生动力被充分激发。本次股权激励专项的实施，将大唐联诚核心骨干与公司利益实现长期绑定，为激发广大技术和管理人员的积极性和创造性发挥了强有力的作用，同时也必将对高端人才引入打开通道。

三是核心技术货架和核心产品得以快速充实。"十三五"期间，大唐联诚承担并完成了专用 LTE 接入网波形体制的改进设计工作，成为能同时提供基站侧和终端侧专用 LTE 标准波形的核心厂商。在自组网波形上，公司终端自组网波形成为多批次推广试用的主用波形；在硬件平台上，公司将各产品线的硬件平台统一为宽带多通道平台和手持终端 SoC 平台，制定了自主可控平台软硬件架构和关键核心芯片技术演进路径；在终端项目中，依托集团 SDR SoC 芯片优势，牢牢抓住手持终端"小型化、低功耗"需求，完成了自主可控 SoC 芯片硬件平台的开发验证，平台、波形、整机相互助力，攻破传统电台厂家阵营，突破并进入终端和电台领域，该产品填补国内空白，达到国际先进水平。

四是加强党建企业文化建设，提升企业战斗力。大唐联诚坚持党建引领与经营发展深度融合，2020 年召开党委会 27 次讨论"三重一大"事项 39 项，贯彻落实公司"三重一大"制度；加强党支部的战斗堡垒作用，启动"一支部一品牌"案例征集工作，公司第五支部"五星尚匠"品牌已形成雏形；通过惩腐防腐体系建设及容错纠错机制建设，让广大党员干部从思想上筑牢防线，让党员干部"不敢腐、不能腐、不想腐"；通过容错纠错机制的建立，鼓励广大干部勇于担当、迎难而上，积极投入到改革发展的各项工作中。

57

强化科技创新
以"科改示范行动"助力公司转型升级

中国林木种子集团有限公司

一、基本情况

中国林木种子集团有限公司（以下简称"种子公司"）成立于1979年，是中国林业集团有限公司（以下简称"中林集团"）二级子企业，也是我国林草种源行业唯一一家中央企业和首家由国务院国有资产监督管理委员会确定的"科改示范企业"。种子公司设置多元化的股权结构，中林集团持股40%，北京荃茂科技有限公司与青岛建元九九科技有限公司分别持股30%。多年来，种子公司始终植根于种子种苗产业，致力于用科技创新服务于林业和农业生产，现已发展成为集林木种苗生态产业化和农作物种业"育繁推"一体化为特色的改革创新型发展企业。

种子公司主营业务涉及农林种子种苗经营、生态建设、林业资材建材经营三大产业板块。其中，农林种子种苗经营板块立足于国家"十四五"规划及粮食安全、种业安全国家战略，在原有种子种苗、花卉、种球等进出口贸易、种苗培育、苗木营销的业务基础上，加快推进林业、农业种子种苗"育繁推"一体化产业链，林业种子种苗实现"种＋苗＋果"运营模式，农业种子实现"种＋粮"运营模式；生态建设板块以优质林木种苗为切入点，积极开拓国家储备林项目，维护国家木材安全和生态安全。

种子公司拥有近百人的科研团队，与中国科学院、中国农业科学院、中国农业大学和南京农业大学等科研院所、高校展开深度科研合作，2020年科研投入达到 2 151 万元，较上年增长 19.57%。种子公司拥有特色的工程化育种流程，现代育种技术应用水平居国内种业企业前列，如分子育种、转基因性状叠加、基因编辑、表型预测等多项技术与育种深度融合；承担了国家重点研发计划项目任务，是农业农村部玉米工程化育种重点实验室、国家双单倍体技术展示示范单位。

二、主要做法

（一）加强党的领导和党的建设

种子公司在"科改示范行动"中，充分发挥党组织把方向、管大局、保落实的重要作用，坚持"两个一以贯之"，牢牢把握企业改革的正确方向，将党对企业改革发展的领导落到实处，助推种子公司"科改示范行动"顺利进行；将党建工作纳入《公司章程》，完善了《党委议事规则》《"三重一大"决策制度实施办法》《决策事项决策清单》，对决策原则、决策范围、决策程序、实施监督及责任追究等做出明确规定。

（二）完善公司治理机制体制，做好顶层设计

种子公司建立了现代化的企业管理制度，规范了党组织、股东会、董事会和经理层的权责关系，形成权责法定、权责透明、协调运转、有效制衡的法人治理结构。董事会下设的战略委员会制定实施公司长远发展目标和战略规划；审计委员会监督公司有关财务报表披露和内部控制过程；提名和薪酬委员会以管理人员绩效考核和契约化管理为重点，逐级落实经营责任；根据科技型企业特色新设科技创新委员会，负责重大科技项目审查验收、科技奖励评审等工作。同时，种子公司建立完善了董事会向经理层

授权的管理制度，制定《总经理办公会议事规则》，明确了授权原则、管理机制、权限条件，进一步保障经营层的经营自主权。

（三）健全市场化选人用人机制，强化市场化激励约束机制

种子公司持续完善市场化用工机制，坚持以市场为导向，着力健全市场化选人用人机制，实施了新的《人力资源管理制度》和《选人用人管理办法》，规范选人用人工作程序，加强对选人用人工作全过程、多角度的监督管理；对经理层全面实施"任期制契约化"管理，并按照"市场化选聘、契约化管理、差异化薪酬、市场化退出"原则拟定了职业经理人制度，强化业绩目标导向，落实"强激励、硬约束"要求；建立职业经理人考核等级，分为"优秀""称职""基本称职""不称职"4个等级，考核结果作为职业经理人岗位聘任、发放绩效年薪、任期奖惩等的主要依据；建立超额利润分享机制和红线刚性退出机制，支持和保障重大科研任务及经营业绩的完成。

种子公司强化正向激励，以业绩为导向、按劳分配为原则制定《绩效管理办法》《业务奖金管理办法》，通过完善激励机制调动员工的工作积极性。各部门负责人每年年初均签订目标责任书，并将考核指标分解到季度和部门每一位员工，季度结束对部门及员工的绩效完成情况进行考核。同时，为进一步完善激励机制，调动和提高员工的工作积极性，促进经营目标的实现，种子公司制定了业务奖金管理办法，以保障业务奖金可以公正合理地分配给为公司做出贡献的部门工作小组。

（四）激发科技创新动能

一是健全科技创新体制机制。为进一步提升自主创新能力，加快实施种子种苗科研专项工作，种子公司制定并下发《中国林木种子集团有限公司种子种苗科研实施方案》，作为种子公司科技创新引领文件，指导公司本部及下属企业的科研工作。方案就建设"中林种业"研发平台，增强农

林种子种苗研发能力，加快知识产权创造、管理和保护，加大科研经费投入，形成林木种子种苗核心竞争力等方面分别制定了短期和中长期目标，种子公司本部和各子公司每年年初形成年度科技创新工作计划，并签订《科技创新年度目标责任书》。同时，针对"科改示范行动"前存在的科研考核与奖励不匹配、自主研发能力不足、重大科研项目参与度小等问题，公司针对性地制定了《中国林木种子集团有限公司鼓励科技创新实施方案》《中国林木种子集团有限公司科技创新管理办法》等，从管理制度层面为科技创新提供保障。

二是创新研发育种技术，加快产品研发进程。种子公司积极对接国内外知名农林科研院所，重点在经济林树种、园林树种、经济作物、花卉草种及农作物种子等方面开展育种研发工作。目前，种子公司已与南京林业大学、福建省林业科学研究院等科研院所在造林树种的科研育种、经济林品种的引种驯化及关键种植技术等方面展开合作，并与中国农业科学院麻类研究所、黑龙江省农业科学院建立产研合作，共同开展优质工业大麻种子资源的引入和研发。同时，种子公司深度融合现代育种技术，开展技术自主研发，建立了多年多点产量测试和试验数据驱动的品种选择、晋级机制，目前在育种的 DH 技术、分子技术应用等多个方面已处于国内领先水平。

三是以市场需求为导向，创新商业化育种体系建设。针对玉米、水稻等农作物育种需要面向市场的特性，种子公司结合市场主动进行产品线规划，建立本企业产品晋级评价标准和决策机制；明确划分产品线研发阶段，设置阶段性目标，在自交系选育、杂交种选育和高级产品测试阶段建立专人负责制；更新自交系评价体系，增强育种的市场指向性，以品种创新推动种质资源创新；开发信息化研发管理系统，建立了种质资源及数据的信息管理和共享平台。

四是完善科研成果奖励机制，激发人才创新活力。种子公司坚持"育种家是核心，支持育种家，培养育种家"原则，制定并下发了《中国林木种子集团有限公司科技创新奖励办法》，细化科技成果奖励类型，规范奖励申报审批流程。同时各下属企业根据该办法制定了适用于本公司的具体奖励措施，如以新品种审定数量、推广面积、品种转让等为依据，对研发系统中父本选育、母本选育、杂交种组配和支持团队按比例分配奖励，并规定单一品种奖励时效等。

五是加快科技成果转化。根据《中国林木种子集团有限公司科技创新管理办法》，种子公司建立了以企业为研究主体的技术"转化""产业化""工程化"开发模式，充分发掘可产业化的技术，进行工程化应用研究；同时，公司联合中国农业科学院搭建企业化的科改创新主体，提高科技成果转移转化成效。

三、改革创新成效

种子公司自"科改示范行动"以来，各项生产经营有序进行，企业运营质量明显改善。截至 2020 年年底，公司资产总额同比增长 29.26%，营业收入同比增长 28.36%，在提升自主创新能力、加快科技成果转化等方面成果显著。

一是紧跟国家战略，完成国家重大科技专项研究任务。作为农业农村部玉米工程化育种重点实验室、国家双单倍体技术展示示范单位，种子公司组织承担国家转基因重大专项子课题、国家重点研发计划项目任务，顺利完成了"十三五"国家重点研发计划——"水稻分子设计育种"和"长江中下游优质高产高效粳稻新品种培育"项目的年度工作，并与中国农业科学院合作开发了 HI-Edit 技术、GS 技术、早熟资源。2020 年，种子公司顺利完成农业农村部"水稻良种重大科研联合攻关"相关项目任务。

二是加快种业资源创新，助力种业翻身仗。种子公司高度重视科技研发，坚持创新驱动发展，以种业为中心，积极开展以种质资源创新为重点的应用研究，助力解决种业"卡脖子"问题。在杂交水稻分子育种技术及广亲和基因搭桥技术、杂交玉米资源材料抗逆性和抗病性的提高、小麦稳产性能的提高方面取得了显著成果。"科改示范行动"以来，种子公司共获得植物新品种权6项；申请植物新品种权33项；取得具有自主知识产权的国审、省审品种16个，较上年增长45%；多个玉米新品种在品种评比中获奖；2020审定品种数排名升至全国前25名。

三是科技与经济融合，实现科技成果转化。"科改示范行动"以来，种子公司致力于优化科技成果转化环境，促进科技成果应用于实际。2020年，种子公司自主育种的杂交水稻、杂交玉米新品种在主产省份整体表现优秀，与同类产品相比产量和熟期优势明显，获得了较高市场认可度，已在部分主产省份开展了示范工作，2020年新品种示范推广面积比上年扩大近2倍，带动了企业营收增长；积极构建"种粮一体化"种植运营模式，依托院士工作站和各大高校研究成果，完善从种子到餐桌的全产业链条，通过科技成果转化，实现科技成果的经济价值、市场价值。

四是完善种子公司治理机制体制，增强人才创新活力。种子公司成立了科技创新委员会，加强对科技创新的组织保障，提高对科技创新的重视程度，并制定科技创新委员会的议事规则，为公司的科技创新提供方向性的战略指导；在科技创新委员会的指导下，建立有效的激励体制，对科技创新人员进行长期的激励，引导他们不再只关注眼前利益，而忽视长远利益，实现以科技创新带动公司的发展。

58

以"科改示范行动"为契机
努力打造国内 CRO 领域领先服务平台

上海益诺思生物技术股份有限公司

一、基本情况

上海益诺思生物技术股份有限公司（以下简称"益诺思"）作为中国医药集团有限公司（以下简称"国药集团"）所属"科改示范企业"，始终致力于打造中国药物研发合同外包服务（CRO）领先的发展平台。我国临床前 CRO 行业的市场参与者主要包括益诺思、药明康德新药开发有限公司、北京昭衍新药研究中心股份有限公司和上海美迪西生物医药股份有限公司等。益诺思为临床前 CRO 头部公司中唯一的国有企业，在细分行业中占据重要市场地位。

二、主要做法

益诺思以"科改示范行动"为契机，聚焦"治理机制、用人机制、激励机制"三大机制变革，深入开展综合改革。

（一）加大股东投入力度，提升企业核心竞争力

为进一步提升企业核心竞争力，增强科技创新能力，益诺思原股东一致同意加大对益诺思公司的投入力度，非等比例增资 37 059.21 万元。国

药集团下属中国医药工业研究总院和中国医药投资有限公司共增资 2 亿元。该笔增资款专项用于科研设备更新、实验动物资源布局及实验室建设，其中实验动物是益诺思公司核心的成本构成，占营业收入的 10% 。为了使公司的业务发展有稳定、充足的实验动物供应，益诺思向产业链上游延伸，投资布局非人灵长类实验动物资源。增资款的注入有助于益诺思及其全资子公司益诺思生物技术南通有限公司（以下简称"南通公司"）进一步放大产能，提升科研创新能力，延伸服务内容，打造一站式 CRO 平台。

（二）实现核心团队与企业长期利益的同步，调动员工主观能动性

益诺思积极响应政策要求，通过调整工资总额、实施员工激励等管理方式，通过市场化的激励机制将核心人才团队的利益同公司的长期发展价值相统一，稳定核心人才团队，保障经营管理的稳定性和持续性。

益诺思生物技术南通有限公司（以下简称"南通公司"）是益诺思重要的战略发展基地，人才的稳定以及对高精尖人才的引入对南通公司持续发展和经营业绩提升起着至关重要的影响。为提升南通公司的组织运营效率、实现益诺思本部与南通公司间的一体化运营，加快南通公司扭亏脱困，根据《国有科技型企业股权和分红激励暂行办法》（财资〔2016〕4号，以下简称"财资 4 号令"）的有关规定，南通公司实施国有科技型企业股权激励，股权激励方式为股权出售，对象为本公司的科技骨干人员。根据《关于印发〈百户科技型企业深化市场化改革提升自主创新能力专项行动方案〉的通知》（国企改办发〔2019〕2 号）相关规定，南通公司股权激励方案中采用了"上持下"激励方案。该股权激励方案经国务院国有资产监督管理委员会企业改革领导小组办公室备案和国药集团董事会审议通过后开始实施。改革方案中采用"上持下"股权激励的初衷是为了充分激励符合财资 4 号令相关条件，与益诺思签订劳动合同且同时在南通公司任职的科研人员，以实现益诺思本部和南通公司实施一体化运营。针对本次股权激励方案中"上持下"情况，为有效监管母子公司间关联交易和利益输送等行为，益诺思制定了相应的关联交易管理制度，要求由益诺思董事会定期或不定期审核益诺思与南通公司之间的关联交易情况、母子公司间业务分配情况以及可能构成利益输送的其他经济行为，确保关联交易符合一般商业原则并且定价公允，母子公司间的业务分配合理。根据制度规定，益诺思与南通公司之间的重大关联交易及涉及母子公司间利益分配的其他重大事项，必须经过益诺思董事会批准后方可实施。同时，益诺思的监事会、内审部门、纪检、巡视也将益诺思与南通公司间是否存在利益输送行为作为一项重点工作任务，充分发挥各项监管机制的联动作用，防止国有资产流失。

本次股权激励，依据"股随岗定、股随岗走"的原则，建立科学合理的员工持股流转、退出机制，并以合伙协议、公司章程等法律文件予以约定。依据财资4号令规定，本次股权出售后锁定期为5年。股权流转区分为5年锁定期内和5年锁定期外，又细分出晋升、退休、调离、降级、解聘以及合同到期不续聘等10种情况，分别确定了股权流转的方式和定价依据，以确保股权激励能持续运转。

（三）加强董事会自主决策机制，建立更为市场化的经营机制

一是益诺思加快推动科技型企业董事会应建尽建、配齐配强，全面落实科技型企业董事会依法行使重大决策、选人用人等权利，制定了保障董事会规范运作的若干制度，强化了制度的规范约束作用，同时建立起战略规划、提名、薪酬与考核、科学顾问等专门委员会。

二是益诺思通过科学建立考核评价和薪酬分配办法及指标、制定市场化选人用人政策和探索职业经理人制度等方式，切实建立健全市场化的经营机制，在制度保障、组织基础、人员配备完善和经营机制市场化的基础上，在董事会领导下全面提升益诺思的整体组织运营效率。

三是益诺思参照《关于国有控股混合所有制企业开展员工持股试点的意见》（国资发改革〔2016〕133 号）的规定，并考虑益诺思本部与南通公司一体化运营的需要，明确南通公司的员工持股平台不参与南通公司治理，将股东会表决权委托给益诺思行使。南通公司不设立董事会，由益诺思委派 1 名执行董事履行相关职权。

（四）坚持党的领导，加强党的建设

益诺思全面落实"两个一以贯之"要求，将加强党的领导与完善公司治理结合起来。

一是严格落实党建工作要求，完成了益诺思南通党支部的筹建，完善了党组织在南通公司的引领作用。

二是完成益诺思第一党支部的委员增补工作，完成党组织的委员班子组建。

三是完成了益诺思第三党支部的书记选举工作，及时补齐党组织领导班子。

四是益诺思党组织全面参与所有中层干部的选拔工作，干部选拔得到组织保障。

三、改革创新成效

通过"科改示范行动"，益诺思整体面貌焕然一新，经济运行持续向好，"科改"成效凸显。

一是公司经营成效显著。2020 年，益诺思合并口径营业收入达到 35 808.65 万元，较 2019 年增长 99.87%；资产总额达 70 205.73 万元，较 2019 年增长 19.24%；净资产达 22 573.66 万元，较 2019 年增长 31.90%。益诺思实现内生式增长，使 2020 年整体经营指标大幅提高，并且南通公司也在 2020 年顺利实现减亏 51%。

二是科研创新能力迅速提升。"科改示范行动"极大地鼓励了科研人员的研发动力和主人翁意识。仅 2020 年，益诺思就已为 93 余家新药研发机构完成 1 483 多项服务，创历史年度新高。截至目前，益诺思已为 490 余家新药研发机构完成 5 000 多项服务，完成千余项新药的安全性评价和药代评价，按照国际标准完成 200 余项新药的毒理学和药代研究，参与 120 余项临床试验的生物样本和生物标志物检测服务，提供千余项新药毒性早期筛选服务。

未来，益诺思将进一步在目前以临床前安全性评价服务为核心的业务基础上加强 CRO 产业链的业务延伸，努力开拓创新、持续研发投入，发展成为业务布局广、业务质量领先、具有核心竞争力、研发活力和创新动力的领军企业。

59

求新　求变　求发展
打造"世界一流超硬材料锯切工具制造服务商"

黑旋风锯业股份有限公司

一、基本情况

黑旋风锯业股份有限公司（以下简称"黑旋风锯业"）成立于 1992 年，是由中国冶金地质总局控股的混合所有制企业。黑旋风锯业总部位于湖北宜昌，下设山东和泰国两个子公司，是目前亚洲规模最大的金刚石圆锯片基体、硬质合金圆锯片基体、金刚石框架锯条基体的专业制造企业，是行业内首家通过"三合一"综合管理体系认证的国家重点高新技术企业，也是行业内唯一一家获得中国驰名商标的企业。2019 年黑旋风锯业被工业和信息化部评为"第一批专精特新小巨人"企业。公司年产各类锯片基体 600 多万片，涉及 6 000 多个规格品种。产品广泛应用于现代工业和多种国民经济重要领域。经过多年潜心研发，黑旋风锯业生产的直径 4.8 米巨型整板锯片基体为世界首创，所生产的中高端硬质合金锯片基体现已成功实现国产替代进口，并广销全世界。

自开展"科改示范行动"以来，黑旋风锯业主动"求新、求变、求发展"，围绕打造"世界一流超硬材料锯切工具制造服务商"的发展愿景，聚焦主责主业进行机制创新、管理创新，注重激发活力，确保在重要领域和关键环节取得实质性突破，努力推动企业持续健康发展。

二、主要做法

（一）加强公司治理，持续推动现代企业制度建设

2008 年和 2012 年黑旋风锯业先后完成股份制改造和增资扩股，引进非公资本进行混合所有制改革，在改革过程中同步推动法人治理结构建设。自入选"科改示范企业"以来，为加强董事会建设，公司股东大会对董事会进行调整，控股股东派出专职董事，形成公司董事长、总经理、控股股东专职外部董事和投资方派出董事共同组建的多元制衡的董事会结构。黑旋风锯业始终坚持党的领导，在章程中载明党组织、党建工作，制定党委前置研究讨论重大经营管理事项清单，并逐步建立完善了股东大会、董事会、监事会和经理层组成的公司治理架构和相关议事规则，形成了权责明确、运作规范、相互协调和相互制衡的公司治理机制。

（二）推动事业部改革，做实任期制和契约化管理

2020 年，黑旋风锯业模拟集团管控，调整组织架构，根据产业定位分工与产品特性，形成了 4 个独立核算的事业部。把每个事业部视作利润来源中心，明确各事业部单元收入利润目标与权责，并以此为基础强化经理层成员对各个事业部的责任指标；出台《任期制与契约化考核办法》和相关细则，推进包括子公司负责人在内的全体经理层成员签订经营业绩责任书；增强成本管理意识，各事业部进一步加大成本控制与绩效考核联动，形成人人关心成本的浓厚氛围。"十四五"期间，黑旋风锯业计划在突出主责主业的基础上，不断拓宽和延伸产品线，稳步推进上下游产业链协同发展与整合，积极推广、复制"事业部 4 + N"管控模式，并引入市场化竞争机制，选聘职业经理人担任事业部负责人。

（三）健全市场化用工，深化三项制度改革

黑旋风锯业已完成在编事业编制人员社保改革，2020 年年初已与地方接轨，按时缴纳此类员工的事业社保费用，并依规办理退休手续，目前该类员工的退出机制基本畅通，以企业合同制的"全员契约化"市场化用工管理已经实现；在管理工作岗位，积极引入竞争上岗和末位调整，让能力与岗位相匹配，真正做到了"干部能上能下、员工能进能出"。

（四）完善绩效考核体系，强化市场化激励约束机制

通过改革薪酬分配机制，黑旋风锯业建立起了工资效益联动机制，切实做到"效益升，工资总额升；效益降，工资总额降"。制定《工资总额备案制管理办法》，在所属子公司层层进行"工资总额备案制"管理；合理设定薪酬结构，扎实推进岗位绩效工资制度，搭建全员绩效考核体系，每年年底对任职资格、工作态度、工作计划、工作改进、工作效率、工作成果 6 个方面逐项评分，让员工绩效薪酬与企业效益、个人贡献紧密挂钩并上下浮动，员工浮动工资占比可达 50%；通过聚焦解决重大工艺技术难题，着力培养造就了一批以"工匠"和高级技师为代表的高技能人才；逐步提高一线员工薪酬分配权重，基本达到了一般管理人员和一线生产人员薪酬水平一致，特殊技能人才岗位达到高于一般管理人员的薪酬激励机制。通过一系列举措，充分调动了员工积极性和创造性，综合成效显著，公司劳动生产率较上一年度得到进一步提高。

（五）加快创新驱动发展，激发科技创新动能

作为"国家级高新技术企业"，黑旋风锯业近年来研发费用水平均不低于 5%；为进一步提升自主创新能力，增强公司的优势地位，加大科技成果转换动能，公司起草了《新产品研发奖励办法》，鼓励进行项目产品分红，加快创新驱动发展；在业绩考核中新增"新产品投入产出比"指标，注重研发效率，让科研工作做到"在时间上高效、技术上可行，成本

上可控"；以"单机自动化、联机智能化、产品模块化、工厂信息化"为思路，全面打造数字化工厂，搭建企业信息化管理平台，积极推动工业制造业向数字化、智能化转型。

（六）坚持党的领导，推动党建工作与生产经营深度融合

黑旋风锯业坚持党的建设服务生产经营不偏离，以改革发展成果检验党建工作成效，制定完善有关进一步促进党建工作和生产经营深度融合的实施办法。黑旋风锯业在各党支部广泛开展"党建＋项目"活动，以"书记（委员）联系项目""党员示范岗""劳动竞赛"为主要抓手，充分发挥支部在指标对标攻坚上的战斗堡垒作用和党员带头攻坚的先锋模范作用，激发全体员工挖潜创效的活力。通过这些活动，使党建工作与生产经营实现工作体系全覆盖，党员职工全参与，融入过程全协同，攻坚指标全发力，确保了党建工作落实到位，落地生根，实现"党建质量、经济技术指标、公司绩效"的持续提升。

三、改革创新成效

一是企业发展趋势向好。通过"科改示范行动"各项举措的实施，黑旋风锯业整体组织架构更为清晰，经理层成员岗位职责和考核指标更为明确，全员成本控制、提质增效意识更为增强，企业发展质量和效率得到了较大提升，整体发展势头趋好。2020 年在新冠肺炎疫情全球蔓延的影响之下，黑旋风锯业牢牢抓住"双循环"机遇，积极拓展国内国际市场，营业收入突破 3 亿元，利润总额达 1 819 万元。

二是市场拓展力度大增。深化改革打破了固有模式，迈出了新的步伐，营造了良好的生产经营氛围。黑旋风锯业把握住了因新冠肺炎疫情影响所带来硬质合金锯片基体国产化替代的市场行情，山东子公司在稳定产品质量和交货期的同时，大举开拓硬质合金锯片基体销售市场，一定程度

上抵御了国际市场订单骤降的影响。2020 年黑旋风锯业硬质合金系列产品销售收入达 8 343 万元，同比增长 22.61%。

三是科技创新动能持续提升。黑旋风锯业以"四新"（新产品、新工艺、新装备、新材料）为主线，努力挖掘知识产权专利技术，重点突出新产品研发、培育行业新业态。2020 年获得发明专利 2 项，并参与 4 项国家和行业标准修订。针对铁工冷锯新产品，黑旋风锯业自主研发了新型智能热处理设备，解决了关键技术，活动成果荣获中国质量协会"第三届中央企业 QC 小组活动成果发表赛"一等奖；所在 QC 小组荣获中国质量协会、全国总工会、全国妇联联合颁发的"2020 年全国优秀质量管理小组"殊荣。黑旋风锯业集中国企优势资源、优势力量，联合上下游产业链进行科技攻关，新研发的高性能带钢产品，在关键节点突破了技术瓶颈，打通了产业链关键节点，各项技术指标均可与国际优质带钢原材料供应商媲美，打破了原来带钢产品全靠进口的局面，打造出"带钢产品原创技术策源地"，完全实现了进口替代，目前已实现量产，并由零起步达到销售收入 505 万元。这将形成黑旋风锯业新的核心竞争力，也为公司引领行业技术发展新方向奠定坚实的基础。

60

全面深化综合改革
不断提升创新动力和发展活力

北京益而康生物工程有限公司

一、基本情况

北京益而康生物工程有限公司（以下简称"益而康"）隶属于中国煤炭地质总局，是中煤地质集团有限公司的全资子公司，成立于1997年7月，注册资本5 000万元。经过多年发展，益而康已形成以生物医用材料产业为主，集科研、生产、销售为一体的现代化国家级高新技术企业，产品覆盖全国，形成以公司为主体，以市场为导向，产、学、研相结合的技术创新模式。

益而康主要产品"倍菱"胶原蛋白海绵，兼有组织修复、残腔填充、止血和防粘连的作用，国内市场占有率为30%左右，被列入国家级火炬计划、科学技术部中小企业创新基金项目，被认定为北京市高新技术成果转化项目，获得国家重点新产品称号；主要产品"瑞福"人工骨，用于诱导自体骨生长、促进骨愈合，实现真正骨再生，同时可自行降解，减轻患者痛苦，加快康复过程，先后被列为国家"863计划"、北京市高新技术成果转化、科学技术部中小企业创新基金等项目；新开发的"净筵"系列美妆产品，传承益而康23年活性胶原蛋白研究及生产经验，可有效修复受损肌肤，提供专业医疗级护肤美容体验。

益而康以入选"科改示范企业"为契机，推进混合所有制改革，不断完善公司治理，实施三项制度改革，优化产品结构，增强创新能力，提升管理水平，实现公司有速度、有质量的可持续发展，努力成为具有市场竞争力的大健康产业实体。

二、主要做法

（一）完善法人治理结构，建立董事会管理体制

为了进一步完善现代化企业治理机制，益而康建立了以外部董事占多数的董事会，形成了内部相对制衡的决策环境；实行党支部书记、董事长"一肩挑"；通过修订公司章程，合理配置权利义务，完善议事规则和决策体系，健全党组织、董事会、经理层等决策机制，充分发挥董事会的作用。

（二）健全市场经营机制，构建市场化用人体系

一是推进任期制和契约化管理。益而康敢于创新，将全部高管纳入实施范围，设置任期3年，任期内统一考核；探索建立追索扣回机制，实施差异化指标管理，通过考核拉开公司领导层工资差距。

二是开展全员竞聘上岗。所有岗位任期1年，每年考核一次，2020年调整中层以上干部7人，解聘不称职员工4人，新选聘9人；启动经理层成员的市场化选聘机制，面向社会公开招聘了总经理及副总经理。

三是持续深化机构改革。按照工作需要，益而康实施扁平化、大部制管理模式，部门由9个压减到6个，管理层级从4级降为3级。

四是工资总额备案制管理。益而康一直执行工资总额预算制，员工工资与经济效益增长同步性较差，通过开展"科改示范行动"，按照"两低于"的原则实施工资总额的备案制管理，并探索将个人绩效与考核指标相

挂钩。

（三）开展多种激励机制，激发干事创业热情

一是准备在引入战略投资者的同时，引入员工持股。建立公司与员工风险共担、利益共享的绑定机制，员工持股与引入战略投资者遵循"同股同价、同股同权"的原则，真正坚持规则公开、程序公开、结果公开，防止国有资产流失；坚持以岗定股、动态调整，建立健全股权内部流转和退出机制，做到进退有序，避免持股固化僵化，实现利益绑定。

二是探索超额利润分享机制。为完善公司激励机制，进一步提高员工的积极性、创造性，促进公司业绩持续增长，在提升公司价值的同时为员工带来增值利益，实现员工与公司共同发展，从而进一步激发和调动公司技术、业务骨干和管理人员的积极性和创造性，益而康制定"超额利润分享"机制方案并开始实施，激励对象为与公司签订劳动合同，连续工作1年以上，对经营业绩和持续发展有直接重要影响的管理、技术、营销、业务等核心骨干人才。

（四）创新科研及销售模式，推动企业快速发展

一是组建技术质量部。益而康探索将研发成果与部门考核指标相结合，激励研发人员整合现有资源，加快与高校、科研院所的合作，与西安医科大学等联合开展动物实验；争取上级单位的经费支持，进行胶原蛋白贴敷料等项目的研究；持续加大科研投入，2020年益而康研发经费投入强度6.82%，同比增长39.75%，公司研发能力持续增强。

二是打造美妆销售平台。益而康发动全体员工参与商标品牌设计，开展全员营销和线上推广，设立淘宝企业店铺、微信有赞商城、开拓省级销售代理、在集团系统内部推广等，美妆销售业绩得到较大提升。

（五）持续加强党的领导，改革基础全面夯实

益而康坚持以习近平新时代中国特色社会主义思想为指导，认真贯彻

落实党的十九届四中、五中全会精神，加强党的领导，全面深化综合改革，积极落实疫情防控措施，发挥支部战斗堡垒和党员先锋模范作用，为推动"混改"并购、落实"科改示范行动"提供了坚强的政治保证。

一是在集团系统内第一个复工复产，多措并举防控疫情，抵御新冠肺炎疫情反弹，成立党员突击队，确保生产经营正常运转。

二是将党建工作与改革发展深度融合，支委积极参与综合改革决策，全体党员带头想办法，为公司发展出谋划策。

三是为所在区域政府开展全面消杀，向武汉灾区捐赠防疫物资，提升益而康品牌形象，履行央企社会职责。

三、改革创新成效

在"科改示范行动"创新驱动下，益而康抵御住新冠肺炎疫情的不利影响，保持良好发展势头，改革成效进一步凸显，市场化理念深入人心，员工主人翁意识明显增强，科研创新能力有所提高，公司经营活力显著提升。

一是发展战略清晰明确。通过对国内医疗器械行业深入研究，益而康拟定"十四五"发展规划，确定了"围绕胶原蛋白产品做深做优，围绕大健康产业做大做强，用 3~5 年的时间实现转型升级，将企业打造成为具有市场竞争力的大健康产业实体"的战略目标。

二是经营质量稳步提升。2020 年，益而康资产负债率同比下降27.01%，流动比率和速动比率分别比上年同期增长 34.97% 和 34.87%，偿债能力显著增强；销售毛利同比增长 3.53%，盈利能力有所提高；"两金"压降效果明显，资产质量进一步提高。

三是市场开拓再创佳绩。益而康市场化经营机制逐步完善，2020 年主要产品"瑞福"人工骨逆势增长 37%，行业影响力进一步增强；美妆产品市场开拓效果显著，"净筱"胶原蛋白保湿面膜等通过在淘宝店铺、有赞商城及线下省级代理销售，销量比上年增长168%；2021年1月主要产品"倍菱"胶原蛋白海绵产销两旺，达到16万片，突破公司单月产销量历史极值。

四是创新能力稳步提升。随着科研经费投入的持续增加，益而康创新以及产品开发能力得到提高。公司2020年以来获批商标3个，新增专利授权6项，其中医疗类专利2项，其他类专利4项，转化胶原蛋白美妆产品5个。

五是内生动力逐步激发。通过三项制度改革，益而康实现"员工能进能出、领导能上能下、薪酬能增能减"；通过机构调整，压缩管理层级，精简后的部门职能综合性更强，降低协调成本，提高管理效能；通过综合改革，员工认识到益而康发展不能"等靠要"，而要"加油干"。在各分管领导带领下，研发人员主动对接高校、科研院所寻找项目；生产人员想办法挖掘潜力降成本、保产量；销售人员积极跑市场、上展会，挖掘潜在客户；行政后勤人员动脑筋提高服务效率和质量，公司内生动力全面激发。

六是党的建设全面加强。益而康严格落实"四同步""四对接"要求，把党的建设纳入改革方案，相关制度得到健全，保障了党组织在改革发展中的把方向、管大局、保落实作用。党建的加强进一步提高了党员干部的政治站位，推动党的建设与企业生产经营、科技创新工作深度融合，增强了深化改革的决心和勇气，为下一步纵向深化改革奠定了基础。

61

以"科改示范行动"为引领
全力建设市场化创新型民航信息企业

广州民航信息技术有限公司

一、基本情况

广州民航信息技术有限公司（以下简称"广州航信"）成立于 2008 年，是中国民航信息网络股份有限公司的全资子公司，注册资本 4 亿元。广州航信致力于提供民用航空运输旅游信息产品研发和技术支持服务，主要服务粤港澳大湾区航空、旅游、通信等领域的客户。作为区域领先的航空运输旅游业信息技术和商务服务提供商，广州航信获得了国家颁发的高新技术企业证书、信息系统集成及服务三级资质证书，并通过了 ISO 20000 信息技术服务管理体系标准和 ISO 9001 质量管理体系标准认证。

广州航信目前拥有 13 个研发项目组，分别以数字化服务技术、离港核心技术、创新实验室、产品运维技术等核心业务开展，研发人员约 260 人，占公司全员的 2/3，研发投入逐年上升。近 3 年，广州航信业绩持续稳步增长，2018—2020 年，利润年化复合增长率保持在 15% 以上。

立足粤港澳大湾区民航强国建设，广州航信 2020 年携手中国南方航空股份有限公司推出"行李到家"产品，第一期"行李门到门"服务实现旅客行李提取零等待、航空出行零负担；协助总部顺利中标、投产广州白云国际机场 One ID（唯一身份识别）项目，助力广州白云国际机场成为国内第一家投产 One ID 的机场；比价产品顺利在香港航空有限公司推广并投产使用，区域外的交流合作得到加强；与低成本九元航空有限公司展开产品合作，公司易联分销平台和代码共享产品，得到了九元航空有限公司的充分认可，获得了进一步合作的空间和机会。

二、主要做法

（一）加大研发资源投入力度

一是加大科技研发的支持力度。2019 年广州航信研发投入占营业收入的 6.7%，研发人员占公司总人数的 2/3 以上。项目组不断扩充，按照业务方向划分，成立专门的创新实验室，主攻区块链、VR 技术等技术前沿。2020 年广州航信研发投入占营业收入的 10%，对公司技术研发体系的良好运转发挥了重要作用。为保持技术领先优势，未来广州航信将进一步加大研究开发投入，计划在 2022 年提升至 12%，超过业内 10% 的水平。

二是技术创造更大的市场需求。立足民航信息主业，广州航信以新一代分销（NDC）为突破口，在粤港澳大湾区提供打通上下游旅游产品链的直销体系；通过人工智能对国内外机票产品的学习预测，优化航空公司供给侧的产品供应策略，深入发挥机票新零售产业的最大价值；完成"行李门到门"的建设方案，2020 年成功生成第一张"行李门到门"订单，助力中国南方航空股份有限公司在广州白云国际机场、北京大兴国际机场、深圳宝安国际机场和武汉天河国际机场率先发布推出"行李到家"服务产品，提升旅客智慧出行体验。

三是鼓励科技融合与转化。民航信息高质量发展是依靠高素质人才的发展。开展"科改示范行动"以来，广州航信面向民航主战场、面向创新前沿、面向发展需求，大力提升产、学、研融合水平，通过与招商局仁和人寿保险股份有限公司等知名企业、中山大学等著名高校，共建联合实验室和研发基地，开展大数据、智能算法等科技前沿技术合作，实现强强结合、校企结合，加强科技创新领域领军人才、拔尖人才、创新团队培养和交流，打造具有自主知识产权、国际创新的科研成果，为民航科技研发人员资质能力建设添砖加瓦。

（二）健全市场化经营机制

一是推行经理层成员任期制和契约化管理。广州航信实施经理层成员任期制和契约化建设，2020 年 12 月广州航信董事长与总经理、副总经理、财务负责人签订了聘任协议、经营业绩责任书。协议及任务书明确了经理层成员的任期、岗位职责、权利义务、业绩目标、结果应用、薪酬待遇、退出机制等，其中经理层成员薪酬结构包括年度薪酬（基本年薪 + 绩效年薪）、任期激励。广州航信通过建立任期制和契约化管理，向市场看齐，向业绩对标，合理拉开经理层成员薪酬差距，进一步优化市场机制在干部人才配置中的作用发挥。

二是研发人员推行三项制度改革。2020 年，广州航信通过持续完善绩效考核与岗位晋级相结合，从岗位序列、岗位编制、任职资格等方面明确研发人员内部晋升条件，首次明确"春季晋岗""秋季晋岗"概念，进一步优化了内部晋升方式，拓宽了研发人员的职业发展通道。2020 年全年晋岗共计 64 人，占全部研发人员的 23%，其中高级 12 人，中级 32 人，初级 20 人，实现了人才培养本地化并极大提升了研发人员对企业的归属感和满意度。

三是项目经理采取聘任制考核。广州航信制定《广州民航信息技术有限公司项目经理暂行管理办法》，加大对项目经理聘任制考核力度，鼓励有能力、有担当的员工通过公开竞聘担任项目管理重要岗位。任期内，各项目经理根据其承担的职责、团队规模和收入、利润等因素实行任期工制工资，项目经理有权对组内资源自行调配，项目成员采取招募的形式自由组建。广州航信对项目经理实行季度考核，季度绩效考核结果直接挂钩其任期月工资的40%。2020年共计14名项目经理中有3名因考核不合格而返回了原岗位，1名因项目结束不予续聘，淘汰比例约为29%。

四是推进市场化激励约束机制。项目组执行单独核算。广州航信根据《广州航信总经理奖励基金暂行办法》，建立健全有利于自主创新和科技成果转化的激励机制，提取不高于项目组利润增量的30%～40%用于奖励，增强组织的活力；通过提取利润增量、销售收入提成、自主创新等模式对骨干员工进行激励，有效调动员工的工作积极性和科技创造力。根据"科改示范行动"相关精神，公司将进一步深化"科改示范行动"改革措施，更深层次激发公司员工潜力。

三、改革创新成效

一是自主研发效率大幅提升。在研发平台建设上，广州航信自主研发了持续交付平台和可视化大屏，提供研发管理全过程可视化展示，打通研发过程各环节壁垒，持续同步配合《开发人员工作管理办法》的管理要求，明确规定了公司研发人员的代码量和质量的定量要求。从2020年3月办法发布至今，效率和质量分别提升80%和60%。在研发技术突破上，以敏捷开发与DevOps（自动化运维平台）为设计思路，通过开源工具和自主研发，搭建了公司的持续交付流水线平台，实现项目研发过程的最重要的4个节点自动化，即自动化构建、自动化代码检查、自动化安全扫描、自动化部署，达到"123"的目标，即1个平台（持续交付平台），连接2种角色（开发、测试），打通3个环节（开发、测试、部署），从而提升研发的效率和产品的质量。

二是数字化转型取得突破。广州航信首次采用数字化大屏的方式，实时展示项目组和成员在研发和交付过程中所产生的动态数据，以方便项目成员实时了解项目情况。当所有数据在屏幕上呈现时，项目组的成果和价值也一一呈现在屏幕上。与此同时，研发数据的公开和透明，也给项目组与项目组之间、成员与成员之间增加了比超赶学的氛围，更好地激发了员工追求项目更高效率和产品更高质量的积极性。

三是核心产品规模迅速壮大。2020 年，广州航信率先完成和厦门航空有限公司的 NDC（新一代分销）接口对接工作，持续为厦门航空有限公司及后续客户的商务政策提供支持；开展产学研究，构建票价预测算法，公司联合中山大学申报技术专利，预计在 2021 年完成专利审批；在智慧交通领域形成 7 个可推广产品，包括移动地服、云上客服、综服一体机、智慧航显、场景服务机器人、贵宾室、智慧航显，相关功能产品已顺利通过广州白云国际机场 One ID 项目验证，并被纳入广州航信总部、中国南方航空股份有限公司、厦门航空有限公司 2021 年的项目建设计划；区块链解决方案顺利在招商金融板块运用，并向中国银行保险监督管理委员会进行备案，大大提升了公司现有保险分销业务水平。

62

强化创新　激发活力　增强动能
打造民用机场特种装备制造标杆企业

上海承飞航空特种设备有限公司

一、基本情况

上海承飞航空特种设备有限公司（以下简称"上海承飞"）成立于1994年，是中国航空油料集团有限公司（以下简称"中国航油"）的三级全资子公司。作为中国航油唯一一家制造企业，上海承飞专业从事以飞机加油车为核心的机场特种车辆及装备领域的基础理论研究、关键技术攻关，以及各类加油车、机坪作业车辆及撬装设备的研发、制造、销售业务，并可为客户提供产品定制、维修保养、应急保障、技术咨询与培训等服务。经过多年发展，上海承飞已成为国内领先的民用飞机加油车研发制造企业，自主研发生产的各型号特种车辆在国内市场占有率处于领先地位。2018年年底，中国航油特种车辆研发中心在上海承飞挂牌成立，旨在打造民用机场航油特种车辆以及装备领域具有影响力和竞争力的一流研发生产制造企业。在"十三五"期间，上海承飞持续加大科研投入，科技人员占比从10%提升至23%。近3年，科技投入占营业收入的4%以上，承担了各级科研项目30余项，获得国家专利25项，制定发布了3项民航行业标准，实现成果转化超1亿元。2020年，上海承飞获得上海市"专精特新"中小企业称号。

自"科改示范行动"正式启动以来，上海承飞一直在稳步推进企业的综合改革。公司战略定位和规划逐渐优化，明确了装备制造战略定位；治理体制机制逐渐完善，"混改"工作有序开展；市场化选人用人机制逐渐健全，实行经理层成员任期制和契约化管理；市场化激励约束机制初具雏形，实现分层分类考核，薪酬竞争力逐步提高；科研创新体系逐渐完善，自主创新能力提升，"产、学、研"合作不断深化；党建融入公司治理、改革和创新的活力充分彰显。

二、主要做法

（一）健全公司治理结构，夯实发展基石

一是厘清权责，健全公司治理机制。上海承飞厘清党委会、股东会、董事会、监事会、经理层职责定位和权责边界，制定《承飞公司各治理层权责清单》，建立完善权责清晰、相互制约、相互协调的权力机构和运行机制；按照外部董事占多数的原则，构建"2+3"的董事会结构，明确董事会职责，并正式召开第一届一次董事会，有效实现董事会规范运作，提升决策效率。

二是优化战略，明晰企业发展思路。上海承飞优化发展规划，明确了装备制造战略定位，确定了战略实施6个层面的目标体系；在全面评估"十三五"规划完成情况的基础上，按照"聚焦主业、规范有序、管理有效"的方针，优化并分步调整公司组织架构体系，进一步厘清研发与生产职能，构建研发、生产、销售一体化链条。

三是走深走实，扎实推进混合所有制改革。上海承飞按照"完善治理、强化激励、突出主业、提高效率"的"混改"总要求，结合业务发展和结构转型方向遴选潜在合作方，切实加强与外部合作，整合资源，优势

互补，增强力量，实现"1＋1＞2"效应；完成与东风商用车有限公司、湖北圆通汽车集团有限公司战略合作协议签订，努力探索创新，力求实现突破，推进"混改"工作。

（二）加强党的领导，把牢发展方向

一是加强党的政治建设。上海承飞研究制定了党组织前置审议重大经营管理事项权责清单，将党组织建制从党支部调整为党总支；建立实施党组织"第一议题"制度，不断提升政治判断力、政治领悟力和政治执行力。

二是加强基层组织建设。上海承飞全面打造党建"红创"品牌，围绕"党建引领创新、创新驱动发展"创建目标，打造"科研、服务、实践"三大阵地，创新党建工作载体，把"红创科技尖兵连"建在科研一线；开展"党建＋科创"系列主题活动，推动党建与科技创新的深度融合。

三是加强企业内部监督。上海承飞构建以党内监督为主导、各类监督形成合力的内部一体化监督机制；健全以职工代表大会为基本形式的民主管理制度，下发落实职工代表大会管理办法，明确职工董事、监事产生程序，为公司发展凝聚职工群众的智慧和力量。

（三）健全市场化选人用人，激活发展活力

一是推行经理层成员任期制和契约化管理。上海承飞制定经理层成员任期制和契约化改革工作实施方案和管理细则，明确"干部能上能下"条件与流程；制定考核管理与薪酬管理办法，"做得好"的按1.5倍兑现、"做得差"的按0兑现绩效年薪与任期激励；2020年经理层全员完成《聘用合同书协议书》《年度（任期）考核责任书》签订。

二是强化市场化用人机制。上海承飞兼顾对标同行业及科技型企业，对接集团三条通道，构建管理、技术、技能3个序列共11级的发展通道，形成员工多通道发展路径；建立任职资格标准，畅通退出机制，实现"员

工能进能出";建立员工市场化公开招聘制度,发布岗位轮换管理办法、岗位发展管理办法,制定专家、领军人才和核心岗位标准与聘任条件,奠定选人用人基础。

三是优化工资总额结构,构建市场化薪酬管理体系。上海承飞制定效益性工资、保障性工资、特殊事项工资"三位一体"的工资总额机制,推动实行工资总额整体单列、事前备案模式,建立基于价值评估的岗位等级表;与行业薪酬对标,确定技术序列薪酬水平;兼顾对接集团薪酬体系,构建市场化宽带薪酬体系;新设项目奖、专项奖,向关键核心岗位倾斜;建立以岗位价值、能力、科研贡献、绩效挂钩为导向的薪酬体系。

四是构建分层分类的绩效管理体系。上海承飞根据技术、生产、技能人员特点设计分层分类考核方案;将组织岗位考核与项目考核相结合,实现全方位、多维度、全流程考核;将组织绩效与个人绩效联动,将薪酬与绩效挂钩,加大兑现力度;探索超额利润分享方案,激励关键员工,最大可能调动核心骨干人才的积极性和创造性。

（四）加强科技创新,增添发展动能

一是完善科研创新体系。上海承飞围绕公司发展战略和发展方向,加强科技发展规划管理,确立科技创新的发展路线,明确科技工作的目标、方向和任务,确定重点科技项目和优先发展技术项目;健全科技管理制度,完善工作流程,强化项目管理能力,提升科技管理的效率和水平,截至2020年,已完成18项科技研发制度的修订,逐步搭建起符合上海承飞战略发展的科研体系;优化配置科技资源,以解决实际科研生产需求为目标,配置具有必要的技术实验条件和技术设施。

二是提升自主创新能力。上海承飞科技研发投入逐年递增,2020年科技投入同比增加12%;遵循应放尽放原则,对科研项目负责人适度授权放权,提高项目自主能力;扩大研发产品范围,2020年新增12项科技创新项目，大力推进新能源管线加油车、新一代奔驰底盘管线加油车、新型阀井盖研究、民用机场移动加油装置等重点研发项目，努力打破技术壁垒，实现国产替代；发挥中国航油的行业影响力和市场控制力，争取在国家标准和行业标准制定中发挥主导作用，积极参与国际标准制定，增强国内、国际标准话语权。

三是深化产、学、研协同创新。上海承飞开展产学研机制研究，加强与高校及科研院所的合作，探索人才培养合作，制定见习实习管理办法，推动项目联合开发。2020 年与高博公司签订《战略合作意向书》，与扬州大学联合立项产、学、研项目，进一步深化"产、学、研"合作。

四是鼓励全员创新活动。上海承飞充分发挥先进模范和高技能人才在创新驱动、转型发展，持续安全、科学发展中的示范引领和骨干带头作用，激励广大职工凝聚智慧、开拓创新，立足岗位开展技术革新，推进企业创新驱动发展，激发全体职工特别是科技工作者的创新热情和活力，倡导追求真理、宽容失败的科学精神。2020 年通过开展"五小"创新活动，实施推广 23 项创新成果，化技术创新为实际效益，解决研发生产中存在的实际问题。

三、改革创新成效

上海承飞自入选"科改示范企业"以来，有序推进各项改革任务，共计完成 71 项制度与方案的制定。2020 年完成"24＋1"项任务目标，混合所有制改革、董事会建设、任期制和契约化管理及员工市场化选人用人工作已启动。

一是经营业绩稳步提升。克服新冠肺炎疫情影响，营业收入首次突破 2 亿元大关，实现利润总额同比增长 33%；国际业务扩展迈上新台阶，与柬埔寨七星海机场达成加油车购销意向。

二是科技创新不断突破。积极响应"蓝天保卫战"号召,开展新能源管线加油车研究,填补加油车新能源领域的空白,为车辆"油改电"工作夯实基础;自主研制 6.5 万升飞机罐式加油车,刷新国内产品罐容,打破国外技术垄断,各项综合性能指标达到行业领先水平,进一步提升枢纽机场供油保障能力,有效降低用户的采购及维护成本;针对通用航空市场的地域差异与加油特点,研制通航专用航油设备,履行社会责任,力争实现"进口替代"。

三是成果转化持续加强。开展商标注册工作,完成公司产品自有品牌的设计和申请;增强科研成果保护意识,提升专利申请数量和质量,预计到 2022 年针对新研发产品申请 42 项以上国家专利,其中 13 项为发明专利;化科研成果为销售业绩,2020 年新产品销售收入贡献率达到 32.2%。

四是优势互补,各方资源充分整合。与外部公司开展战略合作,联合开发新型机坪阀井盖,实现央企和民企的创新驱动、融合发展,推动产业技术创新战略联盟的发展;与扬州大学联合开展罐体动静态震动分析研究项目,充分发挥产、学、研优势,提升自主创新能力。

63

完善公司治理与多种激励机制相结合
助推混合所有制企业改革发展

中航材导航技术（北京）有限公司

一、基本情况

中航材导航技术（北京）有限公司（以下简称"导航公司"）成立于2006年，深耕民航专业软件开发和数据服务领域多年，历经十余载的发展，在国内民航空管软件行业处于领先地位。

2013年，中国航空器材集团有限公司（以下简称"中国航材集团"）所属中国民航技术装备有限责任公司（以下简称"技术装备公司"）以增资扩股方式入股导航公司，持股45%、成为导航公司的国有控股股东。导航公司作为国有控股的混合所有制科技型企业，是国家高新、双软认证企业，中国民航"五一"劳动奖状获得者。

自成立以来，导航公司秉承"崇尚技术、追求卓越"的企业价值观和"瞄准民航科技发展前沿，不断提供新的软件产品，走专业化公司发展道路，做民航软件行业龙头"的企业使命，建立了以产品线为中心的研发模式；瞄准民航科技发展前沿，不断提供新的软件产品，建立了以市场为导向，以技术创新为基础的研发体系，坚持走专业化、市场化公司发展道路，不断发展壮大。

导航公司拥有包括中国民航局空管局情报中心、中国国际航空股份有限公司、中国东方航空股份有限公司、四川航空股份有限公司等航空公司在内的一批优质民航用户群。经过多年的技术开发积累，导航公司目前已经实施的电子飞行包（EFB）、情报性能综合管理系统（AIPS）、航空情报管理系统（AIM）、航空信息专业数据等产品填补了国内民航相关领域的空白，为未来建设成为民航强国打下了坚实基础。导航公司产品市场认可度高、客户口碑好，市场占有率超过80%。

2020年4月，导航公司申请并成功入选"科改示范企业"。为切实落实好专项行动改革方案，导航公司强弱项、补短板，建机制、促活力，逐项梳理、确定台账，力求在公司治理、中长期激励机制、科技创新等方面取得突破。"科改示范行动"实施以来，企业发展活力不断释放，人才队伍趋于稳定并有所提升，各项经营指标在新冠肺炎疫情对民航业造成广泛冲击的大环境中逆势上扬、优于预期取得好成绩。

二、主要做法

导航公司坚持以"增强活力、提高效率"为工作目标，以"实事求是、具体问题具体分析、勇于担当"为改革原则，坚持"问题导向、目标导向、结果导向、按时完成"的工作方式，将董事会办公室建设为落实推进"科改示范行动"相关改革工作的办事机构。由公司主要领导和上级经营管控公司主管部门负责人作为领导和成员，提供组织保障，合理安排、统筹推进相关工作，并坚持定期"回头看"，确保将工作做细、做实，取得了阶段性成效。

（一）完善公司治理，建立健全中国特色现代企业制度

一是加快规范董事会建设，提升董事履职能力。导航公司完善董事会议事规则，落实董事会管理决策制度，目前公司董事会成员5人，其中国

有控股股东派出董事 3 人、民营股东委派董事 2 人；以加强董事履职能力、提高履职效果为核心，健全董事选聘、管理、评价、退出等机制，提高董事会的科学决策水平。

二是明确权责，研究董事会授放权机制，提升决策效率。导航公司进一步梳理、明确股东会、董事会、经理层的权责边界，制定各治理主体的权责清单，已起草制定了《导航公司董事会管理办法》及《导航公司董事会授权管理办法（试行）》，明确决策程序和议事规则，实现权责清单化、流程化、信息化；研究并申请技术装备公司董事会对导航公司关于部分事项的授放权事宜，在合同签订、合同谈判、对外投标、资金流出等建立授放权清单和决策程序，并定期依据实际管理效果对清单进行动态调整。

三是坚持党的领导和加强党的建设，强化适合混合所有制企业管理特点的党组织建设。导航公司严格落实"两个一以贯之"的要求，发挥国有控股股东的党建引领作用，将重大经营管理事项纳入上级经营管控公司的"三重一大"决策体系，建立完善"三重一大"决策事项清单，发挥党组织把方向、管大局、保落实的领导作用；定期邀请民航技术装备公司领导班子成员开展关于党的路线方针政策的宣讲，导航公司领导班子成员积极参加集团党委和民航技术装备党委组织的集中学习培训；通过建立联合党支部加强对导航公司党员的教育管理。

（二）建立更加灵活、高效的工资总额管理机制

一是申请工资总额单列，建立与企业发展实绩相联动的工资决定机制。工资总额单列管理方案已于 2020 年 9 月通过导航公司董事会、股东会审议并报中国航材集团审批通过。根据"一适应、两挂钩"原则，工资总额由公司年度经营收入及利润确定，由导航公司总经理办公会审议通过后，纳入公司年度财务预算，报公司董事会、股东会审议确定。导航公司计划于 2021 年起，以每 3 年为一个周期，在上一个 3 年工资实际支出总额核算平均值的基础上，对于每年度利润总额超过上一个 3 年利润总额实际完成值的平均值的部分，计提一定的比例，不断完善工资总额工效联动机制。

二是建设完善配套的薪酬管理办法和考核机制，提升市场化经营水平。导航公司坚持市场化为导向，坚持价值创造决定价值分配的原则，转变思想、制定《公司薪酬管理办法（试行）》；建立《公司绩效考核管理办法（试行）》，明确了公司推行绩效管理的总体方向，即通过业务能力及综合能力态度两方面开展考核，同时秉承"一部一策"的原则，结合公司各部（室）实际情况，具体考核内容由公司各部（室）根据实际情况制定，对于薪酬分配提供清晰、数据化支撑依据，工资总额二次分配向绩效考核优秀的关键核心岗位及工作表现优秀的人员倾斜，合理拉开收入分配差距。自 2020 年 9 月起，导航公司相关部（室）已作为试点开始推行绩效考核工作，后期计划通过"以点到面，点面结合"的方式逐步在全公司范围内正式推行。

（三）建立健全中长期激励约束机制

导航公司开展骨干员工持股工作。为鼓励自主创新、科技成果转化，提升研发项目成果转化效率，将科技、市场和管理骨干员工的个人利益与公司中长期发展相结合，以风险共担、利益共享为原则，通过增资扩股引入 10% 的核心骨干员工持股，激励对象向关键岗位和核心岗位进行倾斜。截至 2021 年 3 月，已顺利完成第一批次 27 名员工共计 7.05% 员工持股额度的分配和出资，最大限度地激发了核心骨干员工的工作热情和主观能动性。

（四）量身打造员工晋升体系

导航公司建立具有企业特点的员工晋升体系提升科技创新驱动力。根据企业发展实际，针对技术开发及科研人员，坚决贯彻"多劳多得，少劳少得，绩优多得"的原则，摒弃年龄、学历、资历等因素，一切从工作能力及团队贡献度出发，建立了具有导航公司特色的研发人员职级晋升体系，为研发人员建立起职业成长通道和阶梯，有效激发了人员工作积极性及主动性，通过人员工作主观能动性提升促公司科技创新发展。截至2021年3月，导航公司已有10名年轻员工（平均年龄25岁）在入职2～3年内成长为核心骨干员工及技术能手，在公司的项目创新及研发工作中担任客户需求收集、产品方案设计、产品功能研发、BUG测试等重要岗位。

三、改革创新成效

导航公司系统推进"科改示范行动"有关工作，重点突破难题、压实落地举措，不断提升研发创新能力和市场竞争力，激发企业高质量发展新动能。

一是化解疫情不利冲击，公司高质量发展体现在效益实绩。2020年，民航业普遍受新冠肺炎疫情冲击，导航公司克服不利影响，持续为客户提供优质服务，巩固原有优势业务、不断拓展新产品新业务市场。公司营业收入同比增长69.56%，净利润同比增长25.28%，净资产同比增长45.04%，超额完成了董事会年初下达的经营业绩指标任务，保持稳健、快速发展势头。

二是人才队伍建设加强，激发核心员工的工作积极性和创造性。通过员工持股工作的开展，建立了公司激励约束长效机制。导航公司与相关核心骨干员工构建利益共同体，实现员工个人利益与企业整体利益的捆绑。员工更加关注企业的长远发展，进而提升了员工的工作积极性和主观能动性，提高了企业的内部凝聚力和综合竞争力。2020年，导航公司核心人员主动离职率同比由18%降至8%。

三是创新动能不断转化，公司研发能力和自主产品成果突出。在民航局空管局航行情报服务中心的领导下，导航公司按照国际标准自主研发民航情报自动化核心系统（AIM）并完成项目验收，填补国内有关领域空白，提升航空情报管理水平，有利于推动中国航空标准和产品进入国际标准和目录库、推动国产航空产品和服务的国际市场拓展。导航公司自主研发的电子飞行包（EFB）继续保持稳定增长态势。截至2020年年底，服务于国内25家航空公司、超过3.2万名飞行员，每日保障航班数1万架次以上，市场占有率进一步提高；自主研发的情报性能综合管理系统在市场占有率方面继续提升，截至2020年年底，服务于国内21家航空公司，每日保障航班数超过8 000架次。

64

引资本　改机制　强创新
开创高质量发展新局面

北京洛斯达科技发展有限公司

一、基本情况

北京洛斯达科技发展有限公司（以下简称"洛斯达"）成立于1999年，是中国能源建设集团有限公司（以下简称"中国能建"）所属电力规划总院有限公司的子企业，同时挂牌"国家电力规划研究中心电力信息研究所"和"中国能建集团信息中心"，被工业和信息化部授予"互联网与工业融合创新试点企业"，主要为电力工程、能源企业和政府部门提供专业的数字化服务。

洛斯达秉承数字化、差异化发展理念，以"能源互联的推动者、信息互通的担当者"为己任，长期在"新基建"与"数字经济"建设道路上不懈努力，率先将卫星遥感与航摄技术应用于电力领域，变革输电线路勘测设计的工作模式，历经三峡送出、跨区联网、特高压等30多万公里的输电工程检验，累计缩短路径约5 000公里，为国家节省投资超过200亿元。洛斯达是国家级高新技术企业，研究生学历人员占比达60%以上，科技研发投入长期保持在10%以上，先后获得专利16项、专有技术4项、软件著作权120项，取得包括省部级科技进步特等奖在内的重要科技成果175

项，主持或参编国家和行业标准 10 余项。

2020 年，洛斯达以"科改示范行动"为契机，全面加快企业改革和转型发展步伐，克服新冠肺炎疫情严峻挑战和经济下行的巨大压力，以改革创新组合拳开创高质量发展新局面。

二、主要做法

（一）以"引战"为突破口，积极深化市场化改革

一是引入战略投资者，构建适度多元股权结构。为推动业务升级和转型发展，洛斯达以战略协同为导向，以能源革命和数字经济融合为契机，大胆释放 40% 股权，优选引入两大电网公司所属的两家协同效应强、合作基础牢的战略投资者，跨界合作开拓能源数字经济蓝海市场，促进公司各业务板块长足发展、综合竞争力显著增强。

二是完善法人治理结构，推进现代企业制度建设。股权多元化后，洛斯达重构"四会一层"治理结构，充分发挥党委会把方向、管大局、保落实的领导作用，加强企业改革发展的政治堡垒；建立代表各方股东利益的董事会，配齐配强董事会成员，明确各治理主体责任体系、权责清单与议事规则，建立富有自身特色的现代企业治理体系。新一届董事会中，原有股东委派 4 人，战略投资者委派 2 人，职工董事 1 人，实现了外部董事占多数，为股东和员工共同有效参与公司治理搭建了平台。

三是全面推行经理层成员任期制与契约化管理，以上率下压实责任。洛斯达经理层成员"重新就位"，推行任期制与契约化管理，签订《岗位聘任协议书》和《经营业绩责任书》。以 3 年任期目标和年度业绩责任"锚定航向"，突出业绩导向，考核指标注重战略目标与经营业绩相结合、定量指标不低于 70%；以"四同"原则（同行业、同规模、同职位、同业绩）在对标对表的基础上制定差异化薪酬，按照"利润确定总薪酬、关键

指标严否决"实行刚性兑现和不达标退出机制，通过强激励、硬约束，突破"三能"瓶颈。

四是实施岗位分红，增强骨干人才干事动能。为激发活力、鼓励先进，洛斯达将个人利益与企业目标有机结合，通过岗位识别与机制设计，对经营管理和专业技术序列中的核心骨干实施为期3年的分红激励。2020年分红人员占比21%，分红奖励总额较上轮显著增长，实现了企业效益与骨干收益的双提升，极大地发挥了骨干员工的正向激励作用。

（二）健全科技创新体制机制，提升自主创新能力

一是聚焦核心技术研发，构建数字化技术生态。洛斯达结合新时代数字化转型要求与行业痛点，精选研发课题，引导项目立项紧跟前沿技术发展，加强"云大物移智"与能源电力产业融合发展的关键核心技术研发；在数字电网、智慧能源等应用方向进行重点攻关，升级构建"工程数字化、能源数字化、企业数字化"技术生态，通过数字技术自主创新为能源行业赋能。

二是强化产、学、研合作，加速科研成果应用。洛斯达面向市场需求建设技术创新研发平台，把握前沿技术发展方向，与中国科学院、武汉大学、天津大学、上海交通大学、国家电网技术学院、国家电网通用航空有限公司等开展长期技术合作，通过建立合作实验室和战略联合等方式，合作培养发掘优秀人才，在新型遥感、激光扫描、数据中心、智能规划与预测、数字储能等领域研发产品和技术服务，增强技术的核心竞争力，促进特色数字化产业孵化。

三是加强专项激励，营造科技创新文化氛围。洛斯达以价值创造为导向，完善创新奖励机制，针对专利、论文、获奖等技术输出，设置分类分层的专项奖励；从技术创新与应用创新多维度设立奖项，对在创新研发与工程应用中做出突出贡献的团队和个人进行广泛宣传和表彰，营造尊重技术、崇尚创新的企业氛围；通过物质与精神相结合的激励措施，提升科技人才获得感和荣誉感，激发创新积极性。

（三）加强科学管理，夯实高质量发展基础

一是加强党建工作，深入融合生产经营。洛斯达认真落实"党建进章程"，确保党组织在法人治理结构中的法定地位；强化支部标准化建设，突出党建特色引领；持续强化"不忘初心、牢记使命"宗旨意识，深入开展"党建＋疫情防控""党建＋生产经营""党建＋科技创新"等专项活动，把党的领导贯穿于生产经营的各个方面、各个环节，为改革发展和生产经营提供坚强保障。

二是坚持战略导向，建立适应性组织。洛斯达编制"十四五"发展规划，突出对标一流企业；围绕国家端、行业端、区域端、国际端和项目端等"五端"发力，优化产业结构；通过内部重组，建立"总部中心＋区域市场营销平台＋生产研发基地"运营模式，提升职能管控效能，整合生产研发力量，拓展营销网络建设，保障企业增强创新力、控制力、抗风险能力，打造"一流能源数字化企业"。

三是创新人才战略，优化干部人才队伍结构。年轻人是数字化行业的主力军，洛斯达大胆创新人才战略，依据数字化业务特点加强年轻干部的选拔任用。2020年经理层成员全部由年富力强的"70后"和"80后"担任，平均年龄39岁，中层干部平均年龄35岁。"60后"领导在党委书记、纪委书记、企业顾问的岗位上引领指导，实现新老干部的合作与交替，年轻人才热情得到激发，人才队伍的战斗力得到延续。

三、改革创新成效

一是主营业务保持行业优势，协同效益凸显。引入战略投资者后，洛斯达成为能源领域唯一由两大电网公司同时参股的数字化企业，企业品牌

价值和产品认可度得到显著提升，战略投资者的优势得到充分发挥；电网工程全过程数字化技术得到持续深化，与战投者合作打造"全国特高压工程大数据中心"和"南网智慧工程管控数字化体系"，为国家"数字电网"建设贡献中坚力量；业务范围由传统的电力、能源拓展至铁路、交通、环保等多个非电领域，带动效应凸显。

二是企业治理效能显著提升，活力得到激发。在疫情严峻考验下，员工持续践行"拼搏、创新、学习、感恩"的企业文化，以"开局就是冲刺"的精神，在做好疫情防控和复工复产的同时，全面超额完成生产经营指标和改革发展任务。2020 年，新签合同额增长 5.1%，利润增长 6.4%，新兴业务占比增长 102%，人均效能提升 26%。中南研发团队战胜疫情阻碍，发扬"鸡鸣破晓仍鏖战"的精神，超预期完成重点研发任务；西南开发团队长期驻扎日喀则、阿里等地，打造数字化铁军贴身服务"电力天路"，全年驻藏超过 310 天，以"平台 + 技术 + 服务"保障阿里联网工程顺利完工。

三是科技创新实力不断增强，技术成果丰硕。2020 年，洛斯达申请专利 10 项、软件著作权 26 项，16 项成果获评省部级和行业奖项；创新研发的"输电通道云端优化与设计平台开发及应用研究"实现多源数据协同设计，突破行业技术瓶颈；自主开发的"电网基建全过程数字化平台"在 11 个省份成功运行，用数字化技术创新基建管理模式；研发了一批重点能源数字化产品，成为探索智慧能源的先行者，促进能源电力工业向数字化、智能化、智慧化转型升级，助力实现碳达峰、碳中和目标。

65

深化体制机制改革 促进科技创新发展
老电院焕发新活力

中国电力工程顾问集团东北电力设计院有限公司

一、基本情况

中国电力工程顾问集团东北电力设计院有限公司（以下简称"东北院"）创建于1950年，系中国能源建设集团有限公司所属三级子企业。东北院历史悠久，是新中国诞生后成立的第一家电力勘测设计院，先后隶属于燃料工业部、电力工业部、水利电力部、能源部和国家电力公司，是我国电力勘察设计事业的奠基者和开拓者。东北院拥有国家各主管部门颁发的工程设计资质证书（综合类甲级）、工程勘察设计证书（综合类甲级）、工程造价咨询企业资质证书（甲级）、环境影响评价资质证书（甲级）等各类资质证书，是住房和城乡建设部首批颁发"工程设计综合资质甲级"20余家勘察设计单位之一，也是首批"工程勘察综合类甲级"单位，业务范围包括常规电力、核电、新能源、智能化、市政与民用工程和环境工程等。东北院共有员工1 338人，其中技术人员962人，占比71.9%；拥有全国工程勘察设计大师2人、省级勘察设计大师5人、电力行业勘察设计大师3人；拥有集团特级专家3人、专家14人、青年专家32人；拥有获得国家注册资质人员445人，获得国际项目经理（PMP）资格认证39人。

自入选"科改示范行动"以来，东北院着重在体制机制改革、打造科技创新体系、加强党的领导完善公司治理等方面发力，有效激发了企业活力，生产经营持续高效运行，改革创新发展呈现良好局面。

二、主要做法

（一）积极完善选人用人机制，实现市场化机制"新突破"

2020 年，东北院全面推行经理层成员任期制契约化管理，经理层 7 位成员全部签订岗位聘任协议书、任期和年度业绩责任书，首次签订任期为 2 年。坚持"跳一跳、摸得着"的原则制定业绩责任目标，兼顾科学性和挑战性；考核体系涵盖经济效益类、风控合规类、科技创新类等指标；薪酬紧贴业绩，业绩升薪酬升、业绩降薪酬降，充分体现强激励、硬约束；坚持刚性兑现考核结果，该退出的坚决退出，实现经理层成员职务"能上能下"。通过实施市场化选人用人机制，充分激发经理层成员的活力和创造力，切实在构建市场化经营机制方面实现突破。

（二）持续深化三项制度改革，推动管理水平迈上"新台阶"

一是压缩管理人员数量。"管事的多、干活的少"是不少企业存在的固有弊病，东北院坚持打造精简高效管理机构，压缩管理人员数量，提高管理人员工作效率，将部分管理岗位人员力量补充到生产经营一线。2020 年管理层干部人数较上年减少了近 1/3，人员结构更加合理。

二是关键岗位开展竞聘上岗。2020 年，改革办主任、投资与运营管理部主任以及系统规划部、工程建设部等的重要部门岗位在全公司内公开竞聘，全年通过公开竞聘形式上岗 15 人。

三是实施薪酬体系改革。东北院坚持以业绩为导向，以吸引人才、激励员工为目标，制定全新的薪酬管理体系，体现企业管理、员工价值、岗位贡献"三位一体"的考核理念；强化岗位贡献度，将原来的年终奖转化为年终红利，更大限度地激励年度内为公司生产经营、科学管理、科技创新、质量环保等方面做出突出贡献的员工，做到薪酬与业绩、能力相结合。

四是出台核心骨干员工管理办法。东北院梳理定义核心、骨干员工范围，给出晋升条件，为开展员工持股工作奠定基础；梳理出年度核心骨干员工名单，据此对年底红利进行分配。

（三）不断加强科技研发力度，打造科技创新"新高地"

一是加强统筹规划和顶层设计，编制"十四五"科技发展规划。东北院根据能源电力工业的发展形势和技术发展趋势，对照公司"十四五"时期"国际一流工程公司"战略目标，分析研究各业务板块技术发展现状和趋势，展望相关的工程应用，找出存在的差距，明确科技创新方向和重点内容；以科技规划为引领，加强科技创新和成果转化，实现科技兴企；优化公司组织形式，完善选人用人、薪酬分配等管理制度，为科技创新培育肥沃土壤、创造优良环境。

二是整合优势人才资源，组建"总工办公室"和"大师工作室"。东北院整合副总工程师等技术精湛、经验丰富的专家型人才队伍，组建"总工办公室"，明确副总师职责，充分发挥其技术、经验优势，强化副总师在行业和专业领域的模范引领作用；成立"郭晓克勘察设计大师工作室"，为勘察设计大师提供技术创新的资源和环境，发挥勘察设计大师在技术创新等方面的优势，围绕公司发展需要和行业发展趋势开展技术创新等项目研究，促进研究成果转化利用，推动公司核心技术升级。

三是搭建科技创新平台，成立科研创新机构。东北院积极落实"创新驱动、引领发展、重点突破、支撑转型、面向市场、放眼未来"的科技发展方针，成立研发创新中心，开展重大与关键技术研究与研发，开展具有重要市场价值的关键科技成果的系统集成研发与转化，为公司发展提供专项技术支持；加强与高校、科研机构及知名科技企业合作，推动产、学、研融合发展，促进科技成果市场化应用。

（四）引"战投"和员工持股并举，开创改革发展"新局面"

一是制作公司改革宣传材料。东北院编制《东北院混合所有制改革引进外部战略投资合作伙伴总体介绍》，制作改革专项宣传片，向外部投资者全方位展示公司形象和改革发展情况。

二是多渠道寻找战略投资者。东北院通过动员公司干部职工牵线搭桥、委托咨询机构、产权交易所、律师事务所等机构宣传推介，组织举办多场路演活动等举措，扩大搜索战略投资者触角，寻找与东北院高匹配度、高认同感、高协同性的战略投资者，严控引进战略投资者质量，做到优中选优。

三是发布员工持股管理办法。东北院坚持增量引入、以岗定股、动态调整原则制定员工持股管理办法，圈定持股核心员工为在关键岗位工作并对公司经营业绩和持续发展做出贡献的科研人员、经营管理人员和业务骨干；通过多种形式持续加深改革宣传工作，营造"改革必行、改革必成"的良好氛围，激发了广大干部职工的改革热情。

三、改革创新成效

东北院坚持深化体制机制改革，以改革促创新，以创新促发展，企业生机活力焕发，改革成效显著。

一是企业经营效益提升明显。2020 年完成新签合同额 82.99 亿元，实现营业收入 31.24 亿元，同比分别增长 83.96% 和 62.05%；实现净利润 1.27 亿元，保持稳定增长；人事费用率达 12.12%，同比下降 42.86%，实现减人增效。

二是员工干事创业动力十足。通过实施深化体制机制改革、加强科学管理和科技创新、开展员工持股等一系列举措，特别是通过核心骨干的收入差异体现在红利分配上，让员工切实体会到收入"能高能低"，充分调动广大员工的积极性，主动通过参与科技创新来自我提升、取得进步，为下一步进入员工持股人员范围做准备。员工干事创业热情高涨、动力十足，企业生机活力焕发，公司进入高质量发展的上升通道。

三是企业科技创新成效突出。通过研发创新中心的成立，集中东北院的优势"兵力"进行创新研究，切准时下热点和能源市场方向，在氢能源方向深耕细作。从新能源制氢、输氢管道、氢能产业研究到园区产业规划，对氢能源全产业链进行深入研究，其成果在大安负荷响应性"源网荷一体化"增量配电网示范项目、鞍山"十四五能源规划"等项目上得到应用，解决了东北风、光资源优势地区的新能源发电消纳问题，提升了东北院对清洁能源利用前沿技术的应用能力，持续为氢能源产业发展赋智赋能，助力实现碳达峰、碳中和"3060 目标"。

66

紧抓"科改示范行动"契机　奋力改革攻坚
打造国内一流综合性建设企业

中国黄金集团建设有限公司

一、基本情况

中国黄金集团建设有限公司（以下简称"中金建设"）成立于 2011 年 5 月，是中国黄金集团有限公司（以下简称"中国黄金"）的全资子公司，中国黄金七大板块企业之一，国家认定的高新技术企业，注册资本 8.6 亿元。截至 2020 年 12 月，板块拥有矿山、冶金、市政公用、建筑、石油化工、机电等施工总承包和专业承包一级资质 9 项，具有工程设计专业甲级资质 2 项，累计授权专利 48 项。中金建设本部直接管理企业 15 户，其中委托管理公司 1 户、全资子公司 6 户，控股子公司 1 户，分公司 7 户（含区域公司 5 户），另有三级法人企业 1 户。板块在册职工 1 209 人，其中，科研人员 71 人，占板块总人数的 5.87%。

中金建设主营业务包括工程设计、工程施工承包、材料和设备研发制造及相关贸易等，业务涵盖工程材料检测、钢结构加工与制作安装、机械设备研发制造销售、商品混凝土生产销售、矿山投资运营、建筑材料及技术产品研发、投资开发等类型，所承担的工程涉及房建、市政、公路、水利、冶金、有色、军工、化工、电力、建材、文教、卫生等领域。

二、主要做法

2020 年 4 月以来，中金建设紧紧抓住入选"科改示范企业"契机，认真学习，深入领会改革政策，积极部署，奋力推进改革工作，结合实际，与"改革三年行动"同步谋划。经过 1 年多的综合改革，在健全市场化选人用人、完善公司治理体制机制、强化市场化激励约束机制、激发科技创新动能方面均取得了率先突破。

（一）自上而下，分层实施任期制和契约化管理，全力以赴，全面实施市场化用工

一是自上而下，本部率先完成经理层成员的任期制和契约化管理。本着自上而下、分层推进的原则，中金建设本部经理层成员签订了《岗位聘任协议书》《业绩承诺书》，率先在本部范围内完成经理层成员的任期制和契约化管理，推进企业内部市场化，传递市场压力，激发内生动力。

二是完善制度，全面实施市场化用工。中金建设建立了针对权属企业的《职业经理人管理办法》《公开选聘权属公司总经理试点工作方案》，并市场化选聘了矿业分公司的负责人，签订目标责任书，建立了市场化的薪酬体系；完成《经理层任期制和契约化管理办法》、《经理层成员薪酬管理办法》、岗位说明书模板、《职工违规违纪行为处分规定》等多项制度及文件的编制，进一步完善了市场化选人用人制度；对 8 家子企业的领导班子进行考核，6 家企业领导班子进行调整，实现管理人员"能上能下"；拟定职业经理人管理办法、经理层成员薪酬管理办法、聘用协议等系列管理办法，为推动公司人才市场化规范管理提供体系支撑。

（二）坚定决心，破解发展障碍，"张榜招贤"，聚力改革攻坚

一是坚定决心，破解发展障碍。中十冶集团有限公司（以下简称"中十冶"）系中金建设的重要控股子公司，每年造成约 1.6 亿元的损失，其

大额亏损、法律纠纷等诸多历史遗留问题严重阻碍了中金建设的改革发展。面对中十冶历史悠久、体量大、在册职工近千人、在建工程遍及全国各地、地方政府及法院受理难度大、社会不稳定风险高、破产清算程序复杂等难点和痛点，为彻底解决这些历史遗留问题，破解改革发展阻碍，中金建设克服重重阻力，联合一切可用力量，想尽一切可能办法，于2020年底取得法院的受理裁定书，实现中十冶由法院指定管理人接管。目前，中十冶已进入破产程序，止住了中国黄金的"出血点"。中金建设当年利润增加2.91亿元，所有者权益增加6.1亿元，资产负债率降低15个百分点，300多起诉讼案件移交至管理人处置，节省了大量司法资源。中十冶问题的有效解决，为中金建设下一步改革发展、轻装上阵奠定了坚实基础。

二是"揭榜招贤"，聚力改革攻坚。面对制约板块改革发展的重点难点问题，中金建设采用"揭榜招贤"方式，梳理出项目结算、应收账款回收、重点项目工程进度、闲置资产盘活、企业改革、"科改示范行动"六大方面共计36项重点难点任务，举行"揭榜招贤"仪式，对重点难点任务进行攻坚，明确任务目标、完成标准、时间节点、责任人、奖励金额等，极大地激发了员工的凝聚力和战斗力。通过"揭榜招贤"，影响改革发展的重点难点问题得以有效推进。截至目前，36项重点难点问题已完成9项。其中，中十冶破产清算按时完成招贤揭榜工作目标；乌海项目顺利交房；9项项目结算工作完成7项，另外2项进展显著；13项应收账款回收工作有效推动，预计可回收资金超5亿元；子企业中金钢构工程有限公司的混合所有制改革工作稳步推进，目前改革方案已经上报，待取得批复后即可实施，其他工作全部稳步推进。

三是全面起底，大幅优化组织机构。中金建设本部开展"全员起立"的机构改革和全员竞聘，大幅压减本部职能部室数量和人员，职能部室压减至52人，其他人员扩充至业务部门，充实一线力量，形成了"80后"

占比高达 70% 的中层正职干部团队，更加注重干部队伍的年轻化、专业化、基层经历，后备干部人才队伍建设进一步加强。机构改革后，中金建设启动业务流程的全面梳理和优化，审批权限进一步向一线业务部门转移，职能部室管理更加宏观，全面树立"为一线服务、为业务服务"的管理理念，提高了公司管理效率。对板块范围内所有参股企业进行全面排查，以注销方式完成 1 户低效无效参股企业的清理退出工作；梳理出未开展业务经营的分公司 1 家，正在进行工商注销；将板块内同一区域的 3 家分公司、3 户法人企业进行了重组整合，成立西北区域总公司，将原本分散、竞争力弱的企业进行了有效整合，形成规模较大、人才聚集、竞争力强、产业链完善的经营主体。通过机构调整、注销退出、重组整合等方式，大大优化了组织结构，有效提高了经营效率。

（三）坚持不懈，优化绩效考核体系，拉开差距，增强活力激发动力

经认真研究、细致谋划，中金建设于 2020 年 6 月印发了以绩效考核管理制度为统领，针对权属企业、内部经营单位、职能部室的不同特点及实际情况的绩效考核管理办法，初步构建了以利润为导向的绩效考核体系。经过半年试运行，效果显著，2020 年板块利润总额较上年增长 93.54%。2021 年，中金建设在此基础上，结合板块各企业实际情况，按照"一企一策一兑现"原则，进一步优化与完善绩效考核体系，旨在实现"预算-考核-薪酬"的有机联动，构建针对性、导向性、激励性强的绩效考核体系。按照进一步优化后的绩效考核体系，板块不同企业间绩效工资将拉开巨大差距。经初步测算，经营业绩好的企业与经营业绩差的企业间绩效工资最大差距可达 4.75 倍，真正实现"干得好，拿得多"，增强企业活力，激发员工动力。

此外，中金建设结合企业实际，积极探索项目跟投、超额利润分享等中长期激励方式，并形成初步方案，旨在构建短中长期相结合的激励体

系，充分调动员工干事创业的激情。

（四）围绕主业，增强科技研发力量，整合资源，搭建技术发展平台

一是围绕主业，增强科技研发力量。中金建设将科技研发与回归主业有效结合，围绕矿山主业，加大科技研发投入，围绕金属矿山井下搬运机械臂、矿山井下智能化无人采掘技术的成果转化及推广两大科研方向，持续加大科研经费和人员投入。初步统计，2020 年板块科研经费投入强度达 3.84%，科研人员 71 人，占板块总人数的 5.87%，板块新增授权专利 23 项。

二是整合资源，搭建技术发展平台。2020 年以来，对内，中金建设通过召开科研专题研讨会，印发《创新工作室平台管理及经费补助机制》，全面摸排板块科研工作等措施，进一步加强创新工作室建设及管理工作；对外，中金建设积极走出去，整合各方资源，联合外部企业、兄弟企业、板块企业、科研院所、高校等一切可以联合的力量，共同进行科研项目攻关，初步搭建了服务主业、协同发展技术平台。

三、改革创新成效

2020 年 4 月，中金建设正式入选首批"科改示范企业"后，本着"开局即是决战，起步就是冲刺"的思想，通过采取一系列综合性改革举措，实现经营业绩显著改善，科技创新动能明显增强，市场化选人用人更加科学，组织机构更加优化。

一是经营业绩显著改善。经营业绩是检验改革成效最直观的标准。2020 年，中金建设实现利润总额 1.8 亿元，同比上年 0.93 亿元增加利润 0.87 亿元，增幅达 93.54%。

二是科技创新动能明显增强。2020 年，中金建设板块上下加大科研力度，整合板块科研人员开展科研工作，汇聚人才力量，板块科研经费投入强度达 3.84%，科研人员 71 人，占板块总人数的 5.87%，板块新增授权专利 23 项。

三是市场化选人用人更加科学。通过自上而下、分层实施经理层成员任期制和契约化管理，中金建设不断完善相关制度，形成了更加合理的管理层级和人才梯队；通过机构改革和全员竞聘，新聘任中层干部 16 人，其中新提拔中层干部 6 人，"80 后" 7 人，占比 43%，免职 6 人，真正做到"管理人员能上能下、员工能进能出、收入能增能减"，市场化选人用人更加科学，为年轻干部的成长提供有效支持、有力保障。

四是组织机构更加优化。通过机构调整、破产清算、注销退出、合并重组等一系列重大改革举措，中金建设组织机构更加优化，运营管理更加顺畅，权责划分更加清晰，决策审批更加高效，直管企业明显减少（由2020 年年初的 21 户降至 2021 年 3 月的 15 户），经营效率大幅提升。

67

扭住"三能牛鼻子" 全面提升自主创新能力

深圳中广核工程设计有限公司

一、基本情况

深圳中广核工程设计有限公司（以下简称"设计公司"）成立于2005年，由中广核工程有限公司出资60%、中国能源建设集团广东省电力设计研究院有限公司出资40%共同组建，是中国广核集团有限公司（以下简称"中广核"）下属三级控股子公司，是国内首家以核电为主，集核电站核岛、常规岛、电站辅助设施及全厂总体设计为一体的清洁电力工程设计咨询高新技术企业。

基于中广核30多年核电建设和运营实践经验，设计公司已具备业界领先的"二代+"和三代压水堆核电工程设计、咨询实力，是国内承建核电机组数量最多、装机容量最大的设计单位，已累计完成20台百万千瓦级大型核电机组的设计工作，且相关机组均已全部顺利投产并高效安全稳定运行。2014年，设计公司自主研发的三代核电技术"华龙一号"在防城港3/4号核电机组上成功应用实施，以"华龙一号"研发成果为基础形成的华龙融合技术在太平岭、三澳核电项目落地实施，中国自主三代核电技术进入批量化建设新阶段，为中国广核集团核电"走出去"战略提供了有力的技术支撑，是中广核的重要核心竞争力。

2020 年，设计公司紧紧抓住"科改示范行动"契机，以打造国际一流工程设计院为目标，按照"集科技研发与设计生产为一体的综合性工程设计咨询公司"的业务定位，以与中广核工程有限公司设计、设备、施工、调试 AE 协同运作为基点，坚持刀刃向内，扭住"三能牛鼻子"，全面深化三项制度改革，积极探索科研人员激励新机制，进一步激发组织效能和人员动力活力，持续夯实发展之基，不断提升自主创新能力。

二、主要做法

（一）构建以任期考核为基础的干部发展考评机制，实现干部"能上能下"

一是开展任期考核。设计公司构建全面系统的干部考核、发展、激励、交流、退出机制，从"政治关、品行关、作风关、廉洁关、能力关"5 个维度设置考核指标，对任期届满的管理干部开展集中统一考核。对考核结果为"优秀"和"良好"的人员予以晋升并发放任期激励金，大胆激励业绩优良、敢于担当作为的干部；对考核排名后 10% 的干部岗位开展公开竞聘，促进优秀人才脱颖而出，截至 2021 年 3 月已有 1 名干部岗位通过公开竞聘实现了"能上能下"；对年度考核总人数的 10% 开展交流轮岗，有效盘活干部队伍，培养复合型人才。自 2020 年 10 月实施后，科技研发和设计生产方面业绩优良的年轻干部得到了提拔和激励，极大地鼓舞了干部们干事创业的激情和动力。

二是实施"薪火传承"计划。设计公司制定基于年龄、任职时间、身体健康等因素的"阶梯式"退二线政策，根据"用人所长、人岗相适"原则，安排自愿退出管理岗位的领导干部从事技术岗位专项工作，继续充分发挥资深干部员工的经验和专业特长，传承薪火。实施后，有 1 名资深干部主动申请纳入"薪火传承"计划，在技术岗位上继续发光发热。

（二）构建以岗位为核心的任职资格管理机制，实现员工"能上能下"

一是全面梳理设计人员的职业发展通道和专业类别。设计公司构建基于"K（知识）S（技能）A（素质）E（历练）"的任职资格体系，为员工能力提升、业绩衡量和职业发展提供清晰的指引。

二是以岗位任职资格为基础，根据业务变化及员工胜任情况，设计公司动态调整岗位聘任（或授权），使岗位聘任（或授权）不再与职级、年限、资历相关联，实现以能力定岗位和岗位"能上能下"，避免"论资排辈熬年头"。

三是严格高端技术岗位晋升和任期考核。设计公司明确高端技术岗位年度晋升淘汰率不低于20%，并将任期考核排名靠后10%和考核结果为"不称职"的人员岗位用于公开竞聘，让优秀员工脱颖而出，为奋斗者提供更多的职业发展机会。

四是建立以岗位授权为核心、调级与调薪相结合的发展机制。设计公司破解员工职级和岗位发展的"天花板"，多渠道鼓励引导优秀员工始终保持奋斗者状态，实现员工发展"有奔头"。

（三）构建以岗位价值和业绩贡献为核心的分配体系，实现收入"能增能减"

一是优化岗位津贴、绩效奖金分配机制。设计公司实现员工岗位津贴和绩效奖金与职级脱钩，与岗位价值和业绩表现强关联。岗位津贴标准体现岗位价值，与岗位职责大小强关联，岗变薪变，动态调整；绩效奖金随业绩贡献和绩效考核结果动态调整，优者奖、劣者降。改革后，员工收入的75%将由岗位和绩效结果决定，避免了"大锅饭"。

二是薪酬分配向一线"急难险重"人员倾斜。设计公司同岗位一线员工的岗位津贴比后台人员高16%～24%，同时还对异地一线员工发放外派奖励、跨地区差旅补贴等激励，有效增强一线员工的获得感。改革实施至今，同职级员工因承担岗位责任和业绩表现的不同，薪酬收入差异最高可达 2 倍以上。

（四）探索以岗位分红为基础的科研人员激励新机制，增强创新动能

一是设立"核电设计"特色的岗位分红激励机制。依据国务院国有资产监督管理委员会有关分红激励政策和集团中长期激励相关管理办法，设计公司统筹公司规模、发展定位、管理制度等现状，重点围绕核电先进型号研发、"走出去"战略课题和自主化关键核心技术攻坚，制定《设计公司岗位分红激励方案》，从资格判定、总额核定、对象确定、业绩考核、分配方式和管理要求等方面进行系统设计；按照效益导向和增量激励原则，合理确定总体激励水平，对核心科研人员、经营管理人员精准激励，其中核心科研人员占激励总人数不低于80%，切实提高科研人员员工积极性、主动性和创造性。

二是探索建立灵活高效的工资总额核定机制。在工资总额"基础包""业绩包""发展包"核定模式的基础上，设计公司增设"科技创新包"，让科研人员和科研成果有"厚得"，激励额度上不封顶；搭建与科研项目长周期相适配的薪酬激励模型，以结果为导向，聚焦科研成果与转化，用高薪机制吸引、保留高素质人才，强化正向激励，打造一流科研人才队伍。

（五）建立以"领航人才"计划为基础的科研人才培养通道，提升创新效能

设计公司制定"领航人才"发展计划，强化顶层策划，有组织地开展专业人才培养，打造科研高端人才培养通道。通过构建"领航人才、领军人才、领先人才"的三层人才发展梯队，使有技术水平的人才获得被培养和发展的机会，为有技术水平的人才提供才能施展、业绩积累及纵深发展平台和技术指导。"领航人才"发展计划实施后，设计公司累计新增国务院特殊津贴专家 1 人，深圳市高层次人才 7 人，深圳市龙岗区深龙英才 6 人，各层级优秀科研人才不断脱颖而出，逐步形成结构合理、梯次有序的科研人才发展梯队，筑牢了公司自主创新发展之基。

三、改革创新成效

设计公司通过实施"科改示范行动"，紧紧扭住"三能"牛鼻子，推动三项制度改革全面落地，充分激发了科研人员创新动力活力，实现动能转换，改革创新成效突显，自主创新能力和经营效益不断提升。

一是公司经营效益稳步提升。2020 年利润总额较 2019 年增长 60.1%，净资产收益率同比增加 79.4%，科研收入占营业收入比达到 2.8%，科技成果转化年度新增合同额比 2019 年增长超过 10%。

二是科技创新能力显著提升。核电型号研发项目稳步推进，关键核心技术攻关取得重大进展，多项成果通过行业鉴定、具备应用条件。其中，自主研发设计的 HL-T67 蒸汽发生器顺利完成综合性能试验及一次侧水压试验，2021 年即具备条件应用于太平岭核电项目；自主三代核电技术"华龙一号"于 2020 年 10 月获得 EUR 认证，成为全球首个通过 EUR E 版（最新版本）标准认证的核电技术，正式拿到欧洲市场的"入场券"。

三是科技创新成果不断涌现。2020 年申请专利 163 项，获批 107 项；2020 年获得各类科技奖项 59 项，其中"核电高可靠性数字化仪控系统关键技术及应用"荣获深圳市科学技术奖（技术发明奖）一等奖；主编并发布国际标准《腐蚀控制工程全生命周期风险评价》，实现公司国际标准零的突破。

68

以研养研　滚动发展
国有混合所有制企业自主创新动能强

北京广利核系统工程有限公司

一、基本情况

北京广利核系统工程有限公司（以下简称"广利核公司"）为中国广核集团有限公司（以下简称"中广核"）管控的二级子公司，是国内第一家专业从事核电数字化控制保护系统（DCS）研发、设计、制造和工程服务的高新技术企业。截至 2020 年 12 月，广利核公司已取得授权专利 211 项，计算软件著作权登记 172 项，省部级科技奖 33 项。

2010 年，广利核公司成功研发了我国首个具有自主知识产权的核安全级数字化仪控平台（核级 DCS 平台）——"和睦系统"。"和睦系统"一经问世，便获得业界广泛好评。截至 2020 年年底，"和睦系统"已在 15 台核电机组实现应用，在新建核电机组市场占有率超过 62.5%，改变了以往国外厂商垄断国内核级 DCS 市场的局面，实现了核电仪控系统的国产化、自主化，在确保核电机组安全稳定运行的基础上，还为我国核电站的工程建设和运行维护节省了大量成本，创造了可观的经济价值。同时，"和睦系统"还具有通用性，可广泛应用于对工业控制系统可靠性要求较高的领域。

2020 年，广利核公司紧紧抓住"科改示范行动"契机，以国产化需求为牵引，不断加大自主科技创新力度，优化科研创新体系，持续深化市场化选人用人和薪酬激励机制，全面激发人才创新活力，在加速核电 DCS 深度国产化技术攻关、实现自主科技成果产业化应用、推动公司高质量发展方面取得了良好成效。

二、主要做法

（一）安全为本，双轮驱动，自主化战略纵深发展

广利核公司聚焦主责主业，以确保核安全为根本目标，坚持市场导向、问题导向和发展导向，围绕提升设备可靠性的目标，坚定不移地实施国产化、智能化双轮驱动的自主科技创新战略。2020 年，在"和睦系统"系列产品成功研制并实现批量化应用的基础上，广利核公司保持战略定力，全面推动自主创新向纵深发展，国产化、智能化科技攻关步伐持续加快，关键核心技术攻关成效明显。

一是深耕细作，筑牢核电 DCS 国产化根基。广利核公司以实现 DCS 产品平台本体安全为目标，持续推进深度国产化。通过加强产业链、供应链的深度融合，与行业内企业联合开展技术难点攻关，按期完成第一阶段国产化攻关目标；以实现核电站全范围工业控制系统自主可控为目标，持续扩展 DCS 国产化应用范围；从核电站堆芯参数测量系统、核级工业抗震保护系统等各专用仪控系统到冷水机、应急柴油机、汽轮机等各主设备本体控制系统，从分布式控制系统、可编程逻辑控制器等系统设备到交换机、工控机、无纸记录仪等单体智能设备，逐步实现核电站端到端、全范围工业控制系统的国产化全覆盖，消除"黑匣子"隐患。

二是踔厉奋发，加速 DCS 国产化专业能力外溢。广利核公司发挥国产化优势，向非核领域横向扩展。针对我国新能源风机控制器 90% 以上市场

份额被国外厂商占据的情况，主动围绕国内老旧风机、在运主流机型和未来机型对控制器的需求进行全面分析，掌握风机控制器设计的关键技术，逐步开发了适用于不同风机型号的标准化、系列化产品。目前，广核利公司自主研发的第一代风机控制器产品已在多个风场完成批量化改造应用，不仅有助于风机发电量提升，还消除了我国风电控制领域的"卡脖子"问题。围绕 DCS 系统，实施产业链纵向延伸。紧跟国家对关键信息基础设施运行安全的要求，基于 DCS 系统的网络架构，自主研发了符合 DCS 系统需求的国产化网络安全防护产品"和睦卫士"。该产品满足国家网络安全等级保护四级的要求，不仅成功应用于核电领域，提升了核电 DCS 的安全水平，对进一步筑强核安全屏障具有重大意义，还可用于核电外多个行业领域的网络信息安全防护，有助于提升国家重要领域网络安全整体水平。2020 年，"和睦卫士"成功入选国务院国有资产监督管理委员会国有企业数字化转型典型案例。

三是瞄准前沿，打造我国工业控制领域自主创新高地。把握前沿科技，努力抢占智能时代的技术制高点，是广利核公司自主科技创新的另一重大方向。在国产化 DCS 平台产品成功研制与成熟应用的基础上，基于平行理论、赛博-实体系统（CPS）、故障预测与健康管理（PHM）等新型技术，广利核公司从提升工控产品本体智能水平与服务"智能核电"建设两个方向，开展工控产品智能运维技术研究与实践，并初步设计、研制了具备健康自感知、故障自诊断的 DCS 产品原型以及提供模型化分析与智能化服务的智能运维软件平台（iMSP）。通过体系化的健康参数、实时化的传输网络、集中化的信息管理、模型化健康分析、智能化的运维服务，赋能国产化工控产品运维实现智能化升级。广利核公司后续还将研制出新一代智能工控产品集，推动我国核电及相关产业迈向全球价值链中高端。

（二）以研养研，滚动发展，科研投入高效转化

一是自筹经费，保持高强度研发投入。广利核公司作为混合所有制企业，坚持自负盈亏、自筹经费、自我滚动发展，始终保持高强度研发投入，科研投入占营业收入的比重最高达到 30%。由于科研经费绝大部分来自于自研产品带来的项目收入，广利核公司始终坚持用最优化的时间和路径实现从产品向商品的转换，实现了从"要我做科研"到"我要做科研"的跨越。

二是需求导向，投入产出有机衔接。广利核公司通过建立从公司中长期发展战略、五年规划到科技子规划、年度科技计划再到科研项目管控的逐级分解机制，确保每个科研项目能切实服务于公司的业务需求，实现从需求到技术、从技术到产品、从产品到商品的有机衔接和高效转化。预计到 2022 年年底，公司科研投入产出比将达到 1∶8。

三是精细管理，攻关节奏合理把控。针对重大和复杂的科研攻关，广利核公司采用技术预研、关键技术攻关、产品原型研制和产品研制的方式分阶段设立课题，明确分解不同阶段的攻关重点和策略。根据每阶段科研攻关的结果，有针对性地调整下一阶段或整体的攻关目标，既降低了科技创新的技术风险，也确保了科研经费投入的合理可控。

（三）以人为本，多元组合，市场化激励约束精准有力

一是以人均产值为基线，建立促进提质增效的动态化编制管理机制。广利核公司基于人均产值和标准工时动态控制各部门人员编制，超编部门人员调配到缺编部门或由公司统筹使用；实行部门奖金包干制，以部门编制人数而非实际人数计发部门奖金，部门总产值上去了，总奖金就多，人员精简了，个人奖金就多。

二是以同层竞争为导向，建立促进人尽其才的市场化人才选用机制。广利核公司实施从入职新人到领军人才的全周期漏斗型培养计划，具体包

括优才计划（工作 3 年以内员工）、高潜后备人才培养计划（30 岁以下青年员工）、专业领军人才培养计划、行业领军人才培养计划等；关键岗位实现（基层管理岗、高级技术岗等）100% 竞聘上岗，形成"每月有竞聘，每年十几场"的激励竞争局面；实施关键人群分层分类考核，如公司级总工团队、部门级总工团队、基层管理人员等，同层级比较和末位淘汰，考核真正动真格。

三是以价值贡献为标尺，建立促进活力激发的多样化薪酬激励机制。薪酬分配不搞"大锅饭"，不搞"齐步走"，而是坚持价值贡献导向，"抓住关键人、牵住牛鼻子"。针对不同组织和人群建立多种薪酬模式，对组织实行业务部门奖金包干制、市场部销售合同提成制、运维中心独立核算制等，对重点人群实行管理层年薪制（分中层、高层）、总师团队积分制、科研领军人才年薪制、项目管理人才岗位津贴制等；专设骨干人才奖，每年动态评选，入选人员给予相当于年终奖水平的激励；专设科研人员激励，包括重点科研项目激励、科研成果转化激励、岗位分红等，与重点科研项目完成情况、科研成果实际转化利润等挂钩。

三、改革创新成效

广利核公司始终坚定政治站位，立志产业报国，按照中广核的战略安排，坚持创新是发展第一动力，主动作为，勇于担当，积极推进"科改示范行动"，不断加快创新改革步伐，在提升经营业绩、增强创新动能、激发人才活力方面成效显著。

一是经营业绩持续提升，企业综合实力增强。2020 年，广利核公司超额完成年度收入目标和集团外市场新签合同额目标，以核级 DCS 平台"和睦系统"为主的核电数字化仪控系列产品的应用领域不断拓展，核电 DCS 市场占有率行业第一，外部市场收入占比达到 25% 以上，年度人均产值在国内同领域（工业控制自动化）的高科技企业序列中位居前列。

二是科技成果不断涌现，自主创新成效显著。在实现核电站主仪控系统国产化的基础上，2020 年广利核公司实现了核级 DCS 平台"和睦系统"在国产化汽轮机控制保护系统上的首次应用，解决了我国核电汽轮机控制保护系统长期依赖国外产品的问题。同时，"和睦系统"还实现了百万千瓦核电机组核级工业抗震保护系统上的首次应用，并覆盖了"华龙一号"核级冷水机控制系统、应急柴油发电机控制保护系统等专用仪控领域。截至 2020 年年底，广利核公司自主研发成果已成功应用于阳江、红沿河、防城港、田湾、惠州、徐大堡等核电基地的 15 台机组，为我国核电建设节省资金近 50 亿元。

三是市场化机制逐步深化，人才活力动力激发。在业务量 5 年连续增长的情况下，广利核公司人均产值提升了 2.5 倍；近 5 年培养 5 批后备干部共计 26 人，有 14 人成长为管理干部，占现有管理干部队伍人数的67%；对 5 位部门级管理干部进行岗位调离、降低授权、劝退等处理，调整率接近 20%；淘汰员工 20 余人，占公司年均总人数近 3%；同层级人员收入差距明显拉大，部分高级技术岗位年收入差距在 20%以上，人才吸引力有效增强，关键岗位人员离职率稳定在 1.5%以下；人才创造力持续激发，2020 年申请专利 64 件，登记软著 12 件，发表科技论文 43 篇。

69

全面激发企业活力动力

西安西电避雷器有限责任公司

一、基本情况

西安西电避雷器有限责任公司（以下简称"西电避雷器"）是中国西电集团有限公司（以下简称"西电集团"）下属三级子企业，是国有控股混合所有制企业和高新技术企业，主要从事避雷器及其他过电压保护装置与附属产品的研发、设计、制造、销售及服务，现有员工200余人，科技人员50余人。西电避雷器始终坚持自主创新，实现了从10~1 000kV避雷器、从交流到直流避雷器的自主研发生产，产品广泛应用于国家重点工程及交直流特高压工程，产品技术已全面达到国际先进水平，超特高压产品达到国内乃至国际领先水平，是国家标准和行业标准主编修单位。

自2020年起，西电避雷器以"科改示范行动"为契机，按照西电集团"主业突出、相关多元"的发展战略，以"改革＋自动化＋数字化＋智能化"为实施路径，加速推进组织结构调整，建立与规划目标、新领域开拓、新业务发展需要相适应的管理组织构架；围绕主业升级转型，系统布局基础研发，着力解决技术短板与瓶颈，加快形成一批支撑企业转型升级、市场拓展的新技术、新成果；持续推动三项制度改革，以市场化选人用人机制、激励约束机制、管理协同机制等变革，加快形成反应敏捷、运行高效、活力充沛的市场化经营机制，在实现企业"治理结构优、风险意识强、经济增长稳、管理效能佳、经营效益高"的改革和经营目标中取得了明显成效。

二、主要做法

（一）加强党的领导融入公司治理，全面引领改革全局

一是制定《党总支落实全面从严治党主体责任清单》，明确党总支全面从严治党领导责任。西电避雷器梳理党总支书记、副书记、其他班子成员重要职责，确保各司其职、履职到位；修订《党总支会议议事制度》，明确规定党总支会议议事范围及内容、议事程序等，确保依法决策、科学决策、民主决策。

二是根据企业经营发展需要修订《"三重一大"事项管理实施办法》。西电避雷器针对公司重大决策、重要人事任免、重大项目安排和大额度资金运作梳理出九大类共计54项决策事项，充分发挥党组织领导核心作用，把方向、管大局、保落实。

三是进一步加强董事会建设，落实董事会职能，完善法人治理结构。西电避雷器完善"四会一层"治理主体内部议事规则，厘清治理主体权责边界，实现决策、执行、监督的有效制衡，管理好国有资产，促进国有资产保值增值。

四是严格落实党总支会前置程序要求，审核把关"科改示范行动"三年改革顶层设计及工作方案，聚焦战略投资者引入、推动企业上市和优化治理机制，细化制定31项"科改示范行动"任务举措，并明确实施路径和要求。

（二）加快推进市场化选人用人机制，全面激发企业活力

一是加快建立健全市场化选人用人系列制度规范，初步形成了"能者

上、平者让、庸者下"的市场化选人用人导向。西电避雷器试点推行中层管理人员市场化选聘机制，通过市场化渠道，按照规定程序，选聘了 3 名中层管理人员，为部门管理提升选好带头人；通过内部公开竞聘，选拔 3 名懂技术、能操作、敢管理的优秀年轻人才担任产线线长，为"自动化＋数字化＋智能化"产线建设提供人才保障；竞聘选出 5 位营销总监，其下设若干初、中级营销代表，增强营销业务专业化管理，进一步激发营销人员市场开拓的竞争意识；加大人才引进，有效畅通退出渠道，通过校园招聘，引入高素质大学生 27 名，依托离岗休养、正常退休等方式实现员工退出 20 余人，进一步加快人员流动，实现人员结构更加合理，组织体系更加优化，从而提高管理效率，激发经营活力。

二是围绕公司战略目标和经营计划的实现，西电避雷器制定《经理层任期制和契约化管理工作框架方案》，与经理层签订《岗位聘任协议》和《经营业绩责任书》，充分调动经理层成员的主动性和创造性，并延伸开展中层管理人员契约化考核，严格按照契约约定开展年度和任期考核，刚性兑现薪酬和退出管理，有力地增强管理人员竞争意识、责任意识。

三是进一步优化调整组织机构编制和人力资源结构。西电避雷器全面开展"三定"，系统搭建了人力资源"442"职位体系，将岗位划分成 4 个序列（管理序列、技术序列、业务序列、操作序列）、4 个层级（总监/主任/线长级、高级、中级、初级）和 2 个类别（核心岗位、一般岗位），建立科学、统一、规范的岗位管理体系；发布《岗位管理办法》，明确了岗位设置、岗位编制、岗位配置，岗位数由原来的 111 个调整为 42 个，岗位优化比 62%；制定《员工职业发展指引》，规范职业发展方式，畅通员工职业发展渠道，营造公平、公正、公开的内部人才发展环境。

四是引入竞争机制，开展员工内部竞聘。西电避雷器实施全部管理人员的内部竞聘和不胜任退出制度，实现管理人员由 36 人精简至 28 人，精简人数占比为22%；建立《岗位效能指标库》，结合企业经营需求，进一步梳理出各岗位关键效能指标，并按照契约化管理机制，与全部竞聘上岗人员签订《岗位聘书》及《岗位职能聘期责任书》，明确了岗位职责、绩效责任、考核激励等各项权利义务，实现"人人肩上有担子，个个身上有指标，件件工作有着落"。

（三）建立多元化、市场化激励约束机制，充分激发创新动能

一是实施科技项目跟投激励，加速成果转化。依托白鹤滩国家重点工程项目，西电避雷器制定大容量避雷器电阻片的研制及批量化生产项目跟投激励方案，由项目组9名核心成员自筹项目跟投资金10万元作为研发风险资本金，将科技研发人员奖励与科研成果挂钩，风险共担、利益共享；按照电阻片研发试制、应用和市场推广3个阶段进行激励，依据完成工作任务量、专业能力等5个维度进行个人贡献评价与分配，充分调动起技术及相关人员的积极性和创造性，激发科技创新动能，促进科技成果转化。

二是开展重点关键技术项目"揭榜挂帅"。西电避雷器制定并发布榜单，明确核心电阻片技术攻关具体参数、完成时限、考核指标、奖惩制度；畅通参与渠道，对遴选揭榜者不设门槛，评标小组充分评估揭榜者科研实力，差额遴选出2个团队展开研发攻关，激励关键核心技术攻关。

三是开展技术降本收益分红。西电避雷器将技术降本考核指标分解到每个技术人员，按照降本带来的市场收益和个人奖励挂钩，将"收益分红"有效期设定为3年，且呈逐年递减，以此激发技术人员工作积极性，引导员工持续进行技术改进。

四是试点推行"单项目超额利润"分享机制。针对新市场开发，西电避雷器建立以"市场＋技术"的双融合方式，在实现公司应有利润的前提下，对超额净利润按照比例给予项目组奖励，与员工共享项目成果，实实在在提升员工的获得感和幸福感，激发谋事干事成事的精气神。

三、改革创新成效

一是经营业绩明显提高。2020 年，西电避雷器公司面对特高压产品占比降低 31% 的不利局面，常规产品占比增长 24%，实现营业收入 3. 32 亿元、利润总额 4 174 万元；成功中标韩国电力公司项目，实现首个自主外贸国际出口最大订单。

二是项目跟投激励成效显著。2020 年西电避雷器大容量电阻片研制完成，并成功应用于 ±500kV 枫泾换流站、±500kV 团林换流站工程，取得销售订单 400 余万元。目前，西电避雷器正按照"制造一代，储备一代"的思路，着力推进"长棒形电阻片"这一国际领先技术攻关的项目跟投机制，不断推动关键核心技术创新，做好技术储备。

三是"自动化 + 数字化 + 智能化"产线建设快速推进，升级转型明显加快。西电避雷器各产线引进自动化设备，全方位开展自动化改造，借助高效率的自动化生产，相关从业人员将大幅减少；正在加快推进 35kV 及以下复合避雷器智能产线建设，致力于打造 35kV 及以下复合避雷器国内首条智能生产线，实现零部件上料、装配、硅橡胶硫化成型及外表面处理、密封测试、电气测试、自动包装及不良品剔除等全流程、全工序的数字化、自动化，将 35kV 类产品年产量从 2.4 万只提高至 14 万只，10kV 类产品年产量从 10.8 万只提高至 60 万只；对电阻片逐片进行激光刻码，可通过 MES 系统建设实现电阻片质量可追溯，提高产品良率，方便进度跟踪，协调生产，着力提升生产质量和效益，达到世界一流水平，助推企业转型升级，实现高质量发展。

70

"科改示范行动" 驱动公司创新发展
经营创效能力明显提升

新疆国统管道股份有限公司

一、基本情况

新疆国统管道股份有限公司（以下简称"国统股份"）成立于2001年，是中国铁路物资集团有限公司所属新疆天山建材（集团）有限责任公司的控股上市公司，是以预应力钢筒混凝土管（以下简称"PCCP"）等高端混凝土制品设计、生产及制造为主营业务的国家级高新技术企业。国统股份于2008年在深圳证券交易所上市（股票代码：SZ002205），为PCCP行业第一家上市公司，新疆天山建材（集团）有限责任公司持股比例为30.21%，其他社会公众A股持股比例为69.79%。国统股份是中国混凝土与水泥制品协会副理事长单位、中国PCCP质量创新联盟发起单位之一。

国统股份拥有6家高新技术企业，7个研发平台，1家行业唯一的"国家级企业技术中心"，科技创新实力一直处于行业前列。自成立以来，国统股份获得授权专利共计155项（其中发明专利12项）；承担国家及地方各级各类科技项目19项；获得各类科技奖项29项；参与起草和编制国家及各类标准37项；通过新产品、新工艺成果鉴定9项；公司科技工作者在国内各级科技期刊发表论文100篇、著作2部、软件著作1部。国统股份年科技研发投入强度都持续在营业收入的3%以上。落实"科改示范行动"以来，国统股份紧抓改革机遇，建立开放、高效的治理机制，全面落实各项改革措施，持续加大科研投入，以市场为导向的科研成果转化率明显提高，公司经营活力得到显著提升，经营业绩大幅提高，行业竞争优势进一步凸显，正向行业一流企业健康发展。

二、主要做法

（一）深化公司市场化改革，全面提升公司市场竞争力和经营活力

一是优化调整"一委三会一层"，充分发挥公司治理体系的综合效能。通过党委班子、经营层班子调整，董事会换届、双向交叉进入，国统股份明确工作机制和职责分工，科学合理给予外部独立董事薪酬激励等措施，取得良好效果。国统股份一改党的建设工作与企业中心工作匹配度低甚至存在两张皮现象，变为公司党委高质量党建为中心工作把方向、管大局做保障；二改公众股东只关注股票价格不关注企业经营发展的局面，变为公众主要股东发挥积极作用和市场资源优势，主动为企业在市场拓展、科研方面出谋出力；三改原董事会制定的公司"十三五"战略方向和业务结构，变为公司新战略回归主业，脱虚向实向好发展；四改董事会、监事会外部董事和监事履职流于表面化、形式化，变为外部董事除科学参与决策外，还主动研究公司经营发展遇到的重大难题、风险问题并提出解决方案；五改经营层改革创新发展意识不到位，能力不匹配问题，变为加强班子力量，加大培训力度，落实经理层任期制和契约化管理，提升公司市场开发和经营管理能力。

二是进行薪酬体制改革，建立市场化激励约束机制。国统股份在2020年进行了自成立以来最大规模的薪酬改革，对标同行业先进企业，借鉴先进做法，按市场化原则实施新的薪酬体系，整体采用"差异化薪酬"模

式，重点明确在研发创新、市场开发、经营业绩 3 个方面实施增量分红激励。科学细分薪酬组成，精准确定岗位工资、薪级工资、绩效工资、津贴补贴和增量分红等分配系数；以业绩为导向进行考核，合理拉大收入分配差距；一企一策，对子分公司领导人员实行与企业功能性质相适应、与经营业绩相挂钩的差异化薪酬分配办法；对员工建立起岗位职责、业绩、实际贡献联动和鼓励创新创造的分配激励机制。1 年来，员工收入普遍提高20%～50%，收入增长与经营业绩增长互相带动，企业经营活力得到充分激发和释放。

三是健全市场化选人用人机制。国统股份在 2020 年制定经理层任期制和契约化管理办法，董事会与公司经理层签订了"岗位聘任书、业绩责任书"，从 2020 年开始，3 年为一个任期，约定了"能上能下、能进能出"的规则和流程；完善中层干部管理制度，在公司中层骨干岗位实施了全体起立竞聘上岗，总部实施了 13 个部门的大部制改革；完善员工层新的劳动合同管理办法，推行市场化用工管理，实施了 2 名科研核心骨干退休员工返聘管理制度。

（二）激发科技创新动能，全面提升公司自主创新能力

一是健全科技创新体制建设。2020 年，国统股份制定并完善科技创新管理及激励制度，出台实施了《科技创新项目申报管理办法》《研发经费财务核算管理办法》《知识产权管理办法》《技术服务管理办法》等支持科技创新和加快成果转化的一系列办法；建立了以公司内部科研人员为主、引进行业领军人才为重要补充的科研创新人才资源管理体系。

二是加大研发投入，加快成果转化。国统股份出台并实施了《技术创新与成果转化管理办法》《技术创新与成果转化奖励办法》等制度，加大科研立项及技术成果转化工作力度，通过自主科研立项、关键技术科技攻关、公司内部技术交流会等多种形式实现公司技术的成果转化；持续保证科研经费投入，本年度研发费用不少于营收的 3.1%，对科技成果的转化产生积极推动作用。

三是加强科技平台建设和科研合作。国统股份以内部 6 家国家高新技术企业为依托，进一步加强了以"国家级企业技术中心"为核心的 7 个科技研发平台的建设。2020 年，公司国家级企业技术中心通过了由国家发展和改革委员会、科学技术部等五部委的联合评价，评价得分为 72.3 分，比上次提高了 4.1 分；积极推进企校科研合作，积极推进与西南交通大学、重庆大学、浙江清华长三角研究院、中国石油集团工程技术研究院等科研单位开展专题合作和联合攻关。

四是积极进行科技攻关，突破关键核心技术。国统股份以市场为导向，结合企业实际扎实开展新产品、新技术、新工艺等方面的创新研究。2020 年，公司在 PCCP 延伸产品、高端新型耐腐蚀输水管道、超高强混凝土制品等新产品及新技术方面实施课题攻关，并全部实现了市场化应用。

三、改革创新成效

一是经营业绩大幅提升。2020 年，营业收入同比增长 3.06%，利润总额同比增长 38.10%；归母净利润同比增长 434.38%，营业利润率 3.69%，同比增加 3.88%。截至 2020 年年底，公司产能已经达到年产 PCCP 标准管 500 公里规模，行业市场份额占比约 10%；综合实力连续第 8 年位列中国 PCCP 企业 5 强。

二是取得多项科技创新成果。2020 年公司研发项目共计 27 项；共申请专利 32 项（其中发明专利 8 项），授权专利 15 项；获得新疆维吾尔自治区专利奖三等奖 1 项，获得 2020 年度中国混凝土与水泥制品协会"混凝土科学技术奖"技术革新类三等奖 1 项、取得科技成果登记 1 项；参与制定国家、行业、地方、协会、团体标准共计 6 项。通过申报研发费加计扣除、专利奖等，获得税收减免及奖励额度占公司年度利润的 5.7%。

三是科技成果转化助推提升企业盈利能力。2020 年，国统股份通过科研立项形成技术成果 10 项，召开内部技术交流会 2 次，总结可推广技术成果 9 项。2020 年，公司研发的 C100 级超高强 UHPC 制品（高强度防撞桥墩）突破了关键核心技术，得到市场认可并投入使用；玻璃纤维增强塑料混凝土复合管（FRPCP）作为一种具备输送腐蚀性介质能力的新型内防腐管材，在较短的时间内实现了新产品一次性对标、研发、试生产工作，最终实现批量生产，并迅速打开市场。2020 年，公司新产品合同额占到获取市场总订单额的 15.5%，实现利润占比 30% 以上。

四是充分履行国有企业社会责任。国统股份积极融入京津冀一体化发展战略，以服务民生带动企业增量发展。公司在河北唐山芦台经济开发区投资建设运营了 2 座污水厂，日处理污水 1 万吨，彻底改变了当地因没有集中污水处理设施而工业园被摘牌、经济发展陷入停滞的被动局面。2020 年，在该项目的运营中实现创新驱动发展，通过科技攻关，实施低碳氮比污水处理新工艺，实现项目低成本、低排放、高效稳定运行。2020 年 6 月，项目被评为唐山松下环境保护奖励基金三等奖。国统股份污水处理公司也成为当地政府招商引资的平台。

2021 年，随着国统股份"科改示范行动"方案一系列措施的全面落地，改革政策红利的倍增效应将持续释放，企业将构建起以创新为基因的新发展格局，企业发展动力、科研实力、经营活力、核心竞争力将得到大幅加强和提升，企业规模、效益、人均收入将实现大幅增长。

71

发挥科研主力军作用　引领企业高质量发展

中铁物总资源科技有限公司

一、基本情况

中铁物总资源科技有限公司（以下简称"资源科技公司"）于 2019 年 7 月 31 日成立，是中国铁路物资集团有限公司（以下简称"中国铁物"）设立的二级专业公司，股权结构为中国铁物持股 70%、中国宝武钢铁集团有限公司所属马钢（集团）控股有限公司持股 20%、合肥众智再生资源投资合伙企业（资源科技公司职工持股平台）持股 10%。公司主要开展铁路报废物资循环利用业务及相关技术、产品的研发，对铁路报废物资进行深加工、再制造和大数据管理，是践行国家绿色发展理念的循环经济科技型企业；主营业务以报废钢轨、机客货车辆、轨枕、四电等铁路报废物资的循环再制造、再利用为主；现有 1 个铁路物资循环利用产业基地（以下简称"马鞍山生产基地"），未来将逐步向城市轨道交通、城市建筑固废、家用汽车等领域拓展。

铁路循环经济产业具有高技术含量，目前国内在该领域的技术、设备、工艺尚不成熟，行业发展处于起步阶段，需要加大研发投入，运用技术创新攻克制约瓶颈。作为第一家开展铁路报废物资循环利用业务的科技型企业，资源科技公司在成立之初便面临无经验可借鉴、无技术标准可参考、专业人员缺乏等巨大挑战，公司以"科改示范行动"为契机，全面深入推进体制机制改革，用改革激发出内生活力，用改革促进技术研发，切实提高自主创新能力和核心竞争力。

二、主要做法

（一）人才为先，加大人才引进力度

资源科技公司深刻认识到与传统劳动密集型和资本密集型企业相比，科技型企业的人力资源和技术要素产出贡献率更大，企业发展更依赖于人才引领。成立以来，公司始终高度重视人才在创新发展中的重要作用。

一是建立外引内培人才体系。资源科技公司以引入外部优秀人才、引进优秀团队为主，以内部培养为辅，力求打造一支首席科学家、首席工艺师队伍。2020 年，资源科技公司重点引进了一批专业技术类骨干人才，使科研人员占比达 19%，并从工作实际和长远出发，大胆任用提拔年轻、有能力的管理者，不断优化人才梯队结构。

二是实施中长期激励。为进一步吸引科研人员创新创业，资源科技公司用足用活股权和分红激励等中长期激励政策，成立员工持股平台企业，制定《资源科技公司员工持股平台管理办法》，把对企业未来发展影响大、与业绩关联度高、可替代性低的科研骨干人才纳入持股范围，合理提升科研人员的收入，吸引并稳定关键人才队伍，激发微观创新活力。

三是聘请外部专家顾问。资源科技公司与合肥工业大学开展合作，遴选合肥工业大学教授作为公司技术顾问，开展定期交流，共同开展技术攻关、合作申报国家及行业的重大科技项目和成果奖励，把脉企业发展技术方向。通过多渠道、多方式，3 年内引进 5 名行业高层次、领军人才，建立开放型人才引进机制。

（二）强化激励，优化科研创新绩效

资源科技公司持续完善薪酬分配机制，制定《资源科技公司薪酬管理办法》《资源科技公司绩效考核管理办法》《资源科技公司科研人员工资总额单列管理方案》，建立有利于科技人才潜心研究和创新的绩效评价制度。

一是绩效奖励与科研课题研发进度挂钩。通过科学选题立项，制定过程管控计划，对项目开发周期进行合理评估，确定项目总体投入，每季度开展项目进度考核，按进度发放绩效奖金。

二是绩效奖励与科研成果市场转化率挂钩。引导科研人员贴近市场开展选题，在科技成果转化产品实现销售后的 2 年内，研发人员可依据成果转化业务利润额在 500 万元以内、500 万~2 000 万元、2 000 万元以上等区间范围，分别按 10%、15%、20% 计提奖励，切实加大科技成果转化的奖励力度，提高企业科技成果转化效能。

三是设立科技创新专项奖。鼓励科研人员积极申报专利授权以及各级科技进步奖、技术发明奖，参与行业标准、国家标准编制，并给予相应奖励，有效保护企业知识产权，提高企业核心竞争力。

四是实施科研人才工资总额单列。营造良好的创新环境，推动技术人员积极钻研攻关，进一步释放科研人员创新活力，激励科研人员干事创业。

（三）借脑借力，开辟产、学、研新路径

整合社会资源，加大与高校院所产、学、研用合作，是资源科技公司现阶段实现技术研发起步的有效途径。2020 年，资源科技公司与合肥工业大学签署了《联合申报重大课题合作协议》，充分利用合肥工业大学的人才、技术优势以及先进成熟的技术成果，结合公司的平台、管理及资源优势，共同组织课题研究攻关；以马鞍山生产基地建设为依托，结合报废物资拆解工艺设计及设备选型、报废钢轨材料应用及产品研发等开展科研立项；2020 年共申请 7 项科研课题立项，其中集团公司级 2 项（报废货车车厢拆解技术研究、信息化管理系统技术研究）、公司级 5 项（废旧钢轨检测修复技术研究、报废轨枕处置设备研制、报废钢轨深加工产品研发、报废客车个性化装饰研究、建筑固废处置技术研究）；共同推动建筑固废再生利用行业标准制定，推动产业技术升级，将高校科研成果有效转化为生产力，进一步优化公司产业结构，促进科技创新，实现产、学、研用联动。

三、改革创新成效

通过实施"科改示范行动"，资源科技公司加大科研人才引进力度，强化高层次创新人才的绩效激励，明确成果转化激励导向，全面激发创新主体积极性、主动性和创造性，公司科研人员勇挑重担、加班加点、接续攻关，科技成果转化质量效益大幅提升。

一是有力保障生产基地顺利建成投产。在广泛开展调研、不断总结经验基础上，资源科技公司自主设计了马鞍山生产基地生产线工艺布局及设备研制方案，综合应用智能机器人、GRV 运输车、AGV 叉车等先进设备及自动打码信息录入等信息集成技术，完成新建生产线设备软硬件集成适配，实现报废物资全寿命周期追溯，相继解决了生产线流程设计、工艺装备的模块化和自动化、检测设备的实时性和精准化、物流系统的智能化和精益化等技术难题。2020 年年底，马鞍山生产基地顺利完成主体施工和生产设备安装调试，这也标志着行业内第一家规模化处置铁路报废物资能力的专业基地具备了投产运营条件，"边筹建、边科研、边经营、边创效"，在完整运营首年即实现盈利。

二是新产品、新设备研制取得阶段性突破。资源科技公司通过科研创新和成果转化，完成报废货车车厢拆解、废旧钢轨检测修复技术研究等 4

项课题阶段性结题，成功研发、试制了报废货车自动拆解、废旧钢轨自动检测修复、报废轨枕破碎处置及智能立体货架等成套专业装备，填补了国内铁路循环经济行业空白；为有效开展产品可追溯性应用、生产全过程可视化、智能立体仓储和全寿命周期管理，成功自主研发智能仓储管理系统（WMS）和制造执行系统（MES）等信息化平台，推动公司工业化和信息化的深度融合。

三是取得多项科研创新成果。资源科技公司 2020 年申请专利 16 项（其中发明专利 8 项），授权专利 4 项、软件著作权 3 项；参与制定建筑固废再生砂粉路基工程应用 1 项行业标准；与合肥工业大学材料学院合作开展的基于报废钢轨再制造《钢基粉末及新型钢结硬质合金材料开发研究》课题，为后续研制更多高附加值新产品奠定了理论基础。

2021 年，资源科技公司将持续推动体制机制改革，加强规范化治理，加快科技型国有企业的改革步伐，努力形成更多高质量科研创新成果，进一步提高核心竞争力，为国家发展循环经济绿色产业贡献力量。

下 篇

地 方 国 企

1

调结构　优管理　重激励
"科改示范行动"　助力企业实现发展新水平

北京云星宇交通科技股份有限公司

一、基本情况

北京云星宇交通科技股份有限公司（以下简称"云星宇"）成立于1997年4月23日，隶属于北京市首都公路发展集团有限公司（以下简称"首发集团"），为北京市国有资产监督管理委员会管理的首发集团的绝对控股企业。云星宇是以系统集成能力为核心、以领先的研发技术为先导、以优质的后续服务为支撑的全国领先的高速公路智慧交通综合服务商，业务涉及高速公路智慧交通工程、智慧交通立体运维服务、智慧交通运营管理、技术开发与服务四大板块。

云星宇具有完备的行业高级资质，在智慧高速、ETC技术拓展、智慧城市交通等方面具有较高的科研水平并承担重点任务。"十三五"期间，公司飞速发展，2020年实现收入突破24.72亿元，累计收入完成值为97.6亿元，年均增长率达10.54%；实现利润1.26亿元，累计利润完成值为4.76亿元，实现年均14.67%的高速增长。

云星宇以"立足智慧交通大行业，提高生产力"总目标，在"智慧交通全产业链和多领域综合服务"方面的拓展均有所成就。公司业务已覆盖全国 31 个省市自治区，多次获得行业内重要奖项。根据权威市场报告显示，2018 年与 2019 年，云星宇市场份额均位居同业第一，ETC 应用在所属地区占有率第一，更在业界首先推出标准化运营维护服务。在首发集团的领导和支持下，经过公司员工的不懈努力，云星宇在全国 2 000 余家涉足智能交通产业的企业中稳居领先位置。

二、主要做法

云星宇紧抓"科改示范行动"契机，围绕改革目标和台账，深入研判、分析企业内外部环境，自身优势、劣势及竞争力，坚持问题导向，明确改革路径，逐级压实工作责任，将各项工作任务抓实、抓细。

（一）完善公司治理体制机制，落实董事会职权

云星宇对公司治理体制机制进行优化，完善了《公司章程》《股东大会议事规则》等规章制度；为进一步落实董事会职权，制定了《"三会一层"权责界面清单》，明确了上级集团、党委会、董事会、经营层的责权，厘清权责边界；公司重大决策严格履行决策程序，董事会运作得以规范，经营层经营自主权得以保障。

（二）进行组织结构调整，健全市场化选人用人机制

一是调整公司组织结构。云星宇原组织结构可以满足公司现行业务的发展需要，但为长远考虑，公司将分散的组织结构进一步优化，形成了以市场化需求为导向，着重培养公司核心竞争力，可支撑公司未来多元化发展的组织结构。在"大总部、小集团"的调整思路下，云星宇分 3 个阶段进行架构优化：启动变革阶段（2020—2021 年），重点为加强公司管控，进行初步调整；全面推进阶段（2021—2023 年），重点为整合相关资源，加强组织协同；最终跨越阶段（2024 年），按照公司"十四五"蓝图，将形成完整的组织结构新模式。

二是开展定岗定编与竞聘工作。组织调整架构确定后，云星宇本着"因事设岗、效率优先、扁平化、动态调整、分类确定"原则，按照"明确岗位划分、细化岗位内容、核定岗位编制"的思路，梳理公司岗位，进一步优化编制。为激发员工活力，建立科学规范的岗位竞争激励机制，在定岗定编工作完成后，竞聘工作随之启动，包括云星宇及子公司132个岗位，236个编制，竞聘最终确定报名人数303人，其中职能部门122人，业务部门181人。竞聘工作组织严密、操作规范、公平公正，开展有序稳定，员工积极参与，对促进云星宇人力资源优化配置、加快人才队伍建设具有重要意义。

三是搭建员工职业发展通道。云星宇结合公司战略和业务属性，建立了经营管理、顾问、科研技术、项目实施、技术支持、专业职能、行政支持等7大序列，弥补了职业发展通道缺失，明确了职级及相应任职资格，打破员工职业发展天花板，充分展现和挖掘员工潜能，提供员工上升空间，促进公司与员工共同发展。

四是经理层任期制与契约化。云星宇经理层成员全面实行任期管理，按照约定严格考核、实施聘任或解聘、兑现薪酬，所有经理层成员签订岗位聘任书和绩效责任书，通过任期考核，淘汰不胜任、不作为、不担当的领导干部，建立顺畅的干部退出机制。

（三）完善员工绩效考核及中长期激励，强化市场化激励约束机制

一是完善绩效考核体系。云星宇进一步完善绩效考核制度，严格兑现考核结果，同新职业发展体系充分对接，坚持分类考核，确定差异化考核内容，同时明确考核指标范围，绩效考核结果同薪酬调整对接，有效实现"员工能进能出、收入能增能减"。

二是完善中长期激励。云星宇进一步通过薪酬市场对标，适度提高业务人员待遇竞争力，并对关键管理人才和科技人才增加超额利润分享、岗位分红等中长期激励，进一步激发其活力。

（四）制定科研发展新规划，激发科技创新动能

云星宇不断加大研发投入，2020 年度批准开展的 16 项研发项目均按计划进行。公司进一步明确科研发展思路和目标，修订公司研发相关管理办法，实现研发课题（项目）管理的科学化、规范化和制度化，更好地指导、管理和协调研发课题（项目）的实施，促进研发技术成果的应用与推广，增强云星宇的技术能力和市场竞争力。

三、改革创新成效

"科改示范行动"开展以来，云星宇开创了安全平稳有序、营收再创新高、效益稳中向好、管理持续提升、改革跨越前行、职工精神面貌焕然一新的良好局面。

一是增收节支双向发力，企业发展能力进一步提升。通过强化公司业务，逐步扩大工程外业务收入规模，在原有业务保持优势的基础上，新设智慧城市交通中心和新业务管理中心。智慧城市交通中心作为云星宇拓展城市交通领域综合服务的关键环节，将探索以投资推动项目发展的经营方式，力争将智慧城市交通板块打造成为公司未来发展的重要力量。新业务管理中心将强化公司在"新基建"及"数字信息化"领域投资建设、产业应用、资产运营、资本运作等方面的专业能力，将成为"十四五"期间拓展新兴业务的关键力量。同时，云星宇通过"三降一减一提升"专项行动有效节支降耗，提升盈利能力；通过降杠杆，适度控制负债率增速；通过降"两金"，加大力度清应收、去库存，实现"两金"增速不高于营业收入增速；通过降成本，强化精益管理，实现内部挖潜增效，增收节支，实现成本费用增长低于营业收入增长。同时，预防亏损现象，切实提高企业发展质量和效益。

二是三项制度改革成效凸显，企业活力进一步增强。通过定岗定编、薪酬绩效调整、任期制契约化等改革，进一步激发了中层干部和基层员工干事创业热情，2020 年公司全员劳动生产率为 203.27 万元/人，较 2019 年 190.53 万元/人同比增长 6.68%。通过岗位竞聘，进一步优化了中层干部结构，云星宇目前"80 后"中层干部共 27 人，占比 47%；进入中层岗位的年轻干部 10 人，占比 40%。

三是科研投入逐步加大，科研力量进一步强化。2020 年，云星宇科研投入 1.175 亿元，寻找实验平台并签署了多份合作协议，有力推进了自研产品市场化进程，其中部分项目成果在北京、青海得到试点示范。公司重视知识产权的保护与申请，2020 年完成 4 项专利申请，取得 15 项软件著作权证书，科研投入逐渐显现。"高速公路隧道运行安全保障关键技术研究"取得北京公路学会科学技术奖一等奖，"智能运维技术研究（IT 应用系统智能运维监控分析）"获得北京公路学会科学技术奖三等奖。未来，云星宇将继续以落实"科改示范行动"方案为抓手，以完善智慧交通科技创新体系为主线，推进科技创新能力建设，统筹科技研发，促进成果推广应用，充分发挥科技研发对企业发展的支撑引领作用。

2

面向市场　深化改革
打造河北省 "科改示范行动" 先行区

河钢数字技术股份有限公司

一、基本情况

河钢集团有限公司（以下简称"河钢集团"）是国内最大、全球第二的特大型钢铁集团，河钢数字技术股份有限公司（以下简称"河钢数字"）是河钢集团一级子企业，成立于 2015 年 7 月。河钢数字是河钢集团数字化转型的中坚力量、数字化能力的输出平台、数字产业化的市场主体，自主创立了"开发平台＋能力输出"模式，以大数据、人工智能、工业互联网等新一代信息技术为支撑，以工业互联网平台服务为业务主线，以 We-Share 物联网大数据平台为核心，全面聚焦工业互联网平台（智能制造），为客户提供自主可控的数字技术系统解决方案。

截至 2020 年年底，河钢数字拥有员工 370 人，总资产 11 498.33 万元，净资产 6 735.28 万元；营业收入 11 219.19 万元，利润总额 1 039.04 万元，净利润 1 038.83 万元；全年研发费用 1 114.50 万元，研发投入比超过 10%。

二、主要做法

"科改示范行动"启动以来，河钢数字按照市场化方向科学制定改革方案和工作任务台账，结合企业处于高速发展期的特点，以推行经理层任期制和契约化管理、市场化用工和考核约束制度为抓手，深化三项制度改革，积极打造市场化经营机制，深化董事会在公司治理中的重要作用，充分激发企业内生动力活力，不断提升自主创新能力，不断增强产品市场竞争力与市场占有率，各项工作取得了阶段性成效。

（一）完善公司治理结构，强化董事会职能

一是健全公司治理体系。按照《国企改革三年行动方案（2020—2022年）》的要求，河钢数字建立了第一议题制度，完善了党总支议事决策规则和前置研究讨论事项清单，认真制订梳理"三规则一办法"，厘清了各治理主体的权责边界。河钢数字董事会5名成员中外部董事已达到3人，实现了外部董事占多数；成立了董事会战略委员会、薪酬与绩效考核委员会和审计委员会，进一步规范管理流程。

二是层层松绑，充分激发活力。参照《河北省国资委授权放权清单（2020年版）》，河钢集团进一步加大对河钢数字董事会授权放权力度，由河钢数字董事会负责开展市场化选人用人工作和确定职工薪酬等事项，充分激发活力和内生动力。

三是打造高效线上管控模式。通过自主研发的信息管理系统，河钢数字将业务流、财务流、信息流等全部线上处理，将规章制度融入线上管理，极大地提高了管理效率。目前，河钢数字支撑管理人员与公司中层以上领导干部合计仅占公司总人数的10%，实现了从"瘦身健体"到"健身健体"的跨越发展。

（二）健全市场化选人用人机制

一是实行经理层成员任期制和契约化管理。按照《国企改革三年行动方案（2020—2022年）》的要求，参照《"双百企业"推进经理层成员任期制和契约化管理操作指引》，河钢数字全面推行经理层成员3年任期制和契约化管理，每年年初根据上一年经营情况与上市要求，对经理层下达本年度业绩考核指标，推行"一岗一薪、一岗一表"弹性绩效工资制，根据经营业绩完成情况刚性考核、刚性兑现。

二是对中层管理人员实施竞聘制改革。按照"一岗一薪，易岗易薪"的原则，河钢数字对中层管理人员实施竞聘制改革，建立中层管理人员任职资格标准和差异化薪酬考核机制。根据不同的部门岗位，中层管理人员的任职标准、薪酬均有所不同，每年的考核指标也有所不同。中层管理人员每届任期3年，每年根据考核结果及工作需要对人员进行动态调整，实行一年一聘，同一人在同一岗位最多3届，届满后不得再竞聘本岗位，对于年度考核结果不合格或连续2年排名倒数第一的中层人员，自动退出管理岗位。

三是全面推行市场化用工制度。河钢数字重点加强劳动合同管理，细化合同期限、工作内容、劳动纪律、绩效要求等条款，明确退出条件，加速人力资源市场化转型。2020年，全面完成员工劳动合同修订完善工作，建立员工正常流动管理机制，避免人力资源浪费，节约人力资源20%左右。

（三）强化市场化考核激励约束机制

一是完善市场化薪酬分配机制。根据人力资源市场价位、企业经济效益、岗位职责和个人业绩考评标准等，河钢数字建立36级岗位工资制，分技术、管理、销售三大序列，建立"能上能下"的晋升与淘汰渠道，确保员工可以在自身擅长的领域有充分的发展空间，明确了员工晋升渠道和职业生涯规划。

二是全面推行全员绩效考核。按照"不同岗位拉开档次，一岗一薪"的原则，河钢数字针对高层、中层、员工建立不同薪酬制度和绩效考核体系，对核心技术人员实行高薪定位、以岗定薪、全量化KPI考核制度，考核结果体现在当月绩效工资上，通过差异化薪酬激励解决"大锅饭"问题。

三是突出考核引领作用，实施差异化薪酬。河钢数字每年年末根据全面绩效考核结果和对公司做出的贡献等，对员工工资职级进行调整。员工评分处于前 10% 的可以越级提升薪酬等级，评分处于前 80% 的可以稳定提升薪酬等级，评分处于后 10% 的不予提升薪酬等级或降级，员工连续 2 年评分处于后 2% 的自动解聘。

（四）激发科技创新平台动能

一是持续加大科技经费投入。按照研发经费专款专用的原则，河钢数字 2020 年研发投入占主营业务收入比例已经超过 10%，较 2019 年增加 4 个百分点，远高于大部分河北省省属国有企业。

二是积极推进联合研发，提升科研成果转化能力。依托钢铁产业链优势，河钢数字联合西门子股份公司、华为技术有限公司、金蝶国际软件集团有限公司、深信服科技股份有限公司、清华大学、西北工业大学、东北大学、北京科技大学、西安电子科技大学等知名企业和高校成立技术联合体，推进了河钢-华为-东大工业互联网赋能钢铁制造联合创新中心在河钢邯钢邯宝钢铁产线的建设，西门子智慧轧机项目实现在河钢衡板产线正式落地，5G 智慧园区在河钢石钢新区加快实施，"云上武邑"服务项目顺利通过验收，并成为河北省智慧县域领域的典型案例。

三是自主创新能力持续提升。2020 年河钢数字研发体系初步搭建完成，培育出专业技术带头人 14 人，高科技顶尖人才 6 人，获得授权专利 9 项，计算机软件著作权登记证书 71 项，其中外观设计专利 8 项，发明专利 1 项，并且参与了国家《工业互联网标识解析标准化白皮书》编制。

三、改革创新成效

"科改示范行动"启动以来，河钢数字扎实推动各项改革工作，企业改革工作台账中 2020 年需完成的 11 项重点改革任务全部完成，在多领域取得了良好成效。

一是成功实现登陆资本市场。2020 年 6 月，河钢数字成功实现在全国中小企业股权转让系统（新三板）精选层挂牌，为下一步转板上市奠定坚实基础。

二是形成有效治理模式和市场化经营机制。河钢数字以登陆资本市场为契机，全面完善法人治理结构，制定完善董事会运行、财务流程管理、业务流程管理等各项制度共计 100 项，实现了董事会外部董事占多数，全面推行了经理层任期和制契约化管理、市场化用工和薪酬分配制度。

三是企业自主创新能力得到大幅提升。河钢数字被认定为省级企业技术中心和 A 级工业企业研发机构，具备 CMMI5 级软件成熟度，已成为河北省规模最大、技术实力最强的数字科技型企业和河北省传统产业转型升级和产业数字化领军企业。

四是经营效益不断提高。截至 2020 年年底，河钢数字总资产比上年增长 39.78%，资产负债率下降到 41.42%，营业收入同比增长 63.91%，净利润同比增长 147.21%，毛利润率达到 38.89%，较 2019 年增长 1 倍以上，净资产收益率达到 16.71%。

3

改革驱动创新为先　高速高质步伐稳健

太原重工轨道交通设备有限公司

一、基本情况

太原重工轨道交通设备有限公司（以下简称"太原重工轨道公司"）成立于 2013 年，是太原重型机械集团有限公司（以下简称"太重集团"）旗下从事轨道交通装备设计、研发、制造、综合实验及产品服务的专业化公司，是全球唯一一家覆盖轨道交通用机、客、货、动、城轨及工矿冶金等全系列各种规格型号车轮、车轴、齿轮箱及轮对集成产品专业化研发、制造、服务基地。

太原重工轨道公司集高新技术、高新材料、高端制造于一体，是山西省高新技术企业，拥有省级技术中心、科研实验中心、院士工作站等研发机构。目前，公司取得了全球各主要国家和地区铁路轮轴的生产资质，产品出口到美国、德国和"一带一路"沿线 60 余个国家和地区，提供了 500 余万件质量优异的产品，为全球铁路的高速、重载和安全运输做出了重要贡献，已经成为世界轮轴制造企业中的重要一员。

二、主要做法

（一）积极推进股权多元化，发挥"1 + 1 > 2"的协同效应

一是根据太重集团总体发展战略，为加速构建技术创新、资源协同及

全生命周期价值服务三大智慧生态链，优化企业资本结构。太原重工轨道公司通过母公司转让部分股权的方式，积极引入实力雄厚的上游企业——中国宝武钢铁集团有限公司旗下的山西太钢不锈钢股份有限公司，旨在强化双方战略协同、产业协同、业务协同，集聚战略资源，释放协同效应，共同打造"原材料供应—生产制造—全链条服务"的全产业链体系，提高企业综合竞争力和发展耐力。

二是通过引入优质的外部投资者，形成多元制衡的股权结构，进而逐步完善公司治理，建立现代企业制度。太原重工轨道公司由原先仅设执行董事1名变为由公司党委发挥领导核心和政治作用，把方向、管大局、保落实，由公司"三会一层"具体决策、监督、执行的有效制衡、协同治理、决策高效的法人治理结构，并充分梳理并规范公司党委会、股东会、董事会和监事会的议事程序和规则。各方股东按公司章程约定办事、按股权比例表决，真正实现同股同权、共生共赢。在日常决策中，通过对各股东代表在企业治理结构中的合理安排，形成了不同利益导向，使企业决策更加稳健高效，为下一步资本运作和上市奠定基础。

（二）以体制机制改革为源动力，打造内生发展引擎

一是积极推进"六定"改革，即"定职数、定员额、定机构、定机制、定薪酬、定任期"，大幅压缩公司管理机构和管理人员。太原重工轨道公司内设机构由原来的"8部2中心-5分厂-11工部"压缩为"5室-13工部"，将原来的"职能-分厂-工部"管理模式变为"职能-工部"两级管理，并依据国际IRIS管理理念规范工作流程，保证组织机构高效运行；完成人员结构调整，管理人员由148人减少至38人，技术及生产人员结构进行了优化提升，极大地提高了生产经营效率。

二是遵循效益导向，建立差异化薪酬分配体系。太原重工轨道公司工资总额实施独立单列管理，并根据"多劳多得"原则建立了以"联产计

酬"和绩效管理为基础的工资发放模式。绩效薪酬向技术倾斜并与市场接轨，与个人服务市场以及研究开发、创造价值挂钩。其中，技术人员工资基数高于公司平均工资4个百分点，并根据科研项目立项完成情况，独立审批发放项目基金；其他职工绩效体系通过全面预算指标按照成本分解，通过增加每个职工的成本意识，降本增效的同时实现员工工资增长，使职工收获合理的劳动报酬。

三是建立企业人力资源"横向到边、纵向到底"的管理机制。太原重工轨道公司经理层、中层管理人员及全体员工均实施公开竞聘，建立优胜劣汰的人才优化机制；经理层全面实施契约化管理，以季度为期进行末位淘汰，打通了"员工能进能出、岗位能上能下"的通道；首次采用SBU（战略业务单元）管理模式，创新科技体制，推行项目"揭榜挂帅"和"风险抵押"制度，充分调动了科技人员创新积极性和专注度，企业内生动力得到强劲激发。

（三）增强自主创新能力和国际竞争力，为企业发展提供不竭动力

一是完善创新平台建设，补足"硬实力"。在"创新驱动、技术先行"的总体思路引领下，太原重工轨道公司逐年加大科研开发投入，2020年研发投入累计近亿元，较2019年提升15%左右；共参与国家和省部级重点研发项目9项，国家授权各类专利31项，机械工业科技进步二等奖2项，参与制定行业标准5项。太原重工轨道公司与中国铁道科学研究院、北京钢铁研究总院、北京交通大学等业内权威机构均展开密切合作，现已形成了由1个省级技术中心、2个省级和行业重点实验室、1个省级院士工作站、4个联合实验室组成的综合性科研创新平台，研究方向覆盖轮轴材料及冶炼、轮轨关系、产品服役应用、产品制造工艺全流程领域，已经成为国内外重要的轨道交通走行部零部件研发基地之一。

二是走国际化发展道路，拓展战略空间。太原重工轨道公司秉承太重

集团建设"具有国际一流竞争力的现代智能装备制造企业"的愿景，将国际市场规划细分为亿元级、千万元级、百万元级等几个级别，根据不同用户采取与之相适应的营销策略。面对瞬息万变的国际市场形势，太原重工轨道公司提出"抢抓市场机遇，提前谋划布局"的思路，通过太原重工香港公司、太原重工CEC公司等平台，完成代理到直销的历史性突破，印度、欧洲、北美等重点区域业务发展迅速，逐渐成为公司海外市场亿元板块的主要组成部分。中美贸易摩擦以来，太原重工轨道公司又迅速开拓俄罗斯等独联体国家市场，使之连续两年成为公司海外收入最大来源，大幅减轻贸易摩擦对自身经营的不利影响。

三是加速数智化转型，跑赢未来新竞赛。太原重工轨道公司于2020年启动"智能工厂"项目，计划将于2021年全面完成。该项目旨在推进5G、物联网、大数据、人工智能、数字孪生等技术规模化集成应用，形成从原材料研究、产品设计、工艺开发、制造、检测、质控到物流、产品服务等全数字化贯通的智能制造体系，实现管理智能化，生产高端化、精细化的总体目标，赋能太原重工轨道公司提质增效，在未来激烈的竞赛中立于不败之地。

三、改革创新成效

自"科改示范行动"专项改革启动以来，太原重工轨道公司循序渐进地开展实施股权多元化、完善公司治理，健全市场化选人用人和激励约束机制，增强自主创新与国际化经营能力等一系列改革举措。在国内外铁路产品市场产能过剩、竞争激烈的不利局面下，以"调结构"和"走出去"为着力点，顺利走出轮轴产品行业周期性低谷。2020年，公司经营效率持续提升，创新和改革活力显著增强，经营业绩连续4年正增长。改革带来的发展活力形成了企业"聚变"，在深化改革进程中进一步营造了领导率先示范、中层凝心聚力、职工积极响应的良好干事创业氛围。

一是经营质量持续提升。2020 年，太原重工轨道公司营业收入达 20.5 亿元，连续 4 年实现正增长，较 2019 年增长 12%。其中，海外业务收入连续 2 年占比超过 45%，在国外新冠肺炎疫情严峻的情况下，国际贸易额不降反增，同比增长 2%。较"十二五"末，太原重工轨道公司利润水平提升 14%，工业增加值提升约 15%，高附加值产品同比增长 1 倍以上。

二是产品结构不断优化。太原重工轨道立足国内国际市场，不断挑战公司产品结构。目前，国内客车车轮市场占比由原来的 30% 提升至 50% 左右；城轨产品年订货金额超过 2 亿元，同比增长 60%；新造和检修轮对订货增长显著；机车轮进入北美市场，每年销售数量稳定在 5 000 片以上；齿轮箱通过宝鸡中车工程车齿轮箱进入工程车齿轮箱新造领域，南京、大连、太原等地铁市场新造齿轮箱累计销售 2 600 万元，促使公司经营效能持续释放。

三是技术创新硕果累累。太原重工轨道公司在国内首家完成北美、欧盟产品开发，通过认证并形成批量交付；率先研发生产了 $\phi 1\,250\,\text{mm}$ 大功率牵引机车轮、动车组轮轴和重载轮轴，其中具有完全自主知识产权的自主化 350 公里/小时中国标准动车组轮轴，在郑徐高铁线路上完成了世界上最高时速 420 公里/小时列车交会试验，现已开始装车运行；装有公司全套轮、轴、齿轮箱的太原地铁已在龙城奔驰，实现了"太原地铁太原造"的夙愿。

4

深化改革　持续提升发展活力
锐意创新　为矿山安全贡献科技力量

长春东煤高技术股份有限公司

一、基本情况

长春东煤高技术股份有限公司（以下简称"东高公司"）成立于 1995 年，是在科研院所改制初期由长春煤炭科学研究所成立的国有控股公司。2017 年根据吉林省政府政企、事企分离的要求，东高公司划入吉林省煤业集团有限公司（现更名为"吉林省能源投资集团有限公司"），公司注册资本 1 563 万元，其中国有股 80.23%，自然人持股 19.77%。

东高公司是专门从事煤矿通信、自动化、信息化、智能化产品设计、研发、生产、销售及服务的高新技术企业，至今已有 30 余年的历史，是我国煤矿安全监测领域的知名企业、煤炭行业协会会员单位，拥有 2 名煤炭行业安全标准化委员会委员，为煤炭安全监控、信息化建设领域的技术发展做出了贡献。公司产品拥有安标证书 134 种、专利 64 项，产品涵盖矿山安全监控系统、矿山人员管理系统、矿山无线通信系统、矿山广播调度系统、智能矿山管控平台、矿山综合自动化等领域，用户主要为东北三省以及内蒙古、山西、新疆、贵州、云南等省区煤矿，吉林省市场占有率高达 95% 以上，是煤矿安全生产管理及煤炭经济发展的重要技术支撑。

2016 年，为进一步支持东北全面振兴，国家密集出台了一系列的政策措施，加快了地方国企改革步伐。为了优化国有企业布局、提高国有企业竞争力，经吉林省人民政府批准，东高公司开展"政企脱钩"改革并纵深推进，紧紧围绕智慧产业发展机遇，建立健全市场化经营机制，加强科技创新、全力开拓市场。近几年，东高公司营业收入、利润等均取得较大进步，较"政企脱钩"之前增长接近 1 倍，员工收入也得到了大幅提升。截至 2020 年年末，东高公司共有员工 149 人，资产总额 1.03 亿元，净资产 4 518 万元。

二、主要做法

2020 年，东高公司入选"科改示范企业"。为深入贯彻落实党的十九大、十九届二中、三中、四中全会和中央经济工作会议精神，根据"科改示范行动"的要求，按照"一企一策一方案一专班"要求，结合自身特点和优势，东高公司制定了"科改示范行动"方案和三年工作台账，突出抓好管理干部任期制和契约化管理，完善以市场为导向、以利润为中心的薪酬激励体系，完善绩效管理办法，引导研发工作市场化转型，进度、质量、成本、技术积累综合提升，研究确定了具体改革举措，并稳步推进实施，加快做强做优，实现高质量发展。

（一）着力完善公司治理结构

一是根据公司法、公司章程的法定要求，结合公司实际经营情况，东高公司制定出台《法人治理细则》《法人治理权责清单》《党委前置研究讨论重大经营管理事项清单》，修订完善《"三重一大"决策制度实施办法》《董事会议事规则》等治理制度，全面落实清单管控，进一步明确界定各治理主体权责边界和管理权限；根据各类决策事项的性质，确定不同的决策途径，加大"放"的力度，提高"管"的准度，做到"管放结合，放而不乱",决策运行效率得到提升。

二是优化专业委员会设置。东高公司根据董事会职责定位设立了战略管理委员会、薪酬与考核委员会,强化董事会战略决策、资本运营、改革改制、绩效考核等职能;在经营管理层设置技术管理委员会和质量管理委员会,出台相关的工作及议事规则,提高经理层在技术创新、产品质量保证能力的管理与决策水平。

三是发挥监事会独立监督作用。东高公司健全了公司监事会工作规则,建立内部监督机制,整合体系、内部审计、纪检监察等监督资源,形成监督联动机制。

(二)全面推行任期制和契约化

一是为落实并规范企业实行任期和契约化管理,吉林省能源投资集团公司发布了《成员企业董事会授权试点规定》,确定授权范围、授权条件、授权内容,明确了任期和契约化管理的具体操作流程。在综合评估东高公司法人治理结构、选人用人、权责边界等实际情况后,东高公司获授集团公司下放的成员企业董事会对经理层等高级经营管理人员选聘、业绩考核和薪酬管理职权。

二是出台《总经理工作规则》《总经理办公会议事规则》。东高公司明确经理层日常经营管理的职责定位与权责界限,按照责权匹配原则明确经理层在日常经营事务中的研产销组织权限、人事权限、考核分配权限,充分保障经理层经营自主权。

三是广泛推行契约化的管理。东高公司面向经理层、中层干部全面开展了任期制和契约化管理;通过签订年度和任期《目标责任书》《岗位聘用协议》等契约方式,建立了任期内的岗位职级、职责权限、薪酬标准、考核任务和退出机制,达不到规定业绩"底线"自动退出。

（三）推动产业结构优化升级

一是加强与大型矿山生产设备上游生产厂家的技术合作。东高公司推动煤矿智能化技术开发和应用模式创新，提高企业的智慧化建设技术的核心竞争力，以此形成企业传统技术优势在智能煤机制造产业链中的有效延伸与协同发展。

二是持续加大科技研发力度。东高公司年均科研投入占比均在10%以上，并规范研发项目管理，扎实开展了智慧矿山相关系统的研发，创新能力持续提升，完成排水监控系统、主通风机监控系统等10个项目的研发，产业结构逐步集中到智慧矿山的主线上；年内共承担各级科研项目8项，获7项科技创新类平台认证，取得11项专利技术，进一步提升了科技创新能力。

三是坚持区域化经营战略。依据公司的战略和市场定位，在产业薄弱地区，东高公司探索与当地企业合作，发挥公司产品技术优势，成功开拓了云南、贵州、黑龙江、内蒙古等省区市场，形成了区域结构稳定、多产品并举的片区营销网络。近年来，公司巩固了煤矿安全监控监测等传统领域，适应和掌握了智慧产业项目发展模式，拓展了智能矿山、数字化工厂、汽车制造、食品加工、智能仓储等新兴领域，延伸了产业链条，企业多元化发展优势逐步呈现。

（四）多措并举搭建人才磁场

一是完善企业薪酬分配制度。东高公司构建与内部市场化相衔接、与公司经营效益同步增长、与岗位贡献紧密挂钩的薪酬分配机制，完善激励约束并重、效率公平兼顾的分配机制，实现全员考核，合理拉开收入分配差距，切实做到收入"能增能减"和奖惩分明。

二是不断加强后备人才力量储备，推进企业经营管理人才、专业技术人才和高技能人才梯队建设。东高公司完善公开平等、竞争择优的选人用人机制，形成了干部"能上能下"、人员"能进能出"，优化了干部人才队伍。

三是通过建立健全人才培养体系，东高公司在管理、技术两个层面设置了晋升通道，对各岗位任职资格进行全面梳理，以能力和业绩进行定薪，解决了技术人员晋升与增收瓶颈，稳定了各专业技术人才队伍。

三、改革创新成效

东高公司在吉林能源投资集团公司的坚强领导和大力支持下，持续深入推动企业改革工作，坚持向改革要动力、要效率，聚焦制约企业发展的深层次问题和矛盾，深化重点领域改革，不断为企业发展增添活力。2017年实现营业收入3 404万元，利润总额418万元，资产总额6 743万元，净资产3 287万元；2019年实现营业收入6 706万元，利润总额720万元，资产总额9 500万元，净资产4 575万元；2020年受疫情影响，完成营业收入3 371万元，利润总额21万元，资产总额1.03亿元，净资产4 518万元。

一是科研水平持续提升。东高公司始终把技术创新作为企业持续发展的不竭动力，立足传统技术优势的基础上，持续加大科研投入，扎实开展矿山行业智慧化建设领域相关技术的研究和开发工作，全面满足矿山监控、智能分析、风险预警、智能决策、风险整改、闭环监督等安全生产管理需求。公司领先的科研水平和精益求精的专业品质，得到了权威机构的高度肯定与认可，先后被确立为省、市科技小巨人企业，省、市企业技术中心，吉林省数字化转型促进中心，吉林省矿山智慧化工业设计中心，工业和信息化部应急产业重点联系企业，国家级科技型中小企业，长春市"专精特新"中小企业，长春市矿山安全信息产业技术研发中心，"5G＋智慧制造示范矿山建设"项目获得工业和信息化部2020年制造业与互联网融合发展示范试点项目。

二是治理体系更加完善。东高公司以公司章程为核心建章立制，实施公司治理"决策清单化""一委三会"为决策主体的治理体系，厘清了股东大会、党委会、董事会、监事会、经理层等各治理主体权责边界，形成更加独立、相互制衡、权责明确、运转协调的体制机制；加大逐级授权力度，给予经理层更多自主决策权，激发了经理层人员的竞争意识和市场开拓动力；通过构建监督联动机制，有效整合了内部审计、纪检、监察等监督资源，推进党内监督、民主监督和经营管理监督的有机结合，促进企业管理达到效率、效益、廉洁、质量的有机统一，形成监督合力。

三是激励约束成效凸显。东高公司的经理层、中层干部全面推行任期制和契约化管理，通过差异化岗位管理、个性化绩效考核、强化刚性兑现的方式，提高任期目标管理工作的规范化、科学化水平，使任期制和契约化管理真正发挥任期目标的激励约束作用；逐步实现市场化劳动用工和收入分配机制，并推行全员考核，重点解决了"能出、能下、能减"的问题；建立了职务、薪级、职称、技能等多条人员晋升通道，并通过工资制度明确晋级条件，晋升途径更加清晰，真正打通职工晋升通道。

5

多措并举　勇于突破
引领智慧交通产业未来

黑龙江省交投千方科技有限公司

一、基本情况

黑龙江省交投千方科技有限公司（以下简称"龙江交投千方"）成立于2019 年 9 月 25 日，是黑龙江省交通投资集团有限公司全资子公司，黑龙江省交投信息科技有限责任公司与北京千方科技股份有限公司两种不同经济体制共同出资成立的科技型企业。龙江交投千方成立即为混合所有制企业，以"智慧＋交通产业"为主营业务，按照现代企业管理制度设立股权结构，其中黑龙江省交投信息科技有限责任公司占股 46%，北京千方科技股份有限公司占股 44%，预留出 10% 的股权组建黑龙江省龙投智通科技合伙企业（有限合伙），即员工持股平台，用于未来核心骨干股权激励使用。

自入选"科改示范企业"以来，龙江交投千方充分发挥混合所有制基因，以"打造科技型企业改革样板和自主创新尖兵"为目标，在法人治理结构、党建纪检、任期制和契约化管理、人力资源配置、激励约束机制与科技创新等方面进行深化改革，促使龙江交投千方实现"四大转变"，即企业治理向规范高效化转变、管理模式向精细化转变、人力体系向市场化转变、科技创新向持续主动化转变，企业发展内生动力、创新活力和核心竞争力得到不断提升。

二、主要做法

（一）以党的建设为引领，完善企业治理基础

一是完善治理结构，明晰权责边界。龙江交投千方通过党建入章程，将党组织纳入企业治理体系；制定"三会一层"议事规则和权责清单，明晰各治理主体权责界限，形成了权责对等、相互制约的治理机制，保证了各治理主体行权有据，议事有序。

二是完善董事会建设，提高董事会履职水平。龙江交投千方以提高董事履职效果为核心，调整优化了董事人员结构，实现外部董事占多数；建立健全董事履职责任和义务、津贴、考评、退出等机制，量化董事能力考核指标与评价体系。通过与权责匹配、与考核评价挂钩机制，有效地提升了董事会的运作效率与治理效能。

三是灵活运用职业经理人制度。龙江交投千方按照"个体试点、不断推进"原则，对现有高级管理人员进行梳理，释放专业模块面向市场化选聘，引进 1 名职业经理人，实现了班子成员优势互补。

四是实施任期制和契约化管理。龙江交投千方对经理层及中层干部实施以 3 年为周期的任期制和契约化管理。根据管理职能及业绩输出不同，设计任期制和契约化管理的年度和任期考核框架，通过"一人一表"，签署年度及任期目标责任书，对任期或年度内考核不称职者按照程序予以降级或解聘，保证绩效考核刚性兑现。

五是创新监督检查机制。龙江交投千方积极探索混合所有制体制下，科技型企业纪检工作的开展模式，成立由股东双方共同参与的"监督检查小组"，发挥在重点领域的纪律监管，从而确保国有资产保值增值，国有资产不流失；加大试错容错机制，通过制定尽责合规免责事项清单，对程

序合规的投资、"混改"、重组、资产交易等产生的正常损失，按商业原则公平判断是非，以较长周期客观综合评价功过，保护了干部员工干事创业的积极性和创造性。

（二）对标市场化管理，打造"科改示范行动"管理新模式

一是组织规划对标业务。龙江交投千方以核心业务需求为导向，科学设定组织架构，打造前端业务驱动和后台辅助支撑的"2+4"结构，即2大业务部门和4个职能部门。2大业务部门按业务流设置二级部门，在项目推进中，二级部门根据业务需求，搭建项目制混编团队；4个职能部门围绕公司业务从管理类、财务类、风控类进行辅助支撑、各部门的有效协同，实现了混编项目高效，日常管理职能清晰。

二是团队配置对标市场。龙江交投千方面向市场进行团队搭建。基于业务减少管理层"层数"，2大业务部门由分管副总垂直管理；在业务、技术人员配置上，注重骨干层的专业性及能力的向下传递，基层员工注重综合素质与潜力；职能类岗位配强骨干人员，减少基层，实现"一岗多能"，打造菱形团队结构。

三是绩效考核对标结果。龙江交投千方推行全员绩效考核，通过组织目标自上而下分解，员工工作任务自下而上承接，实现上下同欲。在绩效考核设计方面，从财务指标、关键任务、核心价值观三方面设置不同考核维度；在考评机制方面，针对不同层次与职类，设置差异性任务指标，建立全体人员考核档案，使绩效考核跟员工职级升降、薪酬兑现与退出汰换紧密结合，实现了"能上能下、能进能出"。

四是薪酬福利对标效益。龙江交投千方打造合理的薪酬分配体系，基于岗位价值贡献设置差异薪酬，实行"一岗一薪"；在同岗位同职级内设置薪酬宽带，根据工作的复杂性及岗位匹配度实现"一人一薪"。通过绩薪联动，做到员工收入能增能减，形成真正为岗位付薪、为能力付薪和为

业绩付薪的薪酬理念；福利上保障基本福利，设计弹性福利，与企业效益联动，员工工作积极性得到了最大限度激发。

五是文化建设对标行动。龙江交投千方打造"以客户为中心，以价值创造者为根本，持续奋斗、共创共赢"的核心价值观，将企业文化体现在日常每一项工作中，打造了一支阳光高效、协同奋斗的铁军。

（三）强化激励举措，建立正负双激励体系

一是建立灵活高效的工资总额管理机制。通过建立与劳动力市场相适应，与企业经济效益、劳动生产率、人工成本投入产出率联动的工资决定和正常增长机制，龙江交投千方对工资总额实施周期备案制管理，通过"一适应，两挂钩"，做到工资总额跟企业效益、效率双挂钩。

二是设计多层次激励体系。龙江交投千方通过多层次激励体系，形成风险共担、利益共享的机制，倡导奋斗者文化。在即时激励方面，以业绩增薪酬为原则，对员工业绩实时评价、及时兑现，打破传统业绩相差较大、薪酬相差较小的弱激励局面；在中期激励方面，强调效益导向，基于内外部利润来源进行差异化激励，利润超出额度进行阶梯式激励提取；在长期激励方面，利用持股平台，大胆探索核心骨干人员股权激励，以增强企业与人才的粘性。以上措施实现了企业业绩与员工利益捆绑，有效地激发了员工的积极性。

三、改革创新成效

一是治理结构不断优化，企业增长态势强劲。龙江交投千方各治理主体共同推进企业高质量发展。党组织充分发挥把方向、管大局、保落实作用，股东会以管资产为导向，监事会发挥监督作用，董事会在股东会的授权下充分发挥决策主体作用，谋定大数据、云计算、AI、区块链等在交通、旅游、安防领域的战略定位，经理层通过提供"创新产品+解决方

案＋工程交付＋运营维护"完整的产业链服务,抢占"智慧＋交通"产业市场。各治理主体协调运转、步调一致,2020年实现资产总额1.37亿元、所有者权益3151.29万元;实现合同额1.76亿元、营业收入1.35亿元、利润总额2050.75万元,分别较上年增长17.93%、3.90%、7.27%,企业呈强劲增长态势。

二是激发创新动能,构筑了核心技术体系。龙江交投千方通过设计多层次激励体系,明确激励导向,资源向价值贡献者倾斜,促使企业在技术与产品优化上得到了不断升级,创新成果的转化率显著提升,核心技术体系得到快速构建,市场竞争力不断增强。2020年企业科研投入已占营业收入的5.13%,并获得双软(软件企业、软件产品)认证证书、安防能力一级证书、信息系统建设和能力评估一级证书、ISO体系认证证书、AAA级企业信用评价证书等多项荣誉资质;获得24项软件著作权,2项集成电路布图,7项实用新型专利;2020年在哈尔滨市第三届创新创业大赛中荣获初创组三等奖,在第八届黑龙江省创新创业大赛荣获初创组优秀奖,并入围第九届中国创新创业大赛全国总决赛,在行业内引起广泛关注。

三是积极履行企业社会责任,助力交通强国和数字龙江。龙江交投千方坚持科技创新赋能交通产业,积极为交通强国、数字龙江提供智慧解决方案,积极履行企业政治责任与社会责任。针对高速公路智慧管控体系数字化转型的实际问题,龙江交投千方不断深挖数字化交通建设命题,将5G、车路协同、边缘计算、高精地图、高精定位等先进技术进行有效融合,运用物联网、云计算、大数据、人工智能等信息技术,打造了国内一流地集路况全面感知、路网智能管控、应急协同指挥、收费精准稽核、养护科学决策与信息多方推送等多项功能融于一体的智慧公路管控平台,成功推动了龙江数字化、信息化及智能化的建设,为黑龙江省乃至全国智慧化高速公路建设中针对复杂天气情况下的道路安全与出行保障提供了"龙江智慧"。

6

改革创新激活力　打造高质量发展新引擎

黑龙江省农投云产业有限公司

一、基本情况

黑龙江省农投云产业有限公司（以下简称"云产业公司"），成立于 2019 年 5 月，注册资本 5 000 万元，是黑龙江省农业投资集团有限公司（以下简称"农投集团"）的全资子公司，是农投集团大数据板块的载体及科技创新业务的重要抓手，是农投集团农业大数据项目对外合作的主体，致力于利用大数据、互联网、人工智能等信息化技术，提升农业综合信息服务及数字化决策管理能力，助力黑龙江农业全方位数字化、网络化、智能化转型。2020 年，云产业公司总资产为 19 602.5 万元，实现营业收入 12 993.4 万元、利润总额 104.3 万元。

云产业公司与黑龙江哈工智能产业有限公司（以下简称"哈工智能"）合资成立黑龙江农投大数据科技有限公司（以下简称"农投大数据公司"），注册资本 7 143.12 万元，其中云产业公司占股 51%，哈工智能占股 49%。农投大数据公司专注于为农业全产业链所涉及的农户、农村新型经营主体、涉农涉粮企业、政府主管部门、金融机构提供全程信息化解决方案，用信息技术培育新动能，聚焦农业自然资源与环境数据、农业生产数据、农业市场数据、农业管理数据的整合及应用，利用大数据、互联网、物联网、区块链、AI 等先进信息化技术，打造农业互联网大数据应用平台。

云产业公司以"科改示范行动"为契机，紧紧抓住激发企业活力，提升创新动能的改革主线，对标先进企业，精心设计改革方案，制定了 24 项重点改革举措，重点围绕完善公司治理体制机制、健全市场化选人用人机制、强化市场化激励约束机制、激发科技创新动能等方面开展改革工作，全面深化改革不断向纵深推进，取得较好成效，充分激发了企业发展活力，提高了员工创新动能，为企业长远发展打下坚实基础。

二、主要做法

（一）以"科改示范行动"为契机，创新合作谋新篇

云产业公司结合农投集团战略规划及企业发展路径，优选合作伙伴，与哈工智能合作组建农投大数据公司，深入推进农业数字化转型升级。

一是发挥专业领域技术优势，将云产业公司农业产业资源优势与哈工智能农业大数据资源、技术人才优势相结合，通过整合、运营农业大数据，推动农业数据资源向资产化转型、向资本化升级，实现取长补短、优势互补，更有利于双方的共赢发展。

二是优选专业技术人才，通过市场化选聘方式引进农业大数据领域专业人才，组建农业大数据专业团队。目前农投大数据公司在农业大数据、农业互联网服务方面拥有专业技术人员 60 余人，技术员工占比超过 70%。

三是创新企业治理体系，由哈工智能团队负责农投大数据公司的运营管理，充分发挥其市场敏锐、决策快速、机制灵活的特点，提高了公司市场竞争力。通过授予农投大数据公司 12 项权力事项，加大授权放权力度，充分保障经理层经营自主权，有效激发了公司经营活力。

（二）以"科改示范行动"为指引，契约管理激活力

云产业公司建立了"1清单+2制度+3契约"的经理层成员任期制和契约化管理模式，明确任期、岗位职责、权利义务、退出规定等内容，通过量化指标对经理层业绩进行考核。

一是明确"1项清单"。根据经理层成员分工，制定岗位说明书，建立云产业公司董事会与经理层权责清单，共涉及27项权力事项，并依据运行情况动态优化调整。

二是落实"2项制度"，即《经理层成员薪酬管理办法》《经理层成员经营业绩考核管理办法》，建立经理层成员任期制和契约化管理考核机制。

三是签订"3项契约"。根据岗位职责和工作分工明确业绩目标，董事会与经理层成员签订《岗位聘任协议》《年度经营业绩责任书》《任期经营业绩责任书》，通过量化指标对经理层实行业绩考核。

（三）以"科改示范行动"为导向，压实"三改"强队伍

深化三项制度改革是全面深化国企改革的重要内容。云产业公司本着统筹设计、分步实施、平稳推进的原则，形成"123"的"三改"工作思路，推动释放制度动能和机制活力。

一是提高"1个站位"，始终坚持深入贯彻落实黑龙江省国有资产监督管理委员会、集团党委的重大决策部署，抓好顶层设计，以讲政治的高度推动"三改""科改"齐头并进。

二是做到"2个坚持"，坚持责任落实，成立专项领导小组，以党支部书记、董事长为第一责任人，坚持以上率下，积极推进企业三项制度改革。

三是突出人事、劳动、分配"3个导向"，职能部门缩减率达33%，以"双合同"形式规范用工行为，通过全员内部竞聘、职级评定、特需人才引进等方式吸纳优秀人才。目前云产业公司本科及以上学历占比100%、

研究生及以上学历占比为 47%。推行全员绩效考核，将员工分为 4 个职等、12 个职级管理，合理拉开收入差距，激发员工干事创业热情。

（四）以"科改示范行动"为载体，强化激励筑同心

云产业公司建立多层次、系统化的正向激励体系，调动核心技术人才的积极性和创造性，促进科研人员科技创新积极性，不断激发企业内生活力。

一是推行项目激励模式。采用"基本工资 + 绩效工资 + 项目激励"的薪酬模式，依据项目难易程度划分档次，结合项目完成情况进行考核评定，按照考核评定结果兑现项目激励薪酬，充分调动研发技术人员的工作积极性和创新精神。

二是初步拟定《员工持股计划实施方案》。拟将农投大数据公司 19%的股份组建持股平台，对骨干员工、核心技术人才实施股权激励，推动员工与公司共享收益、共担风险，进一步营造干事创业的拼搏氛围。

（五）以"科改示范行动"为引领，创新体系强效能

云产业公司优化创新体系，创建以"全员创新"为基础的激励创新机制，形成"双创 + 转化"模式，营造"人人都是创新主体、处处都有创新"的良好氛围，打通创新与公司发展间的通道。

一是自主创新。员工自主研发的软件经公司市场成果转化后，根据转化情况按比例给予奖励，并载入个人档案，作为职位晋升重要评选条件之一。

二是科技创新。在项目组营造良好的技术创新氛围，项目组根据年度各项科技创新目标，制定相应的考核奖励措施，对超额完成科技创新目标的团队予以奖励。

三是成果转化。鼓励员工通过合作投资、许可合作等形式，与公司签订成果转化合同，形成利益共享的中长期激励模式，加快科技成果转化效能，对完成转化科技成果做出重要贡献的研发人员予以相应的奖励。

三、改革创新成效

一是管理身份转换，企业活力不断增强。云产业公司全面实施经理层成员任期制和契约化管理，经理层成员薪酬与工作业绩相挂钩，绩效年薪占年度薪酬的 50%，极大地调动了经理层成员的积极性和创造性，进一步激发了企业发展活力。2020 年，公司营业收入增加 12 726.8 万元，利润总额增加 326.8 万元（同比增长 146.9%），资产总额增加 18 578.1 万元，人工成本利润率达 35.1%，取得突破性增长。

二是激发创新热情，科技成果不断涌现。"科改示范行动"的推进进一步促进了科技创新保障机制的建立，激发了农投大数据公司员工的研发创新热情。云产业公司打造了"1 个数据中心 + 2 个支撑环境 + 18 个云平台 + 若干个子系统"的农业大数据综合服务体系，整合各类农业大数据资源 80.3T。在农业大数据领域获得"农业金融服务平台""土地托管平台""粮食作物大数据平台"等 16 项软件著作权。

三是以科技促发展，为农服务水平不断提升。为更好地满足乡村振兴多样化、多层次的金融需求，推动农业现代化建设，促进农民增收、农业增效，云产业公司打造"农业大数据中心 + 产业互联网 + 金融科技"升级模式的"农业农村金融服务平台"（农业农村部将此模式定义为"中国农村金融服务体系 1.0 版本"），在全国推广运行。截至 2021 年 3 月，"农业农村金融服务平台"已与 9 家银行合作，通过该平台总计发放贷款 203 亿元，涉及 15 万余农户、3 万余户新型农业经营主体，户均节约融资成本 1 万元。农户能够通过手机随时查看个人信用信息和贷款额度，实现"秒申秒贷""随贷随还"，大大缩短了贷款周期，年利率低至 4.5%，大大降低了农户贷款成本，既保护了农民的利益，也帮助银行降低坏账风险。

四是创新核心产品，公司竞争力不断提高。云产业公司探索建立"生产托管 + 农村金融 + 农业保险 + 粮食银行"的托管服务模式，开发设计"农业生产托管服务平台 2.0"；在疫情防控期间，助力春耕破解农户备耕难题，农业生产托管服务面积达到 4.2 万亩（1 亩 ≈666.7 平方米），促进农业产业体系、生产体系、经营体系有机融合，加快实现农业社会化服务提档升级；探索利用互联网、大数据解决农业面临的突出问题和迫切需求，启动黑龙江省"大数据 + 现代农业"行动计划，推进县域农业大数据中心建设，全面提升现代农业发展水平，已完成 4 个县域的系统部署工作，为公司高质量发展夯实基础。

7

科创引领　体制创新
打造具有全球竞争力的新型显示技术公司

上海和辉光电股份有限公司

一、基本情况

上海和辉光电股份有限公司（以下简称"和辉光电"）成立于 2012 年 10 月，为上海联和投资有限公司（持股比例为 74.59%）控股二级企业，现有员工 4 467 人。截至 2020 年年底，和辉光电注册资本 107.2 亿元，总资产 247.7 亿元，净资产 103.4 亿元。2020 年实现营业收入 25.02 亿元。

和辉光电专注于中小尺寸 AMOLED（有源矩阵有机发光二极管面板）半导体显示面板的研发、生产及销售。2016 年首次被评为国家高新技术企业，2019 年被国家知识产权局列入"国家知识产权优势企业"，被工业和信息化部评为"工业企业知识产权运用试点企业"，2020 年被国务院国企改革领导小组办公室列入"科改示范企业"。

AMOLED 凭借优异的显示性能及和未来广阔的全新应用市场被视为替代 LCD 的一种新型显示技术。和辉光电是最早实现 AMOLED 量产的国内厂商，打破了国外厂商长期在该领域的垄断地位。和辉光电建设有 2 条不同世代生产线，第 4.5 代 AMOLED 生产线量产产能每月达 1.5 万片大玻璃基板，主要生产智能穿戴产品；第 6 代 AMOLED 生产线规划产能每月达

3 万片大玻璃基板，主要面向手机、平板、笔记本和车载等产品。据国际咨询公司 Omdia 统计，从 2020 年市场份额看，和辉光电是国际仅有的两家平板电脑用 AMOLED 面板供应商，中国第一、全球第三的智能手表用 AMOLED 面板供应商，中国第二的智能手机用 AMOLED 面板供应商。

二、主要做法

根据"科改示范行动"相关要求，和辉光电结合实际情况，建立了三年改革目标及工作台账。通过落实相关改革举措，推进企业突破瓶颈、创新发展，力争成为全球 AMOLED 面板行业内经营效率位居前列的企业。

（一）完善公司治理体系，建立中国特色现代企业制度

和辉光电加强制度体系和运行机制建设，推进以公司章程为根本、以相关配套规范性文件为支撑的公司治理体系建设；通过党建入章程，落实党委会研究讨论作为董事会、经理层决策重大问题的前置程序，加强公司治理中党的领导；以上市要求为标准，修订完善了公司章程、股东大会议事规则、董事会议事规则、独立董事制度、对外投资管理制度、关联交易决策等内部控制制度，明确控股股东、董事、监事、高管的主体责任；配齐建强董事会，制定议事规则，引入 3 名独立董事，充分发挥独立董事的客观、独立及制衡性；持续加强内控体系建设，设立董事会办公室、审计部等组织机构，新增战略、审计、提名及薪酬、考核 4 个专门委员会，防范公司经营管理风险，保障资产安全、财务报告及相关信息真实完整，提高经营效率。

（二）提升自主创新能力，增强核心竞争力

和辉光电不断提高技术创新能力，加强创新成果的知识产权保护。

一是完善创新机制，激发创新动能。和辉光电制定并完善《新技术开发管理程序》《新产品开发管理程序》《研发项目管理办法》等新产品及

新技术开发体制机制，实现新技术的快速积累及创新成果的加速转化，新产品由立案到量产的平均开发时间缩短到 2018 年的 1/3，优良率也实现大幅提升；制定公司研发项目奖励方案，全面激发研发技术团队的积极性和创造性；实施在公司全员内招聘新产品项目总设计师、总工艺师创新做法，激发技术研发人员的创新动能。

二是加强人才梯队建设，建成掌握关键核心技术科技创新团队。和辉光电加速对高、精、尖人才队伍的培养，招聘硕士、博士充实科技人才培养计划，建立公司内部集体培训、部门内部师徒带教培训、生产线实际操作学习培训制度，尽快帮助科研人员适应岗位需求。

（三）推行市场化选人用人，建立长效激励约束机制

面对充分竞争的市场和快速迭代的技术进步，和辉光电培养、聘任了一支市场化配置、有竞争活力的优秀领导班子队伍，建立以公司经营业绩目标为导向的管理机制，将经理层聘任及三年任期制等写入公司章程，任期与董事会一致，经理层成员任期期满后，重新履行聘任程序，同时，每年度经理层都向董事会报告业绩目标，由董事会当场进行工作完成情况的讨论及评价；建立员工能进能出的用人机制，实现市场用工和劳动合同制，建立、健全、完善合同管理、岗位管理、公开招聘制度及绩效考核体系。

一是在健全完善合同管理制度。和辉光电完善管理手段，对劳动合同实行动态化管理。员工劳动合同期满，公司根据考核情况和生产经营需要，择优与员工续签劳动合同。

二是完善岗位管理制度。和辉光电严格定岗定编定员，以岗位管理为核心优化劳动组织机构，根据公司生产经营需要和组织的职能职责科学设置岗位，依据战略发展规划和年度的生产经营目标对岗位进行分析，测定岗位工作量，合理确定年度"三定方案"，不断改善人员结构和素质。

三是建立分级分类的公司员工市场化公开招聘制度。和辉光电健全公司各类管理人员公开招聘、择优聘用、竞争上岗等制度，不断拓宽选人用人视野和渠道。

四是完善绩效考核体系。和辉光电每季度召开公司各部门季度工作讲评会，通过高管团队评价及部门负责人互评的方式来综合考核部门的绩效；每半年根据员工工作业绩目标，结合实际完成情况进行定性与定量相结合的员工考核，并针对考核等级设置一定比例。

（四）坚持党的领导、加强党的建设，实现党建与企业发展深度融合

坚持党的领导，坚决贯彻"两个一以贯之"，确保党组织把方向、管大局、保落实的职能定位落实到实处。公司党委制定《"三重一大"议事决策办法》《党委会议事规则》《干部管理办法》等制度，确保科学决策、民主决策；实现党委书记、董事长"一肩挑"，党组织在企业改革发展中真正实现把得了关、掌得了舵、说得上话、使得上劲；毫不放松抓好党的创新理论学习，落实中心组学习制度；围绕生产经营中心，积极开展"争创先进党支部，争当创新攻坚党员模范"活动，党支部带头开展劳动竞赛、党员攻关，在质量攻关、产品攻关中发挥党员先锋模范作用。

三、改革创新成效

和辉光电在推动"科改示范行动"以来，培养了一批具有向心力的高精尖核心技术团队，加快了新技术开发及产品转化率，强化了与一线品牌客户的稳定合作，成功创建了市国资委党建品牌。

一是经营业绩快速增长，通过科创板上市委审核。通过改革，和辉光电不断激发企业活力，经营业绩持续向好。2017—2019年，营业收入复合增长率为56.68%。2020年在受疫情不利影响的情况下，实现营业收入同比增长65.36%，2021年预计营业收入同比增长80%。在经营业绩增长和公司治理体系进一步完善的情况下，公司希望借助资本市场更好地发挥技术创新及规模经济优势，实现持续发展。为进一步完善现代企业制度，2020年8月26日和辉光电的科创板IPO申请文件被上海证券交易所受理，2021年2月1日顺利通过上市委员会审议，目前已报中国证券监督管理委员会等待注册批文，预计于2021年完成发行上市。和辉光电计划科创板首次公开发行募集资金80亿～100亿元，上市后将充分利用社会资金，推进技术的改造升级及产能扩大，真正做强做优做大国有资本。

二是自主创新能力提高，核心竞争力不断增强。截至2021年3月，公司在关键技术方面申请专利2 150件，已获授权专利896件。2020年开发了23个新研发产品，并实现9个新研发产品的量产。尤其是在平板/笔记本电子计算机领域，公司于2020年第二季度实现AMOLED显示面板量产出货，是国内首家量产出货的厂商，也是全球继三星电子之后第二家量产出货的行业厂商。在穿戴产品领域，和辉光电是华为的最新款GT系列第一大显示面板供应商，2020年荣获华为颁发的"CBG质量守护奖"。

三是市场化经营机制更加健全，企业内生动力持续激发。和辉光电通过深入推进以市场为导向的绩效文化，更好地激发了团队干事热情。和辉光电第6代AMOLED生产线仅用23个月（含厂房、净化间建设）就实现生产线产品点亮，创造了生产线建设新的上海速度，从产品点亮到量产出货仅6个月，量产速度在AMOLED行业内排名全国第一。和辉光电推进经理层成员任期制及契约化管理，充分调动各层级干部职工积极性，经理层带队对第6代AMOLED生产线项目的关键工艺设备、核心材料、厂务排污及动力设施等选择严格把关及高效比价商务谈判，确保了项目长交期核心设备按计划交付，并实现节省投资金额近40亿元。同时，和辉光电不断进行工艺流程的优化和创新，对设备布局图的持续改善，大多数产品实现了两道光罩工艺的节省，降低生产成本，缩短制程时间。

四是党的建设全面加强，国企党建品牌点亮初心。2019 年 6 月，和辉光电党委成功创建上海市国有资产监督管理委员会"点亮初心，辉映视界"党建品牌。2020 年 6 月，和辉光电党委荣获上海市国资委系统"红旗党组织"荣誉称号。

8

深化机制改革　激发经营活力
奋力跑出创新发展加速度

江苏通行宝智慧交通科技股份有限公司

一、基本情况

江苏通行宝智慧交通科技股份有限公司（以下简称"通行宝"）是江苏交通控股有限公司旗下专业从事智慧交通产业的高科技企业，成立于2016年11月。作为全国领先的智慧交通平台化解决方案供应商，通行宝重点围绕以 ETC 为主要载体的智慧交通电子收费业务、以云技术为核心的智慧交通运营管理系统平台研发服务和以"ETC ＋"为核心的智慧交通衍生业务开展生产经营活动，拥有江苏交控数字交通研究院、南京感动科技有限公司、苏州市惠尔保险代理有限公司、深圳宝溢交通科技有限公司 4家全资或控股子公司，下辖覆盖江苏省 13 个地市的 10 个区域管理中心和63 个自营客服网点，共有管理、市场、技术团队 750 余人。成立 4 年来，公司累计实现营业收入 25.5 亿元，年均增幅超过 120%；实现利润 9.6 亿元，国有资产保值增值 9 倍；平均净资产收益率超过 40%；累计研发投入9 759 万元，取得发明专利、软件著作权等知识产权 130 项。

在迅速发展的过程中，通行宝也面临着一些新的困难和挑战，主要表现在现代治理体系有待进一步优化、市场化经营机制不够健全、激励约束机制有待进一步完善、自主创新能力不强等，亟需通过深化改革破解发展难题。随着"科改示范行动"持续推进，公司活力进一步激发，创新能力不断增强，运营质效明显提升。

二、主要做法

（一）聚焦混合所有制改革，加快推进资产证券化

通行宝将上市作为抓手，不断优化股权结构，加快推进资产证券化进程。

一是"增资引战"，优化股权结构。通行宝先后启动 A 轮、A + 轮增资引战，成功引入中国银联股份有限公司、上海汽车集团股份有限公司、南通交通产业集团有限公司、腾讯云科技有限公司和腾讯系深圳市高灯科技有限公司 5 家战略投资者，募集资金 3.24 亿元，投后估值达到 19.14 亿元，较公司成立时增长 18 倍。

二是全力推进上市进程。通行宝 2018 年 10 月正式启动 IPO 项目，2019 年 12 月完成股份制改革，2020 年 10 月通过江苏证监局辅导验收，同年 12 月深圳证券交易所正式受理 IPO 申请，目前已完成第一轮问询反馈。

三是健全符合上市要求的现代治理体系。通行宝选举产生股份公司第一届董事会、监事会，引入 3 名独立董事，董事会实现"外大于内"；设立董事会战略委员会、审计委员会、提名委员会、薪酬与考核委员会 4 个专门委员会，建立科学决策、高效执行与长效监督"三位一体"治理架构体系。

（二）聚焦经营机制改革，全面推进要素配置市场化

在经营机制改革方面，通行宝实现"五个打破"，全面推进各项要素配置市场化。

一是打破任期"终身制"，实施经理层成员任期制和契约化管理。通

行宝对经理层成员100%推行任期制和契约化管理，确定聘期、岗位职责、经营管理指标和奖惩措施，约定年度经营业绩考核目标完成率未达到约定条件的，或连续2个年度经营业绩考核结果为不合格的，终止任期、免去现职。

二是打破工作"铁饭碗"，实施市场化选聘。通行宝重构公司组织架构，搭建前台、中台、后台3个层级的组织体系，对中前台部门负责人岗位实施市场化选聘，参照职业经理人管理。

三是打破岗位"硬板凳"，实施部门岗位双选。通行宝开展内部竞争上岗，推动双向轮动交流，对落选的、被组织分配岗位的员工规定6个月试用期且当年工资不予增长。

四是打破地域"隔离栅"，组建四大业务团队。通行宝对一线业务岗位打破原地域划分模式，设立ETC发行、客服运营、系统运维、市场营销四大团队，打造专业化团队。

五是打破薪酬"大锅饭"，建立全员绩效与薪酬挂钩联动机制。通行宝按照部门职能分工不同，实施差异化考核和绩效薪酬分配，重点向中、前台技术岗位和直接创造利润的岗位倾斜，对创新业务设置强激励的超挑战奖励机制，多劳多得，上不封顶。中、前台岗位对比同层级后台职能部门岗位基薪上浮一档，全年人均薪酬水平比同层级后台职能部门人均水平高30%。

（三）聚焦科技创新改革，着力打造技术创新自主化

围绕"新基建"和"交通强国"建设，通行宝全力打造以我为主、自主可控的技术研发和管理体系。

一是搭建自主创新平台，提升科技研发力量。通行宝设立江苏交控数字交通研究院，建立由1个研究院、2个技术中心（技术研发中心和大数据中心）、3个技术成果转化平台（ETC生态业务平台、路网技术服务平

台、城市静态交通管理平台）组成的"123"自主科技创新平台。

二是构建开放协同体系，整合研发创新资源。通行宝构建由"通行宝＋研究院＋感动科技＋N个社会产学研机构"组成的"1＋1＋1＋N"智慧交通生态联盟，开展深度技术合作；与战略伙伴腾讯科技有限公司深入开展技术交流，吸收先进的技术理念；与南京大学软件学院签订产学研战略合作协议，共建实验室通道；与南京邮电大学共同申报成立江苏省研究生工作站，推动交通行业在新技术、新模式、新应用方面的新发展。

三是健全技术人才培养机制，打造专业化技术团队。通行宝引进一批业务娴熟、技能精湛的专业技术人才，通过"导师带徒"机制推动团队"传、帮、带"，提升整体专业化水平；建立项目化管理机制，促进资源整合和协同配合，在重点工作项目中淬炼人才、创新创效；建立以科技创新成果为主要内容的科技人才评价机制，根据立项孵化、研发及产业化等创新链条不同阶段，开展科技奖励、岗位分红或项目跟投等中长期激励，激发创新动能。

三、改革创新成效

一是业务模式不断创新，行业地位稳步提升。通行宝通过改革不断创新业务模式，拓展成果应用场景。以 ETC 为主要载体的智慧交通电子收费业务，累计发展用户突破 1 900 万户，用户总量居全国前列；与吉利、蔚来、特斯拉等知名汽车品牌主机厂达成前装业务合作，开辟 ETC 发行前装市场；与福耀玻璃集团签订战略合作协议，推动 ETC 前装产品转型升级；以"ETC＋"为核心的智慧交通衍生业务，已形成 ETC＋停车、加油、充电、旅游、保险、商贸物流、积分权益、供应链金融科技服务 8 个方面的生态应用，形成了全要素、全周期、全生态、全场景、全链路的"车路协同、城路融合、数据赋能、智能网联"的智慧产业体系，行业地位显著提升。

二是经营机制更加灵活，企业活力显著增强。通行宝通过市场化改革，切实建立起"收入能高能低、岗位能上能下、人员能进能出"的"三能"机制，员工的市场化意识大幅提升，主动性、积极性和创造性持续激发，生产经营活力得到显著提升。打破任期"终身制"，压实生产经营的主体责任，强化班子成员履职尽责能力水平；打破就业"铁饭碗"，推动生产经营压力层层传导，倒逼前端市场部门危中求机、主动求变；打破岗位"硬板凳"，让"能者上、庸者下、平者让、差者退"，激活员工的"小宇宙"；打破地域"隔离栅"，促进人尽其才、才尽其用、人事相宜；打破薪酬"大锅饭"，激发员工的主观能动性和竞争意识。截至 2020 年年底，公司合并总资产 42.69 亿元、净资产 11.34 亿元，较设立初期分别增长约 75% 和 1 000%，国有资本保值增值率约 1 100%。成立 4 年来，公司平均净资产收益率达到 46%，主营业务毛利率从 2017 年的 24% 提升至 2020 年的 42%，经营管理质量和盈利能力进一步增强。

三是科技平台赋能发力，创新成果不断涌现。通过技术创新和资源整合，通行宝基本形成"以我为主、自主可控"的科技研发管理体系。2020 年通行宝被认定为国家级高新技术企业、南京市交通运营管理工程技术研究中心、南京市培育独角兽企业；完成 ISO 9001、ISO 20000 质量管理认证和 CMMI（软件能力成熟度）三级认证；"基于云服务大数据人工智能的 ETC 生态运营平台"项目被江苏省发展和改革委员会列入"江苏省战略新兴重点项目"；"SD-wan 组网建设项目"被列入 2020 年"智慧江苏重点工程"和"智慧江苏标志性工程项目"；"协同指挥调度云平台"获得"中国高速公路信息化奖"和"创新技术奖"，入选全国国有企业数字化转型优秀案例；累计取得发明专利、软件著作权等知识产权 130 项。

9

"科改示范行动"赋能创新
破解"卡脖子"难题

南京工艺装备制造有限公司

一、基本情况

南京工艺装备制造有限公司（以下简称"南京工装"）创建于 1952 年，是南京新工投资集团有限责任公司（以下简称"新工集团"）控股子企业，是国家火炬计划重点高新技术企业，工业和信息化部授予的制造业单项冠军培育企业。南京工装主营以滚珠丝杠副、滚动导轨副为代表的滚动功能部件，产品广泛应用于高档数控机床、人工智能、3C 自动化、国防军工等领域，是高端数控装备智能制造的核心零部件。南京工装建成了"机械工业滚动功能部件工程研究中心""江苏省认定企业技术中心"等 4 个研发平台，拥有滚动功能部件产品全性能实验室和以机械工业科技创新领军人才为核心的科研力量，主持及参与编制了 21 项国家标准和行业标准，获得了 56 项专利授权，其中发明专利 9 项。

滚动功能部件产业作为先进装备制造产业链不可或缺的一环，是典型的资金密集型、技术密集型、人才密集型产业。由于设计研发水平、装备制造能力、批量产品稳定性与国际先进水平存在差距，国产滚动功能部件在国内高端市场占有率不足 5%。南京工装自入选"科改示范企业"以来，始终坚持以市场化改革提升自主创新能力，着力突破国产核心零部件"卡脖子"技术难题。2020 年南京工装经营业绩实现逆势增长，全年实现营业收入 27 292 万元、利润总额 4 800 万元，分别同比增长 20.3%、38.4%，研发经费占营业收入比例达 7.17%。

二、主要做法

（一）岗位赋能，培养科技创新"领头雁"

南京工装打破论资排辈、高学历优先晋升的人才选拔机制，制定《首席主任工程师、首席技师聘用管理暂行办法》，聘用 1 名"80 后"高级工程师担任首席主任工程师，破格提拔 1 名大专学历的高级技师担任首席技师。首席主任工程师成功组织完成国家科技重大专项《数控机床功能部件设计选型、产品应用研究与规范制定》子课题，通过攻关建成国内首条滑块自动装配生产线，提升装配劳效超过 300%；首席技师在成功研制某军用多级滚珠丝杠副的过程中排除多个技术"拦路虎"，为提升国防军工"硬实力"发挥了示范带头作用。

（二）激励赋能，实施攻关项目"英雄榜"

南京工装大胆突破传统科研项目承担模式，面向公司全体技术人员发布了核电用特型丝杠副研制、特型圆弧导轨研制等 133 项科技难题的"榜单"，鼓励高级技师与年轻技术人员、高等院校人员自建团队，凭技术实力"揭榜"。公司与"揭榜"人员签订技术开发协议，科学设立评判标准，确定奖励金额。对取得突破完成攻关的，经评定及时兑现"榜金"；对不具备继续研究或实施条件的及时终止。截至 2021 年 3 月，已有 82 项科技难题实现突破，其中 3 项已申报专利，预计新增产值 2 160 万元。

（三）授权赋能，打造创新发展"活力源"

公司控股股东新工集团打破原有工资总额管理模式，针对装备制造业资金投入高、研发周期长、产能转化慢的行业特征，对南京工装实行以 3 年为一个周期的单列管理新模式；授权南京工装董事会聘用经理层并实施业绩考核和薪酬管理，自主决策净资产 10% 范围内的投资事项等 10 项职权，切实激发了企业运营活力和效率；制定《鼓励企业创新发展奖励办法》，加大对科技创新的奖励。南京工装同步制定《科技创新奖励实施办法》，对引进高层次技术人才、获得重大科技项目奖励、兑现科技成果转化分红等 11 项内容设立单列项奖励通道，并对获得新工集团奖励的科研人员实施 1:1 配套奖励。

（四）竞争赋能，畅通人才用工"主渠道"

南京工装全面推进用工市场化，建立人员末位调整和辞退机制，修订《员工社会化公开招聘制度》《劳动合同管理办法》等制度办法。2020 年，南京工装 2 名中层管理人员退出管理岗位，14 名中层管理人员进行了岗位调整；积极探索骨干留用机制，制定《核心科研骨干人员返聘办法》，成功返聘 5 名关键岗位的核心骨干，在智慧型滚珠丝杠副设计研究、滚动导轨副军品工艺攻关、进口砂轮国产化替代等方面，为破解关键技术"卡脖子"难题，加速技术、工艺传承发挥了重要作用；创新推行人才举荐机制，经员工推荐成功引进研发设计、品质管控、设备维修等方面的技术人员 15 名，有效破解了研发创新、数控加工等关键岗位人员紧缺的困境。

（五）重组赋能，跑出资本运营"加速度"

长期以来，新工集团通过南京机床产业（集团）股份有限公司（以下简称"机床集团"）间接控股南京工装，管理层级长、决策效率低，机床集团股权还存在诸多历史遗留问题。新工集团通过司法拍卖收购了部分股东所持机床集团股权，设立并购基金收购了机床集团自然人股权。在此基础上积极推进机床集团分立重组，分立后南京工装成为新工集团直接持股的一级子企业，股权架构明晰，法人治理结构规范，为公司后续引进战略投资者、实施核心员工持股、推进科创板上市奠定基础。

（六）党建赋能，构筑高质量发展"同心圆"

南京工装党委结合"党建品牌三年培育计划"要求，深入实施党建工作品牌建设，深化以"青年同心圆"为主题的党建工作，积极开展"党支部书记工作室"创建工作，扎实推进"一支部一品牌"建设；积极打造"党员创新工作室"，不断增强党组织工作活力，切实发挥好基层党组织战斗保垒作用和党员先锋模范作用。

三、改革创新成效

一是突破关键"卡脖子"技术，实现核心零部件自主可控。2020年，南京工装主持编制的《滚珠丝杠副 滚珠螺母安装连接尺寸》《滚动直线导轨副精度保持性试验规范》等4项行业标准发布实施，获得《一种推力式滚珠丝杠副》等15项实用新型专利授权证书；参与的《滚动功能部件性能测评方法》项目获得中国机械工业技术发明一等奖。全年完成20项新产品研制及工艺攻关，成功研制某军用多级滚珠丝杠副、空间站精准抓取机构用滚珠丝杠副滚动导轨副、雷达支撑机构专用重载行星滚柱丝杠副，已提供给国家军工企业应用，为提高国防能力保障国家安全发挥了积极作用。

二是经营效益逆势上扬，市场拓展成效显著。南京工装积极填补市场需求空白，加速实施产品替代进口，2020年承接订单和完成产值创历史新高，为国内高档数控装备提供配套比率远超国内同行，在以精密立卧式加工中心、数控龙门加工中心、数控大卧车、数控深孔钻为代表的数控机床行业年度订货同比增长30%以上，并成功为世界机床顶级公司德玛吉和韩国斗山、瑞士阿奇夏米尔、美国罗斯提供批量配套，彰显了中国企业的制造能力。

三是推进国家级科研项目，行业竞争力稳步提升。南京工装积极参与国家科技重大专项课题研究，近年来累计牵头承担了 5 项课题，参与了 27 项课题研究。2020 年，南京工装牵头承担的国家科技重大专项课题"高档数控机床与基础制造装备"通过工业和信息化部验收；持续开展质量提升行动，全年研发经费投入同比增长 40%，全员劳动生产率同比增幅大于 10%，人事费用率同比降低 10%；获得南京市市长质量奖。南京工装创新力、竞争力、品牌影响力持续提升。

10

以 "科改示范行动" 为抓手
争创转制院所改革先锋

浙江省机电设计研究院有限公司

一、基本情况

浙江省机电设计研究院有限公司（以下简称"机电院公司"）是浙江省国有资产监督管理委员会所属浙江省机电集团有限公司二级成员单位。机电院公司前身为浙江省机电设计研究院，始建于 1958 年，2001 年改制为企业，是浙江省机电行业规模最大的综合性科研设计单位，浙江省首批创新型试点企业，国家高新技术企业。

机电院公司主要从事机电行业新技术、新产品的研发及其应用推广，承担机电工程及工业民用建筑的咨询、设计、项目管理和总承包，开展机电产品检测与认证等业务。现有各类专业技术人员逾 400 人，其中副高及以上职称人员约 150 人，各类国家注册执业资格人员约 200 人。机电院公司拥有省级及以上重点实验室 3 个，设有国家博士后科研工作站以及 3 所高校研究生校企联合培养基地等。

二、主要做法

机电院公司入选"科改示范企业"以来，在浙江省国有资产监督管理委员会、浙江省机电集团有限公司等上级部门的关心和指导下，公司党委充分发挥把方向、管大局、保落实的重要作用，把握好改革节奏和进度，扎实有效地推进各项改革工作，为我国转制院所科技型企业的发展提供了可资借鉴推广的经验。

（一）推进机电产品检测板块公司化改造，培育打造行业一流企业

机电院公司一直重视对资产质地好、盈利能力强、发展前景广阔的业务资产的公司化改造。机电院公司是 20 世纪 70 年代成立的风力发电研究所，是国内最早从事大中型风力发电机组研究与制造的机构之一，2001 年设立浙江运达风电有限公司，实现了大中型风电技术科技成果产业化，2019 年 4 月登陆创业板（股票代码：300772），成为中国风电行业技术的领军企业。

2020 年，针对机电产品检测事业部与浙江省机电产品质量检测所事业单位"两块牌子，一套人马"长期运作模式，机电院公司党委认真研究，抓住当前国家第三方检测认证行业深化改革的机遇，大力推进检测所转企改制工作，成立了浙江省机电产品质量检测所有限公司（以下简称"检测所公司"）。同时，以检测设备、大楼不动产等资产对检测所公司进行增资，进一步夯实检测所公司运行的发展基础，提高其资产的完整性和独立性。通过理顺关系，明晰产权，机电院公司检测业务板块发展成为自主经营、平等竞争、自我发展的市场主体。

2020 年 12 月，浙江省机电集团有限公司与中国检测认证集团、机械科学研究总院、中国电力科学研究院等央企签署战略合作协议，共同支持检测所公司发展成为立足浙江、面向长三角、辐射全国、接轨国际的国内领先、国际有影响力的第三方检验检测认证一流企业，打造"科改示范行动"央地合作"浙江新样板"。

（二）加强内部资源整合，聚焦高技术服务业发展

入选"科改示范企业"以来，机电院公司党委坚持"以专有、特有技术为引领，产业化、工程化为两翼"的发展思路，发挥机电多学科实验室硬件条件和专业人才的综合优势，主动加强与国家、浙江省重大战略对接，以重点提升对机电制造业、工程业数字化转型服务能力为主线，在更高层次、更广空间融入国家和省重大战略中分享更多资源、赢得更多红利。

一是设立技术中心，切实提高公司科技创新引领能力。技术中心除承担参与制定公司技术发展创新战略、研发计划等科研管理工作，还重点协助各业务板块进行技术路线选择、难题攻关等，并围绕智能机械装备等促进跨团队的交流与合作。

二是加强创新平台建设，健全研发创新体系。机电院公司通过重点实验室、博士后工作站、研究生校企联合培养点等平台载体的建设，创新团队交流会、青年学术论坛等活动的开展，以及实施重点科研项目等方式，加强创新平台与创新团队、科技项目的融合；以科研平台建设引领创新团队建设，以科研平台建设支撑科技项目研发，以科技项目培育创新人才成长，以创新团队成长促进科研平台层次的提升。

三是保障资金和人才投入，实现科研投入与业务发展的良性互动。2020 年，机电院公司研发投入占营业收入比例为 4.9%，组织实施了《面向设备状态检测的物联网平台及终端研发》《基于深度学习的 AI 视频事件检测系统》《基于分布式多维度大数据的高速公路交通流量预警系统》《数字高速机电设施大数据综合管理平台》等一批机电制造业、工程业数字化研发项目，有效提升了公司在机电产品制造业和机电工程领域的数字技术服务能力。

（三）强化市场化激励约束机制，激发核心骨干的内生活力动力

一是修订完善薪酬制度体系。针对科技型企业的特点，机电院公司打通骨干员工管理序列、技术序列"H"通道职业发展路径；实施事业部负责人考核制，结合行业特点及部门发展阶段，每年动态调整考核内容和指标；授权各事业部在公司薪酬制度框架内，进一步细化形成与之相适应的薪酬实施细则，调动员工工作积极性；实施年金制度，提高一线广大科技研发人员的福利待遇，解决好事业、企业退休收入差距问题。

二是用好激励政策。检测所公司成立后，开始着手研究自身员工持股，以及机电院公司科研技术骨干对检测所公司持股等问题。特别是对于符合条件的骨干科技人员持有下属企业股权的相关政策进行稳慎探索和多方论证。对于本级员工、上级单位员工两种不同的持股主体，拟采取不同形式平台的方式推行持股计划；发挥院所企业注重学科交叉融合创新的优势，鼓励公司市政等专业骨干人才持有下级检测所公司股权，通过利益捆绑有效帮助检测所公司培育和发展机电工程质量检测、轨道交通机电系统运维检测管理等新业务，进一步提升发展规模和质量。

三、改革创新成效

一是经营业绩不断提升。2020 年，机电院公司实现营业收入 18 亿元，同比增长 29%；实现利润总额 7 126 万元，扣非后同口径相比增长约 50%。其中，转制后的检测所公司实现产值 1.5 亿元，同比增长 30%。检测所公司在上级领导、相关部门及社会各界的支持下，将进一步加强对同行业机构的并购重组，力争 3 ~ 5 年实现科创板上市。

二是科技创新带动公司服务能力不断增强。2020 年，机电院公司申报省及以上科技计划重点研发项目 6 项，获得财政经费支持 1 000 多万元；申请国家专利 45 项，其中发明专利 24 项；获得专利授权 35 项，软件著作权 26 项。机电院公司承担的浙江华昌液压机械有限公司"基于工业互联网的液压油缸智能工厂"建设项目，被浙江省经济和信息化厅认定为浙江省级智能工厂；承担的杭绍台高速公路工程绍兴金华段机电工程项目，合同额为 1.57 亿元，被浙江省交通厅正式列为浙江首批智慧高速公路试点示范项目。

　　三是薪酬管理系统的公平性和激励性进一步提升。机电院公司通过综合型绩效考核，拉开中层干部的收入差距，同级别的中层干部，个人最高收入者达到最低收入者的 2 倍以上，对高层次科研人才的吸引力进一步增强。2020 年，机电院公司引进教授级高级工程师、大中型企业副总工程师等相关专业领域的科研领军人才 5 人，引进紧缺专业博士、硕士毕业生 20 人，为公司持续提升科技创新能力提供坚强保障。

11

激发新动能　实现新跨越

浙江天地环保科技股份有限公司

一、基本情况

浙江天地环保科技股份有限公司（以下简称"天地环保"）成立于 2002 年，注册资本 3.75 亿元，是浙江省能源集团有限公司控股企业。天地环保主要从事大气污染治理业务及固废处理业务，业务范围包括超低排放及有机废气治理（VOCs）整体解决方案、船舶脱硫系统研发与制造、脱硫特许经营、固体废弃物综合利用、催化剂研发与生产、水处理等，拥有覆盖环保装备制造及资源开发利用的完整产业链，是国内少数能够提供废气、废水、固废处理及资源利用的环保综合方案解决供应商。天地环保下设 20 家分（子）公司，承接国内环保工程项目 100 余个，遍布浙江、新疆、宁夏、广东、安徽等 10 余个省市自治区。

天地环保是国家环保产业骨干企业、国家高新技术企业、国家科技成果转移转化示范企业、浙江省创新示范企业，同时荣获国家技术发明奖一等奖、国家电力建设科学技术进步一等奖、浙江省科学技术进步一等奖、浙江省能源科技进步一等奖、浙江省电力科学技术进步奖、浙江省电力发明奖一等奖等。

截至 2020 年年底，公司总资产 50.4 亿元，净资产 37.6 亿元。近 3 年营业收入复合增长率25%，利润总额复合增长率65%，研发投入复合增长率21%，各项经营指标快速增长，科技型企业转型势头迅猛。

二、主要做法

（一）牵住上市这个"牛鼻子"，不断完善国有科技型企业公司治理体制机制

加快推进上市工作，着力推动企业转型升级。天地环保自2019年启动上市工作以来，目前已完成公司资产剥离、战略投资者引进、股份制改造、证监局辅导验收等关键性工作，并已向上海证券交易所提交科创板上市申请，计划于2021年年底前完成公司科创板上市。

按照上市企业要求，天地环保严格落实完善企业法人治理结构，确保法人治理体系有效运作；通过落实重大事项研究讨论前置程序，进一步强化党组织在法人治理结构中的法定地位，确保发挥党组织"把方向、管方向、保落实"作用；优化董事会结构，配齐建强董事会，完善战略、薪酬与考核、提名、审计等董事会专门委员会；制定股东会、董事会、监事会三会议事规则，确保"三会一层"权责清晰、分工明确；明确董事会授权经理层事项，落实保障经营层重大决策、选人用人、薪酬分配自主行权；法人治理体系有效运作，建立健全董事与监事选聘、管理、考核、评价、退出等机制。

（二）以"混"促"改"，发挥"鲇鱼效应"，转变国有企业市场化经营

天地环保牵手民营企业率先以"混改"形式创办浙江省第一家船舶脱硫公司——浙能迈领公司，并采取增资扩股方式，在浙能迈领公司成功开展员工持股试点，成为浙江省9家试点企业之一。天地环保通过采取"高管及核心员工股权激励"和"全员超额净利润奖励"联动激励政策，一方面着力稳定核心团队，使企业高中级管理人员、核心技术人员和业务骨干的利益与公司

的利益挂钩,最大限度地激发员工参与研发和管理的积极性和主动性;另一方面使广大员工与公司之间建立更加牢固、更加紧密的风险共担、利益共享的共同体,成为公司在激烈的市场竞争环境下抢占机遇、实现业务快速增长及利润最大化的源动力。公司成立仅 2 年即实现技术指标全球领先,得到了全球排名前列的多家航运公司高度认可,其中技术难度最大的混合式船舶脱硫装置投运国际第一,目前业务已覆盖欧洲、美洲、亚洲等地区。

(三)划小经营单元采用"阿米巴"管理模式,开展内部竞争实现裂变发展

天地环保坚持顶层设计与先行先试相结合,以"小前端 + 大平台"组织模式,成立了以 10 人为经营单元的 VOCs 开发、固废综合利用、船舶脱硫和先进水处理装备等工作小组,明确责任导向、强化市场、技术和经营协同能力,充分发挥经营单元桥头堡、先锋队的灵活优势。天地环保承建的中国最大煤化工有机废气治理项目、浙江省首个农村生活污水生物膜技术(MABR)治理示范项目、浙江省最大畜禽有机废弃物综合治理项目等多个重点难点项目,实现胶球清洗、船舶脱硫公司组建,为公司提供了新的利润增长点,为实现裂变发展提供了创新创业沃土。

(四)坚持科技创新"接地气",对接生产,加速实现成果转化

天地环保坚持创新项目紧密对接现实生产力,紧紧围绕国家"一带一路""乡村振兴""长三角一体化"等部署,以"技术服务生产"为导向,加快"技术—应用"转换通道建设;高端科技"接地气",加速应用服务社会的做法得到了主流媒体报道,赢得了良好的社会美誉度。

天地环保坚持创新成果紧密对接产业化应用,推进自有技术再优化再提升再拓展。公司多项自主知识产权成果已实现产业化并入选国家重点环境保护实用技术及示范工程,已拥有具有自主知识产权的超低排放环保岛关键技术及成套工艺、蓄热式热氧化技术、船舶脱硫集成技术、粉煤灰综

合利用技术等核心技术，并具备相关核心部件的生产制造能力，其中"燃煤机组超低排放关键技术研发及应用"荣获国家技术发明一等奖和浙江省科学技术进步奖一等奖，应用于船舶尾气治理领域的湿法脱硫技术被评为2020 年浙江省装备制造业重点领域首台（套）产品。

（五）打破国企"平均主义"限制，充分盘活企业人力资源

天地环保圆满完成了本部全员竞岗工作，改革涉及职工 1 500 余人，6 类用工形式，实现分流 56 人，发生岗位变动 106 人，岗位变动率 46%；通过与之配套的薪酬体系改革，打破原有同工不同酬、平均主义的限制，构建"干部能上能下、人员能进能出、岗位能升能降、收入能增能减"的选人用人及激励约束机制；在此基础上，遵循"一企一策"分类管理原则，全面落实三级企业竞争上岗激励优化工作，较好地实现了"能者上、庸者下、劣者汰"的改革目的；探索可视积分制人才队伍培养选拔途径，用足用好市场化政策"一人一策"引进市场化人才，已成功引进 2 名高端人才和 32 名项目制人员。

三、改革创新成效

一是经营指标逆势增长。在"科改示范行动"各项改革措施的推进下，天地环保围绕增强企业的竞争力、创新力、控制力、影响力和抗风险能力，通过以上率下、统筹推进，克服疫情不利影响，各项经营指标逆势增长。2020 年度完成营业收入 27.8 亿元，同比增长 23%；实现利润总额8.1 亿元，同比增长 45%；科技研发经费投入 1.0 亿元，同比增长 12%。2020 年年底实现股东权益 37.6 亿元，同比增长 27%，确保国有资产保值增资。

二是科技驱动成果斐然。天地环保被认定为国家科技成果转移转化示范区浙江省首批示范单位，拥有浙江省多污染物控制工程实验室、环保技术和装备省级企业研究院、省企业高新技术研发中心等多个创新平台。自公司入选"科改示范企业"名单以来，已获授权发明专利 1 项、实用新型专利 68 项、软件著作权 4 项；牵头或主要参与编制国家和行业标准 2 项。

三是改革创新亮点夺目。以"混改"促深改、谋发展，所属浙能迈领公司成立仅 2 年多时间就实现技术指标全球领先，海外订单额累计超 4.8 亿美元，7 万吨级以上船舶改造数量超 120 台（套），项目横跨海内外，领跑中国船舶尾气治理领域。特别是在 2020 年，新冠肺炎疫情对全球航运业造成剧烈冲击，在大量船东破产或营运停滞，船舶脱硫订单取消或延后的情况下，浙能迈领公司全力以赴以生产任务为重，坚守海内外生产一线，认真细致落实防疫措施，确保员工零感染，通过不懈努力，完成 35 条船舶脱硫，获得全球仅有的两例订单之一的 5 艘船舶脱硫订单，手持订单数位居全球前列，实现年度产值超 10 亿元人民币。

四是公司业务趋向多元。天地环保在自主研发的 VOCs 技术在新天成功应用的基础上，相继承接珠海飞扬 RTO、江苏利锦莱德废气综合治理和呼伦贝尔金新化工低甲尾气治理等多个项目；MABR 成功推广到农村生活污水治理领域；自主集成创新的厌氧发酵技术在浙江省最大的畜禽有机废弃物综合治理项目上科技示范；中国首套自主研发的混合式船舶脱硫装置投运打破国外垄断，投运数量和技术均处世界领先；超低排放技术实现从电力向军工、玻璃、冶金、水泥和电解铝等非电行业多点突破；传统脱硫技术从石灰石石膏湿法拓展到半干法、氨法、海水法和镁法。天地环保稳步从单一传统燃煤电厂烟气治理业务向各工业、市政并重发展，从以国内市场为主向国内国外市场齐头并进拓展，逐步成为浙江省能源集团有限公司乃至浙江省环保产业的主力军。

12

以改革谋发展
促进企业逐步走出困境

安徽星瑞齿轮传动有限公司

一、基本情况

安徽星瑞齿轮传动有限公司（以下简称"星瑞齿轮"）成立于 1966 年 8 月，注册资本 9.34 亿元，主营业务为汽车变速箱产品的研发、制造、销售和服务，现为安徽江淮汽车集团股份有限公司（以下简称"江汽集团"）的核心零部件企业、全资子公司。星瑞齿轮拥有省级企业技术中心和省级汽车齿轮工程技术研究中心，现有员工 1 218 人（其中专科及以上学历 550 人），其中科研人员 259 人。科研人员中有 5 人获得"安徽省领军人才"荣誉称号，1 人获得"安徽省 538 英才工程拔尖人才"荣誉称号。

2020 年以入选"科改示范企业"为契机，星瑞齿轮不断加强国企改革工作推进力度，积极开展技术研发和研发成果产业化应用，建立以满足客户需求为主线的研、产、销业务流程，打造以三项制度改革为基础的企业中长期改革创新体系，以改革带动企业可持续发展。

二、主要做法

（一）以市场需求为主线推进流程再造，从业务层面打破企业创新发展的桎梏

一是对原有的组织机构进行优化，设置扁平化的"大部制"机构。星

瑞齿轮有营销中心、技术中心、生产中心、管理平台和压铸分公司五大业务模块，构建了以营销中心为龙头、全员围绕市场转的运营机制。

二是结合组织结构的调整，对研产销业务流程进行梳理优化。在研发业务流程方面，星瑞齿轮参考合肥美桥汽车传动及底盘系统有限公司、格特拉克（江西）传动系统有限公司等行业内优秀企业研发体系，梳理总结了现有产品研发体系中的各项制度流程标准，发布《星瑞齿轮技术创新体系优化方案》和《产品研发管理手册》，对研发流程进行模块分组构架，提高了研发项目的质量和效率。在生产业务流程方面，星瑞齿轮对所属生产基地进行了整合，公司生产基地由 3 个合并为 2 个，同时将下属各工厂整合进入新设立的生产中心实行统一管理、统一调度，有效增强了生产业务的协同性、高效性，提高了资产利用率。在销售业务流程方面，星瑞齿轮改变观念，从江汽集团下属配套单位到市场化开放型变速箱生产企业转型，以客户为中心，建立了内部顾客链管理和外部市场开拓的内外双重市场化运作体系。2020 年，星瑞齿轮聚焦拓展外部市场业务，走访行业内主流主机厂市场 36 次。通过技术对接、产品推介、试装整改等工作的开展，成功实现多家企业产品配套，为实现年度销售业务目标的达成提供了有力支撑。

三是实施授权放权。制定江汽集团与星瑞齿轮事权划分清单，将财务管理、薪酬管理、人事管理、投资规划等方面 11 项事权由江汽集团下放到星瑞齿轮董事会，提高了"科改示范企业"自主发展创新、推进企业改革的热情和积极性，增强了决策的时效性。

（二）以"科改示范行动"为契机坚持推进三项制度改革，从基础层面构建企业中长期改革发展的体系

星瑞齿轮在 2020 年度出台三项制度改革相关制度、方案、实施办法等各类文件 9 项，为企业中长期的改革发展创造了良好的基础。

一是有序推进职业经理人制度。星瑞齿轮建立健全契约化管理机制，改变以往由集团公司直接任命的经理层产生方式，市场化选聘符合条件的优秀职业经理人到企业进行经营管理，强化优秀经理人对企业发展的引领作用。

二是深化分配制度和员工考核体系改革。星瑞齿轮结合工资总额单列实施方案，实行"以岗定薪"的差异化薪酬分配制度，薪酬向科研技术、生产一线倾斜；构建基于 KPI 的全员绩效考核体系，自上而下层层分解公司经营目标，通过岗位任职能力体现差异性，考核结果与员工薪酬发放、岗位调整、星级评价等挂钩，激发全体员工干事创业的激情和动力。

三是实施"精兵简政"。星瑞齿轮的二级单位数量从 2017 年的 50 个精简至 2020 年的 26 个，单位数量精简了 48%；人员总数由 2017 年的 1 811 人减少至 2020 年的 1 218 人，人员总数下降了 33%，大幅提高了生产效率。

（三）深入探索新技术研究和研发能力提升，从创新层面打破关键核心技术的壁垒

一是积极开展核心技术科研攻关。星瑞齿轮以产品关键核心技术突破为指引，同时推进"课题制"。公司研发中心中层及以上领导干部均分配有关键科研课题，通过课题研究的不断深入，建立其攻关能力和信心，实现正向循环。

二是研发人员专业分工优化。星瑞齿轮完成了模块分组构架，设立产品和设计工程两大模块，按壳体、齿轮、同步器、换挡机构等模块进行分工，深化技术人员的模块专业能力，强化模块化、专业化管理，提高开发工作效率，清晰开发管理工作。

三是对科研人员进行激发激励。星瑞齿轮对研发岗位价值进行合理评估，把知识和技术要素作为岗位价值的重要部分，结合企业经济效益，提

高科研人员岗位价值系数，按岗位价值系数决定薪酬待遇；在公司内部率先实施科研人员工资总额单列；设立企业技术创新专项奖，发明专利人分享企业发展成果，并纳入公司中长期激励管理制度。

四是积极创建产、学、研合作机制。星瑞齿轮在2020年与安徽理工大学签署了合作协议，双方将在星瑞齿轮建立"硕士工作站"，将工作站研发成果积极运用到企业技术创新和产品性能提升之中，促进产、学、研融合发展。

五是大力营造浓厚的技术研发氛围。星瑞齿轮通过组织重难点课题攻关、专项技术沙龙、技术论坛等多种形式，让技术人员有施展才华的舞台，让技术人员有被尊重感。

六是积极引进研发人才。星瑞齿轮2020年度引进高端技术研发人才1名，新招聘重点院校本科以上毕业生30名，有效补充了研发新鲜血液，增强了研发后备力量。

三、改革创新成效

2020年是"科改示范行动"的启动之年，星瑞齿轮坚持践行以改革促发展的理念，推进改革工作取得了积极成效。

一是在企业经营绩效方面，星瑞齿轮2020年营业收入2019年增长15.8%，利润总额同比由负转正，劳动生产率达到20.2万元/人，创历史新高。同时，2020年外销市场拓展取得新突破，外销市场年销售收入超过1 000万元的重点战略客户增加到6家，销售收入突破1.9亿元，同比增长超过65%，达到5年来新高。

二是在企业产品创新方面，星瑞齿轮坚持以新产品开发为抓手，以支撑公司产品销量为目标，不断提高研发项目成功率。2020年开展各类变速箱总成研发、齿轴件开发项目33项，其中达成量产20项，完成申请技术创新发明专利 7 项。产品创新方面的技术积累，为星瑞齿轮通过技术创新带动高质量发展打下了坚实的基础。

三是在企业技术创新方面，星瑞齿轮在多个重要领域实现了技术创新突破。在变速箱液压系统开发方面，星瑞齿轮自主设计开发出 AMT 产品液压模块，在多项产品性能指标上有明显提升，同时成本下降了 20% 以上，提高了在市场竞争中的优势；与此同时，液压模块的相关仿真计算能力也构建起来，测试验证能力日渐完善。AMT 软件完成自主开发成功，整车驾驶功能全覆盖，在无发动机响应的情况下，动力中断时间缩短至 1.1 秒左右，与标杆竞品的 1.0 秒几乎相当，达到行业内先进水平。

四是在公司整体改革氛围方面，通过"科改示范行动"专项改革，星瑞齿轮管理层和员工的积极性得到有效激发，改革的主观能动性得到充分调动，员工队伍尤其是营销和研发队伍中发掘出了更多"想干事、能干事、干成事"的员工，为推进"科改示范行动"创造了良好氛围。

13

以改革促创新　推动企业快速成长

江西江铜碳纳米材料有限公司

一、基本情况

江西江铜碳纳米材料有限公司（以下简称"碳纳米公司"）成立于2020年1月，是江西铜业股份有限公司全资子公司江西铜业鑫瑞科技有限公司（以下简称"鑫瑞公司"）出资新设的混合所有制企业，注册资本1 000万元，其中鑫瑞公司持股78%，江铜技术研究院所属首席科学家陈名海团队持股22%，陈名海团队以专利技术和现金出资。碳纳米公司的主营业务是纳米碳水性浆料的研发、生产及应用型开发和销售，拥有3项碳纳米材料相关发明专利，将分二期建设年产2 000吨碳纳米管水性浆料生产线，首期年产1 000吨碳纳米管水性浆料生产线于2020年10月建成，已试生产运行，初步实现销售。

碳纳米管水性浆料是将碳纳米管在高效分散剂辅助下，经过纳米研磨分散形成的均一稳定的胶体分散体系，是抗静电涂料、导电涂料、散热涂料、防腐涂料等产品的关键核心材料。其中，水性电加热浆料是当前电热膜的升级换代产品，是国家力推水性化技术的重要支撑技术，并保持了长寿命、低衰减、低功耗等显著优势，具有强劲市场竞争力。碳纳米管水性浆料技术在各个领域均具有突出特色，对传统材料形成替代升级的巨大优势，正处在一个快速发展的阶段。碳纳米公司已形成"单壁碳纳米管水性浆料"和"多壁碳纳米管水性浆料"两大系列四种配方产品的生产格局，主要覆盖防静电涂料和电热膜涂料市场。

二、主要做法

2020 年 2 月，碳纳米公司入选"科改示范企业"名单。2002 年 3 月，碳纳米公司制定"科改示范行动"改革实施方案，以问题和目标为导向，聚焦痛点难点，在"完善公司治理、健全市场化选人用人机制、强化市场化激励约束机制、提升自主创新能力、坚持党的领导加强党的建设"5 个方面制定改革举措，努力把江西江铜碳纳米材料有限公司打造成为碳纳米材料"单壁碳纳米管水性浆料"和"多壁碳纳米管水性浆料"科技领先型企业。

（一）党的建设与科技创新深度融合，建立健全法人治理

碳纳米公司将加强党的建设与市场化创新体制机制相结合，充分发挥党组织的领导作用，凡涉及重大经营管理事项严格落实党支部前置集体研究讨论，充分发挥党组织的把关定向作用；制定党组织前置研究讨论重大经营管理事项清单，清单以外事项由碳纳米公司依法自主决策，充分保障经理层和科技人才大胆探索创新；建立健全公司的治理体制机制，成立了董事会，设监事 1 人，陆续制定《董事会议事规则》等多项制度，健全董事选聘、管理、考核、评价、退出等机制，提高董事会科学决策水平，真正落实董事会的重大决策、选人用人、薪酬分配等权利，充分保障经理层自主经营权。

（二）建立健全市场化选人用人机制

碳纳米公司经理层和管理部门负责人采用任期制和契约化管理，签订聘任协议和业绩合同，立下军令状，明确责权利，严格考核，刚性兑现薪

酬。第二期聘任时采用竞争上岗和末位淘汰。

碳纳米公司制定出台《市场化招聘制度》等制度，按照市场化原则进行个人绩效考核，实现"干部能上能下、员工能进能出、收入能高能低"。碳纳米公司在前程无忧、猎聘网、江西省人力资源网等网站发布招聘信息，截至2021年3月已市场化招聘人才7人。

（三）探索实施市场化激励约束机制

为提升员工的工作积极性，增强公司科技创新能力，优化员工薪酬绩效激励体系，碳纳米公司实行工资总额预算备案制。根据企业发展战略和薪酬策略、年度生产经营目标和经济效益，综合考虑劳动生产率提高和人工成本投入产出率、职工工资水平市场对标等情况，把对整体业绩和持续发展有直接影响的核心技术和管理骨干建立特殊人群的工资总额单列管理，并进行备案；强化市场化为主的个人绩效考核，将考核结果与年度薪酬直接挂钩，拉开同岗位人员的分配差距，实现收入能高能低。

科技创新有着投入大、周期长、不确定性高、创新成功难、工作成果不易直接测量评价等特点，对关键岗位建立健全激励约束长效机制，可以促进公司经营业绩的快速提升和持续发展。碳纳米公司探索采用员工持股和股权激励等方式对为公司整体业绩、长期持续发展有直接影响的经营管理人员、核心技术骨干进行激励。

（四）创新分享机制，提升科技创新能力

碳纳米公司坚持自主创新和技术引进吸收相结合，和首席科学家陈名海所在江铜技术研究院共同建立科技创新分享机制，签署《技术协作协议》，明确了双方的权利义务，取得的技术成果知识产权共同拥有，创造的经济效益开发团队可享有约定的分配权。

碳纳米公司目前拥有3项碳纳米材料专利技术，包含水性浆料生产技术，电热膜及散热金属膜等专利技术，基本涵盖了当前的主要业务和下游产业技术。碳纳米公司将协同江铜技术研究院，继续进行碳纳米管上下游产业的科技成果研究，成熟后成果转化，布局碳纳米全产业链。同时，碳纳米公司瞄准国内工程轮胎碳纳米添加剂和高档家具用封闭底漆等方面技术进行科研，力争再形成"碳纳米管橡胶轮胎添加剂"和"碳纳米防静电封闭底漆"两大系列产品。

三、改革创新成效

碳纳米公司成立时间仅1年多，通过建立健全各项规章制度，建立多项体制机制，改革成效初步显现。

一是干事创业的积极性高涨。在经理层任期制、契约化管理和市场化激励约束机制下，碳纳米公司经理层冲锋在前。在生产线建设中，抓项目提效率，实现碳纳米水性浆料项目提前竣工，实现当年开工建设，当年竣工投产，产品合格率98%以上，并实现产销7.5吨；实现销售后，带头跑市场，全体员工充分发挥"全员销售"，积极开拓市场，助推碳纳米公司快速正常生产经营。

二是创新人才培养模式，优化科研队伍建设。碳纳米公司充分调动高层次技术创新人才、生产一线人员技术发明创造的积极性，引导科研人员将实验室搬进厂房、车间，强化对公司生产运营、安全环保等方面的了解，以便于从公司的技术需求、科研难题着手，发挥创新才能；加快形成有利于人才成长的培养机制、脱颖而出的竞争机制、人尽其才的使用机制、各展其能的激励机制，培植好人才成长的沃土，培养造就一批有创造力的战略科技人才、和创新团队。

三是创新企业科技创新机制，提升企业核心竞争力。碳纳米公司建立完善知识产权保护制度，切实打通知识产权创新、运用、保护、管理、服务全链条，提升公司自主知识产权申报、保护和利用综合能力。碳纳米公司与江铜技术研究院科技研发力量进行深度技术合作，取得的技术成果知识产权、经济效益共享，充分激发创新新动能，有利于后续公司不断增加核心专利技术，增强核心竞争力。

四是企业产业布局不断优化。碳纳米公司将继续深耕碳纳米管水性浆料技术，进一步开发市场，拓宽产品线；同时组织科技人员进行碳纳米管上下游产业链的科技成果转化前期准备工作，为做实做强做优做大而不断布局。上游围绕单壁碳纳米管的制备技术进行科技成果转化准备工作，下游对防静电膜、防静电胶带、电热膜、电加热服装等产业进行不断调研，跟踪市场热点，助推产业发展。

14

机制创新引领科技创新
企业发展服务国家战略

洛阳 LYC 轴承有限公司

一、基本情况

洛阳 LYC 轴承有限公司（以下简称"洛轴"）前身是"一五"时期建设的洛阳轴承厂，是当时我国 156 个重点建设项目之一，现为河南省国有资产监督管理委员会直接管理的省属企业。洛轴主要从事轴承及其零部件的研发、生产和销售，是国内轴承行业的排头兵、中国机械工业企业 100 强。"LYC"商标是中国驰名商标。洛轴注册资本 18.46 亿元，下属子公司 10 家，其中全资子公司 5 家（含事业单位法人 1 家），控股子公司 4 家，参股子公司 1 家。截至 2020 年 12 月底，洛轴资产总额 77.23 亿元，员工 6 444 人。

洛轴技术实力雄厚，具有完整的科研体系。洛轴拥有国家发展和改革委员会等部委首批认定的国家级企业技术中心和科学技术部组建的轴承行业唯一国家重点实验室，设有 CNAS 认证实验室、院士工作站、博士后科研工作站、河南省高速重载轴承工程技术研究中心及河南省轴承产品质量监督检验中心，搭建了完善的轴承研发实验平台；与清华大学、西安交通大学、中国铁道科学研究院等高等院校和科研单位形成了"产、学、研、用"创新体系；可根据用户需求设计制造全部九大类型、各种精度等级轴承，品种规格近 2 万个，还可开发轴承相关专用设备及装置；具有航空发动机轴承、高铁及轨道交通车辆轴承、重大装备专用轴承等核心技术；先后为三峡水利工程、葛洲坝水利工程、奥运工程、南水北调工程、西气东输工程、"神舟"系列载人航天飞船、"嫦娥"宇宙飞船及测控装备、中国"天眼"（FAST 射电望远镜）等国家级重点工程建设项目配套轴承产品。目前，洛轴承担着盾构机轴承项目等国家重大专项、"863 计划"等科研项目 50 余项。

二、主要做法

近年来，尤其是被列入"科改示范企业"以来，洛轴加大力度推行三项制度改革，激发企业内生动力；不断完善科研体制，激活技术研发人员创业激情；大力推进科技创新平台建设，全面提升科技创新能力；围绕企业战略定位，紧盯国家重大需求，加快推进产品结构高端化调整，为企业快速健康发展奠定基础。

（一）围绕三项制度改革，稳步推进机制创新

近年来，洛轴认真学习郑州煤矿机械集团股份有限公司先进经验，在三项制度改革方面实现了成功移植和吸收创新。

一是人事制度改革。变身份管理为岗位管理，推出干部"四制"，即任期制、竞聘制、岗薪制和淘汰制。近年来，洛轴高层岗位已实施 2 次市场化公开竞聘，中层岗位已实施 3 次公开竞聘。在第一次竞聘中，38.5%中层干部职数被压减，44.4%的高层管理者退出岗位；在第二次高层岗位竞聘中，公司经理层平均年龄由 55 岁降低至 46 岁，成员的专业能力、学历层次得到进一步提高；在第三次中层岗位竞聘中，38.96%的中层管理岗位人员得到更新，干部队伍平均年龄降低 3.4 岁，本科及以上学历人数占

比达到 88%。

二是劳动制度改革。通过建立市场化用工制度、全面加强劳动合同管理，洛轴畅通了冗员退出渠道。2016—2020 年，洛轴在册员工数量减少 30%，但依然完成了 115% 的产值增长。

三是分配制度改革。为充分激发一线人员的工作积极性，洛轴推行向生产、营销、技术中一线人员倾斜的薪酬分配制度。近些年，洛轴对"计件工资"分配制度进行优化升级，职工工作热情得到全面激发，"一人多机""辅助岗位转一线"的现象在洛轴蔚然成风。2020 年，洛轴人均工效、人均工资分别较 2016 年分别增长 253%、66.2%。2020 年 12 月，洛轴有 280 余名生产一线职工月收入超过 1 万元，其中最高达到 2.7 万元。通过机制创新，企业呈现出一派只争朝夕、生机勃勃的景象。

（二）完善科技创新体制，激发科技创新动能

一是优化科技骨干人员管理机制。洛轴在全面推行市场化选聘、契约化管理选人用人机制的同时，核心科研骨干人员不受年龄、职级限制，可以根据工作需要选聘参与科研项目。

二是完善科技骨干人员薪酬体系。洛轴落实科技骨干人员薪酬"四不"举措，即科技骨干人员薪酬总额不纳入公司工资总额预算基数，不与公司经济效益指标挂钩，不低于行业内科技人员平均水平，不低于对应职级管理人员平均水平。

三是提升科技创新要素的使用效率。洛轴整合科技创新要素，推进科研项目责任制，激发科技创新动能；发挥非物质激励的积极作用，系统提升正向激励的综合效果，形成推进科技创新的协同氛围和整体合力。

（三）加强团队建设，筑牢高质量研发体系

一是构建完善技术创新管理体系。洛轴建立了完善的组织构架，负责推进科技创新工作的组织实施，形成了覆盖公司各职能部室、生产厂、车

间、班组的创新网络体系；制定了一系列创新管理文件，形成了一整套从知识产权保护、成果转化、创新绩效考核等较完备的管理体系，使公司创新工作各项标准、要求、流程更加清晰，为技术创新工作提供了保障。

二是加强高水平研发团队建设。洛轴拥有行业一流研发团队，设有以行业知名专家为首的航空精密轴承、军工轴承、盾构机轴承、高铁轴承、风力发电机轴承等专业的研发团队，形成了老中青、高中低搭配的技术队伍。截至 2021 年 3 月，企业拥有专业技术人员 471 人，其中博士 4 人、硕士 61 人、高级职称 74 人。

（四）推进平台建设，提升创新能力

一是加强研发平台建设。洛轴不断对研发平台能力进行升级建设，先后购置一批世界领先的分析软件、检测分析仪器和轴承试验装备，搭建了航空精密轴承试验平台、高速铁路轴承试验平台、风电轴承试验平台、高端装备轴承试验平台、盾构机轴承试验平台、机器人轴承试验平台及汽车轴承试验平台。

二是确保较高水平的研发投入。洛轴年均研发投入不低于营业收入的5%，从人员、装备条件、资金保障等方面满足轴承技术研发的需要，从质量品牌、标准体系等方面提升企业创新能力，努力使公司产品接近或达到国际先进水平，跻身于高端轴承生产企业行列。

（五）服务国家重大项目，推进产品结构高端化

一是将研发转化为强劲的生产力。近年来，洛轴坚持面向世界科技前沿、面向经济主战场、面向国家重大需求、面向人民生命健康，以国家重大工程、重大装备、重大需求为目标，开展核心关键技术攻坚，在新产品研发上取得突出成绩并不断将技术成果转化为强劲的生产力，引领企业高质量发展。

二是推进产品结构向高端化调整。洛轴不断提升"四高"（高附加值、

高精度、高技术含量、高市场潜力）产品，在公司产品中的占比，按照"开发占领高端，做优做大中端，控制提升低端"的方向，持续加快推进产品结构调整。2020年，以军工精密轴承、盾构机轴承、医疗器械轴承、海洋工程轴承、大功率风电轴承等为代表的高端轴承产值已占公司总产值的50.45%。

（六）加大科技攻关，引领行业技术进步

一是努力做行业技术进步的引领者。洛轴以引领行业技术进步为目标，以解决国家重大需求为己任，积极参与国家科研指南编制工作，认真研读国家政策及项目指南，跟踪行业技术发展前沿，培养技术带头人，提升科研团队水平，巩固企业在行业技术领先地位。

二是积极申报和承担国家高水平科研项目。2016—2020年，洛轴共承担国家、省、市科研48项，其中国家项目27项，目前已完成并通过验收10项，在研38项。承担的项目中共获省部级以上奖28项，其中2项获国家奖，4项通过河南省科技成果鉴定，2项达到国际先进水平，2项达到国内领先水平。2020年又成功申报16项国家、省项目，获拨资金7 745万元，项目运行继续处于"申报一批，获批一批，在研一批，结题验收一批"的良性循环。

三、改革创新成效

洛轴秉持创新引领，推进技术创新，依托核心关键技术，重点开展"四高"产品的研发，取得了一系列成果，持续引领行业的发展，为企业发展和行业进步，为国家重点工程、重大项目做出新的贡献。

一是助力"探火登月"工程。2020年7月23日，洛轴研制产品助力"探火工程""天问一号"探测器"问天"成功。2020年11月24日，洛轴研制产品助力"登月工程""嫦娥五号"探测器"探月回家"，为国家

航天重大工程做出贡献，展现了公司在航天精密轴承技术方面的实力。

二是研制高端医疗 CT 机轴承，解决国家急需。2020 年，面对突如其来的新冠肺炎疫情，洛轴研制的第三代 CT 机主轴承及时解决了国家的重大需求，对我国抗击新冠肺炎疫情做出了重大贡献。通过研制第三代 CT 机主轴承，授权发明专利 1 件、实用新型专利 3 件，发表核心论文 2 篇，制定 1 项行业标准，填补了行业标准空白，有助于规范医用 CT 机主轴承产品的生产、检验和验收，促进医用 CT 机主轴承产业生产技术水平的提高，对医用 CT 机主轴承产业的发展起到积极的推动作用。

三是研制风力发电机轴承，助力国家绿色发展。洛轴依托国家科技支撑计划"2 兆瓦以上风电装备系列轴承关键技术研究与应用"项目，建立了我国风电主轴轴承设计技术体系，开发了我国风电偏航、变桨轴承套圈锻后热处理正火新技术，提出了小样本风电转盘轴承疲劳试验方法，研制了风电偏航、变桨、主轴、增速箱轴承系列试验机，建立了完整的风电轴承试验平台，建立了我国风电装备关键轴承国家标准体系。2021 年 3 月，该项技术已完成转化，实现了产业化。项目产品已在远景能源科技有限公司、新疆金风科技股份有限公司、国电联合动力技术有限公司、三一重能有限公司、天津东汽风电叶片工程有限公司、中国船舶集团海装风电股份有限公司、华创风能有限公司、明阳智慧能源集团股份公司、湘电风能有限公司等主要风电装备厂家得到广泛应用，为我国新能源绿色发展做出了贡献。

四是研发高可靠性盾构机主轴承，配套国家重大装备。依托河南省科技攻关计划"大直径复合盾构主轴承研制"项目，洛轴掌握了盾构机主轴承低速、重载设计技术、精密加工技术、试验评价技术，先后研制出 $\phi6$ 米级复合盾构机主轴承、$\phi11$ 米级盾构机主轴承，并完成工程应用，为解决我国重大装备"卡脖子"问题提供支持。

15

深入实施创新驱动发展 助力公司高质量发展

湖北交投智能检测股份有限公司

一、基本情况

湖北交投智能检测股份有限公司（以下简称"湖北交投检测"）是湖北省交通投资集团有限公司（以下简称"交投集团"）的二级子公司，2016 年重组成立，注册资本 1 亿元，是一家从事公路、水运、水利、市政、建筑等工程项目试验检测、监理咨询、环境保护、工程勘察、公路设计、仪器设备检定/校准等技术服务的高新技术企业，是交通运输部"公路建设与养护技术、材料及装备交通运输行业研发中心"实体化建设单位，目前在研科技项目 18 项，其中国家重点科技项目 1 项，部级科技项目 2 项，厅级科技项目 3 项。公司现有 6 家全资子公司，持有公路工程检测综合甲级、公路工程桥梁隧道工程专项、公路工程监理甲级、特殊独立大桥专项、公路工程设计乙级、环境监测及环保工程设计施工等相关资质，具有 46 类 1 108 项参数的试验能力。公司通过 ISO 9001、OHSAS 18001 和 ISO 14001 认证，中国合格评定国家认可委员会 CNAS 实验室认可。

二、主要做法

（一）探索市场化经营机制改革，激活公司发展新动能

一是优化子公司管控模式。湖北交投检测以管住风险和放活经营为目

标，全面推进子公司授权管理体系建设工作。在需求搜集、实地调研以及后期充分讨论研究的基础上，湖北交投检测将党群、综合、经营、劳资、财务、投标、体系、安全、资产等 10 个方面共计 19 类 68 项权力下放，进一步界定职能权限范围，理顺管控运行机制，真正打造独立经营、自主发展的市场主体。

二是建立集团外业务经营激励奖。为了进一步激发公司员工开拓集团外市场业务的积极性，湖北交投检测 2020 年 9 月印发《集团外项目经营激励奖管理办法（暂行)》，对承接集团外项目做出直接贡献的员工，按照项目有效合同额进行奖励，并在合同签订后直接一次性发放。截至 2021 年 3 月，已累计发放 10 笔，共计 20.6 万元。

三是打造高效执行力的项目团队。结合湖北交投检测检测、监理、环保三大业务板块特点，强化团队建设，分类建立项目团队，作为最小的生产单元，赋予项目负责人项目管控、人员调配、绩效考核等众多权限，让项目团队能够更加聚焦生产经营，不断提升市场竞争力。

（二）完善市场化分配考核机制，激活干事创业活力

一是建立市场化薪酬体系。湖北交投检测坚持"以岗定薪、岗变薪变"的理念，薪酬调整坚持业绩对标行业优秀值、薪酬水平接轨市场行情，体现向能力倾斜、向一线倾斜、向技术倾斜的导向，公司生产一线员工比职能人员高 30% 以上。

二是完善薪酬考核体系。根据集团公司"一企一策"要求，湖北交投检测出台《绩效管理办法》，建立业绩与收入挂钩机制。湖北交投检测所有人员薪酬严格与公司业绩挂钩，其中：职能部门组织考核 50%、子公司（事业部）80% 与经营目标挂钩，并结合职能部门年度重点工作、子公司（事业部）经营业绩情况合理拉开收入差距；对超额完成营收、利润目标的子公司、项目团队实施超额激励奖。2019 年，湖北交投检测多个子公司、事业部超额完成目标任务，共发放超额激励奖近 700 万元。

三是出台《员工职业发展通道管理办法》。湖北交投检测设置管理、业务、职能 3 个职业发展序列，改变了过去只有管理序列一条发展通道的弊端，打通横向发展与纵向发展通道。

（三）建立市场化创新机制，激活科技支撑能力

一是完善公司科技创新体系。湖北交投检测出台《科技项目管理办法》，进一步明确科技项目立项、实施、成果转化和科研合作操作性细节，为科技项目良性运转做好政策支撑；出台《高新申报及维护指南》，组织编制《高新企业年度维护计划》对高新相关工作进行精细化管理，保证了高新体系运转良好。"十三五"期间，湖北交投检测累计研发投入 8 362 万元，平均技术投入比达到 6.61%，获取各级高新补贴 160 万元。

二是探索有效的科技发展之路。围绕行业发展趋势和痛点，湖北交投检测以主营业务为依托，公司组织开展了 22 项课题研究，探索出由"自己立项—外部立项—成果支撑"的科技发展之路；依托交通运输部重点科技清单课题《基于试验检测标准化体系的数据云平台开发及应用研究》，开发了面向全国的试验检测信息化平台，在国内首次建立了基于中台理念的试验检测业务中台；围绕监理业务开展了"智慧监理云平台"建设，2021 年 3 月一期建设完成，有效提升项目管理水平和工作效率；围绕环保主营业务开展"高速公路智能环保监控管理系统"建设，具备实时预警和远程智能管控等功能；探索基于主营业务基础的大数据应用，策划在湖北省交通运输厅立项《公路桥梁大数据系统开发与技术研究》课题并开展研究，2021 年 3 月桥梁资产大数据库已基本开发完成。

三是建立科技创新平台拓展交流渠道。湖北交投检测成立企业科协、成功获批"科技小巨人"、建立院士专家工作站和交通运输部行业研发中心等平台，并依托这些创新平台拓展了与交通运输部科技司、湖北省交通

运输厅科技处、武汉市科技局及科协交流渠道，确保科技创新工作符合政策导向和行业发展趋势，为科技项目立项、成果转化等工作争取到相应支持。

（四）完善党的领导，做到党的建设与公司发展相统一

一是完善法人治理结构，做到党的建设与公司治理相统一。湖北交投检测及时修订《公司章程》《党委会议事规则》，规范了党委会前置讨论研究重大决策问题的基本要求、内容和决策程序，保证党委在公司重大问题决策上切实发挥领导作用。

二是坚持做到"四同步""四对接"。通过党的建设和国有企业改革同步谋划，党的组织和经营管理机构同步规划、同步设置，党务人员和经营管理人员同步配备，党务工作和经营工作同步考核，湖北交投检测实现体制对接、机制对接、制度对接和工作对接。

三是发挥好党支部的战斗堡垒作用。党支部设置结合公司生产经营实际进行调整，在符合条件的项目部增设临时党支部，做到业务到哪里，党建就到哪里。基层党支部书记均由各单位主要负责人担任，制定《党支部议事规则》，规范了议事程序，强化了党支部在子公司、事业部的政治核心作用，确保公司党委的决策事项在基层得到有力地贯彻落实。

三、改革创新成效

一是生产经营实现了跨越式发展。2017—2020 年湖北交投检测营业收入从 2.5 亿元增加至 4.5 亿元，年复合增长率达 34%；利润总额由 5 900 万元增加至 7 337 万元，年复合增长率为 15%；平均净资产收益率 20%。各项指标均高于行业对标优秀值或良好值。集团外部市场拓展成绩良好，累计实现集团外营业收入近 5 亿元，业务走出湖北市场，在安徽、新疆、浙江、甘肃、云南、江西、河南等 10 多个省区承接项目。

二是人才队伍建设初见成效。湖北交投检测现有正式员工249人，其中博士2人，硕士93人，高级职称51人（其中正高级职称8人），中级及以上职称占65%。

三是科技创新支撑公司向交通基础设施数字化服务商转型。湖北交投检测申报各类知识产权158项，已获授权127项，其中发明专利4项、软著88项，实用新型36项。湖北交投检测建设的"全国公路试验检测信息化平台、高速公路养护巡检平台系统、高速公路基础设施综合管理平台、高速公路智能环保监控管理系统"等项目均已完成并投入试运行，相关数据录入工作已正式开启，为公司拓展交通基础设施数字化业务奠定了坚实基础。围绕提升公司业务向智能化发展的系列应用平台已经初见雏形。"桥梁荷载试验AI可视化系统、桥隧监测智能化数据采集分析软件及桥梁荷载试验横向分布系数计算软件、智慧监理云平台一期建设（Web端和安卓App端开发）"等开发工作顺利开展，桥梁智能决策、长大纵坡、区块链等科研课题调研和可研报告编制工作有序推进。

16

"科改示范行动"助推科技创新
改革赋能加速发展

湖南湘投金天科技集团有限责任公司

一、基本情况

湖南湘投金天科技集团有限责任公司（以下简称"金天科技集团"）是湖南湘投控股集团有限公司全资子集团，下属控股子公司有湖南金天钛业科技有限公司、湖南湘投金天钛金属股份有限公司、湖南湘投金天新材料有限公司、湖南金天铝业高科技股份有限公司。为实现公司与钛产业链上下游融合，延伸公司产业链，形成良好的产业链合作增值模式，金天科技集团先后投资参股了西安航空动力股份有限公司、遵宝钛业有限公司等产业链战略性高科技公司。

金天科技集团注册资本 27.33 亿元，是创新型试点企业、战略性新兴产业重点企业。截至 2020 年年底，公司总资产达 62.32 亿元，员工总数为 1 141 人，其中核心团队占比达 30%。金天科技集团通过技术领先和市场领先战略，对标国际一流企业进行差异化发展，建成国内一流、具有国际影响力的钛、铝等金属精深加工产业平台。目前，金天科技集团已进入国内钛行业第一方阵，钛加工综合实力位居全国第二，钛带卷、钛焊管年产销量位居全国第一，军工钛材进入全国前 3 强。

金天科技集团现有省级工程研究中心、工程技术研究中心 2 个，"湘投金天高端钛材制造创新团队"和"湖南金天铝业轻金属复合材料及关键零部件科技创新创业团队" 2 个团队入选湖南省创新创业团队支持计划。2020 年入选"科改示范企业"后，为进一步强化创新能力建设，公司成立中央研究院，由董事长出任院长，现拥有院士、国内外专家、具有博士及以上高层次学历及具有高级职称等核心技术团队人员 60 余人。2020 年公司研发投入 1.15 亿元，占营业收入的 11%。

二、主要做法

（一）提高政治站位，以"服务国家战略"为科研创新之本，打造创新应用平台

2020 年，金天科技集团入选"科改示范企业"以来，始终如一坚持心系"国之大者"，紧贴军民融合、海洋强国、核电等国家战略，坚决落实湖南省"三高四新"发展战略，聚焦解决制约我国国防军工等战略产业发展的"卡脖子"问题，着力推进"科改示范行动"与攻关高端钛材"卡脖子"技术"同频共振"；依托与中国核工业集团有限公司、中广核集团有限公司等合作构建的核电国家战略市场应用平台，深度参与"国和一号""华龙一号"等重大项目。2020 年，"华龙一号"（太平岭项目）首台套凝汽器用高性能钛焊管国产化项目在公司下线；首次承担国家科技重大专项——"大型先进压水堆及高温气冷堆核电站"项目，进一步巩固了公司在国内核电钛焊管国产化领域的领军地位。

（二）强化使命担当，以"发挥头雁作用"为科研创新领航，攻克关键核心技术

金天科技集团始终牢记习近平总书记关于"关键核心技术是要不来、买不来、讨不来的"重要论述，深入推进"千名书记联项目"活动，充分

发挥党组织书记"头雁"作用。2020年，公司党委书记领衔"海洋高端装备用钛合金研发"项目，为"十三五"国家重点研发计划专项"深海爬游混合型无人潜水器研制"提供核心部件，着力解决我国深海机器人关键材料和核心构件国产化"卡脖子"问题。党委书记第一时间组织核心专家和党员骨干成立项目攻关团队，亲自带领项目骨干到相关海域现场实地调研，努力克服新冠肺炎疫情影响，采用线上方式与处于武汉的应用单位和专家连线；通过充分研讨研发思路、反复论证技术路线，逐项明确攻关内容，逐条明晰任务节点、限期排定工作进度，建立项目管理台账，实行挂图作战；建立重点工作和攻关事项每周汇报、月度督查制度，定期进行调度。经过1年的强力攻关，项目团队突破了"大尺寸铸锭成分均匀性控制""高性能大截面部件组织均匀性控制""钛合金表面处理（微弧氧化、陶瓷喷涂）"等多项关键技术，打破国外技术封锁，填补国内海工装备关键部件制造技术空白，为钛合金在海洋军工高端装备的应用提供了重要的技术支撑。

（三）注重强基固本，以"党小组 + 班组"建设为科研创新蓄力，锻造过硬创新团队

"激发科技创新动能"是"科改示范行动"中"五改一加强"的重要工作，而高素质专业化科研创新团队建设又是重中之重。2020年，金天科技集团以加强"三支人才队伍"建设为目标，建立了与中南大学联合培养研究生的育人机制和科研人员退休返聘机制，持续创新人才引进方式和渠道；聘请我国新材料学著名专家、院士担任公司首席顾问，同时聘请中国科学院专家出任外部董事，通过柔性引才方式选聘中国科学院、哈尔滨工业大学2名博导担任公司轮值总工；通过引入同行企业技术专家及其团队，帮助解决技术难题，有效提升了公司整体技术水平；招聘一批硕士、博士进一步充实金天科技集团承担的国家重点项目团队。截至2021年3

月，公司具有高级职称人员 38 人、硕士及以上学历 101 人，其中博士 18 人。2020 年，金天科技集团申报并获批国家级博士后科研工作站，为公司创新发展强化人才引擎。同时，金天科技集团深入实践"把党员锻炼成骨干，把骨干培养成党员"的"双向培养"模式和"党小组＋班组"的锻造，沉淀了一批优秀的具有核心竞争力的团队，如在"大飞机项目"团队中，党员以坚强的党性筑牢了基层堡垒。

一是着力强化每一个战斗单元。项目团队坚持把党小组建在项目组上，以党员骨干为主体，采取"党小组＋项目组"的形式，形成了若干个政治可靠、能力突出、作风过硬的"作战单元"。团队党员签订"目标管理承诺书"，践行"零缺陷"质量意识教育，使党的工作真正压实到型号工作的每个阶段、每个环节。

二是着力形成多"兵种"协同配合。为推动研发、生产环节协调联动，研发团队中的青年博士党员主动到生产一线办公，同时，组织生产一线骨干参与项目研讨会，帮助研发团队更好地了解生产环节的相关情况。

三是着力发挥排头兵带动作用。金天科技集团选树以省属国企第一届"国企楷模"杨胜博士领衔技术攻关管理岗，充分发挥党员干部的先锋模范作用。在团队成员的共同努力下，金天科技集团为我国水陆两用 AG-600 飞机/空天飞机、C929 等大飞机项目提供重要战略性新型材料支撑。

（四）着力机制创新，以"混改＋薪酬改革"为科研创新增能，激活企业创新动力

以"科改示范行动"为契机，全力推动企业"混改"试点工作。金天科技集团选取市场化程度高、行业竞争力较强的金天钛业公司为"混改"试点单位。2020 年 11 月，经多轮磋商谈判，成功引入头部战略投资者投资 5 亿元，股权比例为 29.86%。伴随着战投的引入，金天钛业公司核心团队以平台持股方式参与企业"混改"，设立了由核心管理团队、核心技术团队和核心销售团队组成的 3 个员工持股平台, 股权比例达到 2.7%, 进一步激发了人才能效, 增强了凝聚力。同时, 为增强薪酬的市场竞争力, 湖南金天钛业科技有限公司重塑薪酬体系, 推进内部薪酬改革, 通过"调整基薪、强化绩效、突出目标", 实行差异化分配方式, 将研发课题、新型号进入、新项目开发及销售回款情况等考核占比提升至 30% 以上。通过机制不断创新, 公司既实现靠使命和情感留人、更靠改革机制和不断发展的事业留人, 让核心骨干实现从"干工作"到"干事业"转变, 实现以改革赋能公司加速发展。

三、改革创新成效

2020 年, 金天科技集团紧扣"科改示范行动"目标任务, 抓牢时间节点, 压实改革责任, 年度 16 项改革任务均按时圆满完成, 为"科改示范行动"开了好局, 打下坚实基础。1 年来, 通过推进"科改示范行动", 激发了公司改革动能, 提升了科技创新活力, 增强了公司综合竞争力, "科改示范行动"成果初显。

一是经营业绩得到显著改善。金天科技集团实现营业收入 10.63 亿元, 目标完成率达 106%; 实现利润总额 3.66 亿元, 目标完成率达 183%。其中: 军工市场实现突破, 军品同比增长 58%; 年度钛焊管订单突破 3 000 吨, 成为亚洲第一, 进入全球前三。

二是技术创新成果日益丰硕。2020 年, 金天科技集团"高性能钛及钛合金关键技术及产业化"入选湖南国企"十大创新工程", "高强韧航空钛合金显微组织与性能均匀性调控关键技术与应用"项目获湖南省人民政府科技进步一等奖, "航空结构用钛合金的高质量高效率制备技术及应用"项目获中国有色金属工业科技技术奖一等奖。2020 年, 发布标准 5 项, 其中国家标准 4 项, 同比增长 150%; 授权专利 24 项, 其中发明专利 9 项,同比增长33%；年内实现了在国际专利申报方面零的突破。截至2021年3月，累计发布标准35项，其中国家标准25项；授权专利174项，其中发明专利47项。

三是党建工作水平持续提升。2020年，金天科技集团牵头的"海洋高端装备用钛合金研发"国家重点项目入选湖南省"国企千名书记联项目"活动优秀案例。金天钛业生产党支部获评"省属监管企业示范党支部"。

17

"科改示范行动"赋能加速创新
推动老院所焕发新面貌

湖南省冶金材料研究院有限公司

一、基本情况

湖南省冶金材料研究院有限公司（以下简称"冶金材料院"）成立于 1973 年，1984 年被湖南省政府列为第一批科研转制试点单位，2000 年取消事业编制转制为企业，现为湖南湘投控股集团有限公司全资子公司，注册资本 1 亿元。目前，冶金材料院在职职工 133 人，其中本科及以上学历 56 人，中级及以上职称人员 67 人。

冶金材料院是最早研究粉末冶金、金属耐磨涂层、铁基硬质材料技术与产品的研究院所之一，经过 40 多年的发展，成为了一所集新材料研究开发、技术服务、检测检验、中试生产于一体的综合型科研院所。冶金材料院是国家高新技术企业和科技型中小企业，湖南省新材料企业和中小微企业核心服务机构，长沙市创新型单位、企业技术中心和小巨人企业，湖南省先进涂层工程技术研究中心、黑色金属产品质量监督检测授权站、院士专家工作站、先进涂层科普基地等平台依托单位，在科研创新方面具有较强竞争力。

自成立以来，冶金材料院相继承担了国家及省部级自然科学基金项目、国防基础科研项目、军品生产及其他高新技术重点科研项目 308 项，获国家、省部级重大科技奖励 105 项，获授权国家专利 55 项，先后为国家重大装备和中低速磁悬浮列车等重点工程项目提供了技术和产品，曾受到中共中央、国务院及中央军委的表彰和嘉奖。

二、主要做法

（一）坚持党的领导，加强党的建设

按照党的十九大精神要求，冶金材料院完成了公司制改革，制定完善了《公司章程》《党委会议事规则》《"三重一大"决策事项清单》等规章制度，确保党组织发挥领导作用，把方向、管大局、保落实，尤其是在"三重一大"事项决策中做好把关定向，为企业在新形势下稳步有序深化改革、创新发展提供坚强的政治保障和组织保障。

冶金材料院全面加强党建工作体系建设，细化落实"第一议题"机制、"三会一课"、主题党日及红色教育活动，坚持把党中央决策部署、国家政策、党建工作融入到生产科研经营工作中，不断加强队伍建设，将党支部建设成为宣传党的路线方针政策、团结凝聚职工群众、促进冶金材料院发展的坚强战斗堡垒。

冶金材料院全面加强党风建设和廉政教育，强化制度意识，实现党"保落实"和监督检查常态化，确保冶金材料院决策、执行、监督各环节贯彻党中央精神、要求及决策部署；建立和完善干部廉政档案，确保党员干部政治可靠、廉洁自律、勇担使命。

（二）不断完善市场化经营机制

为提升科研院所生产经营管理能力，冶金材料院成立了生产经营部和法务风控部，以加强经营管理、风险管控和服务力度；实行经理层任期制与契约化管理，所有经理层成员都签订了聘任协议及考核目标责任书；废

除转制时期以来运行近20年的租赁承包责任制，建立综合绩效考核制度和生产部门超额利润分配机制。原有的承包责任制导致科研产业形不成整体合力，各下属产业部门事实上成为分散作战的"小作坊"，缺乏长远目标，抗风险能力弱，开拓进取意识不足，产业规模10多年来停滞不前，上缴利润增长缓慢，建立综合绩效考核制度后，冶金材料院对下属部门的考核更加科学规范，极大地激发了生产部门创业发展新活力。未来，公司将进一步完善公司治理、建立和完善董事会及相关议事制度。

（三）健全市场化选人用人机制

2020年，冶金材料院围绕"管理人员能上能下、收入能增能减、员工能进能出"及"效益、效力、效能、效率"，不断优化内部人力资源管理制度，开展了三项制度改革工作，制定了中层管理人员管理办法，鼓励和培养政治站位高、想干事、能干事、干得了事的同志勇挑重担，走上领导岗位；与所有中层管理干部签订聘任协议及考核目标责任书，根据责任书和工作业绩，实现干部"能上能下"、竞争退出和正常流动。

为解决老科研院所人才老化、青黄不接的用人问题，冶金材料院建立人才梯队培养体系、完善劳动用工管理办法。为更好培养年轻技术人才，将人才培养上升到企业长期发展战略高度，冶金材料院制定三年人才培养规划和"传、帮、带"青年人才培养机制。通过经验丰富的高级技术职称人才与年轻科技人员结对，一对一指导年轻人才承担科研项目、冲在科研生产一线。未来冶金材料院还将根据工作需要，大力实施多措并举、科学灵活的人才引进工作，返聘退休的核心科技人员和关键技术人员继续参加科技创新工作，柔性引进院士专家和教授团队，不求所有、但求所用。

（四）以完善科技创新制度激发新动能

冶金材料院加强对科技创新工作的统一领导，完善学术委员会章程和工作制度，将冶金材料院学术委员会工作落到实处，真正为企业科研项目研发、重大科技与产业化项目实施、领导班子决策提供咨询。

为完善科研及产业化项目决策程序，加强事前、事中、事后有效管理，进一步激发科技人才创新创业活力，冶金材料院制定灵活且符合公司实际情况的科技项目管理办法、保密管理办法、知识产权管理办法、研发准备金制度、科技创新管理办法等规章制度，发挥对科研产业发展的保驾护航和促进作用。

冶金材料院不断开发新技术应用，加强产业研用合作与科技成果转移转化工作。为促进公司产业部门的产品升级和核心技术储备，冶金材料院申报了 2021 年度公司自主科技项目 7 项；在多年沉淀的粉末冶金、硬质合金及先进涂层技术的基础上，创新开发了大块铁基耐磨材料、发光材料、磁悬浮轨道系统耐磨防腐覆层、航母用阻拦索系统锥形高强钢鼓轮表面耐磨涂层等十几个新项目技术；组织青年人才牵头参加国家创新创业大赛和成果转化及产业化工作，取得了较好的成绩。

三、改革创新成效

一是内生动力加强，创业干事氛围高涨。通过"科改示范行动"，冶金材料院解决了老科研院所转制不彻底、市场化体制机制不健全、用工用人薪酬分配机制不活、各生产部门维持保本微利、不求突破发展的问题，员工创业干事的激情和活力被激发出来。在经济运行下行等诸多不利情况下，2020 年克服新冠肺炎疫情停工停产等不良影响，全年完成营业收入 9 216.39 万元，较 2019 年增长 15%。

二是人才梯队建设改善，人才队伍不断壮大。通过一系列市场化选人用人制度改革，冶金材料院改变了老科研院所普遍的人才老化、青黄不接的严峻现状，实现了人才梯度的改善，为企业科研事业的可持续发展奠定了人才基础。2020 年，引进优秀人才 18 人，员工平均年龄从 2019 年的 47

岁降至 44 岁，经理层及中层干部人员实现了从"60 后"向"70 后""80 后"梯度的转变；组成"传、帮、带对子"14 对，19 名青年人才进入后备人才库；组织 6 人参加"高技能人才"培养并获得证书和奖励。

三是创新活力增强，科技成果不断涌现。通过一系列科技创新制度改革，冶金材料院重点聚焦关键主业项目技术攻关，形成了良好的科研学术氛围。年轻人才勇挑重担，积极干事创业，科技成果硕果累累，成果转化成绩突出。2020 年，公司科技支出 509.97 万元，较 2019 年增长 36%；承担国家级政府科技攻关或成果转化类等科技项目，数量较上年增长 50%；申请国家发明专利量较上年增长 200%；青年人才领衔开发的 TM 系列高锰钢钢结硬质合金、先进铁基硬质材料高耐磨喷涂粉粉末、石化行业催化裂变装置烟气轮机用抗高温涂层——长城 I 号粉末涂层、磁悬浮轨道系统耐磨防腐覆层、铝钪合金、3D 打印专用粉末、智能太阳能 LED 自发光路标等技术产品实现了成果转化，应用效果良好，得到客户的一致好评。

18

聚力改革上市　强化科技创新
打造省属国有科技型企业改革样板
和自主创新尖兵

广东省建筑科学研究院集团股份有限公司

一、基本情况

广东省建筑科学研究院集团股份有限公司（以下简称"广东建科院"）是广东省建筑工程集团有限公司（以下简称"建工集团"）的控股子公司，是"全国文明单位""国家高新技术企业""全国工程建设标准定额工作先进集体"，也是广东省国资委系统首批50家"体制机制改革创新试点企业"之一，成立于1958年，主要从事工程建设领域的科学技术研究，并提供相关技术服务，是省内龙头、国内一流、国际上有一定影响力的工程建设领域研究机构，也是政府在工程建设领域和城镇运营领域的主要技术支持和依托单位。

广东建科院是华南唯一的国家绿色建筑质量监督检验中心，建设有国内首家国家级装配式建筑质量监督检验中心，近年来共承担政府科研课题50余项，获省部级科技奖80余项，专利权220余项，软件著作权143项，主编或参编国家、行业及地方标准240余本，位居广东省属研发型和高科技技术企业前列。

广东建科院自 2020 年 4 月入选"科改示范企业"以来，在广东省国有资产监督管理委员会和建工集团的支持下，坚持党的领导，加强党的建设，找准构建现代国企治理体系的着力点和突破口，在推动 IPO、建立现代企业制度、市场化选人用人、激励约束机制、科技创新、生产经营等方面加大改革探索力度。

二、主要做法

（一）以强化公司治理为着力点，加速建立现代企业制度

一是加强党的领导。广东建科院坚持把加强党的领导和完善国有企业治理相统一，把党的领导融入国有企业治理各环节，明确党组织在国有企业治理结构中的法定地位，制定 8 大类 31 项党委会审议事项清单以及 7 大类 69 项党委会前置研究讨论重大经营管理事项清单，发挥好党委把方向、管大局、保落实的领导作用；出台并实施容错纠错机制，释放出为担当者担当、为负责者负责、为干事者撑腰的强烈信号。

二是健全法人治理结构。广东建科院按照市场化、企业化改革要求，不断完善法人治理结构。2020 年第二次临时股东大会选举产生新一届董事会、监事会成员，其中非独立董事 6 名，独立董事 3 名，监事会设主席 1 名，监事 1 名，职工监事 1 名；发布实施了投资管理制度、关联交易制度、对外担保制度，在法律法规允许范围内充分授予董事会、董事长、总经理决策权限，为"科改示范行动"提供协调运转、有效制衡的公司治理机制保障。

三是明确治理主体权责。广东建科院制定审议事项权责清单，明确 14 大项 52 类 97 项权责，进一步明确各个治理主体权责界限，进一步形成权责法定、权责透明、协调运转、有效制衡的公司治理机制，提高决策效率。

（二）以强化改革上市为切入点，提升企业发展新速度

一是全面实施混合所有制改革。广东建科院以增资扩股方式引入战略投资者，同时实施管理层和核心骨干持股，成为一家国企控股、战投参股、员工持股的混合所有制企业。截至 2021 年 3 月，广东建科院管理层和骨干员工持股 11.73%，建工集团持股 73.23%，广东国有企业重组发展基金持股 10%，广东省粤科金融集团有限公司持股 5%，广东省机械施工公司持股 0.04%。

二是规范完善员工持股管理。广东建科院制定《员工持股计划管理办法》，明确员工持股计划管理，建立股权流转管理方案，依法清退上市前离职的员工股权，顺利完成个人股东股权转让变更登记。

（三）以强化选人用人为落脚点，建设高素质人才队伍

一是推行任期制和契约化管理。广东建科院制定《经理层任期制和契约化管理办法（试行）》，聘任 6 位经理层成员，聘期 3 年，并签订经营业绩目标责任书，建立契约关系，开展年度和任期考核，并根据考核结果兑现薪酬和实施聘任（或解聘），实现干部"能上能下"。

二是推进创新人才引培制度改革。广东建科院制定《博士后管理规定》《博士后在站协议》《高层次人才管理办法》，获批设立"广东省科技专家工作站"；成立建设科技发展专家咨询委员会，邀请 40 余位专家入会，涵盖 44 个建筑专业；推进校企合作，与华南农业大学等知名高校做好联合人才培养和合作课题研究工作。2020 年，广东建科院引进 3 名科研专家或科研顾问，引进博士 6 人、硕士 55 人。

三是构建"四能"体制机制。广东建科院出台《深化三项制度改革实施方案》《总部绩效考评办法》《二级单位领导班子经营业绩考核及薪酬分配管理办法》，进一步建立健全市场化招聘制度，推行管理人员竞争上岗、全员绩效考核等，建立差异化职级晋升体系和职业发展通道。2020 年，因

试用期考核不合格而不予录用 4 人次,年度考核连续不达标调整中层干部职务 1 人次,合同期满考核不合格不予续签 2 人次,年度考核不胜任岗位淘汰 2 人次。

（四）以强化激励约束为着眼点,激发企业内生动力

一是明确职业经理人的激励约束。广东建科院制定《职业经理人管理办法（试行）》《职业经理人聘任协议》,2021 年拟招聘 6 名职业经理人,建立具有市场竞争力、与经营业绩紧密挂钩联动的薪酬激励机制,设置长短结合的宽带薪酬体系;在所属二级单位同步启动市场化选人用人试点,实现"能者上、庸者下、平者让"。

二是推动实施两类人员考核激励。广东建科院加大科技人员和项目一线人员的考核激励,出台《专职科研人员激励管理办法（试行）》《科技创新考核评优及奖励管理办法》《科技专家管理办法》《科技项目管理办法》,采用跟投、虚拟股权等方式对新任干部、职业经理人进行激励。

三是落实科研成果产业化科技激励。广东建科院制定《科研成果产业化管理制度（试行）》,5G 智能检测车、智能防疫通道等硬核产品在工程应用中均取得良好的转化和实施效果;在确保股权稳定、不影响上市的前提下,完善专有技术产业化项目激励制度,开展专有技术产业化项目激励试点,探索以科技成果转化收益为标准的分红激励等。

四是构建内部工资总额管理。广东建科院制定《工资总额管理办法》,实现工资总额和经济效益、科技成果等联动指标挂钩的工资总额决定和正常增长机制。

（五）以强化创新驱动为突破点,打造科技创新全面发展格局

一是建立科研投入持续稳定增长的长效机制。按照"科改示范行动"目标任务要求,广东建科院优化科技研发项目投入及核算方式,落实好研发投入视同利润的考核支持政策,多渠道加大资金投入力度,制定院营业收入的 4% ～8% 为每年的固定科技投入的预算方案。研发投入由 2016 年的 2 842 万元增加到 2020 年的 7 316 万元，占营业收入的比重从 2016 年的 2.74% 提升到 2020 年的 6.56%。科技专利数 2020 年累计授权 29 项，科技成果转化率从 2016 年的 15% 提升到 2020 年的 52%，位居广东省属研发型和高科技技术企业前列。

二是打造创新链和产业链双向融合的强劲发展引擎。广东建科院以广东省 BIM（建筑信息化模型）技术联盟和建工集团 BIM 中心为抓手，在智慧城市等新兴领域，打造"粤建科"拳头产品和核心技术；筹建"粤港澳大湾区建筑科技联盟"，开展粤港澳大湾区建筑科技协同交流；以中山翠亨新区项目开发为切入点，聚焦创新驱动的重点和方向，创建"广东建科创新技术研究院"，打造产业孵化园；制定"城市公共工程安全卫士"方案，做强做大做实政府公信服务；发挥优势参与新基建，为让城市变得更聪明更智慧而努力；推动 5G 智能检测车在应急管理领域的应用，在地质灾害等风险隐患监测预警和应急救援等方面加强研究和技术集成。

（六）以强化党建引领为立足点，牢牢把握国企改革正确方向

围绕中心工作推进广东省国资委系统"五强五化"示范党组织创建，依托"党建+科研创新"，挖掘"科改示范行动"创新党建品牌，开展打造"一单位一品牌、一支部一特色"活动，打造 10 个"建科星品牌"、14 个特色基层党组织，开展党建"1+N"联系服务基层党组织工作；集中优势资源打造官网+宣传册+宣传片+微信公众号平台、网上展厅平台（"一网一册一片两平台"）的立体式宣传模式。

三、改革创新成效

一是聚焦主业，经营佳绩取得明显提升。面对新冠肺炎疫情带来的新挑战、新变化，广东建科院迎难而上，抢抓全面复工复产后基建投资与项目拉动带来的契机，在危机中育先机、于变局中开新局，有针对性、有重点地全面恢复、全速发展、全力推进，奋力实现生产经营指标保持良好态势。2020 年实现经营收入 11.06 亿元，同比增长 17.0%；承接工程额累计 17.64 亿元，同比增长 17.4%。

二是聚焦创新，打造一批建科硬核技术。广东建科院建成国内第一家建设工程材料智能化检验示范实验室和国内一流的人居环境实验室，其中智能化实验室将进一步引领我国建材智能化检测行业的新发展；研发全国首台国际领先"5G 智能检测车"，为广东省应急抢险提供坚强技术支撑，实现了与广东省防灾减灾应急监控平台的无缝对接；自主研制"步履式自移位自提升大吨位高应变检测平台"，有效解决了深基坑复杂场地条件下工程桩难于进行承载力检测的技术难题；持续提升三维激光智能检测技术水平，扩展到可对机场道面的技术状况及道面外来物 FOD 进行快速智能检测，极大提高了路面检测的自动化和智能化水平；新增桥梁检测业务"利器"——22 米桁架式桥梁检测车，是目前国产最先进的桁架式桥梁检测设备。

三是聚焦使命，不忘初心勇担国企责任。2020 年以来，广东建科院积极主动承担社会责任，为全省疫情防控和经济社会发展做出积极贡献。自主研发的"智能防疫通道"达国际先进水平，申请了包括欧盟专利在内的近 20 项专利，拥有独立的自主产权，在广东省委省政府、香港机电工程署等多个不同类型的人员密集场所投入使用；自主研发的"5G 智能检测车"在配合政府开展应急抢险、辅助决策方面发挥重要作用，在整车下线的 10 个月时间里，参与完成了广东省 6 个地市约 1 200 余户削坡建房风险排查工作，获得发明专利 1 项，实用新型专利 2 项，外观专利 1 项。深入抗疫一线，协助广东省住房和城乡建设厅、广东省应急管理厅等开展全省医学隔离观察点安全检查；积极落实广东省委省政府关于打赢脱贫攻坚战的部署，开展农村公路、扶贫公路质量检测志愿帮扶等。相关工作得到交通运输部、广东省住房和城乡建设厅、广东省信访局、香港机电工程署等10余家单位的表扬和肯定。

19

弘扬抗疫精神工匠精神
打造真空行业改革尖兵

中山凯旋真空科技股份有限公司

一、基本情况

中山凯旋真空科技股份有限公司（以下简称"凯旋真空"）成立于1992年5月，系广东省环保集团有限公司（以下简称"广东环保集团"）所属三级子企业，主要从事真空技术装备的研制、开发、生产和销售，产品涵盖真空成套装备、真空镀膜装备、真空冶炼及热处理装备和真空环保装备等，是国内电工真空装备领域规模最大、产品种类最齐全的制造企业。

凯旋真空自1997年起连续被认定为国家高新技术企业，设有广东省真空装备（凯旋）工程技术研究中心、广东省劳模和工匠人才创新工作室、广东省研究生联合培养基地（中山）工作站、中山市企业技术中心、中山市工程技术研发中心等研发和创新平台，先后负责起草3项国家标准、9项行业标准，参与起草1项国家标准、2项行业标准。凯旋真空自主研发的"特高压变压器绝缘干燥工艺及装备"解决了我国110～1 000kV电压等级的超高压、特高压电气产品的真空干燥处理及绝缘难题，荣获广东省科学技术二等奖、中国机械工业科学技术三等奖。

二、主要做法

（一）以党建引领，筑牢国有企业"根"和"魂"

凯旋真空始终坚持党建引领，坚持围绕中心、服务大局，开展特色党建品牌建设。

一是坚持主动担当、苦干实干，铸就抗疫精神。新冠肺炎疫情暴发后，凯旋真空积极承接省政府交办的紧急研制口罩机任务，先后成立项目研制团队、攻坚克难党小组、安全生产党员先锋队等以党员为骨干的专项工作团队，克服缺少图样、组装调试专业人才、原材料等重重困难，用时30天成功研制并交付35台口罩机；迅速将政治任务转化为经营先机，在解决疫情期间口罩紧缺问题的同时，通过市场化生产销售形成过亿元的增量收入。

二是坚持自主创新、用心至精，发扬工匠精神。凯旋真空依托"高峰劳模和工匠人才创新工作室"和"李龙军劳模和工匠人才创新工作室"，经过不断的技术创新和产品革新，在真空干燥、真空浇注、真空浸渍等生产工艺领域取得重大突破，先后完成了"真空加压浸渍设备、变压法真空干燥设备、气相干燥设备"等多项国家和行业技术标准，产品性能大幅提升，达到国际先进水平，有力维护了企业的行业领先地位。

（二）强化体制机制创新，激发企业发展内生动力

凯旋真空围绕深化市场化体制机制改革，科学谋划改革方案，着力推进公司治理体制、选人用人机制及激励约束机制方面的改革创新。

一是完善公司治理。凯旋真空依法修订公司章程及"一委三会一层"议事规则，明确党组织、股东大会、董事会、监事会和经理层的权责边界；完成董事会改选，目前董事会由5人组成，其中上级公司选派外部董事3人，行业专家1人，构建了专业化、多元化的董事会。

二是完善授权机制。凯旋真空保障经理层经营自主权，在研发项目、重大合同、对外投资等重大交易事项方面，扩大授权范围，增加授权额度：总经理的决策权限由原来的 0 元扩大至 1 000 万元；董事长的决策权限由原来的 0~300 万元扩大至 1 000 万~3 000 万元。探索事业部管理模式，针对光学事业部业务孵化阶段的特点，对事业部充分授权，独立运作，独立核算。

三是完善激励体系。凯旋真空对经理层及核心骨干人才推行超额利润分享机制，业务部门层面实施业务增量激励；结合半导体设备行业市场化营销的特点，销售人员按照合同金额的 1.5% 提取业务增量激励；探索股票期权激励，行权条件以"公司业绩目标 + 个人业绩目标"作为双层考核目标，构建公司利益、股东利益和经营者个人利益相结合、短期激励与中长期激励相结合的多元化激励约束体系。

四是完善考核体系。凯旋真空坚持市场化人才引进，推进人才"市场化进入、市场化退出"，薪酬实行"一人一议"，强化刚性考核，实现业绩和薪酬双对标；推行经营任务逐级负责制，总经理向董事会负责，其他高级管理人员向总经理负责，层层分解任务，逐级传导压力。

（三）坚持自力更生与开放合作相结合，不断冲击真空技术装备高地

凯旋真空以省级工程技术研究中心、省级劳模和工匠人才创新工作室为依托，设立技术开发部、新材料装备部、光电事业部、上海分公司等技术开发平台，加快自主研发能力的培育提升，加强产、学、研合作和行业资源整合。

为实现产业升级突破，抢占 5G 应用市场发展先机，凯旋真空启动了 PVD 技术的研发，其中"基于高功率射频感应耦合离子源的复合高离化脉冲离子镀膜装备研发及应用"项目被列为广东省重点领域研发计划项目（智能机器人与装备制造专题）；积极联合浙江大学申报广东省重点领域研发计划——半导体设备用低温泵研发项目，旨在通过 G-M 制冷机的制冷效率和吸附量的攻关，改善国产低温泵的整体性能，打破半导体低温泵进口品牌垄断。

（四）加强研发投入和人才引进，为企业发展注入不竭动力

凯旋真空始终把科技创新摆在突出位置，以科技创新带动企业的全面创新、全面发展。

一是坚持高标准的研发投入。近 2 年，凯旋真空研发投入显著增加，占比均超过 10%；通过组建光电薄膜实验室及光电事业部，提供镀膜及千级无尘车间，增加实验设备及仪器，搭建 4 类薄膜沉积技术共 6 个量产级实验机台等，加快推动 PVD 技术研发，抢占 5G 应用市场高地，助力我国半导体制造关键设备及零部件配套水平提升，打破国外设备垄断，补齐产业链短板。

二是注重科技人才队伍建设。凯旋真空坚持人才内部培养和外部引进相结合，聘请国家特聘专家作为首席科学家，加强高水平复合型领军人才的引进，强化内部中高级科技人才的选拔和培养，调整优化人才结构。截至 2020 年底，凯旋真空拥有博士 1 人，硕士 8 人，高级工程师 10 人，中级职称员工 36 人，中高级职称人员占研发人员比例近 60%。

三、改革创新成效

自入选"科改示范企业"以来，凯旋真空在广东省国有资产监督管理委员会和广东环保集团领导下，努力打造引领产业发展、振兴中国真空智能装备的高科技企业，公司法人治理结构日趋完善，市场化经营机制更加灵活高效，多元化激励约束机制逐步建立，企业创新发展取得了可喜的阶段性成效。

一是经营业绩实现逆势增长。凯旋真空积极响应广东省委省政府号

召，坚守国企姓"党"姓"国"的政治责任，以"战时状态"勇挑重担，紧急研发生产口罩机。凭借生产防疫物资的增量收入，2020年凯旋真空克服了新冠肺炎疫情带来的不利影响，实现营业收入同比增长53%，净利润同比增长65%，归属于母公司所有者权益合计同比增长64%，人均薪酬同比增长14%。

二是研发初见成效。在科研攻关方面，凯旋真空成功研发磁控光学镀膜机（KOSS机）、OLED蒸镀机，产品关键技术指标达到国际先进水平，解决了制约国内半导体和面板行业发展的关键技术装备问题，填补了国内的空白，广泛应用于高精度光学薄膜的沉积和OLED柔性显示、OLED照明、Micro-OLED等行业的薄膜沉积；完成了两台镀膜机销售，实现零的突破；完成各项机台技术储备和工程储备，未来可根据市场需求快速完成产品制造并交付使用。在知识产权方面，2020年新增申请发明专利7项、实用新型专利20项，新增申请专利在数量上和质量上均有质的提升；授权发明专利1项，实用新型专利27项。

三是经营机制更加灵活。通过优化法人治理结构、扩大授权范围和增加授权额度，凯旋真空决策机制日益完善，市场化机制更加灵活。以两次股票发行为例，第一次股票发行从启动至完成全部发行工作用时约1年，改革治理结构后，第二次股票发行仅用时半年，效率显著提升。

改革创新是推动企业高质量发展的内在动力，也是企业适应激烈竞争环境的内在需求。凯旋真空将继续贯彻落实"科改示范行动"工作要求，进一步深化企业改革，不断提高企业核心竞争力，打造一个国内领先、国际一流的民族品牌，推动中国真空装备制造实现质的飞跃，争做国有科技型企业改革尖兵。

20

实施项目超额利润分红　激励再添新动力

广西路桥工程集团有限公司

一、基本情况

广西路桥工程集团有限公司（以下简称"广西路桥集团"）是广西本土唯一拥有国家公路工程施工总承包特级、公路行业设计甲级、市政公用工程施工总承包特级、市政行业设计甲级的"双甲""双特"资质企业，以公路施工为主业，主要从事交通基础设施投资、勘察设计、技术研发等多种业务，形成了完备的交通基础设施投资建设产业链。广西路桥集团下设28家分（子）公司；现有在职员工5 500余人，员工队伍结构合理；年生产能力超500亿元。

广西路桥集团自2014年完成改制后，即明确了深化改革、转型升级的整体目标，但受原粗放式和外延式发展模式的影响，项目重视基本生产经营、重视产值，忽视产出、忽视效益的状况还比较普遍，具体表现在：企业盈利水平低，2014年度营收利润率仅为1.7%，盈利能力较弱；年度营收利润总额仅1.5亿元，难以支撑公司壮大发展；项目亏损率高，当时亏损项目34个，占98个在建项目的34.7%。

由于各级班子经营动力不足、团队水平不均衡，所以项目经营水平很大程度上取决于项目经理个人经验和水平。为提高管理积极性，提高管理能动性,提高管理水平,广西路桥集团高层立足内外环境,结合组织特点,以做强做大做优为导向,研究决定设立施工项目超额利润分红激励,将以往经营管理单兵作战调整为全员参与项目经营,全力扭转企业年度利润总额低、亏损项目率高的状况。

广西路桥集团的分配原则主要有三项:一是增量激励原则,以创造利润增量为基础,以增量价值分配为核心,考虑对高于自身管理水平、高于行业水平的增量给予一定奖励;二是贡献大小原则,由市场评价贡献,按贡献决定薪酬,综合考虑利润收益中的集体贡献、个人贡献,让为企业发展做出贡献更大、创造效益更多的经营管理团队享有更好的收益分配;三是兼顾公平原则,按照岗位创造的价值,实行"公平合理,优绩优酬,责重酬高"的工资分配机制,兼顾考虑客观困难项目。

二、主要做法

(一)起步探索阶段(2014—2016 年):控制企业亏损面和亏损项目数量

该阶段,广西路桥集团主要依据项目责任状对分(子)公司实行动态考核,集团按分(子)公司总体盈利情况进行分红奖励总额分配,由分(子)公司根据项目盈利情况和贡献大小自主调配。按照集团总部 – 分(子)公司 – 项目部三级管理模式,集团总部依标前经营策划、标后成本测算、公司制度等要素和现场实勘情况,下达项目上缴管理费指标和项目利润等考核指标、层层分解责任。分(子)公司根据具体人员配备、经营重点,对责任状指标进行分解调整并逐级下达,有重点地管控项目安全、质量、进度、工期。项目部以工期控制和现场文明形象为重点,强调速度制胜,向速度要效益。

（二）发展成熟阶段（2017—2019 年）：提升项目标准化、规范化和信息化水平

该阶段，施工项目超额利润分红激励以单列形式，分（子）公司、项目部多措并举提升盈利水平，员工干事热情和主观能动性得到进一步发挥。

一是以量化考核为依据，清单考核落实责任。广西路桥集团对项目经营考核指标进行清单式分解，量化考核，将绩效考核与节点计划挂钩，与评优评先挂钩，促进项目保质保量完成经营考核指标。

二是以经营策划为重点，生产经营全程把控。广西路桥集团强化标前策划，重点抓好项目前期考察与经营策划，提高项目实施性经营策划书的编制质量；注重过程监管，通过项目经营策划会和项目成本分析会"两会"抓经营，明确项目经营管理的思路，提升全员经营意识，提升经营效果。

三是以信息化为抓手，"互联网＋"提升效能。广西路桥集团在业内率先推行信息化管理，并将推行"互联网＋交通基础设施"深入项目一线，实现项目信息化管理全覆盖、项目管理模块全覆盖，搭建了智能工地、集采平台等管理平台，有效运用进度预警、安全管理等系统，切实提升项目工作效率、规范管理程序、强化部门协同，尤其是大数据能更为准确直观地体现项目经营管理情况，为管理者提供决策依据。

（三）全面提升阶段（2020 年）：总结创新施工项目超额利润分红激励机制

广西路桥集团以入围全国"百户科技型企业深化市场化改革，提升自主创新能力专项行动"企业为契机，广西路桥集团持续深化企业市场化改革，打造创新协同的高质量发展体系，全面梳理总结施工项目超额利润分红激励机制。

一是重塑中长期激励相结合的薪酬结构和绩效管理体系。广西路桥集

团于 2020 年 4 月份重新修订了薪酬管理办法等制度，更加聚焦核心骨干，释放人才红利。

二是将施工项目超额利润分红激励和集团经理层任期制和契约化有机结合。广西路桥集团将项目经营管理目标奖励的对象由中层及以下的经营团队成员延伸到集团经营层，项目责任目标改由薪酬与考核委员会制定、由集团董事会下达，由集团经营层负责实施并参与超额完成项目经营目标奖励分享，让企业经营层承担更多责任、发挥更大作用。

三是从顶层设计抓起，优化组织架构。广西路桥集团组建专业经营策划团队，在集团总部增设经营策划部，分（子）公司增设经营策划领导小组，全面开展经营策划工作，提升项目的盈利能力，措施也更科学高效；增设招标采购中心，所有招标基本实现线上运行，实现招标工作"管""办"分离，营造更加阳光的招标环境。

四是加强科研成果运用，将科技成果转化率作为重要考核指标。广西路桥集团创新科技创新激励机制和容错机制，积极开展课题研究，进一步加强重大课题专项攻关。2020 年度企业科技成果转化率达 80%，节约成本近 1 亿元。

2020 年，广西路桥集团完成产值 354 亿元，同比增长 30.74%；实现营业收入 288 亿元，同比增长 24.84%；实现利润总额 17 亿元，同比增长 34%；资产总额为 488.6 亿元，净资产为 148 亿元，国有资产保值增值率达到 124.22%。各项数据均达到历年来最好水平，保持了高质量发展的良好势头。实践证明，项目经营管理目标奖励机制是企业持续快速健康发展的重要助推器，未来仍将是施工企业经济增长点不可或缺的长效机制。

三、改革创新成效

一是全员经营，经济指标再创新高。经营管理目标奖励发挥了正向激励作用，增强了企业的凝聚力和员工追求上进的主观愿望，广西路桥集团持续健康发展，顺利跻身省级路桥第一梯队。仅用了 6 年时间，广西路桥集团完成产值就从 103 亿元增加到 354 亿元，增长率达 243%；营业收入从 90 亿元增加到 288 亿元，增长率 220%；营业利润总额从 1.5 亿元增加到 17 亿元，呈现快速跨越式发展的良好势头。其间，广西路桥集团承建并交付使用的高等级公路路基 774.36 公里、高等级公路路面 955.22 公里、大型、特大型桥梁 364 座，隧道 150.78 公里，承建了世界同类桥型跨度最大的广西平南三桥，高效完成因外商管理不善而烂尾多年的阳朔至鹿寨高速公路建设，按时完成柳州至南宁高速公路改扩建工程、河池至百色高速公路等自治区重大项目建设，为完善自治区交通网络，推动地方经济发展做出了积极贡献。

二是全面提升，企业与员工共赢共进。近年来，广西路桥集团每年从公司超额利润中提取 82% 作为企业积累，提取 18% 用于发放完工项目经营管理目标奖励，提取的额度虽有限（不足产值利润的 5%），但激励作用较为明显，项目职工攻坚克难、升级管理、大胆创新，项目整体盈利能力显著增强，经营管理水平整体提升，企业亏损项目数量逐年减少，发展质量得以持续提升。2020 年，除创品牌和体现社会责任所承担的项目外（约占核算项目的 3.5%），所有项目均实现盈利。

三是全力发动，领导干部干事创业热情不断激发。广西路桥集团的利润分红着重对敢于主动担当、敢于创先争优、敢于承担急难险重任务的领导干部实行奖励，树立了鲜明正确的用人导向，激发领导干部想干事、敢干事、会干事的干事创业热情，以更加强烈的责任意识、更加饱满的精神状态，更加有力的措施方法投身生产经营，全面提升生产经营能力和水平。

21

立足农垦　面向全国
改革创新　焕发生机

海南金垦赛博信息科技有限公司

一、基本情况

海南金垦赛博信息科技有限公司（以下简称"金垦赛博"）是海南农垦集团的子公司，成立于 2013 年，注册资本 500 万元。2017 年，随着海南农垦集团新一轮体制改革，金垦赛博从以往每年等资金拨付转变为自负盈亏面向市场化运营。转型之初，金垦赛博竞争力和行业知名度都很低，为提升行业竞争力，尽快适应企业转型，金垦赛博不断转变经营思路，立足农垦科技服务，瞄准全国市场，积极实施跨省区发展战略，在保证服务海南农垦信息化建设的基础上，不断加快服务全国垦区的步伐，逐步摆脱了业务过度依赖本区域市场的局面。

实施"科改示范行动"以来，金垦赛博摒弃"等、靠、要"的传统观念，探索农垦科技型企业发展规律，不断加大改革力度，通过重组优化公司组织架构和人员结构，建立健全市场化选人用人机制；通过调整薪酬分配机制，加大核心及技术骨干人员激励力度。强烈的改革意识和创新驱动，使公司在转型后不断适应市场竞争环境，焕发改革创新新生机。

二、主要做法

（一）转变业务模式，以科技创新推动业务发展

作为服务于农垦的地方国资科技型企业，金垦赛博始终以科技创新为发展总基调，力争做农垦领域国企创新驱动发展的排头兵。

一是不断加大研发投入，激发科技创新动能，提升科研水平和研发能力。金垦赛博作为海南农垦集团的子公司，近年来累计投入研发费用约800万元，研发建设包括土地资源管理、人力资源管理、财务管理、项目管理、合同管理等多个信息管理系统，并以此为支撑申请了33项软件著作权，还提交了7项专利申请。金垦赛博努力打造数字海垦，逐步实现海南农垦集团内控体系与业务信息系统互联互通、有机融合，提升了海南农垦集团治理体系和治理能力现代化水平。目前，已基本实现海南农垦集团数字化管控的初级目标，对"人财物事权"实现集团层面的全数字化管控。同时，金垦赛博自主研发的木材竞价在线交易平台，已应用于海胶集团橡胶林木在线公开交易，近几年帮助海胶集团实现交易额超过6.1亿元，营业收入增加6 300万元以上。

二是自主研发了智慧农业物联网种植管理平台。此平台已应用于海南龙江农场红橙种植基地、白沙茶厂绿茶种植基地和南田农场芒果种植基地，实现了农业种植从种到收的全流程管理。通过全程可追溯平台对产品进行有效跟踪，大大提升了垦区农业品牌效应。

三是实施走出海南面向全国的发展战略。为高度匹配全国各垦区不同的土地管理业务需求，并能为全国垦区土地管理信息化提供解决方案，金垦赛博不断加大研发力度，打通科技成果从实验室走向市场的"最后一公里"，建立"研发＋市场推广"运营模式，研发升级土地管理系统，使土地云平台国产化。目前，此类业务已成功与安徽农垦和宁夏农垦各试点农

场落地项目合作。

（二）创新服务模式，推动国资国企在线监管平台全面落地，服务企业数字化转型

金垦赛博以推动企业数字化转型工作为抓手，不断拓展自身业务规模，夯实产业基础，实现快速发展。2020年通过创新服务模式，金垦赛博以购买服务模式替代传统项目建设模式，最终成为海南省国资国企在线监管平台的实施单位。2020年8月，金垦赛博完成了平台与国务院国有资产监督管理委员会部署的统一数据采集交换平台的对接任务；同年12月底，完成了省属重点监管企业关于"三重一大"决策运行监管系统上线，实现此项建设工作完美收官；为推动海南省国有企业数字化转型工作，以国资监管为基础，建成"横向到边、纵向到底"的实时动态监管体系，形成国资监管"一盘棋"格局。截至2021年3月，金垦赛博已累计服务250多家省属国有企业，不断增强了公司跨越式发展的信心，也提升了公司在省属企业及同行业中的知名度和影响力。

（三）完善治理模式，深化体制机制改革

一是加强党的领导，健全公司法人治理结构。金垦赛博把党的领导融入公司治理各环节，明确和落实党组织在公司法人治理结构中的法定地位，严格落实"三重一大"制度，发挥党组织把方向、管大局、保落实的领导核心作用。实施"科改示范行动"以来，海南农垦集团加大改革支持力度，委派了3名董事，完善了董事会建设，依法按照公司章程独立行使重大决策、选人用人等权利，公司治理能力明显提升。

二是建立市场化薪酬激励机制。金垦赛博借助"外脑"为改革把脉问诊；针对行业发展趋势及公司深度融合海南自贸港建设需求，建立领导班子任期制和契约化管理机制，实现差异化薪酬分配，公司经理层薪酬与经营目标完全挂钩；修订工资总额管理办法，坚持效益导向，对标同行业市场水平，灵活调控工资总额；修订员工绩效考核管理办法，强化薪酬与绩效挂钩，充分调动全体员工干事创业的主动性和积极性。

三是通过体制改革和机制创新，改善和营造有利的生产经营环境。面对复杂的经营环境，金垦赛博通过抓作风建设、考核机制、资源调配、成本控制等，制定切实可行的细化措施，强化执行过程管控、监督与考核，以改革增活力提效率。

（四）加大科技研发力度，激发科技创新动能

一是建立研发体系，创新科研人才引进制度。根据公司发展需要，并结合海南自由贸易港大背景，金垦赛博建立《科技创新项目管理办法》《科技人才返聘管理办法》等制度，推动高端人才向公司集聚，不断地培育和引入高层次人才，提升企业内生动力和市场竞争力。

二是产、学、研融合，激发科技创新动能。金垦赛博与海南大学机电工程学院共建智慧农业实验室，充分利用高校的人才资源和教学科研条件，结合企业的生产条件、设备优势，着力打通科技成果转化，推动产、学、研深度融合。

三是激励激发职工干事创业积极性。按照国务院国有资产监督管理委员会对"科改示范企业"超额利润分享机制的操作指引，结合公司实际编制《超额利润分享方案》，金垦赛博进一步完善薪酬与激励约束机制，以价值创造为导向，聚焦关键岗位核心人才，提高企业经济效益，实现企业可持续发展。

三、改革创新成效

金垦赛博深入学习贯彻习近平总书记关于海南工作的系列重要讲话以及对农垦领域工作的重要指示批示精神，不断开拓创新，大胆推动改革工作，取得了显著成效。

一是公司经营业绩稳步提高。金垦赛博自改革以来，坚持向市场要效益，实现了成功转型。省外业务收入从零到连续中标广西农垦土地咨询项目和宁夏农垦、安徽农垦土地系统建设项目，中标金额累计达400万元。截至2020年年底，年均营业收入达2 000万元，经营业绩显著提升，营业利润平均每年约200万元，国有资产实现保值增值。2020年克服新冠肺炎疫情影响，实现营业收入1 900万元、利润200万元。

二是强化管理，提升效率保增长。金垦赛博坚持激励与约束相结合，向管理要效益，从研发、质量、成本、采购、供应5个方面入手，组织团队对各业务领域进行突破，找出影响发展的"瓶颈处"和"关键点"，采取有效改革措施加强基础管理的精细化水平，加强成本控制，提升公司基础管理水平，同时利用ISO标准质量管理体系，以及数字化管理手段，提高公司产品研发能力，为公司实现跨越发展奠定基础。

三是自主研发能力明显提升。近年来，金垦赛博积极参与行业内各类科技创新大赛，自主实施建设的智慧农业项目在2018年中国数字化转型与创新案例大会上获评"2018年数字化技术应用典范"；自主研发的智慧农业物联网平台入选工业和信息化部"企业上云典型案例"，成为海南地区唯一一个入选案例；获评海南省"十佳大数据企业"。

"科改示范行动"激发企业活力
创新促进改革发展

重庆旅游云信息科技有限公司

一、基本情况

重庆旅游云信息科技有限公司（以下简称"重庆旅游云"）是重庆市市属国有重点企业——重庆旅游投资集团有限公司（以下简称"重庆旅游集团"）全资子公司，是重庆市文化和旅游协会副会长单位、智慧旅游分会会长单位。重庆旅游云自 2018 年 10 月成立以来，专注于产业数字化、数字产业化研发与应用，致力成为智慧文旅体系综合服务商；现有员工 109 人，其中研发人才 91 人，占比 83.5%；拥有重庆旅游人工智能信息科技有限公司、重庆中新（重庆）智慧旅游科技服务有限公司、重庆旅次方大数据有限公司等 3 家合资子公司；2019 年获得"首届中国智慧城市大数据开放创新应用大赛最佳数据提供单位"等荣誉；2020 年成功纳入国务院国有资产监督管理委员会"科改示范企业"。经过近 1 年的努力拼搏，重庆旅游云研发经费投入 1 218 万元，占营业收入比例 116%；联合重庆市文化旅游委共同打造了"全市智慧文旅广电云""应急管理平台""惠游重庆" 3 个市级技术创新平台；自主研发了"一部手机管景区""口袋云""酒店智能客房管家"等一批服务文旅场景的智慧产品；取得国家级发明专利 2 项,实用新型专利 8 项,软件著作权 25 项;经营业绩较 2019 年增长超过 100%。

二、主要做法

(一)以落实"科改示范行动"为切入点,完善治理机制,深化制度改革

一是坚持党的领导,理顺组织架构。重庆旅游云始终把党的建设摆在突出位置,将党建工作总体要求纳入公司章程,并贯穿于企业治理的各环节、全过程;通过构建"一体化"后台共享部门,创建"技术型"中台研发团队,组建"冲锋型"前台营销队伍等方式,将组织架构调整为更适应"科改示范企业"要求、更契合市场发展需求的科技型企业。

二是健全董事机制,明晰权责边界。重庆旅游云引入 1 名旅游行业领域专家成为外部董事,充分发挥董事会专业决策效力,确保董事会决策的科学性和独立性;按照现代企业制度,配齐了重庆旅游云及参控股公司董事,明确了董事会决策权、经理层经营权,同时建立健全规章制度。

三是优化管控流程,强化协作能力。重庆旅游云通过完善管理制度、加强协同效率、精简后台人员等重要举措,2020 年高效优化各类决策流程近 20 项,90% 以上决策流程时间缩短 1 ~ 2 个工作日,公司运营效率得到明显提升。

(二)以实行"任期制契约化"为着力点,深化市场机制,激发内生动力

一是实行任期制契约化。按照重庆旅游集团干部管理规定,重庆旅游云全面推行经理层任期制和契约化管理,2020 年年底已完成 2021 年度经理层聘任协议和业绩合同,确保领导班子成员与公司共进退、同发展。

二是推行市场化专业化。作为市场化科技型企业,人才是关键、是核

心。重庆旅游云坚持"市场化、专业化"的对标原则，分层级推行选人用人机制和薪酬体系建设。在公司中层和员工方面，以"岗位与薪酬相适应、人员与专业相匹配"为指导思想，以"能进能出、能上能下"为基本条件，组织实施双向选择，科学合理动态调整，并推出月度绩效考核、季度全面考核、年终综合考核，结合年度考核目标，将目标分解到季度和月度，对市场及业务人员的考核以效益说话，并灵活实行"回填"机制，即当期"扣"、下期"回填"后补，激励员工向年度目标冲刺；在技术和研发人员方面，以产值说话，并落实到责任部门及个人，以研发独立核算为基础，实行产值累计奖励制度，多劳多得。自考核实施以来，全员工作积极性有了明显提升，较"科改示范行动"实施前，全员劳动生产率增幅约17%。

重庆旅游云正积极探索建立中长期激励机制、职业经理人管理机制，为进一步激发企业创新发展活力，提升企业市场竞争力蓄势赋能。

（三）以提升"企业研发能力"为落脚点，优化技术力量，增强科技创新

一是构建以产品为核心的产品线管理体系，聚焦产品的市场化创新与产出。2020年重庆旅游云从市场拓展到产品创新、从技术研发到交付实施，划分产品线与资源线，构建了支撑文旅广电云、智慧旅游等3个BU（业务单元），分类聚焦重庆旅游云的产品创新和管理，建立了《产品研发管理办法》《产品与项目独立核算管理办法》等4个产品线管理制度。2020年3个业务单元各项任务均圆满完成。

2021年，随着发展路径进一步清晰，重庆旅游云对产品线管理体系进行了优化提升，建立了聚焦研发创新的管理体系，专注于企业核心产品研发，目前重庆旅游云创新研发品牌（有应云）已初具雏形。

二是以市场为导向推行企业部门间合作契约化，资源配置和激励机制。基于产品线管理体系，重庆旅游云形成了公司考核 BU 产品线，产品线考核参与产品产出各个节点的分级考核模式；建立了部门间以产品线产出为基础，通过内部契约化、任务书调动资源参与，各参与节点根据产品线产值拿收入的绩效激励机制。

2020 年 7 月实行产品线管理以来，重庆旅游云激发了市场、产品和研发等各业务人员参与产品创新和项目拓展的积极性，同岗位工种绩效薪酬已经出现 1 倍以上的差异，初步实现了公司资源配置与效益产出挂钩，80% 以上的员工与公司效益挂钩的有效链接。

三、改革创新成效

一是企业布局更加清晰。重庆旅游云紧抓"科改示范行动"机遇，结合自身资源、技术优势，2020 年进一步厘清了企业"1 + 3"体系的发展方向和定位：企业本级定位"智慧旅游体系综合服务商"，聚焦产业数字化；下属子公司旅次方公司以文旅广电云为抓手，从市级到区级"做好 G（政府）端系统建设服务"；旅游人工智能公司以文化项目积累文旅知识库，打造"最懂文旅的智能语音大脑"；中新智旅公司立足 C（客户）端服务产品，成为"专注文旅的 5G 消息服务商"。通过企业布局整合，有效解决了公司产业链上缺少核心硬件支撑、人才引培和市场拓展面临的劣势短板，公司整体协同发展能力有效提升。

二是创新能力不断提升。"科改示范行动"全速发动创新引擎，激发研发投入新动能。2020 年，重庆旅游云硕博人员增加 3 人，研发人员增加 12 人，技术人员占比提高 26%，核心人员人均薪酬增长 5%；研发投入 1 218 万元，较上年增长 20%；新增授权发明专利 3 项，科技成果转化率由 10% 增加至 30%；在新冠肺炎疫情给文旅行业带来重压之下，积极自救，化危为机，产品研发取得重大突破，仅用 4 天时间完成"全市文旅应急管理平台"研发工作，并在 172 个景区及文博场馆实现覆盖应用，10 天完成"全市实名制预约系统"和"惠游码"研发上线，实现全市 126 家 A 级景区实时预约数据接入，190 家近 3 000 路景区、文化场馆、演艺场所、图书馆、网吧客流等文旅场景监控视频接入，强有力地保障了文旅行业防疫复工与经济振兴。

三是品牌创建取得成效。结合近 2 年来的技术成果，重庆旅游云研发推出 1 个文旅数字化品牌，面向行业成功打造了"文旅数字化管家"，形成企业专有核心产品品牌"有应云"。"有应云"汇聚整合了现有旅游云公司所有的技术功能，通过自有系统联通、功能整合成为能够解决文旅产业数字化管理的综合产品，已在乐和乐都景区得到应用验证，于 2021 年 4 月大力推动自有品牌研发成果与旅游市场有效衔接，不断提升成果转化效率。

四是企业影响不断扩大。2020 年重庆旅游云以大数据智能化的方式，高效支撑了重庆市全市区县"双晒"第二季、全市"惠民消费季"、第三届智博会等市级大型活动，高标准建设市级"云上文旅馆"，以及 41 个区县"云上文旅馆"；聚合全市文旅资源，构建"1＋41"网上文旅推介服务矩阵，使重庆智慧文旅发展走在全国前列，为中国文旅产业复苏"打了个样"；在国家大力发展成渝经济圈的战略背景下，在成渝两地文旅主管部门的协同指导下，实现了重庆文旅公共服务平台——"惠游重庆"和四川文旅公共服务平台——"智游天府"的数据互联互通，有效助力成渝两地文旅产业融合发展，在企业创新、企业质量、品牌竞争力和影响力方面赢得了社会各界的认同，极大地提升了企业知名度和影响力。

23

健全市场化经营机制　释放创新发展动能

四川爱联科技股份有限公司

一、基本情况

四川爱联科技股份有限公司（以下简称"四川爱联"）成立于 2016 年 12 月，是四川长虹电子控股集团有限公司（以下简称"长虹控股"）控股的国有高科技企业，长虹控股持股 71.91%、骨干员工持股 17.98%、战略投资者持股 3.37%。公司现有员工 600 余人，其中科研技术人员 200 余人，主要业务包括物联网模组、无线模组、通信模组、GPS 导航模组、北斗导航模组等产品的研发、制造、销售，并提供物联网一体化解决方案。公司产品覆盖 WiFi、IoT、BLE、NB、4G、5G、AI 等全联接领域无线模组，已成长为行业知名的物联网模组应用研发与智能制造基地，正在向全球物联网无线联接领域一流企业大步迈进。

二、主要做法

（一）健全市场化选人用人机制，优化创新人才队伍

一是加快落实职业经理人制度。四川爱联围绕万物互联的发展趋势和公司的战略发展方向，根据"市场化选聘、契约化管理、差异化薪酬、市场化退出"的要求，按照"孰优"原则选聘总经理 1 名、副总经理 2 名、

董秘 1 名共 4 名优秀管理人才，签订聘任合同和绩效合同，明确了考核指标体系和退出机制。

二是内育外引高端技术人才。为打造核心研发团队，发挥人才先导作用，助力产品升级，四川爱联建立"师带徒"机制，为每名新进研发人员指派 1 名资深专家，通过项目实战等方式让新人快速成长为中高端技术人才；以"引进来、留得住、用得好"为目标，采取社会招聘为主的方式，通过"一事一议""一人一议"引进高端人才。

三是打破传统保持合理流动性。四川爱联以劳动合同管理为基础，明确岗位需求和用工条件，所有员工面向市场公开招聘，实行年度考核末位淘汰，公司人员流动率每年保持在 5% 左右的合理区间，打破了原有的国有用工身份管理机制。目前，公司员工平均年龄 32 岁，本科以上学历员工比例超过 30%，硕士以上学历、高技能人才占比超过 15%。

（二）完善市场化分配考核机制，增强团队创新动能

一是构建市场化薪酬体系。四川爱联坚持"为岗位付薪、为业绩付薪、为能力付薪、为市场付薪"的付薪理念，完善鼓励竞争的薪酬体系，员工固定收入在薪酬中的占比从 80% 下降至 50%，浮动收入占比从 20% 上升至 50%；薪酬水平向软硬件研发、高技能岗位倾斜，核心骨干员工收入普遍高于行业水平 20% 以上，引进的领军人才薪酬普遍高于现有研发人员 2 倍以上。

二是完善绩效考核体系。四川爱联坚持"效益产出""重要客户投诉率"等刚性考核制度，持续完善薪酬管理和绩效管理办法；根据研发、市场、管理 3 类骨干岗位特点开展差异化考核评价，实现员工收入与绩效贡献深度关联。2020 年公司重要客户投诉率下降 30%，超过 50% 的员工薪酬增长率达到了 10%～20%。

三是建立价值分享体系。四川爱联始终坚持"创造价值、分享成果"

的分配原则。对研发人员和营销人员，以研发项目和对应产品销售毛利润进行考核，每月给予不低于 5% 的利润分享；对经营层，以公司净利润进行考核，每季度给予不低于 5% 的利润分享，年度给予不低于 5% ~ 10% 的利润分享。

（三）强化市场化共创共享机制，共担干事创业责任

一是企业文化凝聚发展动能。四川爱联持续打造"以客户为中心的奋斗者文化"，提出"客户认可是最高荣誉"的荣誉观；坚持每季度召开一次"蓝军"会议，参会人员为公司管理层和核心骨干员工，以竞争对手和重要客户的思维方式进行推演，开展批评与自我批评，每次会议可形成 10 个以上的整改项目，极大地增强了团队凝聚力、创新力、战斗力。

二是职级体系畅通成长通道。四川爱联构建了职能、研发和技能岗位的多序列晋升体系，职能类从助理到资深经理 6 个层级，研发类从助理设计师到首席设计师 6 个层级，技能类从初级工到技能大师 4 个层级。以研发人员为例，首席设计师收入待遇比照副总经理执行，将通过实战考验，在工作中独当一面的 10 余名"80 后""90 后"优秀年轻员工直接跨级晋升，并参与重大项目决策。广阔的发展空间和有竞争力的薪酬，让年轻员工的创新创业激情持续高涨。

三是利益绑定形成命运共同体。四川爱联实施 5G 核心团队等骨干员工持股后，同步建立年度分红机制，每年拿出净利润的 40% 对股东进行分红。通过骨干员工持股与分红机制，实现了"员工有盼头、企业有奔头"，员工核心诉求与公司发展目标高度统一，利益深度绑定，进一步激发了员工干事创业的热情和活力。

三、改革创新成效

一是发展后劲不断增强。2020 年，在中美贸易摩擦、新冠肺炎疫情等不利因素影响下，公司实现销售收入 8.7 亿元，逆势增长 5.8%。有竞争力的薪酬 + 股权等多种激励举措，为公司持续吸引优秀人才加盟。2020 年以来，先后成功引入紧缺的 5G 软硬件核心技术领军型人才 50 余名，为公司在 5G 模组等领域持续发力提供了坚实的人才保障。在努力提升现有客户市场份额的同时，公司大力拓展了一批大客户，并先后成为中国移动通信集团有限公司、中国电信集团有限公司等近 10 户知名企业的 5G 战略合作伙伴。

二是技术创新成果丰硕。四川爱联高度重视研发投入，2020 年研发费用同比提升 46%，占比销售收入达到 5.75%；加速推进 WiFi 6 模组、5G 工业互联网模组的高灵敏度、高吞吐量、低功耗设计等关键技术研究；在多载波聚合、多天线 MIMO（多入多出）技术、多阶调制技术、ENDC（新无线电-双连接）技术、HPUE（高功率终端）技术、SRS（5G 新空口上行参考信号）技术、极限温度工作散热、电磁抗干扰技术等通信关键技术领域，突破现有技术指标瓶颈，达到了不同应用场景下对互联网模组产品的需求。特别是 2020 年来，四川爱联先后成功研发全球首款搭载国产 5G 芯片的视频/5G 工业互联网/5G 智慧交通专业模组、首款国产超小体积的 5G 通信模组 AI-NR11（仅比 1 元硬币宽 5mm）、5G V2X 车路协同智慧交通模组等一批行业领先的产品，实现了"弯道超车"，取得了国内行业领先的技术优势。2020 年，公司申请专利 54 项，其中发明专利 25 项。

三是推进 IPO 助力新发展。为进军资本市场，推进资产证券化，实现高质量发展，四川爱联制定了 IPO 工作计划，明确了各项工作任务和时间节点。目前，公司股份制改革已顺利完成，正以 2020 年 12 月 31 日为 IPO 申报基准日完善申报材料，力争 2022 年年底前实现创业板上市。

24

聚焦金融科技主赛道
多措并举激发企业发展新动能

云南南天电子信息产业股份有限公司

一、基本情况

云南南天电子信息产业股份有限公司（以下简称"南天信息"）是云南省工业投资控股集团有限责任公司（以下简称"工投集团"）下属骨干企业，工投集团持股比例为42.63%。南天信息前身为成立于1971年的云南五一二厂，1986年立足云南走向全国，开始进入金融电子行业，1998年完成股份制改造，1999年在深圳证券交易所挂牌上市，是云南省唯一一家A股上市的IT企业。

南天信息聚焦软件开发及服务、智能渠道解决方案、集成解决方案三大主营业务板块，致力于为政府和企业提供数字化产品和解决方案，努力成为数字化服务的引领者。30余年来，南天信息深耕行业信息化建设，积累了丰富的技术经验和项目最佳实践，累计推出软硬件产品和解决方案1 000多个，实施行业应用系统和工程项目上万个。南天信息在昆明、北京设立双总部，在上海、广州、深圳、西安、成都等地设有全资或控股子公司，拥有覆盖全国的销售及服务体系120余个，员工人数6 500多人，技术人员占比70%以上，是国内极少数同时集硬件、软件、集成服务的开发、生产、服务于一体的 IT 专业厂商，也是国内最大的金融行业信息化综合解决方案和服务供应商之一，2020 年位居国际数据公司 IDC 全球金融科技百强第 49 位。

南天信息抓住"科改示范行动"重大历史机遇，主动融入新发展格局，突出金融科技企业特点，强化法人治理能力"基本功"，牵住任期制契约化、全员绩效考核"牛鼻子"，用好工资总额单列、员工持股"政策包"，下好加强科技创新、管理创新"先手棋"，打造人才"蓄水池"，多措并举努力激发企业发展新动能。

二、主要做法

（一）坚持党建引领，提升法人治理能力

南天信息把党的领导融入公司治理各环节，完成党建写入公司章程，制定出台《贯彻落实"三重一大"决策制度的实施办法》，明确党委会前置研究重大经营管理事项，厘清党委会、董事会、总裁办公会权责边界；以"提高董事会科学决策水平"及决策效率为目标，配齐建强公司董事会。董事会设置 9 个席位，其中非执行董事 5 席，超过 50%，充分发挥其独立决策意见的作用。董事会成员包括行业专家、财务专家、法律专家，70% 以上具有研究生学历，充分发挥董事专业优势。董事会下设战略、风险管理、薪酬与考核、审计、提名 5 个专门委员会，其中薪酬与考核委员会委员全部由独立董事担任，审计、提名委员会成员独立董事占多数，并由独立董事担任委员会主任。

（二）实行契约管理，规范选人用人机制

围绕激发活力、提高效率，南天信息本部和各级子企业经理层成员全面实行任期制和契约化管理，推行签署聘任合同，逐级签订年度经营业绩责任书，明确契约关系，实行一年一聘、双向选择，通过执行任期管理、

目标考核，每年根据经营业绩进行年度考核兑现薪资，实现考核与业绩强关联；按照"市场化选聘，契约化管理，差异化薪酬，市场化退出"的原则，加快推行职业经理人制度，已率先选聘职业经理人担任董事会秘书，并在下属子企业中逐步扩大职业经理人队伍；全面实行市场化用工制度，按照市场化方式，全部员工实行公开招聘，签署劳动合同达 100%；按照职位体系确定每个岗位的工作职责及考核要求，强化绩效奖惩，全员纳入绩效考核，并把绩效考核结果作为员工的岗位调整、薪酬分配、奖励惩戒、职业发展的依据。

（三）加强激励约束，持续激发企业活力

一是用好"科改示范行动"政策包。2020 年起工投集团对南天信息工资总额实施单列管理，工资总额预算基数与其经济效益指标直接挂钩，不列入工投集团工资总额预算基数，不与工投集团经济效益指标挂钩。

二是稳慎开展骨干员工持股。200 余名中高层管理人员、技术研发骨干、业务骨干参与第一期员工持股计划，以二级市场购买方式，筹集资金 7 106 万元购买公司股票，占南天信息总股本的 2.57%，股票锁定期 3 年，初步构建利益共同体。

三是破除平均主义，将全员工作目标与公司发展目标紧密结合，层层分解贯彻实施，按照"公平公正、分级分类、简单量化"的考核原则，基于统一的职位体系，对不同类型经营单元、不同类型考核对象制定切合实际的考核办法与考核标准，开展全员绩效考核。

（四）实施创新驱动，加快转换增长功能

一是加强科技创新。南天信息近 3 年累计投入研发资金超 8 亿元，研发投入强度超过 8%；以"数字化服务"和"金融科技"为业务主线，将云计算、大数据、区块链、人工智能技术充分应用于业务处理、渠道建设、人机交互、分析决策等关键领域，形成"平台＋SaaS（通过网络提供

软件服务）＋应用＋解决方案簇"，持续赋能客户的战略转型和业务发展，巩固南天信息科技领先地位。

二是加强管理创新。南天信息积极推动组织结构变革，将管理体系划分成多层级的自主经营体，打造独立核算、自主经营、自负盈亏的基础经营单元，实现自创新、自驱动、自运转。公司已建立430多个自主经营体，实现"大公司的平台、小组织的灵活"，在明确的经营理念、原则指导下，以经营计划为基础，实现权力、责任同时下放，让员工为经营出谋划策，与公司结成共同体，实现"人人都是经营者"。

（五）强化人才支撑，不断积蓄发展后劲

南天信息成立了南天大学，近期目标为培养关键岗位人才，打造干部梯队和骨干人才；中期目标为通过覆盖全员的培训、学习、交流，赋能组织，赋能员工；远期目标为携手客户、供应商、高校、专业机构，打造数字化人才培养基地。南天信息实施关键人才、经营人才、销售人才、技术人才、新员工等各类定制化培养和培训计划，共培养关键人才168名、经营人才310名、中高级销售人才99名，有效支撑了公司战略落地。南天信息强化校企合作，成功申报省级博士后科研工作站，与云南大学软件学院签署合作框架协议，搭建校企协同创新育人平台。南天信息打通人才晋升通道，建立能力素质模型、岗位胜任力模型，建立员工职业生涯规划制度，完善员工岗位晋升、换岗、轮岗的相关机制。

三、改革创新成效

一是企业竞争力持续增强。南天信息拥有覆盖全国的销售及服务体系120余个，技术人员占比超70%，赋能客户转型升级能力持续提升；坚定选择金融行业作为公司发展的主赛道，保持了较为领先的行业技术竞争实力，被国家发展和改革委员会、科学技术部、财政部、海关总署及国家税

务总局五部委联合认定为"国家认定企业技术中心";通过了国际 CMMI（软件能力成熟度）最高级评估，是首批获得信息系统建设和服务能力 CS4 级、信息系统服务交付能力一级 5 星资质企业；深度参与信息技术服务标准（ITSS）的制定与推广，获得 ITSS 运维成熟度一级、ITSS 云计算 SaaS 服务能力二级资质。

二是自主创新能力持续提升。改革激发了科技人员的创新活力。截至 2021 年 3 月，南天信息拥有有效专利 92 项，计算机软件著作权 615 项；研发了"分布式业务开放平台""智能数据中心自动化中台""区块链 NBaaS 平台（南天区块链基础服务平台）""金融自助信创产品"等一批具有自主知识产权的研发成果，并迅速进行了市场转化；为中国邮政储蓄银行开发的储蓄逻辑集中系统是全球建立在开放式平台上接入网点数量最多、管理客户和账户数最多、交易数量最大、处理性能最强的大型分布式银行核心业务系统，为国家实现核心领域"自主可控"的安全战略做出了积极探索。

三是市场影响力持续扩大。南天信息深耕行业信息化建设 30 余年，累计推出软硬件产品和解决方案 1 000 多个，实施行业应用系统和工程项目上万个，产品的先进性和实用性得到国内银行的广泛认同。南天信息连续 18 次入选"中国软件业务收入百强"，连续 15 次入选"中国方案商百强"，多次入选"中国软件和信息技术服务综合竞争力百强企业"。南天信息 2020 年位居 IDC 全球金融科技百强第 49 位，位居 IDC《中国银行业 IT 解决方案市场份额》第 4 位，位居赛迪《2019—2020 年中国金融 IT 应用市场创新发展报告》金融行业第 4 位、银行业第 2 位。

四是抗风险能力持续提高。身处高度竞争的市场环境，面对新冠肺炎疫情影响、中美科技竞争、技术快速更迭、市场急速变化等诸多不确定性，南天信息经营业绩指标持续向好。2017—2019 年，总资产年均复合增长率为 20. 60%，营业收入年均复合增长率为 19. 43%，利润总额年均复合增长率为 80. 61%。2020 年，南天信息预计实现归母净利润同比增长 30. 12% ~ 70. 67%。

25

深化改革促创新　聚焦主业谋发展
打造一流半导体激光芯片研发与制造企业

西安立芯光电科技有限公司

一、基本情况

西安立芯光电科技有限公司（以下简称"立芯光电"）是陕西投资集团有限公司所属新兴产业板块——陕西投资新兴产业发展有限公司投资控股的国家级高新技术企业。立芯光电始终秉持"世界先进、自主替代"的半导体激光器芯片研究和生产中心建设目标，现已建成一条高功率半导体激光器工艺线，并克服半导体激光核心技术瓶颈，打破国外产品及技术垄断，在激光芯片领域完成了国产芯片的批量化生产、商用领域应用的关键性突破。立芯光电拥有世界一流专家领衔的研发团队，其中院士专家 1 人、外籍专家 3 人、陕西省高层次人才 3 人、博士 3 人、硕士 19 人，专业背景涵盖半导体物理、光电子器件、化学工程、材料学等，拥有专利授权 32 项，其中发明专利 12 项，均为高功率半导体芯片核心技术。

入选"科改示范企业"以来，立芯光电紧紧围绕构建现代化产业新体系的战略目标，紧紧围绕产业结构调整与转型升级的发展要求，紧紧围绕打造一流高功率半导体芯片研发与制造商的发展愿景，深入创新运营模式和体制机制，持续提升科技研发能力，担当改革创新先锋，不断提高企业的竞争实力、创新能力和发展活力，为我国高端电子信息产业实现进口替代、独立自主和供应链安全，贡献"立芯"担当、"立芯"智慧与"立芯"力量。

二、主要做法

（一）主动求变，加注人才新动力

一是创新选人机制，在"引"上做文章。立芯光电坚持以市场化为导向，着力创新人才引进模式，"以才引才，以才聚才"，吸引优秀管理、技术、技能等多层次人才团队。在高层人才方面，将吸纳高端人才作为提升科技研发能力的重要抓手，引进国外高端人才担任专业技术负责人并兼任研发副总，引进国内著名光电子学专家担任公司外部专家并兼任独立董事，确保组织决策者具备专业精神及前瞻视野；在核心专家方面，大力营造人才成长的"硬环境"和发展的"软环境"，采取"专家在国外、技术在国内"创新工作模式，多渠道引进、多方式结合，不拘形式、弹性工作；在骨干人员方面，充分结合市场、行业实际，在招聘时采取灵活的薪酬机制，以岗定薪，人岗匹配，易岗易薪，多渠道引进关键人才，2020年大力引进光学专家、外延工艺工程师、封装工程师等高端人才和紧缺型专业人才共12名。

二是强化培养机制，在"育"上下功夫。高功率半导体企业间的科技实力竞争，本质上是人才实力的竞争，立芯光电坚持创新人才培养与培育的方式方法，最大限度释放人才效用，适当"压担子"，大胆"给平台"，持续畅通各类人才职业发展通道，促进人才在企业内部有序流动。工程师层面，采用"国外专家定期视频连线"方式，针对镀膜关键核心技术领域，重点培养工程师3名，促进技术人员专业化发展，鼓励工程师自主提升学历，与其签订《委托培养协议书》，培养微电子领域博士1名；生产技术员层面，落实"1V1师带徒"制度，为每位新入职生产技术员配备1位工程师师父，充分发挥工程师"传、帮、带"作用，弘扬传承工匠精神，坚持"比、学、赶、帮、超"的原则。立芯光电组织开展以"五星示范岗"为核心的创新活动，努力推动创新成果转化为价值增量。此项专题活动掀起了公司各领域工艺革新高潮，其中冬季节能降耗设备改造一项即为公司压减管理成本20余万元，取得明显成效。

三是完善考核机制，在"用"上见实效。经过不断的探索，立芯光电产业链上下游业务不断衍生发展，专业化程度越来越高。立芯光电综合考虑不同考核主体的功能定位、业务类型、资源禀赋、发展阶段等因素，科学施策，合理调整考核指标、权重占比，探索"一层一策"，构建适应不同功能定位、不同业务类型、不同发展阶段的考核模式，建立管理层、核心骨干及基层考核体系。针对核心管理层及骨干，立芯光电建立持股员工获得股权分红及股权增值收益的约束机制，使持股员工的个人利益与公司长期利益相结合，实现持股员工与公司共担风险、共享成长收益；针对基层，制定"年度目标责任清单+动态指标"的考核指标体系，一方面结合全年中心工作，形成年度目标责任清单，作为基础指标，另一方面将后续安排部署的重点工作作为动态指标，纳入考核范畴，真正实现由静态考评向动态管控的转变，其中设置生产一线良率考核体系对工程师及生产技术员进行考核，对质量和数量进行双约束，808nm 50W产品2020年良率较2019年提升17.77%，精品质量意识不断强化。

（二）强力攻关，催生发展新动能

一是持续加大技术创新研发投入。立芯光电坚持高目标导向，以内生增长为主线，坚持集中力量加大科技研发创新力度，稳存量促增量助推扩产项目稳步推进。2020年，立芯光电累计研发投入达2 458.09万元，同比增长18.97%，企业研发强度达到117%，申请受理激光芯片领域发明专利

10 余项，新产品研发保持良好势头；投资购置 2 台 MOCVD 设备，在保障核心原材料外延片自给可控的同时，健全芯片技术链，提高研发精准度；激光芯片核心业务支柱地位稳固，合同额同比增长 19.03%，稳增长给力，核心作用持续增强；模组业务主动探索市场需求，与具备封装能力的客户建立深度合作关系，实现了从"0"到"1"的转变，为公司长期规划全产业链发展迈出第一步。

二是着力推进产、学、研平台建设。立芯光电坚持科技优先、技术引领，由研发型企业逐步向技术驱动型企业转变。组建工程技术中心，聚焦高功率、高效率、高可靠性半导体激光芯片研发与工艺提升，重点掌握外延片结构设计、外延材料表征、器件结构设计、芯片工艺制备和可靠性失效分析等方面的核心技术；与西安交通大学理学院签订《战略合作协议》，建立本科生校外实践教育基地；通过建设创新协同平台，切实解决公司产能瓶颈，提高技术研发和科技创新效能，为企业中长期发展储备人才，与中国科学院半导体研究所在半导体激光芯片领域进行新产品、新技术的合作开发，合作成立"半导体激光器联合创新合作平台"。

三是加速自主知识产权成果转化。立芯光电聚焦高功率半导体主业，着力加大核心技术攻关。针对高功率半导体激光器光功率高密度，在器件运行中会导致激光器的腔面遭受光学灾变性损伤（COMD）的技术难题，立芯光电研发团队充分发挥自主创造性，根据高功率半导体激光器独特的腔面镀膜工艺要求，设计可实现 P3 工艺的镀膜机，填补国内 P3 工艺制造空白。该设备镀膜的高功率半导体激光器腔面功率密度 $15MW/cm^2$，达到了国际领先水平，工艺稳定性、产品可靠性进一步提升。

三、改革创新成效

一是激励约束更加有效。通过市场化选聘、经营业绩考核评价体系改革、薪酬制度改革、人才机制改革激活发展动力，立芯光电"以价值创造者为本"的理念深入人心，人才结构持续优化，形成企业员工积极性、主动性和创造性有效激发和要素活力竞相迸发的发展新局面，立芯光电的向心力、凝聚力和战斗力持续提升，为公司后续业务发展提供了组织和人才保障。

二是成果转化明显增强。立芯光电通过构建工程技术中心，积极探索基于开放式创新的高端研发协作机制、科研项目管理机制，使公司的科技研发实力进一步提升，技术转化能力进一步增强。立芯光电多款产品完成工艺固化并量产，其中 808nm 50W 巴条需求量逐月递增，供不应求；905nm 激光雷达芯片稳定供货，每月出货 5 万支单管；808nm、940nm COS 产品需求旺盛，处于满产状态。

三是竞争能力持续提升。立芯光电通过牢固树立"市场为先"的经营理念，摸清需求，精耕细作，多款产品市场认可度进一步提升。立芯光电 8××、9×× 系列产品性能已位居国内行业前列，一批核心技术初步实现了从无到有的突破，一批拳头产品取得了与国际一流企业从"跟跑"到"并跑"的成绩，与多家公司签订批量供货协议，企业的市场竞争力明显增强。

四是经营业绩稳步增长。立芯光电新签合同额、营业收入、利润总额逐年稳步增长，规模效应持续放大，发展的"成色"越来越足，"韧性"越来越好。2020 年立芯光电新签合同额较 2019 年同比增长 20.1%，营业收入较 2019 年同比增长 53.3%。公司的生产组织模式、资源配置能力、科技研发能力明显增强。2020 年，公司成功入选全国"科改示范企业"榜单、西安市高新区独角兽培育企业、西安市硬科技企业，提升了企业品牌影响力，彰显了企业风采。

五是全产业链步伐逐渐加快。立芯光电扩大战略性投资，培育壮大新增长点增长极。2020 年，模组业务成功开发 808nm 大功率模组并开始销售，调结构、促转型效果明显，全产业链发展步伐逐步加快；聚焦红蓝绿激光细分市场，摸排应用领域、市场份额以及下游重点客户使用情况，为未来多种模式合作奠定了基础。

通过各项改革的实施，立芯光电改革效果凸显，多款产品完成工艺固化并量产，经营业绩指标稳步提升，治理体系更加有效、运营机制更加科学、科技实力更加雄厚、发展动力更加充沛，为将公司打造成为国内一流半导体激光芯片研发与制造企业奠定了更加坚实的基础。

26

健全市场化经营机制　助力企业高质量发展

甘肃祁牧乳业有限责任公司

一、基本情况

甘肃祁牧乳业有限责任公司（以下简称"祁牧乳业"）是酒泉钢铁（集团）有限责任公司（以下简称"酒钢集团"）现代农业产业板块的核心企业，始建于1958年，前身为酒钢生活公司奶牛场，2020年5月，根据酒钢集团对现代农业板块的整合定位，调整为甘肃酒钢集团宏源新实业有限公司全资子公司。历经多年发展，祁牧乳业已成长为集优质饲草料种植、奶牛繁育养殖、乳制品研发、生产加工销售于一体的全产业链乳品企业。

在"科改示范行动"中，祁牧乳业坚持党建统领、改革统揽、创新驱动，聚焦"绿色智慧、生态环保、提升品牌、畅通渠道"的经营发展目标，紧紧把握"科改示范行动"新契机，深化市场化改革、加大科技创新力度，组建乳业专业技术委员会、设立乳业研究所，构建形成技术与生产高效衔接的一体化科研机制，企业竞争力、创新力、控制力、影响力、抗风险能力得到全面提升。公司营业收入从2019年的1.99亿元快速增加至2020年的2.39亿元，利润从2899万元增加至5611万元。

二、主要做法

（一）健全市场化经营机制，释放经营发展动力

一是推行经理层任期制和契约化管理，完善市场化经营业绩评价指标体系。祁牧乳业在公司内部推行经理层任期制和契约化管理，研究制定《祁牧乳业经理层任期制和契约化管理工作方案》及配套的《岗位聘任协议书》《年度业绩责任书》《任期业绩责任书》，总经理与副总经理及各经营实体负责人签订责任状，在层层设定经营指标的同时，赋予相应的职责权限，有效调动各经营层级的积极性和主动性。

二是按照职责科学授权，全面提升企业管理效能。在健全内控体系，加强监管的前提下，祁牧乳业执行董事与经理层成员签订授权委托书，对企业运营、财务付款、合同签订、管理审批等5个方面23项经营事项进行授权放权，提升了工作效率，充分激发企业经营活力。

三是厘清权责边界，构建高效的内部管理体系。祁牧乳业以紧贴市场、提升效率为目标，精确定位5个管理部门61项具体职能职责，建立上下贯通、横向协同的职责体系。

（二）完善市场化激励机制，激发人力资源活力

一是坚持价值创造决定价值分配，以效益导向推进薪酬分配制度改革。在前期探索实践的基础上，祁牧乳业全面实行工资总额备案制管理，建立了工资总额增长与劳动生产率、企业经济效益两同步的同向联动机制，确保工资总额同市场、同行业保持合理化增减；以个性化岗位薪酬体系为导向，修订完善公司薪酬绩效管理办法、普通员工工资管理办法，建立全面覆盖关键岗位人员的"一岗一绩效"工资制度，对销售等特殊岗位人员实施"岗位价值薪酬"，分区域按渠道设置差异化的业绩指标，按月签订绩效责任书、兑现绩效薪酬，按季度动态调整岗位职级，充分激发全

员主动参与生产经营积极性。

二是加大市场化人才选聘力度，实施员工岗位动态调整管理。祁牧乳业采用内部竞聘、公开招聘、社会选聘等多种方式，灵活选用公司关键管理岗位、急需紧缺人员，对生产、销售、职能部门人员实施优胜劣汰考评。2020年，公司动态调整岗位人员39人，有效解决了员工"能上不能下、能进不能出"问题。

三是以市场化经营为导向，推进用工体制改革。祁牧乳业建立健全以合同管理为基础、岗位管理为标准的市场化用工制度，在销售、技术等人力资源因素占比较高岗位试点签订岗位合同，明确权责、薪酬和退出标准，有效解决了牧场、乳制品厂、销售公司人员流动性大、队伍不稳定、管理难度大等问题。截至2021年3月，公司共实行市场化用工295人，占比达72.8%。

四是推行超额利润提成奖励机制，实施全员绩效考核激励。祁牧乳业对经理层成员及关键经营实体负责人，按经营难度、业绩贡献、超额利润，实施绩效奖励；在全员考核评价中，加大绩效业绩在薪酬兑现、职务晋升、岗位调整上的运用力度，细化全员业绩指标，压实个体职责，确保年度任务目标的全面完成。截至2021年3月，公司已兑现绩效奖励174.8万元。

（三）构建市场化运营机制，提升企业管理效能

一是全面实施经营赋权管理，推行内部独立核算。根据企业经营实际，祁牧乳业将养殖、乳制品生产、乳品销售划分为3个独立经营核算单元，让每个经营单元在授权范围内自主经营、自主创效、自负盈亏；单元之间以产品或服务进行结算，以质量和效率进行评价，各经营单元之间形成既相互竞争又协调发展的内部关联交易体，全面提升了各独立单元的经营活力。

二是健全完善内部规范统一的经营核算流程。祁牧乳业大力推行"提质增效、转型升级"攻坚行动，以市场需求倒逼生产保供，力求采购降本、物流提效、库存合理，最终建立起以市场需求为根本导向的内部交易模式，全面提升了企业运营效能及盈利能力。

三是开展高频次的 PDCA 循环。祁牧乳业以经营报表为核心，通过日统计、日调度实现所有问题日清日结，通过周通报、周分析全面梳理问题整改落实情况，通过月汇总、月评价，系统总结全月生产经营，企业应对市场和快速响应能力大幅提升。

四是实施全员 TCD 提案制度。祁牧乳业以 TCD 提案为载体，广泛调动全体员工积极性，形成了人人关心企业发展、人人参与生产经营的良好工作格局。TCD 提案制度推行以来，公司共收到各类提案 149 项，创效 234.13 万元。

三、改革创新成效

一是经营活力显著增强。随着"科改示范行动"的全面开展，祁牧乳业市场化选人用人机制、激励约束机制、经营业绩考评机制已初具雏形，内部自主创新能力和改革发展动力有效释放，企业自主创新能力和核心竞争力不断增强。2020 年，公司研发上市新品 12 款，实现新品创收 532 万元，全员劳动生产率从上年度的 163.9 万元/人提高至 191.6 万元/人，人事费用率从上年度的 17.2% 降低至 14.96%。

二是科技动能持续释放。通过"科改示范行动"，祁牧乳业为科技创新松绑赋能。2020 年，祁牧乳业实现科研经费投入 980 万元，占全年营业收入的 4%；荷斯坦奶牛良种化率达到 95%，泌乳牛日单产达到 36.9kg；生鲜乳蛋白质指标提升至 3.22%，达到了优质乳工程特优级标准；全年申报专利 3 项，技术人员发表省部级科技论文 5 篇。

三是经济效益显著提升。通过"科改示范行动",祁牧乳业提升了经营管理水平。2020年祁牧乳业完成产值2.2亿元、营业收入2.39亿元、利润5 611万元,分别同比上年增长19%、19%、94%;在大宗饲草料价格大幅上涨的趋势下,单体牛饲养成本从75元/天降至68元/天,指标进步创效1 310万元。

改革没有完成时,只有进行时。祁牧乳业将进一步解放思想,在改革中辟新路、当先锋,切实把"科改示范行动"抓实抓细、抓出成效,助力公司高质量发展。

27

"科改示范行动" 引领高质量发展
企业驶上快车道

甘肃省化工研究院有限责任公司

一、基本情况

甘肃省化工研究院有限责任公司（以下简称"甘肃省化工研究院"）前身为创建于 1962 年的第五机械工业部第五研究所，曾为我国国防科技事业的发展和"两弹一星"的成功研制做出过重大贡献。1984 年，经甘肃省人民政府同意，成立甘肃省化工研究院，2011 年 7 月在兰州市高新开发区注册为独立法人的科技型企业，2017 年 11 月改制为国有独资公司，主要从事精细化工、石油化工、医药化工和油气井爆破、工程爆破行业的新技术研发、技术服务、技术咨询、产品检验及推广应用。甘肃省化工研究院现有在职职工 195 人，其中专业技术人员占比 86.63%，拥有国家级科技平台 2 个，省级科技平台 13 个；拥有资质 11 项，认证证书 11 项。

二、主要做法

（一）试点股权激励改革，"上持下"增强员工信心

一是严格操作程序，保障员工权益。甘肃省化工研究院召开全员宣贯会 7 次，全面做好政策宣贯，现场解疑释惑，充分听取员工意见，确保试

点工作在"阳光"下进行，保障了职工利益不受损害；坚持公开、公平、公正的原则，制定员工持股方案；在激励对象的选择、资产评估、持股价格的确定上，严格履行决策程序。

二是坚持以岗定股、骨干持股。在股权激励方案中，甘肃省化工研究院建立了以"学历、职称、工作年限"为基本条件，"科技产出、资质证件、工作能力"为重点的骨干人员评价体系及评分细则，为此次股权激励制定了详实的标准，也为改革后公司技术人员的贡献度评价及职业发展奠定了良好基础；在持股人员和持股方式的确定上，积极探索母公司核心关键性人员"上持下"，在保障核心技术人员纳入激励范围的同时，增强了激励人员的出资信心。

三是坚持股随岗变，建立股权动态调整机制。针对持股员工因离职等原因退股、因岗位变动调整持股比例、新引进人才持股等不同情形，甘肃省化工研究院明确了股份流转的去向、来源及股价确定原则，建立了股权内部流转和动态调整机制。

（二）完善公司治理体系，强化董事会决策机制

一是厘清各治理主体权责边界。甘肃省化工研究院通过修订完善公司章程，制定权责清单，厘清各治理主体的权责边界，党委会与董事会、经理层成员双向进入、交叉任职，充分发挥党组织把方向、管大局、保落实作用，董事会依法行使重大决策、工资总额、选人用人、薪酬分配的权利，不插手具体经营事项，充分保障经理层的经营自主权。

二是完善董事会的运行机制。甘肃省化工研究院设立董事会专门委员会，清晰界定工作职责，充分发挥各专门委员会对董事会议案前置审核的作用，提高董事会决策质量和效率。

三是发挥好董事会的作用。甘肃省化工研究院强化董事会决议的执行和反馈的时效性，制定董事会决议执行管理办法和董事会决策事项跟踪反

馈制度，对一次性和持续性董事会决议反馈分类管理，提升了决议执行能力和效率。

（三）引入竞争激励机制，推行干部竞聘上岗

一是全面推行干部竞聘制度。甘肃省化工研究院按照"以合同管理为核心，以岗位管理为基础"原则，建立了经营管理和专业技术人才职业发展"双通道"；全面推行公开招聘、干部竞聘制度，年度考核结果不合格或连续两年末位淘汰的员工退出机制。

二是有效实现岗位动态调整。甘肃省化工研究院确定离退休 5 年内的干部不再参与竞聘，采用薪酬保留退居二线的安置方式，在保障稳定性的同时有效推动了岗位动态调整，切实破除了员工身份限制。通过竞聘制度的实施，公司本级及拟实施股权多元化改革的 2 家子公司已全部完成中层以上 21 个岗位的干部竞聘上岗；中层以上干部基本实现年轻化，平均年龄 36 岁，实现了"不看身份、不看级别、只看岗位、只看贡献"的市场化氛围，形成了"能者上、优者奖、平者让、庸者下、劣者汰"的良性用人导向。

（四）强化薪酬激励约束，优化完善绩效考核机制

一是实行以业绩为导向的薪酬管理体系。甘肃省化工研究院修订完善了以业务技术和经营管理为序列，以业绩为导向，与岗位相匹配的职级和"岗位工资＋绩效工资"薪酬管理体系，其中整体绩效占工资额度的45%以上，核心经营部门和技术研发部门绩效占比最高达到50%以上，同时推行不合格淘汰制度。

二是实行绩效考核与薪酬相匹配。甘肃省化工研究院优化二级单位年终绩效评价体系，将党建工作、生产经营指标、重点工作、专项工作纳入年度绩效考核，当年部门绩效考核评价结果与次年绩效工资总额挂钩，有效解决了部门考核结果与员工薪酬脱节的问题。

三是建立以创新能力、质量贡献和对外创收为导向的激励约束机制。甘肃省化工研究院设立创新人才基金，出台成果转化奖励办法。科研成果转让净收益的 30% ~ 50% 由科研团队分配；科研成果转移转化形成效益，其净收益的 20% ~ 30% 由科研团队分配，其中科研人员收益不低于 80%。

（五）加强合作交流，协作提升自身创新能力

一是全面开展降本增效。甘肃省化工研究院开展全员、全要素、全过程的成本管控，从订单、原料采购、过程控制、合同履约、资金管理等全流程降本增效。

二是努力提升评估能力。甘肃省化工研究院针对化工产品需要重点管控工艺反应、风险评估、固体废物和环境监测，投入资金 1 104 万元，完成了监测评估设备更新，提升了业务承接能力。

三是发挥好中试平台优势。甘肃省化工研究院依托中试平台的优势，承接省内外医药中间体产品的成果中试，完成 3 项产品技术的中试转化，产品逐步实现批量生产。

四是强化科技创新成果对产业技术壁垒的支撑作用。甘肃省化工研究院针对产业知识产权薄弱的问题，邀请甘肃省知识产权事务中心进行业务培训及专利挖掘，有效申请并授权一批产业及技术服务业领域的专利成果，极大提升了核心竞争优势。

（六）坚持党的领导加强党的建设

一是不断完善公司制度建设和企业文化建设。甘肃省化工研究院以党建工作为切入点，持续推行"8 + 4 主题党日"活动和"党委委员讲党课"活动，打造党建工作亮点，受到广大党员职工的好评和欢迎。

二是运用信息化手段加强党的建设。甘肃省化工研究院充分运用"甘肃党建"信息平台，认真落实"三会一课"制度，8 个在职党支部按要求完成"三会一课"规定内容，并在"甘肃党建"学习平台线上完成率

为 100%。

三是推进党支部建设标准化。甘肃省化工研究院对标《甘肃省国有企业党支部建设标准化手册（修订版）》中的 26 项工作规范内容，对标对表，从组织建设、党员队伍建设等方面不断加强基层党组织建设；通过新改建党员活动阵地、设立"党员示范责任区"等方式，让党员在工作中亮出身份、牢记责任、主动带头，起到示范引领的作用。

三、改革创新成效

通过把握"科改示范行动"契机，甘肃省化工研究院 2020 年实现了改革破局，应对市场变化的能力明显提升，干部职工的积极性和创造性得到了有力激发，企业活力显著增强。

一是聚焦"三大主业"发展机遇，经营业绩显著增长。2020 年甘肃省化工研究院围绕"精细化工、民用爆破、技术服务"三大主业发展机遇，实现经营收入 9 126.60 万元，同比增长 45.76%；受益于疫情社保减免政策，实现利润总额 556.94 万元，同比增长 120%；净利润达 484.47 万元，同比增长 100%。

二是加大科技投入，有效提升创新效益。甘肃省化工研究院 2020 年研发投入占主营业务收入比重 12.33%，超出当年既定指标的 4.33%；为提升技术开发、检测检验及精细化工反应评估科技创新和技术服务能力，全年投入资金近 1 100 万元；加强基础科研条件建设，通过购置量热反应仪、气质联用仪等仪器设备，实验室通风和气路改造等，极大地提升了公司科技创新平台硬件设施条件，公司科技服务收入合计 2 316.31 万元，较上年度增长 63.92%；依托公司中试平台优势，承接杭州国瑞生物科技有限公司、天津法莫西医药科技有限公司和江苏天士力帝益药业有限公司 3 家制药企业的 4 项医药中间体产品的成果中试，已完成 3 项产品技术的中试转化,实现转化效益160.25万元。

三是以"科改示范行动"激发内生动力,科技产出效果显著。通过科技奖励、薪酬改革等政策的修订,甘肃省化工研究院2020年申请专利29件,其中受理发明专利2件;获得授权专利22件,其中发明专利2件、实用新型20件,专利受理量较上年度增长70.58%,专利授权较上年度增长266.67%;刊发科技论文23篇,中文核心期刊以上5篇,其中SCI收录2篇;申报并获得批复省部级科技项目8项,同比增长60%;获甘肃省专利奖三等奖1项,甘肃省职工优秀技术成果二等奖和三等奖各1项。

28

持续深化混合所有制改革
助力企业迈向高质量发展

宁夏数据科技股份有限公司

一、基本情况

宁夏数据科技股份有限公司（以下简称"宁夏数据科技公司"）成立于 2017 年 11 月，是宁夏建设投资集团有限公司（以下简称"宁夏建投"）控股的混合所有制科技型企业。宁夏数据科技公司自成立以来，坚持以党建为引领、以人才为支撑，大力实施"深化改革"和"科技创新"双轮驱动战略，强化工程管理工作，走出了一条以改革激发人才活力、以人才引领科技创新、以科技创新驱动高质量发展的可持续发展道路。公司主要业务范围涵盖了"互联网＋智慧建造""互联网＋智慧医疗""互联网＋智慧政务"等领域。

2020 年，宁夏数据科技公司实现营业收入 1 318.62 万元、利润总额 71.95 万元、净利润 194.8 万元（加回全年科技研发投入 122.6 万元）。截至 2020 年年底，公司资产总额为 1 664.45 万元，负债总额为 457.02 万元，净资产收益率为 5.92%。企业股权结构为：宁夏建投占股 53.08%，上海恒达科技发展股份有限公司占股 35.07%，宁夏建工集团有限公司占股 1.90%，宁夏数科企业管理中心（有限合伙）占股 9.95%。

二、主要做法

（一）分类引进战略投资者

采用多种形式与非公资本混合，实现股权多样化，是宁夏数据科技公司混合所有制改革探索的鲜明特征。其中，引入战略投资者，向传统国有企业注入非公资本的新鲜"血液"，是公司混合所有制改革的重要方式。

一是以集团公司为基石。公司控股股东宁夏建投为自治区属国有大型骨干企业集团，是宁夏建设及相关产业领域的自治区级国有资本投融资建设主体，具有较强的综合实力。以集团为投资主体，不仅可以为宁夏数据科技公司提供强有力支持，在国有股东决策、与非公股东沟通等方面也更加便捷、高效。

二是引科技公司落户。参股公司上海恒达科技发展股份有限公司为民营企业，以生物医药研究为主导，贸易、房产等业务为辅助。上海恒达科技发展股份有限公司在积极推动宁夏数据科技公司传统优势业务的同时，在培育高科技生物产业方面，能够为宁夏数据科技公司的发展提供前端技术支持。

三是辅资源公司助推。参股公司宁夏建工集团有限公司为宁夏建投的全资子公司，是自治区唯一一家具备国家房屋建筑总承包特级资质，集工程总承包、建筑施工、安装、装饰及建筑科研、劳务输出等为一体的国有大中型施工企业。宁夏建工集团有限公司为宁夏数据科技公司发展"智慧住建"奠定了基础。

（二）科学推动员工持股计划

宁夏数据科技公司入选全国百户科技型企业"科改示范行动"以来，积极推动员工持股试点工作，按照《关于国有控股混合所有制企业开展员工持股试点的意见》《自治区国有控股混合所有制企业开展员工持股试点的实施意见》等要求，根据企业特性和实际情况，采用增资扩股的方式，新增股份105万股，增资额119.7万元，由员工持股平台——宁夏数科企业管理中心（有限合伙）认缴全部出资，增资后持股份额占公司股份的9.95%。增资扩股的持股对象为公司领导班子、中层管理人员及核心技术人员。本次员工持股通过科学制定平台股权流转机制，确保"能进能退，岗变股变"，保证股权激励作用的持续、有效。员工持股比例以岗位股为原则区分，以岗位价值为依据进行的股权分配，有效实现了企业与员工利益和风险绑定，强化内部激励，完善公司治理。

（三）规范完善治理体制机制

一是建立完善的法人治理体系。第一，坚持建立健全中国特色公司治理结构。宁夏数据科技公司明确了党组织在公司治理中的领导地位，基本构建了股东会、董事会、经理层、监事会、党组织和职工代表大会的架构和运行程序，制定了"三重一大"议事规则。第二，把握功能定位，厘清权责边界。宁夏数据科技公司梳理清晰党组织、董事会和经理层的角色分工，即党组织把方向、管大局、保落实，董事会定战略、作决策、防风险，经理层谋经营、抓落实、强管理。第三，健全制度体系，对标对表强化协同。为持续提升公司管理体系和管理能力现代化水平，宁夏数据科技公司研究制定了《宁夏数据科技股份有限公司对标一流管理提升行动实施方案》，并对标中建科技有限公司及上海宝信软件股份有限公司，全面找差距、补短板、强弱项、提能力。

二是探索市场化激励约束机制。宁夏数据科技公司大力实施三项制度改革，实现"收入能高能低、干部能上能下、员工能进能出"，员工"等、靠、要"的思想发生转变，"岗位论能力、收入靠贡献、公司发展靠价值创造"的理念已经形成。第一，推进内部分配和薪酬机制的市场化。宁夏数据科技公司以集团分配机制为基础，参考岗位市场薪酬水平，初步设计了员工薪酬机制，并针对市场化引进的专业技术人员实施了差异化薪酬和协议化薪酬政策。第二，全面推行员工网上积分管理考核。宁夏数据科技公司建立了积分考核管理指标体系及考核办法，推行"周小结、月积分、季汇总、年总评"考核评价模式，并将员工考核成绩与员工工资、评优评先直接挂钩，充分体现"多劳多得、奖优罚劣、奖勤罚懒"的分配原则，初步实现了"工资能增能减"。

三是健全市场化选人用人机制。宁夏数据科技公司全面落实市场化选人用人机制，公司员工均由市场化选聘，全面推行经理层任期制和契约化管理。与经理层签订契约合同，颁发任期聘书，制定《职业经理人选聘办法》，并积极着手准备相关市场化选聘工作；中层管理人员秉持"能者上"的原则，全部实行竞聘上岗，并以年度绩效考核进行评价调整。为了加快引进与公司发展相匹配的人才，基于宁夏回族自治区人才新政"18 条"，公司制定《宁夏数据科技股份有限公司紧缺人才培养方案》，并通过市场化招聘渠道，引进了 5 名紧缺的专业技术人员。

（四）持续推进产、学、研深度融合发展

一是和上海交通大学、宁夏医科大学签署了产学研合作协议，联合开展共建具有先进科研能力的科技创新载体——宁夏神经系统疾病临床转化工程技术研究中心。

二是和中科院自动化研究所联合研发全国首套"便携式纪检监察智能化辅助办案系统"，填补了国内空白，实现了智能化一站式辅助办案，该产品已获得发明专利和软件著作权登记并推广试用。

三是和阿里巴巴（中国）网络技术有限公司、中国联合网络通信有限公司宁夏回族自治区分公司签署了合作协议，以宁夏建投为试点，合作建设"智慧建投云平台"，推广"工程项目管理""智慧工地""线上集中采购""BIM 建造"等业务，力争将宁夏建投打造成为西部国有大型骨干企

业信息化行业标杆。

四是联合高校、企业挂牌成立了"自治区级企业技术创新中心""自治区级工程技术研究中心""自治区级劳模（技能人才）创新工作室"。

三、创新改革成效

一是引入紧密协同战略投资者，促进企业产业结构升级。一方面，通过引入不同层次、不同类别、紧密协同的战略投资者，帮助企业改善股东结构、迅速扩大规模，各方战略投资者之间产生了立竿见影的协同效应，公司的收入成本结构和经营能力得到改善。营业收入从成立第一年的535万元增加到第二年的1 827万元，营业收入同比增长了241.5%。2020年宁夏数据科技公司更是克服新冠肺炎疫情带来的不利影响，营业收入和利润逆势大幅增长，完成净利润194.8万元。另一方面，每个战略投资者所携带的产业运作经验和战略资源优势也有助于宁夏数据科技公司更快地强化品牌实力，提升抗风险能力。如民营公司上海恒达科技发展股份有限公司的参股，为公司前瞻性布局、培育高科技生物产业，促进企业产业结构提升奠定基础。

二是开展员工持股，提升企业经营效率。员工持股丰富了宁夏数据科技公司的持股结构，建立健全了公司的激励约束长效机制，将资本要素和劳动要素相结合，将企业效益和员工利益相绑定，充分调动了员工工作的积极性，留住了核心骨干，吸收了外部人才，降低了人才流失，极大地增强了企业的凝聚力、创造力和竞争力，实现"员工和企业共同成长"。

三是完善制度体系建设，提升企业治理效能。宁夏数据科技公司加大制度执行力度，搞好制度衔接，强化检查监督，把制度建设纳入公司的绩效考核体系，把制度执行贯穿公司治理全过程，严明奖惩与压力传导，确保各项制度落到实处。此举不仅增强了企业的竞争力、创新力、控制力、影响力和抗风险能力，同时为加快推动公司高质量发展提供了坚强的制度保障。

四是构建产、学、研融合体系，催生企业发展新动力。宁夏数据科技公司大力构建产、学、研深度融合科技创新体系，切实推动了公司各类创新要素聚集发力。一方面，通过完善政策和创新机制，引导企业、科研院所开展创新协同攻关，突破重点产业领域关键技术，打通基础研究、应用开发、成果转移和产业化链条；另一方面，通过持续开展人才梯队建设活动，形成具备一定自生能力和抗风险能力的人才队伍管理体系。

29

坚持科技领先战略　激发科技创新活力

天康生物股份有限公司

一、基本情况

天康生物股份有限公司（以下简称"天康生物"）始创于 1993 年，2006 年 12 月在深圳证券交易所中小企业板挂牌上市（股票代码：002100）。天康生物为新疆生产建设兵团国有控股上市公司，兵团国资公司持股 26.41%。

天康生物是首批农业产业化国家重点龙头企业和国家级高新技术企业，成立 20 多年来，以"成为中国一流的健康养殖服务商和安全食品供应商"为目标，着力提升专业技术能力和核心竞争力，紧紧围绕畜牧养殖的关键环节，包括动物疫苗、饲料及饲用原料、种猪繁育、生猪养殖、屠宰加工及肉制品销售以及养殖服务体系和金融服务体系建设，逐步形成了涵盖现代生猪科学育种与养殖、饲料与饲养管理、兽用生物制品及动物疫病防治、生猪屠宰加工配售等关键环节的产业基础。

天康生物在新疆乌鲁木齐高新区和上海张江高科技园区分别设立了研发中心，拥有研发技术人员 186 人，各类研发设备 2 641 台（套）。2016—2020 年，天康生物年均自筹研发经费 8 961 万元投入科技创新。

二、主要做法

天康生物自成立之初，就认准"技术创新、产品创新、服务创新"是企业持续健康发展之道，是企业的核心竞争力，为此全面推进实施科技创新驱动战略，在入选"科改示范企业"后更是通过构建全方位、立体化、开放式的技术研发体系，不断提升科技创新能力。

（一）构建技术研发平台，坚定不移地走自主研发之路

天康生物技术研发中心 2010 年通过国家发展和改革委员会、科学技术部等五部委的认定，成为国家认定企业技术中心。天康生物技术研发中心自成立以来，着力打造病原诊断与菌毒种平台、细胞工艺平台、基因工程构建平台、抗原纯化平台、蛋白质化学技术平台、高效检测平台等多项技术平台，形成了对产品自主研发的强大支撑；在此基础上，围绕重大动物疫病的疫苗研发，建立了病毒疫苗研究室、细菌疫苗研究室、反刍动物疫苗研究室、禽病疫苗研究室，开展病原学、流行病学、分子生物学、疫苗免疫与野毒感染鉴别诊断技术、活疫苗冻干保护剂、活疫苗副反应相关因素分析等研究。为了进一步利用国内外先进的生物学技术，开展兽用疫苗的前端研究，2018 年天康生物在上海市张江高科技产业园成立上海研发中心，建立了分子生物学研究室、细胞培养工艺研究室和抗原纯化研究室，重点开展动物疫苗第三代基因工程构建技术、细胞工艺培养技术、抗原纯化技术的研究工作。为了进一步扩大动物疾病的疫苗种类、提升疫苗工艺技术水平和确保疫苗产品质量，天康生物投资 2 亿多元建设国家高等级生物安全三级实验室（P3 实验室），2020 年获得农业农村部验收并投入使用。2019 年天康生物通过农业农村部的兽药 GCP 验收，成为国内为数不多的具有牛、羊、猪、禽等兽药 GCP 资质的兽药企业，可以开展牛、羊、猪、禽新研制疫苗的临床试验。天康生物拥有完整的疫苗研发试验条件，

企业创新产品及技术水平整体达到国内领先水平，部分达到国际先进水平。2018 年，天康生物历经 10 余年独立自主研发的猪瘟病毒 E2 蛋白重组杆状病毒灭活疫苗（Rb-03 株）（天瘟净）正式获得国家二类新兽药证书。天瘟净是国内第一个猪瘟 E2 基因亚单位工程疫苗，此药为国内及全球猪瘟疫情的防控和净化工作做出了重大贡献。

（二）建立科研交流合作机制，积极探索合作研发之路

天康生物在不断提高自主研发能力的同时，坚持走产、学、研合作之路，针对合作单位体制不同、机制不同、需求不同的实际，采取灵活多样的方式推进产、学、研合作，采取的合作模式主要有 3 种。

一是科研单位参股、全方位长期合作模式，即新疆畜牧科学院合作模式。新疆畜牧科学院为天康生物的发起人股东。天康生物成立以来，双方开展了长达 20 多年的长期技术研发合作，取得了猪口蹄疫 O 型、A 型二价灭活疫苗研究与工艺开发，布氏杆菌病基因缺失标记疫苗研制，口蹄疫 O、A、亚洲 I 型三价灭活疫苗悬浮工艺开发等一系列研究成果。2020 年，天康生物与新疆畜牧科学院历时 11 年共同研发的布氏菌病基因标记活疫苗（A19-ΔVirB12 株）获得新兽药证书。该疫苗是国内人畜共患病领域首个基因缺失疫苗，可大大降低生物安全风险，成为全球净化布鲁氏菌病有力的科技支撑。

二是项目合作研发、中短期合作模式，即中国台湾中兴大学合作模式。近年来，天康生物与中国兽医药品监察所、中国农业科学院哈尔滨兽医研究所、台湾中兴大学、台湾动物科技研究所、西北民族大学、华中农业大学、华东理工大学、中国科学院过程工程控制研究所等单位合作，开展了重组禽流感病毒细胞源灭活疫苗研究及全悬浮工艺开发、MDCK 细胞重组禽流感病毒无血清培养基开发、重组禽流感病毒细胞源灭活疫苗研究及微载体工艺开发、小反刍兽疫活疫苗研究开发等项目的研发工作。2018

年，天康生物与中国农业科学院哈尔滨兽医研究所共同研发高致病性禽流感（细胞源）灭活疫苗获得国家三类新兽药证书，该工艺是禽用疫苗工艺的一次革命，天康生物也成为国际唯一拥有此项技术的企业，天康生物禽流感细胞源全悬浮培养技术达到国际领先。

三是项目外包或技术引进合作模式，即西北民族大学合作模式。近年来，天康生物与河南农业大学、西北民族大学、华东理工大学等单位合作开展了禽新城疫-传染性支气管炎-减蛋综合征-禽流感四联灭活疫苗、BHK21细胞、MDCK细胞、VERO细胞、HIGH5昆虫细胞培养基及病毒增殖培养基委托开发等项目的研发。

（三）建立科技创新激励机制，切实激发内部创新活力

天康生物建立了一整套科技创新激励机制，对研发人员收入实行"能、绩、效"三挂钩。天康生物制定了《科技创新奖励办法》，研发成果投入正式生产5年内，从其为企业创造的效益中提取5%～10%作为奖金奖励成果完成人。在具体研发项目上，天康生物按照项目研发进度、质量等对研发人员进行考核，实行项目节点考核奖励。同时不断探索创新项目管理机制，把产品的研发、生产、工艺优化、客户反馈全面整合在一个产品线上，按产品线对技术中心研发人员、生产车间关键人员和全国市场部销售人员实行项目制管理考核。在科研项目成果转化为产品生产上市后，按科技创新产品的销量提取一定的资金，打包奖励给科技成果研发、生产、销售骨干，使科技创新转化更接近市场，转化效率更高。

（四）优化科技创新外部环境，提高科技创新开放水平

天康生物克服主要经营管理机构地处新疆，科技创新的外部经济、技术、人才交流环境较差的劣势，本着"不求所有、但求所用"的原则，依托天康（上海）动保研究院和天康（郑州）养殖研究院两个研发平台，面向全国及全球吸引高端科技人才来企业短期或中长期主持项目或进行技术

协作，按合作协议予以奖励。近年来，天康生物通过各种项目合作为华中农业大学、中国农业科学院哈尔滨兽医研究所、新疆畜牧科学院兽医研究所等博士、硕士研究生提供科研平台，特别是企业拥有的具有国内先进水平的 P3 实验室，为上述大学及科研院所进行重大动物疫苗研究提供了实验条件和经费支持。天康生物不仅取得了多项重大科研突破，而且培养了一批既有理论水平又有实际操作经验的研发骨干。2021 年 1 月，天康生物正式获批国家级博士后流动工作站。

三、改革创新成效

天康生物科技创新能力不断提高，进一步提高了企业核心竞争力、抗风险能力和行业竞争力，使企业长期保持行业领先地位。

一是行业技术地位逐步彰显，创新产品及技术水平整体达到国内领先水平。天康生物近年来围绕重大动物疫病的疫苗研发，通过自主研发，产、学、研合作共实施 130 项新技术、新工艺、新产品开发，已获得国家新兽药证书 17 项，生产批准文号 22 项；兽用生物制品临床试验批件 9 项；申请专利 123 项，获授权专利 65 项；科技进步奖 4 项；国家农业转基因生物安全证书（生产应用）1 项；发表科技论文 60 余篇；新产品技术转让 10 项。天康生物口蹄疫疫苗、小反刍兽疫活疫苗、高致病性禽流感（细胞源）疫苗项目为国际领先，布氏菌病基因缺失疫苗项目为国际首创，猪瘟 E2 亚单位疫苗项目为国内首创，猪流行性腹泻灭活疫苗项目、牛支原体肺炎灭活疫苗项目、猪支原体肺炎灭活疫苗项目等研发工作达国内领先，这些专利和创新产品大大提升了天康生物的行业地位。

二是打造了一支高水平的技术创新团队。天康生物通过建立科技创新激励机制和构建科研创新平台，一方面充分调动了现有科研人员的积极性，为优秀人才脱颖而出创造了有利条件；另一方面也吸引了大量优秀人才进入企业，以事业吸引英才、以待遇留住人才、以情感凝聚人才，打造了一支专业能力强、爱岗敬业的研发团队。目前企业技术中心拥有研发及工程技术与辅助人员 186 名，其中博士 28 名、硕士 107 名；上海研发中心通过全球招聘引进博士 7 名（含 2 名博士后），其中 4 名有海外留学工作经历，均长期从事分子生物学研究及动物疫苗应用研究。

三是企业效益大幅提升，技术创新已经成为企业发展主要的动力源泉。2015 年以来，天康生物企业规模和效益持续增长。2020 年实现营业收入 125.45 亿元，较 2015 年增长 201.05%；实现利润总额 17.10 亿元，较 2015 年增长 535.68%。截至 2020 年 12 月，天康生物总资产达 141.63 亿元，较 2015 年增长 272.22%；净资产为 60.61 亿元，较 2015 年增长 154.12%。与技术研发创新同步，天康生物也在积极推进兽用生物疫苗重大项目建设，伴随一系列联合研发、合作开发、委托研发等创新项目的完成，天康生物将占据生物制药业务创新制高点。

30

以市场为导向激发改革活力
全面推动科技创新

宁波种业股份有限公司

一、基本情况

宁波种业股份有限公司（以下简称"宁波种业"）由原宁波市种子有限公司改制而成，注册资本8 100万元，是一家集科研、生产、经营于一体，专一研发"甬优"系列杂交水稻的专业化公司，先后获得浙江省农业龙头企业、浙江省育繁推一体化培育企业和国家级高新技术企业等荣誉称号，2020年进入"科改示范企业"名单。

截至2020年年底，宁波种业资产总额为7.95亿元，同比增长6.3%；净资产为6.3亿元，同比增长6.1%。2020年，宁波种业实现销售收入1.75亿元、净利润5 147万元。2019年，宁波种业利润总额在全国种业企业中排名第9位。公司现有员工20人，人员精干，科研体系完整，拥有籼粳杂交水稻工程技术中心和分子实验室，有博士、硕士和高级技术职称的专业研究人员10人，同时具备完整的生产体系、经营推广和技术服务体系。

二、主要做法

（一）完成科技成果转化，同步实施股份制改造

根据宁波市政府批复的科技成果转化与股份制改造实施方案等文件精

神,宁波种业以股权奖励形式积极稳妥开展科技型企业科技成果转化,同步实施股份制改造,历经增资扩股、吸收合并、股权划转和整体变更 4 个工作步骤,于 2019 年 12 月 30 日顺利完成。

一是科学评估,合理确定无形资产价值。宁波种业公开选聘两家专业机构同时采用资产基础法与收益法两种方法进行评估,列入的知识产权评估包括"甬优"系列杂交稻相关审定品种、育种中间材料、不育系基础材料等无形资产,最终由宁波市国有资产监督管理委员会对"甬优"系列杂交水稻知识产权评估价值进行核准,同时根据有关协议,对评估的知识产权进行权属界定。

二是公开公平,合理确定激励对象分配方式。依据有关规定,宁波种业对科技成果获得人员进行界定并公示,最终确定"甬优"系列杂交水稻研发团队成员 8 人为知识产权奖励对象。在股权奖励分配上,坚持以岗定奖、优绩优酬,股权分配与岗位、服务年限及业绩挂钩,参照有关考核系数,岗、绩、利统一,按劳取酬。

三是创新路径,同步实施股份制改造。宁波种业在实施过程中创新性地全面明晰"甬优"知识产权权属并确认价值。通过组建新公司的方式,全面落实股权奖励政策载体,再由宁波种业进行吸收合并,以此完成股份制改造,并视今后发展情况,择机上市。股份制改造完成后,宁波通商集团有限公司、宁波市农业科学研究院和研发团队 8 人分别持股 56.13%、18% 和 25.87%。

(二)加大科技研发攻关力度

一是完善研发工作机制。宁波种业设立首席专家岗位,全面领导公司科研与育种工作,每年计提公司当年销售额的 5% 用于育种科研;建立适合现代种业发展需要的育种科研机构,启动"宁波市籼粳杂交水稻工程技术中心"三年建设行动计划,抓紧完成团队组建;加大知识产权保护力度,委托中介机构依法打击市场中侵犯公司植物新品种权的违法行为。

二是加大科技研发攻关。宁波种业加大科研投入力度,年研发投入占公司营业收入总额的 5% 以上,年均增速达 15%;增强自主创新能力,新增科研育种基地 500 亩(1 亩≈666.7 平方米)、公司总部建设用地 40 亩,新增植物新品种权 10 个,提升公司核心竞争力;成功申报国家级高新技术企业,有力提升公司软实力。

三是强化政策支持机制。根据宁波市政府种业强市、鄞州区种业强区的建设要求,宁波种业积极争取上级加大财政涉农资金统筹整合力度,强化现代种业税收金融扶持政策,积极争取种业发展要素倾斜政策,对公司发展所需的重点项目建设用地优先给予保障,促进公司可持续发展。

(三)建立市场化的薪酬激励体系

一是推进经营层任期制和契约化管理。为更好适应市场竞争,宁波种业积极推进经营层任期制和契约化改革,明确任期目标和年度目标,并与薪酬、任期激励挂钩。下一步,还将结合实际进一步推动职业经理人制度建设。

二是健全差异化工资激励机制。宁波种业完成工资总额单列,不纳入控股股东宁波通商集团工资总额预算范围,不与集团公司整体经济效益指标挂钩;在公司内部深化差异化薪酬改革,以效益和岗位贡献为导向,合理拉开薪酬分配差距;加强岗位绩效分析,注重向科研、市场等关键岗位,核心骨干人才、急需紧缺人才和做出突出贡献的人才倾斜,研发团队成员平均薪酬比公司经营层平均薪酬高 10% 以上,通过优化薪酬管理和考核评价机制推动企业可持续发展。目前宁波种业正在积极探索超额利润分享激励机制。

三、改革创新成效

通过系列改革措施,企业活力充分激发,宁波种业科研团队积极性进一步提升,企业市场竞争力和效益水平显著增强,改革成效明显。

一是经营业绩有了新提升。"甬优"系列杂交水稻在立足浙江省内的基础上,还积极拓展省外市场。2018—2020 年,"甬优"系列杂交水稻年推广面积分别达到 545 万亩、566.8 万亩和 580.5 万亩,销售收入分别为 1.85 亿元、1.68 亿元和 1.74 亿元;实现净利润分别为 5 549 万元、5 795 万元和 5 147 万元。公司"甬优"品牌已被华东、华南地区的种业同行熟知,宁波种业的主要产品已被广大农技推广者、经营者和种子消费者认识认同,公司的服务能力和诚信度已被目标市场的各方所认可。

二是科技创新实现新突破。截至 2020 年年底,宁波种业已育成并通过省级鉴定粳型不育系 29 个,育成 63 个杂交水稻新组合,通过 158 项次审定。育成品种中有 11 个国审品种,14 个品种获植物新品种权证书,7 个组合先后被农业农村部认定为全国籼粳杂交超级稻品种,甬优 538、甬优 1540、甬优 7850 等组合先后多年被列入浙江省水稻主推品种。公司在水稻亚种间杂种优势利用研究与推广应用方面达国际领先水平,"甬粳 2 号 A 及所配籼粳杂交晚稻新组合选育及产业化"成果获浙江省科技进步一等奖。

三是主营产品取得新成就。"甬优"品种最主要的特点就是"产量高+米质优"。产量高方面,"甬优"系列杂交水稻创造了浙江省除早稻以外的所有水稻高产纪录以及多个省份的水稻高产纪录。"甬优 12"以 1 106.39公斤成为浙江省最高亩产的新标杆;"甬优 1538"以 834.5 公斤创造江西省双季晚稻最高亩产纪录;"甬优 1540"以 1 096.6 公斤创造了湖南省水稻最高亩产纪录、以 1 071.0 公斤创造了苏南稻麦两熟条件下的水稻最高亩产纪录，2020年在不良气候条件下，以1 081.8公斤在宁波市黔西南兴义扶贫项目中创造了贵州省水稻最高产纪录，以801.79公斤在浙江省奉化市创造了浙江省连晚百亩示范方均产浙江农业之最。米质优方面，截至2020年年末，已育成米质达到国标二级和部颁二等米以上标准品种25个。宁波种业在抢抓超高产攻关的同时，不断加大水稻优质品种的选育力度，特别是近3年来，优质品种选育呈加速态势。"甬优15"在2019年浙江省农业博览会上被评为浙江省"最好吃稻米"；"甬优4901"获2020年浙江省"好稻米"十大金奖第一名；在2020年全国超级稻现场观摩交流会上，"甬优7850"和"甬优538"被鉴评为全国十大优质粳型超级稻推广品种。

31

融入"双自联动" 激发创新活力

厦门科技产业化集团有限公司

一、基本情况

厦门科技产业化集团有限公司（以下简称"科技集团"）成立于 2012 年 9 月，为厦门国有资本运营有限责任公司成员企业。科技集团现有全资及参控股企业 11 家，是集专业检测技术服务、专业科技园区运营管理和科技企业创业投资为一体的综合性科技服务商，为国家中小企业公共服务示范平台、海关总署集成电路设计研发保税监管唯一试点单位、工业和信息化部国家"芯火"双创基地（平台）建设单位。

作为科技资产运营平台，科技集团形成了以厦门集成电路设计公共服务平台（以下简称"IC 平台"）、厦门环境保护机动车污染控制技术中心（以下简称"污控中心"）、厦门模具工程公共服务技术中心、厦门医疗器械研发检测中心为主的专业检测技术服务平台，以厦门海峡科技创新股权投资基金管理有限公司、厦门高新技术风险投资有限公司为骨干的科技创业投资平台，以厦门集成电路双创平台、厦门科翔高新产业发展有限公司、厦门科湖集成电路发展有限公司为主的科技园区运营主体，是具有影响力的区域科技创新服务体系。作为科技创新服务平台，科技集团负责运营厦门科技成果转化与产业化基金、种子暨天使基金，运营管理厦门科技创新综合服务平台，承办厦门市科技资本对接会和中国创新创业大赛、创客中国两大全国双创赛事地区赛的组织工作。

二、主要做法

（一）突出制度建设，确保董事会规范运行

一是推动子企业健全完善董事会。进行"科改示范行动"以来，科技集团对子企业班子成员进行全方面的梳理。各子企业以完善公司治理和决策科学为目标，以制度、流程来规范形式，构建了以董事会为核心的公司治理体系，各子企业董、监事均已到位，实现子企业董事会应建尽建，为企业科学高效运作、健康发展提供了坚实保障。

二是不断完善基本管理制度，规范董监事管理。科技集团制定集团外派董事、监事管理考核制度，明确外派董监事的基本职责、履职清单、报告制度、考核办法，规范外派董监事的报告流程。

三是持续完善工作规范，确保董事会运行高效顺畅。科技集团充分发挥监事机构在公司治理中的作用，坚持按制度、按程序开展董事会工作，明确了董事会会议组织、议案管理、外部董事信息保障等工作制度，为董事依法合规履职提供充分保障。

（二）突出政治标准和专业能力，完善市场化用工制度

科技集团制定发布《厦门科技产业化集团有限公司干部管理实施办法》《厦门科技产业化集团有限公司干部选拔任用实施细则》，充分发挥党组织对干部选任的领导和把关作用，突出选人用人的政治素质要求，真正把政治强、懂专业、善管理、敢担当、作风正的好干部选出来，真正使选拔使用的干部让组织放心、让企业和职工满意；制定发布《厦门科技产业化集团有限公司对外招聘管理办法》，从制度层面全面规范集团总部及各子企业市场化招聘工作，进一步完善了招聘流程和体系，实现了内部挖潜

与外部引进相互补充、相互保障的效果。

（三）强化激励约束，建立导向明确、激励有效的薪酬制度

2020 年 4 月 3 日，科技集团颁布实施《厦门科技产业化集团有限公司子企业负责人绩效考核与薪酬管理暂行办法》，增设"超额利润奖励制度"，即"对于超额完成年度目标的业务部门、子企业，按利润超额部分一定比例给予该企业经营班子奖励"；树立"以经营业绩论英雄"的理念，彻底扭转企业员工"干多干少一个样、干好干坏一个样"的思想状态，激发出"多争取任务、多干出成绩、多维度激励"的正能量。

（四）以集成电路设计产业保税监管业务试点为契机，打造"芯火"双创基地核心区

科技集团通过平台管理，对集成电路设计企业所需进境检测的晶圆片等料件按加工贸易方式进行保税监管，破解集成电路研发流片贵、税负高、通关难的问题，为厦门集成电路设计产业创造更好的创业环境。IC 平台不仅使企业享受"一站式"管理，从付外汇、报关等苦恼问题中解脱出来，而且极大地降低了 IC 设计企业的人力及财务成本，缓解了初创期的中小型企业的资金垫付压力，使其把有限的资金投入研发阶段。

（五）创新运营模式，释放平台活力

科技集团采用"合作共建、共同经营"和"统一管理、独立核算"的模式，最大限度地释放平台活力，更好地发挥协同效应，以达到"1 + 1 > 2"的合理运营状态，引入专业技术合作方共建的一系列公共技术服务平台逐步实现"自我造血"功能，同时也逐步在智能制造、生物医药、新材料等战略性新兴产业推广筹备，逐步构建创新支撑体系，带动产业创新发展。

（六）运营"未来产业基金"新模式，加速布局产业生态圈

科技集团目前正在推进三只"未来产业基金"，着力以资本招商的方

式，引入央企资源和社会资本力量，推进产业落地合作。

一是联合厦门东方创富创业投资有限公司发起设立"启航创富未来科技投资基金"。该基金募集规模拟定为 2 亿元，主要投资集成电路、人工智能等相关领域和项目。

二是对接中煤厚持（北京）股权投资管理有限责任公司，拟共同发起设立"中煤医疗产业投资基金"。该基金初定规模为 2 亿元，主要投资创新医疗器械、进口替代器械、创新药物、专科医疗服务机构等符合国家战略方向及厦门未来产业战略的大健康项目。

三是对接国兴（厦门）投资管理有限公司，拟共同发起厦门国兴新兴产业未来科技基金（目前只是拟订，以在基金业协会备案的为准），初步预计募集规模为 3 亿元，主要投资人工智能等新兴产业领域相关项目。

三、改革创新成效

2020 年以来，科技集团克服新冠肺炎疫情影响，以推动"科改示范行动"为契机，以市场化改革为切入点，积极转变观念、创新思路，大力推动产业招商、平台等重点工作，不断激发创新动力活力，企业质量效益持续提升。2020 年，科技集团资产总额为 90 619.7 万元，净资产为68 242.53 万元，营业收入为 16 650.63 万元，利润总额为 1 434.15 万元，净利润为 927.21 万元，税收为 1 776.31 万元（未审计）。

一是产业招商和产业基地孵化取得阶段性成果。2020 年，科技集团立足运营产业园区，大力推动集成电路产业招商，年内共吸引 53 家企业落户，其中科技集团运营管理的国家"芯火"双创基地核心区、厦门微电子育成暨产业基地、两岸集成电路产业基地分别落户 16 家、17 家、20 家。截至 2021 年 3 月，三大基地入驻企业共计 261 家，注册资金累计达 23.54亿元。

二是公共服务平台系统集成建设成效初显。海关总署试点平台方面，IC 平台作为海关总署批准的全国唯一为中小微集成电路企业实施"保税研发"的试点平台。截至 2020 年 12 月 31 日，MPW（已付汇）53 万美元，保税进口金额 32 万美元；量产保税（已付汇）1 636 万美元，保税进口金额 1 270 万美元；集成电路保税业务海关信息化（ERP）系统已上线运行；IC 保税仓建设完成，实现保税交易常态化；晶圆测试平台建设完成并进入试运营，对外提供晶圆测试服务企业 31 家次，累计服务时长 45 648 小时。工业和信息化部双创方面，2020 年 5 月，科技集团中标工业和信息化部"芯火"公共服务平台建设项目，成为"面向集成电路产业的'芯火'双创平台"项目的全国 3 个中标人之一，项目总投资 3 438 万元，其中获得工业和信息化部 1 150 万元资金支持。厦门市公共技术服务平台方面，2020 年，IC 平台、厦门市集成电路测试认证服务平台（科湖公司）、污控中心、厦门模具工程公共服务平台（模具中心）和厦门医疗器械研发检测中心均通过市级公共技术服务平台考核。

三是技术创新能力和整体竞争力不断增强。污控中心作为科技集团"科改示范行动"改革试点单位，持续加大技术研发投入，技术能力获得业界广泛认可。污控中心中标完成 2020 年度生态环境部环保达标监督重型检验项目，中标安徽省、福建省等监管服务项目；依托执行国家监督检查项目和国六新标准，污控中心掌握先机，新增企业在用符合性自检项目，创新业务外协合作新模式，企业业务取得新突破；继续推进中国环境科学研究院组织的国家重点研发计划 NQI（国家质量基础）课题研究，最终产出汽油车用三元催化器快速评价认证技术规范，并在国外和国内发表论文 2 篇，目前课题已完成技术验收；参与环科院轻型汽车实际道路行驶测量技术规范的制定，开展福建省车用汽油蒸气压执行全年夏季标准（即蒸气压在 40~65kPa）可行性研究，为制定控制机动车大气污染物排放的政策措施提供技术支撑。截至 2020 年 12 月，污控中心实现营业收入 4 798 万元，缴纳所得税 403 万元，获得厦门市集美区"2019 年度纳税大户"，获得厦门市公共技术服务平台 2020 年运行绩效奖励。

32

抓牢"科改示范行动"新机遇
实现节能减排创新发展新突破

深圳市能源环保有限公司

一、基本情况

深圳市能源环保有限公司（以下简称"深能环保"）是深圳能源集团股份有限公司（以下简称"深圳能源"，股票代码：000027）旗下的固体废弃物处置专业化公司，是国内垃圾发电行业公认的技术和管理龙头企业，住房和城乡建设部市容环境卫生标准化技术委员会骨干单位。深能环保成立于 1997 年，注册资本 386 992.72 万元，深圳能源股权占比为 98.53%，深圳市能源运输有限公司股权占比为 1.47%。深能环保紧紧围绕国家对城市生态环境治理的高质量发展要求，致力于成为国内一流、具有国际影响力的城市环境综合服务商。

深能环保是国家高新技术企业，建有广东省城市固废清洁高效处理与资源化利用工程技术研究中心，深圳固废处理工程实验室、深圳市企业技术中心、博士后创新实践基地和深圳城市废弃物能源再生公共技术服务平台，现有员工 766 人，其中科技研发人员 134 名，占 17%。公司垃圾焚烧发电技术荣获联合国工业发展组织可再生能源蓝天奖；"城市生活垃圾清洁焚烧与睦邻共生的整体解决方案"在全国 20 个省份 101 个项目中摘得桂冠，荣获 2019 年"保尔森可持续发展奖"；宝安能源生态园二期工程荣获国家工程建设质量领域最高荣誉——国家优质工程金质奖；"倾斜往复阶梯炉排垃圾焚烧炉及发电技术装备国产化"荣获国家资源节约与环保保护重大示范工程；自主研发的"信息化系统 WIS 系统实施生产标准化管理的实践经验"荣获 2017 年全国"质量标杆"。

自入选"科改示范企业"以来，深能环保进一步深化市场化改革，提升自主创新能力，聚焦主业研发，通过强投入、抓协作、转智能，打造世界一流深圳标准；强化资本运作，围绕产业链补短板、强弱项，优化城市环境治理产业生态；做强信息化管控，通过对标杆、精过程、同标准，提高深能品质，树立深能品牌，实现公司产业结构优化、发展动能转化、综合效益倍增。

二、主要做法

（一）聚焦主业研发，打造深圳标准

一是加大研发投入，保证创新源动力。在年度经营预算中，深能环保始终把科技研发投入放在优先位置，每年按不低于公司本部营业收入的 4% 投入研发，并鼓励下属企业围绕降本增效开展创新研发，充分发挥各级创新主体作用。"十三五"期间，深能环保累计投入研发费用 2.2 亿元。2020 年"科改示范行动"以来，公司进一步加大研发投入力度，研发投入首次超亿元大关，较 2019 年增长 174.42%，占企业本部营业收入的比重达到 6%。

二是加强产、学、研、用协作，推进核心技术攻关。深能环保自主研发垃圾焚烧炉排装备技术，并联合中国船舶工业集团公司广州造船厂等多个单位开展协同攻关，突破超大规模炉排焚烧炉的结构稳定性和超跨距焚烧炉支撑，以及焚烧炉均匀稳定燃烧等多项关键技术；联合华北电力大

学,通过对新材料及新工艺的反复研究和试验,突破了450℃以上受热面高温防腐业界难题;在生活垃圾焚烧厂效能提升及污染控制关键技术研究与示范等国家重点研发项目上,与清华大学深圳国际研究生院、南方科技大学、重庆大学等科研单位协同攻关,突破垃圾分类背景下二噁英、焚烧飞灰等污染物高效控制的关键技术。

三是实施智能升级,提升治理标准。深能环保针对垃圾焚烧烟气排放产物复杂的特点,成功研发出一套基于大数据与人工智能的烟气预控系统;充分应用大数据功能,找出影响污染物排放各关联因素,并采用深度学习与人工智能技术,实现精准预测10分钟之后的烟气污染物排放浓度,及时触发预警机制;结合大数据模型,研发环保物料投加的智能控制技术,实现污染控制稳定可控及标准排放升级。

(二)强化资本运作,做优产业生态

一是开展战略投资,横向拓宽产业链。2020年5月,深能环保通过战略投资深圳市环保科技集团有限公司34%股权,间接获得危废资质量57万吨/年,以及工业危废刻蚀废液、重金属污泥处理及综合利用技术,补齐公司在危废、医废处置等能力方面的短板。

二是开展股权并购,纵向延伸产业链。2020年11月,深能环保通过收购杭州锦江集团生态科技有限公司55%的股份,并购重组为深能环保发展集团有限公司,开发垃圾分类、清运、转运等业务,同时研究机器人配送、无人清扫作业、低功耗电动运输、智能地埋式中转站等新技术、新装备,深挖城市环卫一体化"碳中和"价值链。

三是开展股权合作,做大"无废城市"业态。2020年6月,深能环保联合义乌环境集团有限公司,开发建筑废弃物处理及资源化利用项目,研究再生建材生产新工艺,储备余泥渣土资源利用新材料、新技术,助力主业二次固废价值再提升。

四是推动产业协同，提升县域市场竞争力。自 2020 年起，深能环保围绕 500 吨/天以下规模小型化垃圾处理新兴市场，相继开发浙江省缙云县、山东省菏泽市定陶区、河北省平乡县等多固废处理项目，研究生活垃圾、污泥、餐厨、农林废弃物等协同共治的"焚烧核""焚烧 +"新模式，推动新业态与主业的协同，进一步提升公司在县域垃圾处理市场的竞争力。

（三）做强信息化管控，树立深能品牌

一是开发运营管控信息化系统 WIS 系统。该系统采用"互联网 +"技术，融合私有云、公有云、物联网等技术连接设备与管理，实现不同项目间的对标管理和设备运行状况的在线分析、远程诊断，建立具有深能环保特色的生产运营标准化管理系统。

二是开发全过程经营计划管理信息化系统。该系统全面解决公司产业横跨 12 种业态、遍布全国 17 个省份 100 多个项目管理维度大，难以标准化等难题，实现"战略目标、计划预算、滚动预测、执行监控、绩效评价"经营全过程管理。

三是研发生产精准管控信息化平台。该平台构建了生产精准分析模型，对垃圾发电运营项目"生产可控成本、厂用电、水资源、压缩空气、环保物耗、渗滤液处理"等实行精准过程管控，保证项目始终处于最佳经济运营状态。

三、改革创新成效

2020 年入选"科改示范企业"以来，深能环保按照高质量发展要求，通过深化市场化改革和提升自主创新能力，实现跨越式发展，行业排名显著提升，迈入中国固废治理行业前列，垃圾处理规模排名全国第 5 位。

一是经营业绩实现爆发式增长。"十三五"期间，深能环保资产总规模增长 4.69 倍，营业收入增长 4.4 倍，利润总额增长 6.89 倍。2020 年入选"科改示范企业"首年，资产总额就较 2019 年增长 32%，营业收入增长 238%，利润总额增长 319%；公司利润占深圳能源主业利润的比重从"十三五"初期的 5.57% 增加至"十三五"末期的 28.01%，已成为深圳能源的重要支柱子企业。

二是建立健全了产业链创新发展生态。2020 年，深能环保一方面攻克了全球最大规模 1 100 吨级炉排设计制造关键技术，突破国际同类产品规模和技术，达到世界领先水平；另一方面加速核心装备技术的开发进度，产品研制周期从 1 年缩短到 4 个月。公司"城市生活垃圾高效清洁焚烧关键技术成套装备研制及产业化"获得广东省环境保护科学技术一等奖。公司运营项目污染物控制能力显著增强，控制标准从国家标准、欧盟标准升级到世界最严的地方标准——深圳标准 SZDB/Z 233—2017。2020 年，公司旗下所有项目污染控制能力均入围全国 497 个项目中的前 10%，其中 3 个项目入围前 10，深圳市龙岗区能源生态园排名第 1 位。公司更是从单一垃圾发电主业拓宽到城市环境治理全产业，夯实公司产业未来可持续发展基础，已成为深圳能源"十四五"实施战略转型、实施绿色发展、抢占"碳达峰""碳中和"赛道的核心力量。2020 年，公司进入环卫行业第一年，就在该细分领域实现业务营收 3.36 亿元，占公司营业收入的 11.72%，进一步做大城市生态环境治理市场"增量"。

三是信息化改革助力深能品牌推广。基于电力系统完备的标准化体系和管理模式，公司开发的"深能环保"运营管控信息化系统，已实现国内垃圾焚烧炉长周期稳定运行时间达到行业平均水平 1.2 倍以上。其中深圳市宝安区能源生态园二期创造了焚烧炉单炉长周期稳定运行 431 天的纪录，成为垃圾焚烧行业的典范。深能环保通过信息化实现标准化管控升级的模式已推广应用到国内 110 个项目，助力公司实现多业态、跨区域项目品质的一致化，推动深圳标准在全国城市生态环境治理市场生根发芽。深能环保将牢牢把握"科改示范行动"契机，通过自主创新持续带动企业管理品质的升级，持续打造世界领先、质量一流的新能源生态园。能源生态园已入选央视《品质》《纪录东方》等栏目。

鸣 谢

本书编写得到了以下同志的参与和支持，在此一并感谢。

中央企业（以姓氏笔画为序）：

马 彦	王 凡	王 刊	王 宏	王 嵘	王 雷
王 蕾	王小波	王凤蛟	王立强	王延辉	王苏礼
王宏伟	王忠碧	王学军	王春光	王海腾	王培鹏
王德国	毛海波	艾旗明	古 今	左 蔚	叶 豪
田广范	付 聪	付黎明	丛璇熠	曲 直	朱志波
任长城	任菲菲	刘 川	刘树森	刘福兴	关贤华
江小波	江旭峰	江孝龙	安 鹏	许 辉	孙 舰
孙秀英	孙雨婷	牟 玮	苏彩艳	杜长征	杜伟伦
李 炯	李 洋	李 彬	李 博	李 瑾	李马可
李为民	李江颖	李宏毅	李美婵	杨 超	杨文献
杨方明	杨伟明	杨铭铨	肖立树	时 超	吴 岗
吴 塱	吴宇静	邹 烈	邹金强	辛士勇	汪 杨
沈 瑜	宋 阳	张 刚	张 劼	张 健	张 悦
张 赛	张世超	张旭宁	陈 哲	陈 敏	陈飞宇
陈振宇	陈遵江	陈雕璞	武鹏飞	范逸致	欧建平
和项豫	岳永川	邻国雄	周 茜	周 俊	周利杰
周晓义	郑 欢	孟 征	赵一飞	赵孟玲	赵爱国

胡　政　　段先强　　宫敬升　　姚雪斐　　莫新竹　　贾天琪
徐　峰　　徐文娟　　徐鸿熙　　高彦超　　高润贺　　郭庆华
郭良金　　郭韶晖　　唐　波　　唐　诗　　曹　晟　　曹　野
梁智毅　　韩伟超　　覃　弦　　粟　晓　　程寨华　　童　星
雷运乾　　雷志刚　　简　捷　　窦玉玲　　薛　逊　　戴博林
魏璐沁

地方国资委和国有企业（以姓氏笔画为序）：
马晓峰　　马浩然　　王　云　　王　微　　王明文　　王晓燕
王新莹　　韦健福　　甘金义　　刘　畅　　刘　荣　　刘　源
刘东华　　闫晓成　　许　宁　　孙　甄　　孙　潇　　李　佳
李　波　　李　俊　　李　静　　李　蔓　　李会利　　李倬舸
李海明　　李慕白　　李毅仁　　吴　浩　　汪爱清　　张其国
陈秀秀　　陈明非　　陈桂兰　　陈强龙　　罗　锐　　岳生远
周康宁　　郑智忠　　郝大军　　胡喜茹　　柳海波　　段恩传
侯万斌　　秦　杰　　莫千瑾　　夏小银　　候逸敏　　徐泽涛
郭运江　　郭志明　　黄　勇　　黄　瑾　　曹泽云　　常玉春
崔晓林　　逯　金　　董晋雯　　程　鑫　　蔡建超　　戴豪波

国资委研究中心（以姓氏笔画为序）：
王佳佳　　王盼盼　　支东生　　吕汉阳　　许保利　　杜天佳
张金城　　陈　慧　　尚成波　　周　钏　　周建军　　周海晨
胡　迟　　姜华欣　　贾尽裴　　贾默骐　　郭　越　　黄大千
黄吉海　　黄明明　　戚　悦　　谢宇斌　　慕小燕